Die Reihe „Wettbewerb und Regulierung von Märkten und Unternehmen“ wird herausgegeben von

Prof. Dr. Justus Haucap,
Heinrich-Heine-Universität, Düsseldorf

Prof. Dr. Gregor Krämer,
Alanus Hochschule für Kunst und Gesellschaft, Alfter

Prof. Dr. Jürgen Kühling,
Universität Regensburg

Prof. Dr. Gerd Waschbusch,
Universität des Saarlandes, Saarbrücken

Band 62

Klaus Heine | Oliver Budzinski [Hrsg.]

Wettbewerb, Recht und Wirtschaftspolitik

Festschrift für Wolfgang Kerber

Nomos

Die Deutsche Nationalbibliothek verzeichnet diese Publikation in der Deutschen Nationalbibliografie; detaillierte bibliografische Daten sind im Internet über http://dnb.d-nb.de abrufbar.

The Deutsche Nationalbibliothek lists this publication in the Deutsche Nationalbibliografie; detailed bibliographic data are available on the Internet at http://dnb.d-nb.de

ISBN 978-3-7560-1736-2 (Print)
978-3-7489-4393-8 (ePDF)

British Library Cataloguing-in-Publication Data
A catalogue record for this book is available from the British Library.

ISBN 978-3-7560-1736-2 (Print)
978-3-7489-4393-8 (ePDF)

Library of Congress Cataloging-in-Publication Data
Heine, Klaus | Budzinski, Oliver
Wettbewerb, Recht und Wirtschaftspolitik
Festschrift für Wolfgang Kerber
Klaus Heine | Oliver Budzinski (Eds.)
349 pp.
Includes bibliographic references.

ISBN 978-3-7560-1736-2 (Print)
978-3-7489-4393-8 (ePDF)

Online Version
Nomos eLibrary

1. Auflage 2024

Inhaltsverzeichnis

Recht und Ökonomie

Wirtschaftspolitik

Ausklang

Einleitung

Einleitung: eine Festschrift für Wolfgang Kerber

Oliver Budzinski, Klaus Heine & Annika Stöhr, Ilmenau & Rotterdam

1. Der akademische Lehrer

Man braucht nicht lange nachzudenken, um Wolfgang Kerbers herausragendstes Merkmal zu benennen: Er ist ein angenehmer Mensch. Das gilt nicht nur in manchen Situationen, sondern ohne jegliche Einschränkung. Es ist seine unverwechselbare Eigenschaft. Angenehm heißt freilich nicht, dass er schnell zu überzeugen ist, oder dass seine Ansprüche nicht hoch wären. Seine Doktorandinnen und Doktoranden können ein Lied davon singen, wenn eine Argumentation wieder und wieder verbessert werden muss. Jeder seiner Mitarbeiter kennt sicher das Gefühl, aus einem Gespräch mit Wolfgang Kerber mit umfangreichen Überarbeitungsideen und -aufträgen herauszugehen – obwohl man doch beim Hineingehen so überzeugt war, eine fertige Version anzubieten. Und, gefühlt das „Schlimmste" – man wusste, dass an seinen Argumenten etwas dran ist und eine weitere Überarbeitungsrunde die Qualität der Forschung steigern würde. In diesem Sinne könnte man bei ihm vielleicht auch von „gründlich angenehm" sprechen, wenn man dieses Oxymoron zulassen möchte. Bevor wir uns aber in sprachlichen Spielereien verlieren, wollen wir Wolfgang Kerber zum Anlass seines Ausscheidens aus dem aktiven Dienst noch ein wenig mehr kennenlernen. Deshalb wollen wir (KH und OB) ein paar anekdotische Erinnerungen teilen (Abschnitt 1), bevor wir eine Einordung seiner wissenschaftlichen Beiträge vornehmen (Abschnitt 2) und schließlich einen Überblick über die Beiträge in diesem Band geben (Abschnitt 3).

Meine (KH) erste Stelle war 1997 an der Ruhr-Universität Bochum, wo Wolfgang Kerber gerade seine erste Professur für Wirtschaftspolitik angenommen hatte. Die Stelle als wissenschaftliche Hilfskraft mit Abschluss war schon für damalige Verhältnisse äußerst schlecht bezahlt und die Arbeitsverträge wurden halbjährlich geschlossen. Aber Bochum war eine wichtige Station, die wir beide zu meistern hatten. An zwei Dinge erinnere ich mich besonders. Wolfgang Kerber nahm schon damals die Lehre sehr ernst. Das Vorbereiten und Ausfeilen jeder einzelnen Vorlesung, das Korrigieren von Klausuren und Diplomarbeiten nahm viel Zeit in Anspruch, und bevor etwas mit Bezug zu Lehre entschieden wurde, waren lange Gespräche notwendig. Überhaupt sind Entscheidungen von Wolfgang Kerber immer sehr gut vorbereitet und ausgewogen. Das andere Merkmal der Bochumer Zeit war, dass Wolfgang Kerber den wissenschaftlichen Austausch mit (jüngeren) Kollegen aus den benachbarten Ruhrgebiets-Universitäten aktiv förderte und regelmäßig Seminare zu institutionenökonomischen Fragestellungen initiierte (wir lasen zum Beispiel das neu herausgekommene Buch zur Neuen Institutionenökonomik von Furubotn und Richter). Das war recht ungewöhnlich, denn eigentlich waren die Lehrstühle zu dieser Zeit geschlossene Silos, in denen die jeweilige Lehrstuhlmeinung vor sich hin gärte – egal, ob dies ordnungsökonomisch, formal-neoklassisch oder konstitutionenökonomisch orientierte Lehrstühle waren. Auch zwischen den Ruhrgebiets-Universitäten gab es trotz geografischer Nähe kaum inhaltliche Berührungspunkte. In dieser Hinsicht war und ist Wolfgang Kerber mit seinem verbindenden Ansatz modern, denn diese Wissenschaftssilos bestehen noch immer, wenn auch vielleicht weniger als Lehrstühle denn als Denkschulen oder Gruppen, deren Mitglieder den gegenseitigen Austausch höchstens über Soziale Medien praktizieren.

Die Bochumer Zeit war jedoch nur kurz, denn seit Ende 1997 ist Wolfgang Kerber Professor für Wirtschaftspolitik in Marburg, wo er die Nachfolge von Hans-Günter Krüsselberg antrat. Ich hatte das Glück in Marburg auf eine volle Stelle zu kommen und die materiellen Beschränkungen der Bochumer Zeit hinter mir zu lassen. Einen ehrenvollen Ruf auf die neu geschaffene Professur für Institutionenökonomik in Bayreuth schlug Wolfgang Kerber 2001 aus, obwohl Bayreuth deutlich näher an seiner Heimat Nürnberg-Fürth liegt als Marburg. Auch seine Entscheidung für Marburg war wohl gut begründet, denn die Verhandlungen zogen sich hin und die Mitarbeiter am Lehrstuhl in Marburg konnten kaum abschätzen, wie die Entscheidung schließlich ausfallen würde. Umgekehrt konnten die Mitarbeiter sich selbst ein Bild machen, ob für sie überhaupt ein Wechsel nach Bayreuth in Frage kommen würde. Wie dem auch sei, wir blieben in Marburg und der Lehrstuhl konnte durch Berufungszusagen wachsen. Wahrscheinlich hatte der Lehrstuhl Anfang der 2000er Jahre seine maximale Ausdehnung nicht nur personell, sondern auch thematisch. So wurden Themen aus den Bereichen europäische und internationale Wettbewerbspolitik, institutioneller Wettbewerb/Föderalismus, Rechtsökonomik, Verbraucherschutz und Innovationspolitik bearbeitet. Und junge und alte Kollegen an der Fakultät und Universität wurden bei all diesen Projekten angeschlossen, wenn sie es wollten.

Eine wichtige Weichenstellung ergab sich ab dem Jahr 2000 mit dem Hinzutritt von Oliver Budzinski zum Lehrstuhl, der ein Drittmittelprojekt zum Thema internationale Wettbewerbspolitik bearbeitete. Dadurch ergab sich nicht nur eine weitere Schärfung des Forschungsprofils des Lehrstuhls, sondern der Lehrstuhl wurde auch an das sogenannte Hohenheimer Oberseminar (HOS) und dessen Netzwerk angeschlossen. Oliver Budzinski brachte diesen Kontakt aus Hannover mit, wo er promoviert hatte, wobei der Kontakt zum HOS im Wesentlichen dem leider viel zu früh verstorbenen Mathias Erlei (Technische Universität Clausthal-Zellerfeld) zu verdanken war, der eine Kooperation mit Hannover betrieb. Aus den zweimal im Jahr stattfindenden Forschungstreffen der am HOS beteiligten Lehrstühle ergaben sich viele neue Kontakte und Freundschaften. Die regelmäßigen Treffen des HOS sind wissenschaftlich sehr ergiebig und stellen für die teilnehmenden Mitarbeiter eine hervorragende Möglichkeit dar, um ihre Forschungsergebnisse zu präsentieren. Daneben ist das HOS ein überaus soziales Treffen, für das es sich schon deswegen lohnt, dort aktuelle Forschung zu präsentieren.

In diesem Sinne waren die 2000er Jahre eine inspirierende und sehr dynamische Zeit. Für mich (OB) begann das Abenteuer Marburg im Herbst 2001, nachdem Wolfgang Kerber und ich ca. ein Jahr zuvor begonnen hatten, gemeinsam an einem letztendlich erfolgreichen Drittmittelantrag bei der Volkswagenstiftung zu arbeiten. Nachdem die Jahre in Hannover – auch (aber nicht nur) durch die Emeritierungsnähe meines Doktorvaters[1] begründet – sehr meine Eigenständigkeit gefördert hatten, aber auch eine gewisse wissenschaftliche Isolation mit sich brachten, taten sich für mich bei Wolfgang Kerber in Marburg neue Welten auf, ohne die ich es nie zu einer Professur geschafft hätte. Man ging auf Tagungen! Wolfgang Kerber kannte Kollegen anderer Universitäten und wurde von diesen ge- und erkannt! Man publizierte! Gemeinsam mit Wolfgang Kerber (siehe die Bibliografie im Schlusskapitel dieses Bandes) – was unglaublich lehr- und hilfreich war – aber auch in Kooperationen innerhalb des Lehrstuhlteams: neben uns beiden (KH & OB) wären da zu jener Zeit unter anderem Arndt Christiansen, Friedrich Gröteke, Franziska Rischkowsky, Karsten Mause, Jürgen Peter Kretschmer und später Claudia Schmidt und Gisela

1 Für einen Nachruf siehe https://www.tu-ilmenau.de/universitaet/fakultaeten/fakultaet-wirtschaftswissenschaften-und-medien/profil/institute-und-fachgebiete/fachgebiet-wirtschaftstheorie/team/nachruf-auf-prof-dr-udo-mueller.

Linge (geb. Aigner) zu nennen[2], mit denen gemeinsame Publikationen entstanden.[3] Durch die Konferenzen entstanden Kontakte nach außen und auch daraus fruchtbare Kooperationen. Wolfgang Kerber war sehr genau bei gemeinsamen Arbeiten (siehe bereits oben im ersten Absatz), ließ uns aber alle Freiheiten für weitere Projekte.

Freiheiten und Eigenständigkeit - nach den Hannover'schen Jahren für mich (OB) auch ein Praxisschock, wenn es zu Fragen außerhalb der Forschung kam. Ich war gewohnt, bspw. Klausuren zu korrigieren und mein Doktorvater schaute dann nur grob darüber und änderte eigentlich nie etwas. Mit Wolfgang Kerber wurde jede Klausur durchdiskutiert, um den Studierenden auch wirklich die bestmöglich gerechte Note zu geben. Ein stark verkürztes, aber nicht ganz untypisches Gespräch:

- WK: Herr Budzinski, was würden Sie denn geben.
- OB: Eine 2,7 aus den Gründen XYZ.
- WK: Hmm, aber man könnte andererseits aus den Gründen ABC auch über eine 2,3 nachdenken.
- OB (ungeduldig und fertig werden wollend): Ja, stimmt, damit bin ich auch einverstanden.
- WK: Aber nicht so schnell, Herr Budzinski, ihre Argumente haben ja auch etwas für sich ...

Und ich (OB) muss zugeben: auch dabei und dadurch habe ich sehr viel gelernt. Es gibt, glaube ich, kaum jemanden, der so systematisch alle Seiten eines Phänomens oder Problems versucht zu sehen und dadurch eine besondere Tiefe der Analyse erreicht, wie Wolfgang Kerber. Und auch wenn es im Alltag mitunter Nervpotenzial besitzt - gerade wissenschaftlich ist der Wert dieser gedanklichen Tiefe, Schärfe und Unvoreingenommenheit kaum zu überschätzen.

Wolfgang Kerber hat uns immer unterstützt und immer voll und ganz hinter uns gestanden. Ohne seine Anleitung, Beratung und Unterstützung

---

2 Aus Gründen der sehr kreativen abendlichen Bierrunden in Marburgs wunderbarer Altstadt müssen hier unbedingt auch noch Klaus Kirchner, Nils Otter, Sascha Mölls, Jan Schnellenbach und Nils Stieglitz genannt werden, wenn sie auch nicht zum Kerber-Team gehörten.

3 Vgl. Budzinski & Christiansen (2003, 2005a, b, 2007); Heine & Gröteke (2003, 2005, 2008); Heine & Mause (2003, 2004, 2008); Mause & Heine (2003); Gröteke & Heine (2004a, b); Budzinski & Aigner (2005); Aigner et al. (2006); Budzinski & Schmidt (2006); Gröteke & Mause (2009); Mause & Gröteke (2009); Kretschmer & Budzinski (2011); Budzinski & Kretschmer (2016a, b).

wären wir nicht die, welche wir heute sind. Die Zeit bei ihm hat uns eine wissenschaftliche Karriere ermöglicht – die später dann naturgemäß auch ein gewisses „Freischwimmen“ erforderte. Es waren großartige Jahre auf die wir in großer Dankbarkeit zurückblicken!

Getrübt wurde dieser Zeitabschnitt nur durch einen Generationenwechsel an der Fakultät, zuerst im Bereich der Volkswirtschaftslehre und dann im Bereich der Betriebswirtschaftslehre. Dabei ist es das Verdienst von Wolfgang Kerber, dass Wirtschaftspolitik als Fachgebiet in Marburg eine über 25-jährige Kontinuität entfaltete und mit dem Schwerpunkt Wettbewerbspolitik auch internationale Bedeutung erlangen konnte, während die Volkswirtschaftslehre insgesamt in Marburg einen eher schweren Stand in der Sichtbarkeit hat. Die Gründe dafür sind mannigfaltig. Die verkehrstechnische Randlage Marburgs, das geringer werdende Interesse von Studentinnen und Studenten an volkswirtschaftlichen Themen, die mangelhafte Profilbildung der angebotenen Bachelor- und Masterprogramme, oder die wenig strategische Berufungspolitik in Hinblick auf ein erkennbares wissenschaftliches Profil der Volkswirtschaftslehre. Die fehlende interdisziplinäre Verknüpfung zwischen den Fachbereichen zu thematischen Research-Clustern mit einer entsprechenden Ausstattung kommt als Versäumnis der Universitätsleitung hinzu. All das lässt sich natürlich nicht mit Bestimmtheit sagen, zumal wir als Mitarbeiter die Entwicklung eher beobachtend verfolgten, ohne in alle Details eingeweiht zu sein. Insofern ist es vielleicht auch eine ungerechte Beurteilung vor dem historischen Hintergrund der jeweils zu treffenden Beschlüsse, aber was mit Sicherheit gesagt werden kann, ist, dass mit dem Ausscheiden von Wolfgang Kerber die Marburger-Tradition der Volkswirtschaftslehre – manche sprechen von der Marburger Schule – endgültig zu Ende geht, ohne dass bereits deutlich wäre, was an diese Stelle treten könnte.

2. Das wissenschaftliche Werk

Wolfgang Kerber hat sein 1976 an der Universität Erlangen-Nürnberg begonnenes Studium 1982 als Diplom-Volkswirt abgeschlossen. Es folgte die Promotion bei Ernst Heuss, der seinerzeit selbst bei Walter Eucken in Freiburg promoviert und danach unter anderem bei Wilhelm Röpke gearbeitet hat (Fehl & Oberender 2010), und damit naturgemäß der intensive Kontakt zur ordoliberalen Schule, welche er später als Direktor des Walter-Eucken-Instituts (1991-1995) in Freiburg vertiefte. Aber Ernst Heuss – den wir im

Rahmen der Kirchschlettener und Neuendettelsauer Seminare noch kennenlernten – stand auch für die deutsche Marktprozesstheorie, die er wesentlich vorantrieb (Heuss 1965). Natürlich kommen damit auch das Werk Hayeks – von welchem Wolfgang Kerber Teile übersetzt und herausgegeben hat (Hayek 1996a, b) – und jenes von Schumpeter hinzu. Diese Mischung aus Einflüssen ist bereits in der 1988 abgeschlossenen Promotion erkennbar (Kerber 1989) und kommt in seiner Habilitation unter der Betreuung von Ulrich Fehl 1995 an der Philipps-Universität Marburg (Kerber 1994a) voll zur Entfaltung. Nach einer Professur für Volkswirtschaftslehre an der Ruhr-Universität Bochum (1995-1997) folgte Wolfgang Kerber schließlich dem Ruf an die Philipps-Universität Marburg (seit 1997).

Passend zu seinen wirtschaftstheoretischen Einflüssen und Hintergründen hat sich Wolfgang Kerber bereits früh der Wettbewerbsökonomik samt Wettbewerbsrecht und Wettbewerbspolitik verschrieben. Bereits seine Dissertation behandelte ein bis heute aktuelles Thema: die Wettbewerbswirkungen von Nachfragemacht (Kerber 1989, 1991), welche heute noch im Einzelhandel relevant sind und welche in der aktuellen Diskussion um digitale Ökosysteme und mächtige digitale Marktplätze gerade noch zusätzliche Bedeutung erlangen. In seiner Habilitationsschrift entwickelte er schließlich seine Theorie des Wettbewerbes als wissenschaffenden Hypothesentest (Kerber 1994a). Die Theorien von Eucken, Hayek, Schumpeter sowie die Marktprozesstheorie verbindend, stellt Wolfgang Kerber die Dynamik und Innovationskraft des Wettbewerbsprozesses in den Mittelpunkt seiner Theorie (Kerber 1997, 2006, 2023a; Kerber & Saam 2001). Damit hat er auch die evolutorische Ökonomik geprägt, insoweit sie sich für Marktprozesse interessiert, und ist langjähriges Mitglied des evolutionsökonomischen Ausschusses im Verein für Socialpolitik (u.a. Kerber 2004).

Wolfgang Kerber hat sich neben der Grundlagenforschung und der Wettbewerbstheorie immer auch für die anwendungsnahe Wettbewerbspolitikforschung und für konkrete Wettbewerbsfälle interessiert – von dem Zusammenschluss Nestlé/Perrier (Kerber 1994b) über viele weitere Beispiele bis hin zum jüngsten Facebook-Fall (Kerber & Zolna 2022). Darüber hinaus haben ihn besonders die ungewöhnlichen, manchmal skurrilen Bereiche des Wettbewerbs interessiert. Anwendungsbereiche, in denen zahlreiche Besonderheiten eine erhebliche Anpassung von Wettbewerbstheorie und -denken erfordern. Hierzu zählt der institutionelle Wettbewerb in Kombination mit Föderalismus (stellvertretend für viele: Kerber & Vanberg 1995; Heine & Kerber 2007) und der regulatorische Wettbewerb (beispielsweise: Heine & Kerber 2002) ebenso wie die Frage einer internationalen Wettbewerbspolitik in globalisierten Märkten (inter alia, Kerber 1999; Budzinski & Kerber 2006) oder Wettbewerbsphänomene bei Krankenkassen, Patentstreitigkeiten und im Bildungsbereich. Die wohl jüngste Ausprägung dieses breiten Forschungsinteresse ist der Bereich der (digitalen) Daten und des Datenwettbewerbs (Kerber 2022, 2023b).[4]

Stets hat Wolfgang Kerber nicht nur die ökonomische Analyse, sondern auch die Interaktion von Wirtschafts- und Rechtsordnung im Blick. Es ist daher kein Wunder, dass Wolfgang Kerbers Interesse auch der Rechtsökonomik gilt. Es ist nicht die ökonomische Analyse des Rechts, also die Anwendung des wohlfahrtsökonomischen Instrumentariums auf rechtliche Detailfragen, sondern das Coaseanische Programm rechtliche Alternativen in Hinblick ihre Vorteilhaftigkeit in einem realen Kontext zu vergleichen. Marburg war für diese Forschungsrichtung zu Beginn der 2000er Jahre ein sehr guter Platz. Alfred Schüller, Willi Meyer, Hans-Günter Krüsselberg, Jochen Röpke und Helmut Leipold hatten nicht nur eine quasi-natürliche Verbindung zur Rechtsökonomik, sondern hatten auch in einem viel beachteten Buch zu Property Rights den Stand der Forschung zusammengefasst (Schüller 1983). Erich Schanze von den Rechtswissenschaften in Marburg und Christian Kirchner von der Humboldt Universität zu Berlin waren zudem sehr hilfreich mit ihrem internationalen Forschungsnetzwerk, um die Rechtsökonomik in Wolfgang Kerbers wissenschaftlichen Werk zu verankern und sichtbar zu machen. Multilevel Governance, institutionelle Pfadabhängigkeiten oder Regulierungswettbewerb sind einige Themen, die auf konkrete Anwendungsfelder bezogen wurden, z.B. Gesellschaftsrecht, Konsumentenschutz, Europäische Beihilfenkontrolle und Bildung, und sich in den Publikationen dieser Zeit widerspiegeln. Letztlich ist es kein Zufall, dass die Rechtsökonomik in den jüngeren Publikationen von Wolfgang Kerber zu Fragen der Digitalisierung wieder stark aufscheint und eine Symbiose mit seinen wettbewerbstheoretischen Erkenntnissen eingeht. Damit ist es Wolfgang Kerber gelungen, ein Forschungsprogramm vorzulegen, das nicht nur wichtige einzelne Forschungsbeiträge enthält, sondern auch ein hohes Maß an inhaltlicher und methodischer Konsistenz aufweist. Insofern ist er ein starker Vertreter der Marburger Schule, die nicht nur die Integration mit rechtswissenschaftlichen Forschungsfragen anstrebte, sondern immer auch eine hohe Konsistenz in ihrem Forschungsprogramm

4 Für einer Übersicht über das umfangreiche Schrifttum Wolfgang Kerbers siehe das letzte Kapitel dieses Bandes.

aufwies. Es wird interessant zu sehen sein, ob es der Marburger Volkswirtschaftslehre gelingt, die Lücke zu füllen, die Wolfgang Kerber hinterlässt.

3. *Dieser Band*

Wie auch das Werk Wolfgang Kerbers, widmet sich dieser Band den Themenbereichen *Wettbewerb, Recht und Ökonomie,* sowie weiteren Fragen der *Wirtschaftspolitik.* Im Teil *Wettbewerb* beschäftigen sich *Justus Haucap und Joel Stiebale* zunächst mit nicht-preislichen Wettbewerbseffekten von Fusionen. Die Autoren geben einen umfangreichen Überblick über die theoretische und empirische Literatur mit einem Fokus auf die Aspekte Innovationen, Produktvielfalt sowie Qualität. *Roger van den Bergh und Franziska Weber* untersuchen in ihrem Beitrag, ob das Wettbewerbsrecht das richtige Instrumentarium für den Umgang mit den pro- sowie antikompetitiven Effekten von Nachfragemacht bietet. *Simonetta Vezzoso* betont die Wichtigkeit des von Wolfgang Kerber entwickelten dynamischen Wettbewerbskonzepts für die notwendige Weiterentwicklung des wettbewerbspolitischen Denkens und der Ökonomie, insbesondere in der digitalen Wirtschaft. Auch *Oliver Budzinski* fokussiert sich auf das Werk Wolfgang Kerbers und arbeitet in seinem Beitrag ausgewählte Implikationen des Kerber'schen Konzeptes von Wettbewerb als Hypothesentest für die aktuelle Wettbewerbspolitik heraus. *Lea Bernhardt und Ralf Dewenter* untersuchen die EU-Fusionskontrolle auf die Berücksichtigung von Innovationsaspekten. Analysiert wird dabei auch, inwiefern die Einführung des More Economic Approach sich darauf ausgewirkt hat. Im Beitrag von *Arndt Christiansen* steht ebenfalls die Fusionskontrolle im Fokus. Der Autor befasst sich dabei mit der konkreten Anwendung des SIEC-Tests in der Fallpraxis des Bundeskartellamtes und untersucht dahingehend aktuelle Fusionskontrollentscheidungen im Einzelhandel. *Ulrich Schwalbe und Christian Schwalbe* gehen in ihrem Beitrag der Frage nach, ob und inwieweit die Ergebnisse algorithmischer Preisgestaltung, also ein potenzielles Vorliegen von algorithmischer Kollusion, vom Grad der Produktdifferenzierung abhängen.

Im zweiten Teil, *Recht und Ökonomie,* widmen sich die Autorinnen und Autoren der auch Wolfgang Kerber wichtigen Verbindung dieser beiden Disziplinen. *Rupprecht Podszun* nutzt in seinem Beitrag zur Adressierung der Frage nach dem „Problem bei der Zähmung von Big Tech" etwa das Kerber'sche Model von Recht als Selektionsumgebung für eine evolutorische Wirtschaft. Der Beitrag von *Klaus Heine* befasst sich mit der Konzeption eines rechtswissenschaftlichen Umgangs mit Künstlicher Intelligenz. Dabei nutzt der Autor sowohl rechtswissenschaftliche Theorie und Rechtsdogmatik sowie ökonomische Analysen des Haftungsrechts. *Daniel Gill, Karsten K. Zolna und Diane Asobo* erörtern ökonomische Argumente gegen eine exklusive Kontrolle von Daten durch einzelne Akteure und erläutern in diesem Zusammenhang auch den Status-Quo der Datenverwaltung einschließlich einer Analyse des aktuellen Rechtsrahmens. In ihrem Papier erörtert *Martina Eckardt*, ob Data Commons eine sinnvolle Form der Governance darstellen können, um das Potential der Nutzung von nicht-personenbezogenen Daten auszuschöpfen. Dabei werden insbesondere die mit dem Data Act geschaffenen neuen Rechte für den Zugang und die Nutzung nicht-personenbezogener Daten, die von IoT-Geräten erzeugt werden, berücksichtigt.

Im letzten Teil des Bandes, mit *Wirtschaftspolitik* überschrieben, stellen *Björn A. Kuchinke, Jürgen Rösch und Maxi Rauch* zunächst eine Vielzahl an Vorschlägen zur Ausgestaltung einer primär digitalen öffentlich-rechtlichen Plattform als Zukunft des öffentlich-rechtlichen Rundfunks systematisch vor und unterziehen diese einer ökonomischen Einordnung und Prüfung. *Gerhard Wegner* beschäftigt sich mit der Begriffsbestimmung hybrider politscher Regime anhand politikwissenschaftlicher Literatur sowie der Betrachtung der Interdependenz dieser im Rahmen von politischer und ökonomischer Ordnung. *Karsten Mause* gibt einen Überblick über das Ausmaß des Wettbewerbs im deutschen Hochschulsystem. In einem wirtschaftspolitischen Essay diskutieren *Claudia Schmidt und Benjamin R. Kern* das Verbot von e-fuels aus ökonomischer Sicht.

Der Band schließt mit einer umfassenden Übersicht über das Werk Wolfgang Kerbers.

Die Herausgeber danken allen Beitragenden dafür, spannende und relevante Papiere für diese Festschrift verfasst und zur Verfügung gestellt haben. Oliver Budzinski und Klaus Heine danken insbesondere ganz herzlich *Annika Stöhr*, ohne deren leitende und umfassende Redaktion des Bands eine Realisierung dieser Schrift nicht denkbar gewesen wäre. Für seine Assistenz bei der Formatierung der Beträge danken wir Benjamin Kopczyk.

Literaturverzeichnis

Aigner, G.; Budzinski, O. & Christiansen, A. (2006), The Analysis of Coordinated Effects in European Merger Control: Where Do We Stand after Sony/BMG and Impala?, in: European Competition Journal, Vol. 2 (2), 119-140.

Budzinski, O. & Aigner, G. (2005), Institutionelle Rahmenbedingungen für internationale Mergers & Acquisitions - Auf dem Weg zu einem globalen Fusionskontrollregime?, in: M. F. Strohmer (Hrsg.), Internationale Mergers & Acquisitions, Frankfurt a. M.: Lang, 189-232.

Budzinski, O. & Christiansen, A. (2003), Neue Initiativen für eine internationale Wettbewerbspolitik, in: Orientierungen zur Wirtschafts- und Gesellschaftspolitik, Vol. 95 (1), 14-21.

Budzinski, O. & Christiansen, A. (2005a), Competence Allocation in EU Competition Policy as an Interest-Driven Process, in: Journal of Public Policy, Vol. 25 (3), 313-337.

Budzinski, O. & Christiansen, A. (2005b), Aktuelle Reformen in der Europäischen Wettbewerbspolitik, in: WiSt - Zeitschrift für Ausbildung und Hochschulkontakt, Vol. 34 (3), 165-169.

Budzinski, O. & Christiansen, A. (2007), The Oracle/PeopleSoft Case: Unilateral Effects, Simulation Models and Econometrics in Contemporary Merger Control, in: Legal Issues of Economic Integration, Vol. 34 (2), 133-166.

Budzinski, O. & Kerber, W. (2006), Internationale Wettbewerbspolitik aus ökonomischer Perspektive, in: P. Oberender (Hrsg.), Internationale Wettbewerbspolitik, Berlin: Duncker & Humblot, 9-40.

Budzinski, O. & Kretschmer, J. P. (2016a), Implications of Unprofitable Horizontal Mergers: A Positive External Effect Does Not Suffice To Clear A Merger! In: Contemporary Economics, Vol. 10 (1), 13-26.

Budzinski, O. & Kretschmer, J. P. (2016b), Horizontal Mergers, Involuntary Unemployment, and Welfare, in: Journal of Economic Research, Vol. 21 (3), 297-317.

Budzinski, O. & Schmidt, C. (2006), European Industrial Policy: Economic Foundations, Concepts, and Consequences, in: B. Sekulovska-Gaber (Hrsg.), Continuing Education in European Affairs, Skopje: Jugoreklam, 187-205.

Fehl, U. & Oberender, P. O. (2010), Nachruf auf Prof. Dr. Ernst T. V. Heuß, in: ORDO, Vol. 61 (1), 379-386.

Gröteke, F. & Heine, K. (2004a), Regionale Steuerkompetenzen und europäische Beihilfenkontrolle am Beispiel des Baskenlandes, in: List Forum für Wirtschafts- und Finanzpolitik, Vol. 30 (1), 137-152.

Gröteke, F. & Heine, K. (2004b), "Institutional Rigidities" and European State Aid Control, in: European Competition Law Review, Vol. 25, 322-331.

Gröteke, F. & Mause, K. (2009), Die deutsche 'Schuldenbremse': Ein wirksames Instrument zur Vermeidung eines Bailout? In: Zeitschrift für Wirtschaftspolitik, Vol. 58 (3), 309-335.

Hayek, F. A. von (1996a), Die Anmaßung von Wissen. Neue Freiburger Studien, herausgegeben von Wolfgang Kerber, Tübingen: Mohr Siebeck.

Hayek, F. A. von (1996b), Zur Bewältigung von Unwissenheit (übersetzt von Wolfgang Kerber), in: F. A. von Hayek, Die Anmaßung von Wissen. Neue Freiburger Studien (herausgegeben von Wolfgang Kerber), Tübingen: Mohr Siebeck, 307-316.

Heine, K. & Gröteke, F. (2003), Beihilfenkontrolle und Standortwettbewerb: "Institutionelle Rigiditäten" als Rechtfertigung für die Vergabe einer Beihilfe, in: Wirtschaft und Wettbewerb, Vol. 53 (2), 257-265.

Heine, K. & Gröteke, F. (2005), Beihilfenkontrolle und europäische Verfassung am Beispiel der Daseinsvorsorge, in: Aussenwirtschaft, Vol. 60 (4), 463-484.

Heine, K. & Gröteke, F. (2008), Europäische Beihilfenkontrolle und Market Preserving Federalism, in: M. Grusevaja; C. Wonke; U. Hösel & M. H. Dunn (Hrsg.), Quo vadis Wirtschaftspolitik? Festschrift für Norbert Eickhof, Frankfurt: Lang, 75-96.

Heine, K. & Kerber, W. (2002), European Corporate Laws, Regulatory Competition and Path Dependence, in: European Journal of Law and Economics, Vol. 13 (1), 47-71.

Heine, K. & Kerber, W. (2007, Hrsg.), Zentralität und Dezentralität von Regulierung in Europa, Stuttgart: Lucius & Lucius.

Heine, K. & Mause, K. (2003), Politikberatung als informationsökonomisches Problem, in: Jahrbücher für Nationalökonomie und Statistik, Vol. 223 (4), 479-490.

Heine, K. & Mause, K. (2004), Policy Advice as an Investment Problem, in: Kyklos, Vol. 57 (3), 403-428.

Heine, K. & Mause, K. (2008), Ökonomie der Politikberatung, in: S. Bröchler & R. Schützeichel (Hrsg.), Politikberatung, Stuttgart: Lucius und Lucius, 147-168.

Heuss, E. (1965), Allgemeine Markttheorie, Tübingen: Mohr Siebeck.

Kerber, W. (1989), Evolutionäre Marktprozesse und Nachfragemacht, Baden-Baden: Nomos.

Kerber, W. (1991), Evolutionäre Wettbewerbsprozesse über mehrere Wirtschaftsstufen: Das Beispiel "Industrie - Handel - Konsumenten", in: ORDO, Vol. 42 (1), 325-349.

Kerber, W. (1994a), Evolutorischer Wettbewerb. Zu den theoretischen und institutionellen Grundlagen der Wettbewerbsordnung, Habilitationsschrift.

Kerber, W. (1994b), Der EG-Fusionskontrollfall "Nestlé/Perrier", in: Wirtschaft und Wettbewerb, Vol. 44 (1), 21-35.

Kerber, W. (1997), Wettbewerb als Hypothesentest: Eine evolutorische Konzeption wissenschaffenden Wettbewerbs, in: K. von Delhaes & U. Fehl (Hrsg.), Dimensionen des Wettbewerbs: Seine Rolle in der Entstehung und Ausgestaltung von Wirtschaftsordnungen, Stuttgart: Fischer, 29-78.

Kerber, W. (1999), Wettbewerbspolitik als nationale und internationale Aufgabe, in: T. Apolte, R. Caspers & P. J. J. Welfens (Hrsg.), Standortwettbewerb - Wirtschaftspolitische Rationalität und internationale Ordnungspolitik, Baden-Baden: Nomos, 242-269.

Kerber, W. (2004, Hrsg.), Studien zur Evolutorischen Ökonomik, Vol. IX, Berlin: Duncker & Humblot.

Kerber, W. (2006), Competition, Knowledge, and Institutions, in: Journal of Economic Issues, Vol. 40 (2), 457-463.

Kerber, W. (2022), Taming Tech Giants: The Neglected Interplay Between Competition Law and Data Protection (Privacy) Law, in: The Antitrust Bulletin, Vol. 67 (2), 280-301.

Kerber, W. (2023a), Dynamic Competition and Innovation: An Evolutionary Approach of Knowledge-Generating Competition, manuscript.

Kerber, W. (2023b), Data Act and Competition: An Ambivalent Relationship, in: Concurrences, Vol. 20 (1), 30-36.

Kerber, W. & Saam, N. (2001), Competition as a Test of Hypotheses: Simulation of Knowledge-generating Market Processes, in: Journal of Artificial Societies and Social Simulation (JASSS), Vol. 4 (3).

Kerber, W. & Vanberg, V. (1995), Competition Among Institutions: Evolution Within Constraints, in: L. Gerken (Hrsg.), Competition Among Institutions, London: Palgrave Macmillan, 35-64.

Kerber, W. & Zolna, K. (2022), The German Facebook Case: The Law and Economics of the Relationship between Competition and Data Protection Law, in: European Journal of Law and Economics, Vol. 54 (2), 217-250.

Kretschmer, J. P. & Budzinski, O. (2011), Advertised Meeting-the-Competition Clauses: Collusion Instead of Price Discrimination, in: Economics Bulletin, Vol. 31 (4), 3153-3157.

Mause, K. & Gröteke, F. (2009), Hochschulwettbewerb, Hochschulpolitik und eine Paradoxie, in: S. Jaenichen, T. Steinrücken, N. Seifferth-Schmidt & A. Itzenplitz (Hrsg.): Empirische und theoretische Analysen aktueller wirtschafts- und finanzpolitischer Fragestellungen. Ilmenau: Universitätsverlag Ilmenau, 115–157.

Mause, K. & Heine, K. (2003), Ökonomische Analysen wissenschaftlicher Politikberatung, in: Politische Vierteljahresschrift, Vol. 44 (3), 395-410.

Schüller, A. (1983, Hrsg.), Property Rights und ökonomische Theorie, München: Vahlen.

Wettbewerb

Nicht-Preisliche Wettbewerbseffekte von Unternehmenszusammenschlüssen

Justus Haucap & Joel Stiebale, Düsseldorf

1. Einleitung

Die Fusionskontrolle fokussiert sich bei der wettbewerblichen Beurteilung von Unternehmenszusammenschlüssen zunehmend nicht mehr allein auf erwartbare Preiseffekte. Vielmehr rücken Auswirkungen auf Innovationsanreize und nicht-preisliche Marktergebnisse wie Produktvielfalt, Qualität, Nachhaltigkeit und, insbesondere in den USA, auch Arbeitsmarkteffekte wie etwa auf die Entlohnung, in das Blickfeld von Wettbewerbsbehörden.[1] Während Instrumente zur Prognose der preislichen Effekte von Fusionen zwar keineswegs perfekt, aber doch verhältnismäßig gut entwickelt sind, ist die Vorhersage von Auswirkungen auf andere, nicht-preisliche Parameter nach wie vor viel schwieriger (siehe OECD 2018). Ein Grund dafür ist nicht nur die Schwierigkeit, nicht-preisliche Effekte überhaupt adäquat zu erfassen und verlässlich zu messen, sondern auch die aus theoretischer Sicht oft nicht eindeutige und deutlich komplexere Beziehung zwischen Fusionen, Innovation und anderen Ergebnissen.

Im Zentrum des vorliegenden Beitrags steht zunächst die Beziehung zwischen Wettbewerb und Innovationen – ein Thema, das auch Wolfgang Kerber schon seit über 30 Jahren beschäftigt (vgl. schon Kerber 1992, 1993) und bis heute nicht loslässt (vgl. Kerber 2023a, b). Daher beginnen wir den vorliegenden Beitrag im Folgenden auch mit der theoretischen Betrachtung der Beziehung zwischen Wettbewerb und dem Innovationsgeschehen auf Märkten, auch wenn Innovationen nur ein nicht-preislicher Parameter unter vielen im Wettbewerb auf Märkten sind, wenn auch vielleicht ein für Wachstum und Wohlstand besonders wichtiger. Selbst in der verhältnismäßig einfachen Modellwelt der Industrieökonomik mit ihrer Analyse partieller Gleichgewichte ist theoretisch keineswegs eindeutig, ob

1 Beispiele für einschlägige Fälle, in denen diesbezügliche Bedenken geäußert wurden, sind Pfizer/Hospira, GlaxoSmithKline/Novartis und Dow/DuPont. Einen ersten Überblick über die Auswirkungen von Fusionen auf Innovation, Produktqualität und Verbraucherschutz hat die OECD (2018) gegeben.

und unter welchen Bedingungen mehr oder weniger Wettbewerb zu mehr oder weniger Innovationsgeschehen führt. Wendet man sich – wie Kerber (1992, 1993) oder Kerber und Vezzoso (2005) – evolutionsökonomischen Überlegungen zu, so wird selbst die theoretische Herleitung, wie genau die Intensität des Wettbewerbs auf Märkten mit dem Ausmaß der Innovationstätigkeit zusammenhängt, nicht einfacher.

Selbst in der uns beiden näher liegenden Welt der (klassischen) Industrieökonomik ist die Anzahl der theoretischen Modelle groß und ihre Befunde keineswegs einheitlich. Empirisch allerdings hat zumindest die überwiegende Mehrheit der Untersuchungen von horizontalen Unternehmenszusammenschlüssen auf bereits konzentrierten Märkten statistisch signifikante und ökonomisch bedeutsame negative Auswirkungen auf Innovationsbemühungen (Inputs) und Innovationserfolge (Outputs) festgestellt. Dabei scheinen negative Effekte in forschungs- und entwicklungsintensiven Branchen insbesondere dann stark ausgeprägt zu sein, wenn die Marktkonzentration schon vor einem Zusammenschluss hoch ist und wenn zwischen Erwerber und Zielunternehmen eine große technologische Nähe besteht. Diese Literatur fassen wir im Folgenden zusammen. Darüber hinaus diskutieren wir auch die Übernahme potenzieller Wettbewerber, bei denen ein Unternehmen ein anderes mit dem Ziel übernimmt, das mögliche Entstehen von Konkurrenz zu verhindern, sog. "Killer-Akquisitionen". Zudem präsentieren wir Überlegungen, wie Fusionen, die Innovationsanreize reduzieren, von Wettbewerbsbehörden ex ante erkannt werden können, und wir entwickeln eine Reihe von Ideen und Anregungen für die praktische Fusionskontrolle in Bezug auf die Identifikation kritischer Zusammenschlüsse und mögliche Abhilfemaßnahmen.

Auf die Betrachtung des Zusammenhangs zwischen Wettbewerb und Innovationen folgend wenden wir uns dann auch anderen nicht-preislichen Wettbewerbsparametern zu, wie etwa Produktvielfalt und -qualität. Hier sind nicht nur die Befunde der theoretischen, sondern auch der empirischen Literatur uneinheitlich. Insgesamt deutet die vorhandene Literatur jedoch darauf hin, dass nicht-preisliche Wettbewerbseffekte horizontaler Fusionen oftmals die negativen Folgen von Preiserhöhungen für die Verbraucher verstärken. Wir erörtern auch kurz nicht-preisliche Auswirkungen vertikaler Zusammenschlüsse, für welche die Befunde etwas positiver sind als für horizontale Unternehmenszusammenschlüsse. Schließlich gehen wir auch auf die sich entwickelnde Literatur ein, die sich mit den Auswirkungen von Fusionen auf Nachfragemacht, Löhne und Nachhaltigkeit befasst.

Im Weiteren ist dieser Beitrag nun wie folgt gegliedert. Abschnitt 2 gibt einen Überblick über die industrieökonomische Literatur zu den Auswirkungen horizontaler und vertikaler Unternehmenszusammenschlüsse auf Innovationen und leitet daraus Hinweise für die Fusionskontrolle ab. In Abschnitt 3 erörtern wir Auswirkungen auf andere nicht-preisliche Marktergebnisse wie Produktvielfalt, Produktneueinführungen und Produktqualität. Die Abschnitte 4 und 5 sind den Auswirkungen auf Nachhaltigkeit und Arbeitsmarktergebnisse gewidmet, bevor Abschnitt 6 mit einem Fazit schließt. Also, los geht's.

2. Unternehmenszusammenschlüsse und Innovationsanreize aus industrieökonomischer Sicht

2.1. Horizontale Unternehmenszusammenschlüsse und Innovationen

Horizontale Fusionen führen prinzipiell zum Verlust eines Wettbewerbers auf den Produktmärkten. Um zu verstehen, wie sich dies auf Innovationsanreize auswirkt, ist es sinnvoll, zunächst die Beziehung zwischen Wettbewerb und Innovation im Allgemeinen zu betrachten. Diese Beziehung wird in der ökonomischen Literatur bereits (kontrovers) diskutiert, seit Schumpeter (1942) das inzwischen berühmte Konzept der schöpferischen Zerstörung entwickelt hat.

Ein wesentlicher Unterschied zwischen der Analyse der statischen Wettbewerbseffekte auf Preise und Mengen einerseits und der von Wettbewerbseffekten auf Innovationsanreize andererseits ist das Fehlen eines hinreichend abgesicherten Vorhersagemusters in Bezug auf Innovationen. Als Faustregel und nützliche Heuristik kann gelten, dass eine Verringerung der Anzahl der Wettbewerber (und damit eine Erhöhung der Marktkonzentration) zumindest ab einem bestimmten Ausmaß an Marktkonzentration tendenziell einen Anstieg der Preise und so eine Reduktion der Verbraucherwohlfahrt und der Gesamtwohlfahrt induziert, sofern ein Zusammenschluss nicht deutliche Effizienzgewinne mit sich bringt. Umgekehrt besteht ebenso die allgemeine Vermutung, dass Zusammenschlüsse unterhalb bestimmter Umsatz- und Konzentrationsschwellen eher effizienzsteigernd als wettbewerbshemmend sein dürften, so dass sie keiner eingehenden Prüfung unterzogen werden, sofern sie überhaupt anzumelden sind. Sofern eine fusionskontrollrechtliche Prüfung eines Zusammenschlussvorhabens erfolgt, weil die relevanten Umsatzschwellen erreicht werden, ist die kartellrechtliche Schwelle für eine Untersagung eines Zusammenschlusses nicht bereits, dass ein geplanter Zusammenschluss zu *irgendeiner* Behinderung wirksamen Wettbewerbs führen kann, sondern – zumindest in der EU – dass diese Behinderung auch erheblich ist.[2] Ist die Behinderung des wirksamen Wettbewerbs hingegen nicht erheblich, so gilt aus ökonomischer Perspektive die Vermutung, dass der Zusammenschluss in der Gesamtbetrachtung eher effizienzsteigernd sein dürfte und somit nicht untersagt werden sollte. Und schließlich werden selbst solche Zusammenschlüsse, die wahrscheinlich zu einer erheblichen Behinderung wirksamen Wettbewerbs führen, nicht untersagt, wenn die Unternehmen so erhebliche Effizienzgewinne nachweisen können, dass sie die wahrscheinlichen wettbewerbshemmenden Auswirkungen des Zusammenschlusses mehr als aufwiegen. Auf bereits stark konzentrierten Märkten gilt gleichwohl die allgemeine Faustregel, dass eine weitere Zunahme der Konzentration tendenziell erst einmal zu höheren Preisen führen dürfte. Weniger Wettbewerb führt zu höheren Preisen, so könnte man die Faustregel formulieren.

Im Gegensatz dazu ist der Zusammenhang zwischen Wettbewerbsintensität, Marktkonzentration und Innovationsgeschehen weit weniger eindeutig. Im Allgemeinen können Innovationsanreize mit zunehmender Marktkonzentration steigen oder sinken. Nicht immer führt weniger (mehr) Wettbewerb auch zu weniger (mehr) Innovationen, es gibt hier keinen stetigen Zusammenhang. Der Grund für die nicht eindeutige Beziehung zwischen Marktkonzentration und Innovation liegt in verschiedenen gegenläufigen Effekten eines Zusammenschlusses. Wie bereits vor mehr als 60 Jahren von Arrow (1962) dargelegt, impliziert der sog. Substitutionseffekt (manchmal auch als Gewinneffekt bezeichnet), dass Unternehmen mit hohen Marktanteilen (auf konzentrierten Märkten) vergleichsweise geringere Anreize an neuen oder verbesserten Produkten (oder Verfahren) haben, da diese Produkte weitgehend die eigenen Produkte des Unternehmens ersetzen. Anders ausgedrückt: Wenn Unternehmen aufgrund eines schwachen Wettbewerbs auf dem Produktmarkt bereits hohe Gewinne realisieren, ist der zusätzliche Gewinn durch innovative Produkte oder durch eine Steigerung der Produktionseffizienz relativ gering, zumindest im Vergleich zu

2 In anderen Jurisdiktionen gibt es teilweise etwas andere materielle Regeln. Allen gemein ist jedoch, dass nicht die Gefahr einer x-beliebigen Reduktion der Wettbewerbsintensität durch eine Fusion für eine Untersagung ausreichend ist, sondern diese Reduktion des Wettbewerbs ein gewisses Ausmaß erreichen muss, wie etwa die Erheblichkeit.

Unternehmen mit niedrigen Gewinnen und geringen Marktanteilen (auf weniger konzentrierten Märkten), sodass letztere stärker von einer Innovation profitieren können. Anzumerken ist gleichwohl, dass der Substitutionseffekt an Stärke verliert, wenn alte und neue Produkte hinreichend differenziert sind (siehe z. B. Greenstein & Ramey 1998; Gilbert 2006).

Grundlegender ist jedoch, dass sich der Effekt vollständig umkehren kann, wenn der Vergleichsmaßstab, das Kontrafaktum, geändert wird. Während Arrow die Gewinne eines Unternehmens mit und ohne eine bestimmte Innovation verglichen hat, um die Innovationsanreize eines Unternehmens herzuleiten, haben Gilbert und Newberry (1982) argumentiert, dass die relevante kontrafaktische Situation eher die Wettbewerbsbedrohung durch einen Konkurrenten sein dürfte, der die Innovation einführt, sollte das betrachtete Unternehmen sich gegen die Innovation entscheiden. Der relevante Vergleich, um die Innovationsanreize eines Unternehmens herzuleiten, wäre daher der Gewinn des Unternehmens *mit* der Innovation im Vergleich zum Gewinn des Unternehmens *ohne* Innovation, bei der jedoch ein Wettbewerber diese Innovation einzuführen droht. Wie Ronald Coase (1937, 1960, 1974), Harold Demsetz (1969) und andere nicht müde wurden zu betonen, hängen die Ergebnisse einer Betrachtung regelmäßig vom gewählten Vergleichsmaßstab ab, es ist also gewissermaßen eine Frage der Perspektive: Während Arrow (1962) argumentiert, dass ein Monopolist durch eine Innovation nur wenig hinzugewinnt und daher geringe Innovationsanreize habe, argumentieren Gilbert und Newberry (1982), dass ein Monopolist aber – wenn er nicht innovativ bleibt – am meisten zu verlieren habe und seine Innovationsanreize daher hoch seien. Die letztere Perspektive scheint für patentierbare Innovationen besonders relevant zu sein, bei denen es zu sog. Patentrennen kommen kann. Da Unternehmen mit hohen Marktanteilen und hohen Gewinnen (auf konzentrierten Märkten) und ggf. patentgeschützten Innovationen mehr zu verlieren haben, sind die Innovationsanreize für sie höher als für Unternehmen auf wettbewerbsintensiveren Märkten, die ohnehin geringere Gewinne haben.

2.1.1. Theoretische Modelle

Ganz allgemein werden Innovationen in der industrieökonomischen Literatur, beginnend mit Dasgupta und Stiglitz (1980), oft als Ergebnis von Investitionen in Forschung und Entwicklung modelliert, welche die Gewinnspannen durch eine Senkung der variablen Kosten (Prozessinnovationen) oder eine Verschiebung der Nachfrage nach außen (Produktinnovationen) erhöhen.

In einer Vielzahl von Studien wurde untersucht, wie Veränderungen im Wettbewerb, etwa in der Markstruktur, solche Innovationsanreize beeinflussen. Aus theoretischer Sicht gibt es dabei zwei gegenläufige Effekte. Einerseits reduziert Wettbewerb die Gewinnspannen und Marktanteile der Unternehmen und damit die möglichen Investitionsrenditen. Dies ist der sogenannte Schumpeter-Effekt. Andererseits führt Wettbewerb auch dazu, dass Marktanteile verloren gehen und Gewinne sinken, wenn Unternehmen auf Investitionen verzichten. Dies wiederum veranlasst Unternehmen gerade zu Investitionen, um "dem Wettbewerb zu entkommen", sich also Wettbewerbsvorteile zu sichern und von der Konkurrenz abzusetzen, wie Arrow (1962) argumentiert hat. Auf oligopolistischen Märkten kann zunehmender Wettbewerb zu mehr Investitionen in Forschung und Entwicklung führen, da eine erhöhte Wettbewerbsintensität die Sensitivität der unternehmensspezifischen Nachfrage in Bezug auf produktive Effizienzsteigerungen steigert (Vives 2008; Schmutzler 2013). Anders ausgedrückt: Je intensiver der Wettbewerb auf einem Markt ist, desto mehr Nachfrage kann ein Innovator seinen Konkurrenten durch einen niedrigeren Preis (ermöglicht durch geringere Kosten) oder eine höhere Produktqualität "stehlen". Aghion et al. (2005) haben diese gegenläufigen Mechanismen zuerst in einem Duopolmodell formalisiert, das später in vielfacher Weise erweitert wurde, etwa um unterschiedliche Marktstrukturen zu berücksichtigen (z. B. Vives 2008; Schmutzler 2013; Gutierrez & Philippon 2017; Bombardini et al. 2018).[3]

Aufgrund der gegenläufigen Mechanismen liefert diese Literatur im Allgemeinen keine eindeutigen Prognosen zum Zusammenspiel von Wettbewerb und Innovationsanreizen. Gleichwohl sagen die Modelle voraus, dass positive Auswirkungen von Wettbewerb auf Innovationsanreize aufgrund der Motivation, sich vom Wettbewerb abzusetzen, für technologisch führende Unternehmen wahrscheinlicher sind als für Nachzügler. Eine weitere Vorhersage dieser Modellklasse ist, dass zwischen Wettbewerb und Innovationen nicht-lineare Beziehungen entstehen können. In Aghion et al. (2005) beispielsweise ist die Beziehung tendenziell umgekehrt U-förmig. Je nach Marktstruktur kann jedoch auch eine U-förmige Beziehung (z. B.

3 Für einen Überblick über die theoretische Literatur siehe Vives (2008) und Schmutzler (2013).

Schmutzler 2013) oder eine plateauförmige Beziehung (Igami & Uetake 2020) entstehen.

Ein Mechanismus, durch den Fusionen auf Innovationsanreize wirken können, ist das Aufweichen des Wettbewerbs auf dem Produktmarkt. Diese Reduktion wirkt bei einer Fusion jedoch nicht gleichmäßig auf die an der Fusion beteiligte Parteien (Insider) und die nicht an der Fusion beteiligten Konkurrenten (Outsider). So wird etwa ein fusioniertes Unternehmen einen Teil der Marktauswirkungen von Innovationen internalisieren, wie etwa die durch Innovationen induzierte Umlenkung von Marktanteilen (z. B. Valletti & Zenger 2021).[4] Es ist daher a priori nicht zu erwarten, dass ein Zusammenschluss die F&E-Investitionen der fusionierenden Unternehmen und ihrer Konkurrenten unbedingt in die gleiche Richtung beeinflusst.

Der Zusammenhang zwischen Innovationsanreizen und Fusionen kann durch weitere Wirkungskanäle beeinflusst werden. Erstens kann eine Fusion es erleichtern, sich Innovationsrenditen anzueignen, z. B. aufgrund eines geringeren Marktanteils potenzieller Nachahmer, verbesserter Möglichkeiten zur Nutzung von Patenten oder zur Lizenzierung von Technologien (z. B. Gilbert & Greene 2014). Zweitens können sich Unternehmenszusammenschlüsse auf den Wettbewerb auf sog. Technologiemärkten auswirken, d. h. bevor F&E in kommerzielle Innovationen umgesetzt wird, beispielsweise den Wettbewerb in einem Patentwettlauf (z. B. Dasgupta & Stiglitz 1980; Marshall & Parra 2019). Drittens gibt es potenziell Effizienzgewinne durch Fusionen, etwa durch Komplementaritäten in der Expertise von Unternehmen, ihrem Know-how und ihrem Patentportfolio oder durch eine Verringerung von Parallelforschung (z. B. Bertrand et al. 2012). Zudem wirkt die Internalisierung von möglichen Spillovern durch eine Fusion tendenziell innovationsfördernd, da Spillover in der Regel zu gesellschaftlich ineffizient niedrigen Investitionsniveaus führen. Schließlich können Fusionen und Übernahmen den Marktzugang durch Distributionskanäle und Handelsnetze (z. B. Guadalupe et al. 2012; Blonigen et al. 2014) oder marktspezifisches Wissen wie Marketingexpertise (Nocke & Yeaple 2007) ermöglichen, über die nur eine der fusionierenden Parteien verfügt. Unternehmenszusammenschlüsse können den Marktzugang erleichtern, gerade

4 So wird etwa ein Unternehmen, das an einem anderen Unternehmen beteiligt ist, den durch eine Innovation induzierten Zugewinn an Marktanteilen weniger stark gewichten als ohne eine solche Beteiligung, weil den Marktanteilsgewinnen des Innovators dann Marktanteilsverluste des beteiligten Unternehmens entgegenstehen. Diese Umlenkungseffekte wirken auf fusionierte oder verflochtene Parteien anders als auf unabhängige Unternehmen ohne Querverflechtungen.

bei internationalen Fusionen, und so die Innovationsanreize steigern, da dann die Fixkosten von F&E-Aktivitäten nach einer Übernahme über eine größere Produktionsmenge verteilt werden können (z. B. Guadalupe et al. 2012).

Exemplarisch sei das von Motta und Tarantino (2021) entwickelte Modell genannt, in dem zwei Unternehmen differenzierte Güter anbieten. In diesem Modell reduzieren Fusionen die Innovationsanreize bei den fusionierenden Unternehmen, da ihr Marktanteil insgesamt sinkt. Zugleich steigen in dem Modell jedoch die Innovationsanreize bei den Außenseitern, da sie zusätzliche Marktanteile erobern, auf welche die kostensenkenden innovativen Technologien angewendet werden können. Auf Branchenebene gehen die Investitionen jedoch insgesamt zurück, wenn es nicht hinreichende Effizienzgewinne gibt. Auch Bourreau, Jullien und Lefouili (2021) haben ein theoretisches Modell entwickelt, um zu analysieren, wie sich horizontale 2:1-Fusionen vom Duopol zum Monopol auf Investitionsanreize bei Produktinnovationen auswirken. Im Ergebnis können Auswirkungen von Fusionen auf Innovationsanreize positiv oder negativ sein. Im Kontext von Patentrennen analysieren Federico, Langus und Valletti (2017, 2018) sowie Denicolo und Polo (2018) die Auswirkungen von Fusionen auf Produktinnovationen. In diesen Modellen beeinflussen F&E-Investitionen zwar die Erfolgswahrscheinlichkeit, nicht aber den Wert einer Innovation. Je nachdem wie sich die F&E-Ausgaben auf die fusionierenden Unternehmen verteilen, können horizontale Fusionen Innovationen fördern oder verringern. Wie Bourreau, Jullien und Lefouili (2021) jedoch zeigen, können bei einer nachfragesteigernden Innovation auf einem Markt mit symmetrischen Unternehmen vor der Fusion die meisten von Federico et al. (2018) und Motta und Tarantino (2021) betrachteten Nachfragespezifikationen die Innovationstätigkeit nach einer Fusion nur reduzieren.[5] Weitere Modelle finden sich bei Federico et al. (2020), Motta und Tarantino (2021), Moraga-González, Motchenkova und Nevrekar (2022), Mukherjee (2022), Moresi und Schwartz (2023) sowie Dijk, Moraga-González und Motchenkova (2023).

Ein dynamisches Patentwettbewerbsmodell mit einem Technologieführer und einer Reihe von Nachfolgern haben Marshall und Parra (2019) entwickelt.[6] In ihrem Modell wird die Intensität des Wettbewerbs einerseits

---

5 Siehe auch den Überblick über die entsprechende Literatur in Jullien & Lefouili (2018).
6 Das Modell stützt sich auf einen in Mermelstein et al. (2020) entwickelten Rahmen.

durch die Anzahl der Unternehmen bestimmt, die auf dem Produktmarkt konkurrieren, und andererseits durch die Anzahl der Forschungslabore, die auf dem Markt für Technologie im Wettbewerb stehen, aber nicht auf dem Produktmarkt. Marshall und Parra (2019) kommen zu dem Befund, dass eine Verringerung der Zahl der Forschungslabore (z. B. durch eine Fusion) immer zu einem Rückgang der Innovationen auf dem relevanten Markt führt, auch wenn die F&E-Ausgaben pro Unternehmen steigen. Wie die Intensität des Produktmarktwettbewerbs die Innovationen beeinflusst, hängt von der konkreten Art des Wettbewerbs ab und kann durch eine nicht monotone Beziehung charakterisiert sein. Der Nettoeffekt hängt davon ab, ob der Unterschied zwischen den Gewinnen von Vorreitern und Nachfolgern mit der Zahl der Wettbewerber zu- oder abnimmt.[7] Wenn die Gewinndifferenz zunimmt, steigen auch die F&E-Anstrengungen mit der Zahl der Unternehmen. Nimmt das Gewinngefälle jedoch ab, so nehmen die F&E-Investitionen mit der Zahl der Wettbewerber nur dann insgesamt zu, sofern es hinreichend viele Forschungslabore gibt. Insgesamt hängt die Beziehung zwischen Wettbewerb und Innovationen in diesem Modell von der Art des Produktmarktwettbewerbs und der Parametrisierung ab und kann monoton oder umgekehrt U-förmig sein. In der Regel ist jedoch eine Fusion auf einem konzentrierten Markt (mit wenigen Wettbewerbern) mit einem Rückgang der Innovationen verbunden. Eine Verringerung des Wettbewerbs auf dem Technologiemarkt führt zudem immer zu einem Rückgang der F&E-Investitionen. In der Gesamtschau sind die theoretischen Ableitungen aus den industrieökonomischen Modellen somit nicht einheitlich.

Gerade Wolfgang Kerber (2011, 2018, 2023a) hat sich jedoch wiederholt kritisch dazu geäußert, ob die industrieökonomischen Modelle prinzipiell überhaupt geeignet sind, das Innovationsgeschehen auf Märkten adäquat abzubilden und zu prognostizieren. Insbesondere die dynamische Natur von Innovations- und Wettbewerbsprozessen werden in diesen Modellen zu wenig erfasst. Vor diesem Hintergrund erscheint ein Blick in die Daten, die Empirie also, ratsam.

7 Beispiele, bei denen die Gewinndifferenz mit der Zahl der Unternehmen zunimmt, sind der Preiswettbewerb mit einem homogenen Gut und Prozessinnovationen sowie der Preiswettbewerb mit Logit-Nachfrage und qualitätssteigernden Innovationen. Bei Cournot-Wettbewerb hängt die Beziehung von der Parametrisierung des Modells ab.

2.1.2. Empirische Befunde

Leider sind auch die empirischen Befunde zur Beziehung zwischen Wettbewerb und Innovation nicht völlig eindeutig. Gleichwohl kommt die Mehrzahl der Studien doch zu dem Befund, dass Wettbewerb Innovationen tendenziell fördert (siehe den Überblick über die einschlägige Literatur in Shu & Steinwender 2019).[8] Viele dieser Studien verwenden exogene Variationen in der Wettbewerbsintensität, die durch Handelsliberalisierung oder diverse Deregulierungsereignisse hervorgerufen werden.

Igami und Uetake (2020) stellen ein dynamisches Strukturmodell auf, basierend auf dem Ansatz von Marshall und Parra (2019), und schätzen das Modell anhand von Daten aus der Festplattenindustrie, die zwischen 1996 und 2016 durch eine allgemeine Marktkonsolidierung, aber auch zahlreiche Marktein- und -austritte gekennzeichnet war. Konkret verwenden Igami und Uetake (2020) Daten zu F&E, Marktanteilen, Festplattenpreisen und verkauften Mengen, um die Nachfrage zu schätzen und variable Kosten abzuleiten. Wie Igami und Uetake (2020) feststellen, nahmen die Innovationsanreize mit der Anzahl der Wettbewerber bei einer anfänglich geringen Anzahl von Unternehmen erheblich zu. Bei einer großen Zahl von Unternehmen wird diese Beziehung jedoch plateauförmig, d.h. die Innovationsanreize steigen nicht weiter mit weiteren Unternehmen, aber eine Reduktion in der Zahl der Wettbewerber wirkt sich nie positiv auf Innovationsanreize aus.

Igami und Uetake (2020) gehen auch der Frage nach, wie weit die Konsolidierung der Branche gesellschaftlich wünschenswert ist, wenn Wettbewerb und Innovationen endogen sind. Auf der Basis von Simulationen kommen die Autoren zu dem Schluss, dass ihre kontrafaktischen Simulationen darauf hindeuten, dass die derzeitige Faustregel, welche Fusionsaktivitäten stoppt, wenn drei oder weniger Unternehmen auf einem Markt existieren, angesichts des dynamischen Wohlfahrtskonflikts in etwa die richtige Balance herstellt. In der Tat dürfte ein Zusammenschluss von drei auf zwei Unternehmen nicht nur zu einer zu hohen Marktkonzentration führen, sondern regelmäßig auch wohlfahrtsmindernd wirken. In vielen Branchen sollten Wettbewerbsbehörden aber wohl selbst dann skeptisch sein, wenn noch mehr als drei Unternehmen auf den Märkten vertreten

8 Es gibt jedoch auch einige wenige Ausnahmen, hauptsächlich US-amerikanische Fallstudien, die eine negative Beziehung belegen (z. B. Autor et al. 2020).

sind, insbesondere wenn die Unternehmen heterogen sind und relativ große Unternehmen an einer Fusion beteiligt sind.

Bennato et al. (2021) haben ebenfalls Fusionen in der Festplattenindustrie analysiert und eine Zunahme von Innovationsaktivitäten nach einer Marktkonsolidierung von fünf auf drei Unternehmen ermittelt. Dafür betrachten Bennato et al. (2021) verschiedene Innovationsindikatoren wie F&E-Ausgaben, Patente und neue Produkte für einige Unternehmen, jedoch gilt ihr Befund nicht unisono für alle untersuchten Parameter.

Haucap, Rasch und Stiebale (2019) haben die Auswirkungen von Fusionen auf die Anreize für Investitionen in qualitätsverbessernde (nachfrageerhöhende) Innovationen für das fusionierte Unternehmen und ein nicht fusionierendes Konkurrenzunternehmen analysiert. Grundlage sind ein Bertrand-Modell mit differenzierten Gütern sowie ein Modell eines sog. Patentrennens.[9] Wie wir in dem Beitrag zeigen, hängen die Auswirkungen von Fusionen in beiden Modellklassen von der Forschungsintensität einer Branche (bestimmt durch das Verhältnis der Fixkosten von F&E zu ihren Erträgen) und dem Grad der Unternehmensheterogenität (gemessen als Ex-Ante-Effizienzunterschiede zwischen Erwerber- und Zielunternehmen) ab. Zwei gegenläufige Wirkungskanäle beeinflussen den Gesamteffekt. Einerseits wird mit zunehmendem Wettbewerb der Marktvergrößerungseffekt — d. h. die Auswirkung der Innovation auf die Gleichgewichtsnachfrage — geringer, was die Innovationsanreize verringert. Andererseits kann die Produktion pro (neu fusioniertem) Unternehmen nach dem Zusammenschluss steigen — und somit fallen höhere Margen aufgrund von Innovationen für mehr Produktionseinheiten an — was die Erträge von F&E erhöht. Welcher Effekt überwiegt, hängt von der F&E-Intensität einer Branche, dem Grad der Heterogenität der Unternehmen und der Substituierbarkeit der Produkte ab. Negative Auswirkungen auf die Innovation sind in einer forschungsintensiven Branche und bei hoher Produktsubstituierbarkeit wahrscheinlicher. Der Grad der Unternehmensheterogenität, d. h. die Effizienzunterschiede zwischen dem Erwerber und dem Zielunternehmen vor der Fusion, hat asymmetrische Auswirkungen auf die Innovationsbemühungen der fusionierenden Unternehmen und ihrer Konkurrenten. Für fusionierende Unternehmen sind positive Auswirkungen wahrscheinlicher, wenn die Unternehmensheterogenität hoch ist, da das fusionierte Unternehmen von der Beseitigung von Ineffizienzen profitiert. Bei nicht

9 In einer früheren Version dieses Papiers wurde ein Cournot-Modell mit heterogenen Unternehmen verwendet, das zu ähnlichen Ergebnissen führte.

fusionierenden Konkurrenten sind positive Auswirkungen weniger wahrscheinlich, wenn die Heterogenität zwischen Erwerber und Zielunternehmen groß ist. Der Grund dafür ist, dass bei der Übernahme eines relativ ineffizienten Unternehmens für das externe Unternehmen der Zuwachs an Marktanteilen, auf den es höhere Aufschläge anwenden kann, relativ gering ist.

In Haucap, Rasch und Stiebale (2019) haben wir die Vorhersagen unseres theoretischen Modells anhand von Daten über Fusionen und Patentanmeldungen in der europäischen Pharmaindustrie getestet. Die öffentlich zugänglichen Fallberichte der Europäischen Kommission ermöglichen eine präzise Definition der relevanten Märkte und der von Fusionen direkt und vor allem indirekt betroffenen Unternehmen, d.h. der Konkurrenten im selben relevanten Markt. Verwendet wurde ein Propensity-Score-Matching-Ansatz in Kombination mit einem Differenzen-in-Differenzen (DiD)-Schätzer, um die Patentanmeldungen von fusionierenden Unternehmen und nicht fusionierenden Konkurrenten vor und nach einer Fusion im Vergleich zu einer Kontrollgruppe ähnlicher Unternehmen, die nicht von Fusionen betroffen waren, zu analysieren. Die Auswirkungen der betrachteten Fusionen auf das Innovationsgeschehen wurden sowohl auf Ebene des Unternehmens als auch auf Ebene des Technologiefeldes (IPC-Klasse) betrachtet. In Übereinstimmung mit den Vorhersagen für forschungsintensive Branchen scheinen im Durchschnitt substanzielle negative Auswirkungen von Fusionen auf die Innovationstätigkeit der fusionierenden Unternehmen und ihrer Konkurrenten zu bestehen. Diese negativen Effekte spiegeln sich in einem Rückgang der Patentanmeldungen innerhalb von vier Jahren nach einer Fusion um mehr als 40 % bzw. 25 % für die fusionierenden Unternehmen und ihre Wettbewerber. Der durchschnittliche Rückgang ist auf Technologiefelder zurückzuführen, in denen Erwerber und Zielunternehmen (Erwerber, Zielunternehmen und Wettbewerber im Falle von Außenseitern) in der Zeit vor dem Zusammenschluss beide Patente angemeldet haben. Wie von der Theorie vorhergesagt, sind negative Auswirkungen von Fusionen auf die Innovation auch wahrscheinlicher, wenn die Innovationsintensität einer Branche hoch ist.

Wettbewerbsbehörden müssen ihre Entscheidung, welche Fusion sie ggf. untersagen, auf Ex-Ante-Bewertungen stützen. Unsere Ergebnisse in Haucap, Rasch und Stiebale (2019) zeigen, dass das Ausmaß der Überschneidungen vor dem Zusammenschluss ein guter Prädiktor für den Rückgang der Innovationstätigkeit nach dem Zusammenschluss ist. Außerdem ist das Risiko eines Innovationsrückgangs umso wahrscheinlicher, je höher die F&E-Intensität einer Branche ist. Die Heterogenität der F&E-Effizienz von Erwerber und Zielunternehmen macht eine Verringerung der Innovationsanstrengungen auf Branchenebene wahrscheinlicher, wenn die Marktanteile der Insider vor dem Zusammenschluss gering sind, aber weniger wahrscheinlich, wenn Erwerber und Zielunternehmen vor dem Zusammenschluss große Marktanteile haben.

Bereits Ornaghi (2009) hatte erhebliche negative Auswirkungen von Pharmafusionen auf die Innovationstätigkeit der fusionierenden Pharmaunternehmen festgestellt und einen durchschnittlichen Rückgang der Patentanmeldungen um mehr als 25 % und einen Rückgang der F&E-Ausgaben um etwa 6 % ermittelt. Diese Auswirkungen konzentrieren sich auf Fälle, in denen es Überschneidungen in Technologiefeldern gibt. Im Gegensatz dazu verringert eine große Produktmarktüberschneidung die negativen Auswirkungen auf F&E und Patentierung. Der Befund negativer Auswirkungen gerade bei technologischen Überschneidungen steht im Einklang mit unseren Befunden in Haucap, Rasch und Stiebale (2019). Die in beiden Studien für die Pharmaindustrie geschätzten erheblichen negativen Durchschnittseffekte deuten darauf hin, dass die Fusionskontrolle in der Vergangenheit tendenziell etwas zu nachsichtig oder großzügig war.[10]

In einer sehr aktuellen (noch nicht veröffentlichten) Arbeit untersucht Morzenti (2022) für alle US-Branchen, wie sich Fusionen auf Innovationen der fusionierenden Unternehmen auswirken. Morzenti (2022) stützt sich auf eine Änderung der Schwellenwerte für die Anmeldung von Fusionen in den USA im Jahr 2000, durch die Hunderte kleinerer Fusionen von der Anmeldepflicht befreit wurden. Er vergleicht dann Fusionen, die bei den Behörden angemeldet wurden, mit solchen, die nicht angemeldet wurden. Morzenti (2022) verwendet eine Textanalysemethode zur Ermittlung von Fusionen zwischen engen Wettbewerbern, selbst bei kleinen Privatunternehmen, die auf dem Korpus der in den USA veröffentlichten Patente trainiert wird. Seine Definition von Wettbewerbern basiert auf der Ähnlichkeit von Patentabstracts und identifiziert daher Unternehmenspaare, die ähnliche Technologien herstellen, und nicht solche, die derzeit auf den Produktmärkten konkurrieren. Er stellt fest, dass nicht angemeldete Fusionen zu 30 % weniger Innovationsanstrengungen, gemessen als Patentaktivität, führen. Um den Mechanismus zu verstehen, der diesen Ergebnissen zugrunde

10 Grabowski & Kyle (2008) schätzen die langfristigen Auswirkungen von Übernahmen im Pharmabereich positiv ein. Die Auswirkungen stammen jedoch von relativ kleinen Unternehmen, die in der Regel keine wettbewerbsrechtlichen Bedenken aufwerfen.

liegt, entwickelt Morzenti (2022) ein Modell mit endogenen Fusionsentscheidungen, bei dem eine optimale Wettbewerbspolitik wettbewerbswidrige Fusionen verhindert, die auch für die Innovation am schädlichsten sind.

Im Gegensatz dazu haben Bena und Li (2014) positive Auswirkungen von Fusionen auf Innovationstätigkeiten in einem breiten Spektrum von Branchen ermittelt. Die Auswirkungen sind stärker, wenn es technologische Überschneidungen zwischen Erwerbern und Zielunternehmen gibt. In ähnlicher Weise haben Entezarkheir und Moshiri (2018) die Auswirkungen von Fusionen auf Innovationen untersucht und dazu Paneldaten verwendet, die aus vier verschiedenen Datensätzen zu börsennotierten US-Firmen des verarbeitenden Gewerbes aus den Jahren 1980 bis 2003 bestehen. Die Autoren verwenden zitationsgewichtete Patente als Proxy für Innovation und versuchen, Endogenitätsprobleme mit Hilfe von Instrumentalvariablen zu lösen, die auf früheren Fusionsaktivitäten der Unternehmen basieren. Ihre Analyse zeigt, dass Fusionen positiv und signifikant mit der Innovationstätigkeit von Unternehmen korreliert sind. Die Autoren weisen jedoch auch darauf hin, dass Auswirkungen auf die Innovationstätigkeit in den verschiedenen Branchen heterogen sind, mit dem Marktanteil zunehmen und auf lange Sicht größer sind als kurzfristig. Allerdings ist auch festzuhalten, dass Entezarkheir und Moshiri (2018) in ihrer Analyse nicht zwischen horizontalen, vertikalen und konglomeraten Fusionen unterscheiden.

Guadalupe et al. (2012) schätzen positive Auswirkungen grenzüberschreitender Übernahmen auf die Technologieübernahme von Zielunternehmen. Stiebale (2016) findet positive Auswirkungen von grenzüberschreitenden Fusionen und Übernahmen auf die Innovation im fusionierten Unternehmen als Ganzes (wenn auch asymmetrisch zwischen Erwerber und Zielunternehmen verteilt), aber negative Auswirkungen nach inländischen Fusionen und Übernahmen. Allerdings konzentrieren sich auch diese Studien nicht explizit auf horizontale Fusionen, aber die Schätzungsstichproben umfassen eine große Anzahl von branchenübergreifenden Transaktionen. Es ist daher wahrscheinlich, dass nicht wettbewerbsbezogene Effekte wie der Zugang zu neuen Märkten (der bei grenzüberschreitenden Fusionen und Übernahmen wohl wichtiger ist) und Synergien (die sich beispielsweise aus komplementären Technologien ergeben können) überwiegen. Im Gegensatz dazu analysiert Szücs (2014) eine Stichprobe von horizontalen Fusionen, die von der Europäischen Kommission kontrolliert wurden. Wie er feststellt, verringern sowohl die übernehmenden Erwerber als auch die Zielunternehmen ihre F&E-Investitionen nach der Übernahme. Die Auswirkungen sind bei Zielunternehmen jedoch ausgeprägter, diese verringern ihre Investitionen zwischen 7 % und 10 % pro Jahr.

Moraga-Gonzalez, Motchenkova und Nevrekar (2023) stellen fest, dass Fusionen nicht nur den Umfang, sondern auch die Richtung der Innovation in Unternehmen ändern können, die in mehrere Forschungsvorhaben investieren. Auch Bryan, Lemus und Marshall (2022) analysieren die Beziehung zwischen F&E-Wettbewerb und der Innovationsrichtung. Wie die Autoren argumentieren, kann ein stärkerer F&E-Wettbewerb die Unternehmen dazu veranlassen, ihre Innovationsbemühungen auf weniger vielversprechende, aber schneller zu realisierende Projekte zu verlagern. Die Autoren belegen ihre Hypothese anhand von Daten über pharmazeutische Innovationen während der Covid-19-Pandemie.

Obwohl die Befunde somit weder theoretisch noch empirisch eindeutig sind, scheint es, dass Fusionen auf konzentrierten Märkten im Durchschnitt zu einer Verringerung der Innovationen auf dem betreffenden Markt führen. Dies gilt insbesondere für hochkonzentrierte und F&E-intensive Branchen, die für die Wettbewerbspolitik am wichtigsten sind. Es gibt auch Hinweise darauf, dass man aus Wettbewerbssicht besonders skeptisch sein sollte, wenn Fusionen den Wettbewerb auf Technologiemärkten verringern. Das ist besonders wahrscheinlich, wenn vor dem Zusammenschluss eine große technologische Nähe zwischen den fusionierenden Parteien besteht.

Fusionen können die Marktmacht auf Technologiemärkten über eine Verringerung der Zahl der Unternehmen hinaus verändern. Wenn Erwerber und Zielunternehmen in verwandten Technologiebereichen tätig sind, können sie ihre bestehenden Patente zusammenlegen oder neue Patente anmelden, um andere Unternehmen an der Entwicklung konkurrierender Technologien zu hindern (z. B. Cassiman et al. 2005; Grimpe & Hussinger 2008). Technologiemärkte spielen auch eine wichtige Rolle in der Diskussion über "Killer-Akquisitionen", auf die wir in Abschnitt 2.5 eingehen.

2.2. Vertikale Fusionen und Innovation

Im Gegensatz zu den Befunden zu horizontalen Unternehmenszusammenschlüssen scheint eine vertikale Integration eher positive Auswirkungen auf Investitionen und Innovationen zu haben. Investitionen und Innovationsanreize können nach einer Fusion z. B. zunehmen, weil Spillover-Effekte internalisiert werden und sich Holdup-Risiken verringern (vgl. etwa Ciliberto 2006; Salop 2018).[11] Slade (2021) gibt einen Überblick über die empirische Literatur zu den Effekten der vertikalen Integration, Lee, Whinston und Yurukoglu (2021) erörtern strukturelle Modelle vertikaler Beziehungen. Einen Überblick über die theoretische Literatur bieten Asker und Nocke (2021).[12]

Im Allgemeinen ist die empirische Literatur dazu, wie vertikale oder auch konglomerate Fusionen sich auf das Innovationsgeschehen auswirken, noch relativ dünn. Eine Ausnahme ist die Arbeit von Zhang und Tong (2021), die in verschiedenen amerikanischen Branchen vertikale Fusionen und Übernahmen auf Basis von Input-Output-Tabellen von horizontalen Übernahmen abgrenzen. Die Autoren kommen zu dem Befund, dass vertikale Zusammenschlüsse im Durchschnitt zu mehr Innovationen führen, gemessen an der einfachen Zahl der Patente und der nach Zitaten gewichteten Patente. Zudem stellen die Autoren fest, dass sich die Art der Innovationen nach einer vertikalen Integration ändert, da Unternehmen komplexere Innovationen mit größerem Potenzial forcieren und weniger „einfache" Innovationen. Ein möglicher Schwachpunkt bei solchen branchenübergreifenden Studien ist jedoch, dass das Maß für die vertikale Integration recht grob ist. Wie Atalay et al. (2014) etwa zeigen, impliziert eine eigentumsrechtliche vertikale Integration nicht immer auch physische Warenströme zwischen den Unternehmen, sodass Input-Output-Tabellen für die Identifikation ungeeignet sein können. Eine wirklich umfassende Studie darüber, wie sich die vertikale Integration zwischen Abnehmern und Lieferanten auf Innovationen und andere nicht-preisliche Ergebnisse in einer großen Anzahl von Branchen auswirkt, steht unseres Wissens nach noch aus.

2.3. Ex-Ante-Bewertung und Ermittlung von potenziell innovationsschädlichen Zusammenschlüssen

Wie in Abschnitt 2.1 erörtert, gibt es zunehmend mehr Belege dafür, dass Fusionen die Innovationsbemühungen nicht nur theoretisch verringern

11 Unverzichtbare Patente können jedoch auch zu Bedenken hinsichtlich einer Abschottung führen, da ein Erwerber solcher Patente Anreize hat, die Lizenzvergabe an seine Konkurrenten zu beschränken.

12 Siehe Lafontaine & Slade (2007) und Rey & Tirole (2007) für einen Überblick über die frühere empirische bzw. theoretische Literatur.

können, sondern dass dies in der Vergangenheit auch wiederholt geschehen ist. Auch wenn die prinzipielle Beziehung zwischen Marktkonzentration und Innovationen aus theoretischer Sicht nicht eindeutig ist, deutet die empirische Evidenz darauf hin, dass zumindest in der Vergangenheit die europäische und auch amerikanische Fusionskontrolle wohl nicht streng genug waren, so dass eine Reihe von Fusionen sich negativ auf die Innovationstätigkeit in den betroffenen Märkten ausgewirkt haben, insbesondere auf hoch konzentrierten Märkten und in forschungsintensiven Branchen. Im Großen und Ganzen gibt es drei Innovationstheorien, die in der Vergangenheit bei der Prüfung von Fusionsvorhaben Anwendung gefunden haben.

Erstens können zwei fusionierende Unternehmen ohne einen Zusammenschluss auf einem zukünftigen Markt erheblichen Wettbewerbsdruck aufeinander ausüben, der aber durch den Zusammenschluss der beiden Unternehmen beseitigt wird.

Zweitens kann der Wettbewerb eingeschränkt werden, wenn eines der Produkte der fusionierenden Unternehmen infolge des Zusammenschlusses nicht weiterentwickelt wird.

Und drittens können vertikale Fusionen Abschottungsszenarien auslösen, die Innovationen Dritter behindern, z. B. wenn ein Wettbewerber wahrscheinlich den Zugang zu einem Produkt der fusionierten Einheit verlieren würde, das er für seine Innovationen benötigt (z. B. standardessentielle Patente).

Während bei nicht-horizontalen Fusionen die Auswirkungen auf Innovationen der bisherigen Evidenz folgend oft neutral oder sogar positiv sind, gibt es gute Gründe, bei horizontalen Fusionen von einer widerlegbaren Vermutung auszugehen, dass horizontale Fusionen auf konzentrierten Märkten sich negativ auf Innovationsanreize auswirken.

Natürlich sind Prognosen darüber, wie sich der Wettbewerb auf Märkten in der Zukunft entwickeln wird, von Natur aus schwierig und unsicher. Zugleich können jedoch die negativen Wohlfahrtseffekte, die aus einem Verlust an Innovationen resultieren, oft deutlich höher sein als die Wohlfahrtsverluste, die aus Preiserhöhungen resultieren. Preise über dem Wettbewerbsniveau implizieren für Verbraucherinnen und Verbraucher in der Regel einen Wohlfahrtsverlust, weil die auf dem Markt gehandelten Mengen sinken und dies zu dem typischen Wohlfahrtsverlust führt, der durch das sogenannte Harberger-Dreieck veranschaulicht wird. Dagegen geht der Verlust von Innovation mit erheblichen infra-marginalen Verlusten einher, die aus einer Verschiebung der Angebots- und/oder Nachfragekurven resultieren. Daher gibt es gute ökonomische Argumente dafür, solche Fusionen, die sich negativ auf die Innovation auszuwirken drohen, vorsichtiger und strikter zu behandeln als Fusionen in Branchen mit niedrigen Forschungs- und Innovationsraten, sodass sich Fusionen „nur" auf die Preise auswirken.

Wie aber können Wettbewerbsbehörden die potenziellen negativen Auswirkungen von Fusionen auf Innovationen ex ante überhaupt prognostizieren? Aufgrund des komplexen Charakters von Innovationen und der nichtmonotonen Beziehung zu anderen Variablen (vgl. Kerber 2018, 2023a) ist es leider unwahrscheinlich, dass sich ein einfacher und zugleich gut geeigneter Maßstab finden lässt, so wie etwa der Herfindahl-Index (bzw. seine erwartete Veränderung) genutzt wird, um die potenziellen Auswirkungen von Fusionen auf Preise einzuschätzen (z. B. Nocke & Whinston 2022). Wettbewerbsbehörden tun sich daher traditionell schwer damit, die Innovationseffekte von Fusionen zu prognostizieren (vgl. etwa Katz & Shelanski 2007), auch wenn innovationsbasierte Schadenstheorien eine zunehmende Rolle in der Fusionskontrolle spielen (vgl. Gilbert 2008; Kern et al. 2016; Federico et al. 2020).

Da die bisherigen empirischen Befunde darauf hindeuten, dass negative Auswirkungen auf Innovationen umso wahrscheinlicher sind, je geringer die Wettbewerbsintensität auf einem Produktmarkt schon vor einer etwaigen Fusion ist, sollten Informationen über die Konzentration auf dem Produktmarkt sowie Profitmargen vor dem Zusammenschluss natürlich berücksichtigt werden. Zugleich deuten die bisher vorliegenden Erkenntnisse aber auch darauf hin, dass sich eine Reduktion des Wettbewerbs auf den sog. Technologiemärkten letztlich stärker auf das Innovationsgeschehen auswirken kann als die unmittelbare Reduktion des Wettbewerbs auf den Produktmärkten, sodass der alleinige Blick auf die Produktmärkte nicht ausreichen mag. Im Folgenden schlagen wir daher einige potenzielle Faktoren vor, welche Wettbewerbsbehörden zusätzlich nutzen könnten, um die wahrscheinlichen Innovationseffekte von Fusionen etwas besser einschätzen zu können.

– *Forschungspipelines*

Um mögliche Innovationsauswirkungen von Fusionen zu ermitteln, sollten Wettbewerbsbehörden weiterhin Forschungspipelines in frühen Forschungsphasen sowie Patente betrachten. Ein solcher Ansatz scheint besonders vielversprechend für Branchen mit langen Forschungspipelines zu sein, in denen der F&E-Prozess viel Zeit in Anspruch nimmt. Gute Beispiele sind die pharmazeutische und die agrochemische Industrie. Zu diesem Zweck können die Wettbewerbsbehörden die Konzentration der F&E-Ausgaben in der betreffenden Branche analysieren, idealerweise aufgeschlüsselt nach relevanten Geschäftssegmenten, Produktmärkten oder geografischen Märkten. In wenigen Fällen, wie z. B. in der pharmazeutischen Industrie, sind solche Daten aufgrund von Vorschriften öffentlich zugänglich. Wenn solche Daten nicht öffentlich zugänglich sind, könnten sie direkt bei den fusionierenden Unternehmen und ihren Wettbewerbern erfragt werden. In den Branchen, in denen Patente von großer Bedeutung sind, um sich Innovationsrenten anzueignen, können Patente ebenfalls viele wertvolle Informationen liefern.[13] In der Literatur werden die Technologieklassen von Patenten und Zitationsmuster verwendet, um Maße für die technologische Nähe zwischen Unternehmen zu erhalten. Ein klassisches Maß für technologische Nähe wurde beispielsweise von Jaffe (1986) entwickelt und basiert auf dem unzentrierten Korrelationskoeffizienten zwischen den Vektoren der Patentanteile zweier Unternehmen über Technologieklassen hinweg. Neuere Ansätze berücksichtigen Ähnlichkeiten über Technologiefelder hinweg, indem sie gemeinsame Zitationen, das gemeinsame Auftreten von Technologieklassen in Patenten und Erfindern (Yan & Luo 2017) verwenden oder die Ähnlichkeit von Patenten direkt mit textbasierten Maßen messen (z. B. Arts et al. 2018). Da empirische Belege darauf hindeuten, dass hohe Werte dieser Maße mit einem stärkeren Rückgang der Innovationsaktivitäten nach dem Zusammenschluss verbunden sind (z. B. Haucap et al. 2019; Morzenti 2022), können patentbasierte Maße der technologischen Nähe einen Hinweis auf potenziell problematische Überschneidungen vor dem Zusammenschluss geben.[14] Bei Patenten, die beim Europäischen Patentamt angemeldet werden, ist es auch möglich, Zitierungen zu ermitteln, die den Stand der Technik definieren, sowie Zitierungen, die die Neuheit der zitierten Patente bedrohen, und solche, die die Neuheit in Kombination mit anderen Patenten bedrohen. Solche Informationen können einen Hinweis auf das Risiko geben, dass ein Zusammenschluss zu einer Blockade künftiger Innovationen durch Wettbewerber führt (z. B. Grimpe & Hussinger 2008).

13 Schätzungen der Bedeutung von Patenten in verschiedenen Branchen finden sich beispielsweise in Arundel & Kabla (1998) und Cohen et al. (2000).

14 In einigen wenigen Fällen kann die technologische Nähe auch auf ein Potenzial für Komplementarität bei Patenten hinweisen. Daher sollten solche Maßnahmen immer mit branchenspezifischem Fachwissen über die Art der Innovation kombiniert werden.

Im Gegensatz dazu werden in vielen anderen Branchen, einschließlich der meisten digitalen Märkte, Forschungsergebnisse oft nicht patentiert und die Forschung vollzieht sich oftmals relativ schnell und ohne eine lange Pipeline, d.h. die Forschung umfasst oft keine langen Zeithorizont. Für diese Märkte sind alternative Ansätze erforderlich, um den (potenziellen) künftigen Wettbewerb vorherzusagen, da Patente und Forschungspipelines keine besondere Bedeutung spielen.

– *Experteninterviews*

Informationen über zu erwartende Forschungsaktivitäten können auch durch die Befragung von Experten aus i) konkurrierenden Unternehmen, ii) Zulieferern und Abnehmern, und iii) unabhängigen Experten wie Branchenbeobachtern z.B. aus Beratungsfirmen, Investoren oder Wissenschaftlern gewonnen werden. Auch wenn Experten eine gewisse Befangenheit aufweisen mögen, insbesondere bei konkurrierenden Unternehmen, und diese bei der Beantwortung von Informationsanfragen möglicherweise sogar strategisch vorgehen, kann die Befragung von Experten mit unterschiedlichem Hintergrund (Konkurrenten, Zulieferer, Käufer, Unabhängige) dennoch nützliche Informationen liefern und als Beleg für wahrscheinliche oder weniger wahrscheinliche Innovationspfade dienen.

– *Transaktionswert*

Ganz offensichtlich kann der Transaktionswert Aufschluss über das Wettbewerbs- und Innovationspotenzial eines Unternehmens geben. Selbst wenn in der europäischen Fusionskontrolle keine transaktionswert-basierte Schwelle eingeführt wird (im Gegensatz zu einigen Mitgliedstaaten), kann der Transaktionswert dennoch sehr nützliche Informationen über die Sicht des Marktes auf das Potenzial eines Unternehmens liefern. Wenn die Bewertung eines Unternehmens im Verhältnis zu seinen Umsätzen und/oder Gewinnen besonders hoch ist, kann dies darauf hindeuten, dass der Wert des Unternehmens eher aus seinen Innovationsfähigkeiten resultiert.

– *Recruitmentstrategien*

Neueinstellungen bei Unternehmen können in einigen Fällen implizit Informationen über ihre Innovationsstrategien offenbaren. Wenn Unternehmen beispielsweise Ingenieure oder Wissenschaftler mit einem bestimmten Fachwissen einstellen, kann dies ein Hinweis auf die F&E-Ausrichtung oder -Strategie des Unternehmens sein. Zugegebenermaßen kann die Untersuchung der Einstellungsstrategien von Unternehmen in vielen Fällen nur begrenzte Erkenntnisse liefern, aber in einigen Fällen mögen durchaus nützliche Informationen aus Stellenanzeigen hervorgehen.

– *Zeitnutzung durch Verbraucher*

Auf Märkten für digitale Inhalte wie etwa sozialen Netzwerken kann die Zeitverwendung der Verbraucher auch Aufschluss darüber geben, ob die Unternehmen möglicherweise miteinander konkurrieren. Während beispielsweise soziale Netzwerke (wie Facebook) und Streaming-Plattformen (wie Youtube) oftmals nicht als direkte Konkurrenten betrachtet wurden, können sie dennoch um die Zeit und Aufmerksamkeit der Verbraucher konkurrieren, die für die Erzielung von Werbeeinnahmen wichtig ist. Gleichzeitig können Plattformen, die einen beträchtlichen Teil der Online-Zeit der Verbraucher für sich gewinnen können, in der Lage sein, die Verbraucher in bestimmte Richtungen zu lenken, und haben damit "Lenkungsmacht". Diese kann wichtig sein, um Innovationen zu erleichtern.

– *Schadenstheorien*

Gibt es anerkannte ökonomische Theorien, die darauf hindeuten, dass die Innovationsanreize für die fusionierenden Unternehmen verringert werden oder dass das Unternehmen Anreize hat, Wettbewerber an Innovationen zu hindern (z. B. durch verschiedene Abschottungsstrategien), könnten diese Anreize nicht nur als Theorie, sondern auch als widerlegbare Evidenz dafür angesehen werden, dass die Innovationsanreize durch eine Fusion beeinträchtigt werden können.

Allerdings gibt es auch Fälle, in denen negative Auswirkungen von Fusionen auf Innovation weniger wahrscheinlich sind. Dies ist z. B. der Fall, wenn Unternehmen durch eine Fusion in die Lage versetzet werden, komplementäre Technologien zu kombinieren, oder wenn Fusionen Zugang zu neuen Märkten eröffnen, sodass die Rendite von F&E-Investitionen tendenziell steigt. Auch solche Faktoren sollten von den Wettbewerbsbehörden berücksichtigt werden, insbesondere bei grenzüberschreitenden Transaktionen.

2.4. Innovationsbemühungen als Teil einer Effizienzverteidigung

Der OECD (2012) zufolge beziehen sich einige der typischen Effizienzeinwände auf F&E-Prozesse. Fusionen können Synergien in den Forschungslabs heben, komplementäre Forschungslinien und -fähigkeiten zusammenführen und auch Dopplungen in der Forschung vermeiden.

Die von Reinhilde Veugelers (2017) vorgenommene Auswertung von europäischen Fusionskontrollentscheidungen deutet jedoch darauf hin, dass Innovationseffizienzen in der europäischen Fusionskontrolle nur eine geringe Rolle spielen. Laut Veugelers wurden von insgesamt 42 EU-Fusionskontrollverfahren der Phase II zwischen 2004 und 2016 nur in 16 Fällen Effizienzgewinne geltend gemacht, von denen nur elf dynamische Effizienzgewinne betrafen. In nur vier Fällen wurde Innovation in den Effizienzangaben erwähnt. Während die Europäische Kommission in drei dieser vier Fälle akzeptierte, dass die Innovation den Verbrauchern zeitnah Vorteile bringen würde, wurden nur zwei der geltend gemachten Effizienzgewinne als fusionsspezifisch und nur in einem einzigen Fall auch als überprüfbar akzeptiert, so dass die Behauptung der dynamischen Effizienz schließlich akzeptiert wurde. In diesem einen Fall (Hutchison 3G & Telefonica Ireland) waren die dynamischen Effizienzvorteile jedoch nicht ausschlaggebend für die Entscheidung der Kommission, eine Fusion zu genehmigen.

Warum werden dynamische Effizienzgewinne im Zusammenhang mit Innovationen nicht häufiger geltend gemacht? Wie Röller (2010) argumentiert hat, könnte ein Grund darin liegen, dass die Geltendmachung von Effizienzgewinnen bei der Kommission zu einer negativen Vermutung über die wettbewerbswidrigen Auswirkungen des jeweiligen Zusammenschlusses führen kann. Ein weiterer Grund, insbesondere im Zusammenhang mit Innovationsgewinnen, könnte darin liegen, dass die Anforderung, dass Effizienzgewinne den Verbrauchern zeitnah zugutekommen müssen, sehr schwer zu erfüllen ist. In der Praxis der Europäischen Kommission wird unter Zeitnähe ein Zeitrahmen von zwei bis vier Jahren verstanden. Interessanterweise müssen die behaupteten Effizienzgewinne zwar in naher Zukunft eintreten, um akzeptiert zu werden, aber der erwartete Schaden kann auch in ferner Zukunft eintreten. Daraus ergibt sich ein strukturelles Ungleichgewicht, wenn Effizienzgewinne schnell nach dem Zusammenschluss eintreten müssen, während potenzielle Beeinträchtigungen des Wettbewerbs und der Innovation erst in ferner Zukunft eintreten können.

Um diese Bedenken zu veranschaulichen: Als Novartis das Onkologiegeschäft von GlaxoSmithKline (GSK) übernahm, betrafen die Bedenken der Europäischen Kommission nicht nur die Pipelines in der Spätphase (Phase III), sondern auch die Pipelines in der Frühphase (Phasen I und II) im Zusammenhang mit denselben Medikamenten. Genauer gesagt war die Kommission besorgt, dass Novartis die Entwicklung zweier innovativer Medikamente eingestellt haben könnte, die für die Behandlung von Haut-

und Eierstockkrebs vielversprechend waren (für die klinische Studien in der Spätphase durchgeführt wurden) und die auch für die Behandlung mehrerer anderer Krebsarten getestet wurden (für die klinische Studien in der Frühphase liefen). Da GSK bereits Medikamente mit denselben Mechanismen in seinem Portfolio hatte, hätte der Zusammenschluss zu einem Duopol zwischen dem fusionierten Unternehmen und Roche für diese speziellen Haut- und Eierstockkrebsbehandlungen geführt. Daher argumentierte die Kommission, dass der Zusammenschluss wahrscheinlich die Innovation in diesem Bereich beeinträchtigt hätte und dass Novartis wahrscheinlich sein Programm für die klinische Erprobung der beiden Medikamente im Frühstadium aufgeben würde. In ähnlicher Weise hat die Europäische Kommission in ihrer Entscheidung über den Zusammenschluss von Dow und Du Pont argumentiert, dass die Transaktion wahrscheinlich den Wettbewerb um Innovationen behindern würde, da die fusionierten Parteien weniger Anreize hätten, parallele Forschung zu betreiben, wenn sich die Forschungspläne überschneiden, selbst bei Produkten, die sich noch in der frühen Entwicklungsphase befinden. Infolgedessen hat die Kommission strenge Abhilfemaßnahmen auferlegt, die speziell auf ihre Bedenken in Bezug auf Innovationen eingehen. Das Ergebnis ist eine strukturelle Asymmetrie: Während sich die Theorie des Schadens zumindest teilweise auf Bedenken stützt, die sich möglicherweise erst in ferner Zukunft bewahrheiten werden (da es sich um Forschung in sehr frühen Stadien handelt, die am Ende auch oft scheitert), müssen die behaupteten Effizienzgewinne innerhalb von zwei bis vier Jahren eintreten, um akzeptiert zu werden. Daher kann die asymmetrische Verschiebung des Zeitrahmens der Kommission potenzielle Effizienzverluste überbetonen, während potenzielle Effizienzgewinne unterbewertet werden.

Schließlich könnte sich die Bedingung der Überprüfbarkeit als noch problematischer für den Nachweis der Innovationseffizienz erweisen, da F&E und Innovation von Natur aus unsicher sind.

2.5. Abhilfemaßnahmen

Die Europäische Kommission hat eine Reihe von Abhilfemaßnahmen ergriffen, z. B. Lizenzanforderungen, strukturelle Maßnahmen wie die Veräußerung von Forschungslaboren (einschließlich Schlüsselpersonal), Testeinrichtungen und sogar ganzen Produktionslinien, Zugang zu technischen Informationen und Rechten des geistigen Eigentums sowie Verpflichtungen zum Zugang zu Wirkstoffen, um ihre Bedenken hinsichtlich des Innovationswettbewerbs auszuräumen.

Die Effektivität dieser Abhilfemaßnahmen ist jedoch schwer zu bewerten, da F&E von Natur aus unsicher ist. Eine potenzielle Herausforderung bei der Umsetzung von Abhilfemaßnahmen, die Forschungslabore betreffen, besteht darin – ohne direkt in den Arbeitsmarkt einzugreifen – doch zu unterbinden, dass die Forscherinnen und Forscher aus den Laboren einfach zum veräußernden Unternehmen zurückkehren. Dies ist besonders für einige digitale Märkte relevant, auf denen der Unternehmenswert oftmals im Wesentlichen im akkumulierten Humankapital der Mitarbeiter besteht und nicht auf geistigen Eigentumsrechten wie etwa Patenten beruht.

Weitere Abhilfemaßnahmen, insbesondere auf digitalen Märkten, können Interoperabilitätsanforderungen und Zugangsrechte zu Daten umfassen. Die letztgenannte Abhilfemaßnahme kann jedoch eine Abwägung von Wettbewerbs- und Datenschutzbelangen erfordern.

Ein besonderes Problem kann sich ergeben, wenn Wettbewerber ihre eigene Forschung strategisch geheim halten können, vor allem in frühen Phasen. Befürchtet ein Wettbewerber, dass ein Zusammenschluss wettbewerbsfördernd wäre, oder möchte er geistige Eigentumsrechte, Labors oder sogar Personal von einem fusionierenden Unternehmen erwerben, kann er strategisch beschließen, seine eigene Forschungsagenda nicht offenzulegen, um zu erreichen, dass die Kommission den fusionierenden Unternehmen Verpflichtungen auferlegt. Eine solche Strategie der Nichtoffenlegung ist in der Frühphase der Forschung einfacher als in der Spätphase und auch einfacher als bei Vertriebs- oder Produktionskapazitäten. Daher besteht ein erhöhtes Risiko, dass sich Wettbewerber bei innovationsbezogenen Abhilfemaßnahmen erfolgreich strategisch verhalten, um die Gestaltung der Abhilfemaßnahmen zu beeinflussen.

2.6. (Killer) Akquisitionen von potenziellen Wettbewerbern

An vielen Fusionen sind Unternehmen beteiligt, die potenziell künftige Wettbewerber sein können, auch wenn sie derzeit nicht auf demselben Markt wie der Erwerber tätig sind. Eine besondere Sorge ist, dass Unternehmen übernommen werden könnten, um ein Projekt, eine Technologie oder ein ganzes Unternehmen zu eliminieren (siehe z. B. Katz 2021). Cunningham, Ederer und Ma (2021) analysieren die Übernahme potenzieller Neueinsteiger theoretisch und empirisch. In ihrem theoretischen Modell kann das übernehmende etablierte Unternehmen das Projekt des Neueinsteigers fortsetzen oder beenden. Wie in der klassischen Wettbewerbs- und Innovationsliteratur gibt es ein Abwägen zwischen einem Effizienzeffekt und einem Verdrängungseffekt. Der neue Marktteilnehmer hat oft einen höheren Anreiz zur Innovation, weil ein etabliertes Unternehmen vor der Innovation höhere Gewinne erzielt. Dieser Unterschied nimmt jedoch mit der Anzahl der Unternehmen (d. h. dem Grad des Wettbewerbs vor der Fusion) ab. Die Autoren stellen fest, dass "Killer-Akquisitionen", d. h. solche, bei denen das Projekt des neuen Marktteilnehmers eingestellt wird, wahrscheinlich sind, wenn die Substituierbarkeit zwischen den Projekten hoch ist und wenn die Erfolgswahrscheinlichkeit des etablierten Unternehmens (ein neues Projekt zu entwickeln) nicht zu hoch ist.

Die empirische Analyse von Cunningham, Ederer und Ma (2021) für die Pharmaindustrie stützt diese Vorhersagen. Insbesondere werden Projekte, bei denen sich die Therapieklasse der Medikamente des etablierten Unternehmens mit der des übernommenen neuen Marktteilnehmers überschneiden, mit größerer Wahrscheinlichkeit nach der Übernahme eingestellt. Außerdem stellen Cunningham, Ederer und Ma (2021) fest, dass diese Übernahmen wahrscheinlich etwas unterhalb der relevanten kartellrechtlichen Schwellenwerte und in größerem Umfang stattfinden als Transaktionen ohne Überschneidungen. Dies deutet darauf hin, dass die Erwerber versuchen, bei potenziellen Killer-Übernahmen eine kartellrechtliche Prüfung zu vermeiden.

In einer noch unveröffentlichten Arbeit über F&E und Übernahmemuster auf dem Markt für Antidiabetika kommen Malek et al. (2022) zu dem Ergebnis, dass im Gegensatz zu den jüngsten Darstellungen von Fusionen und Übernahmen auf den Pharmamärkten, die große etablierte Unternehmen als typische Käufer und kleine Unternehmen als Ziele darstellen, die meisten Fusions- und Übernahmetätigkeiten zwischen kleinen, forschungsorientierten Unternehmen stattfinden. Darüber hinaus sind es auch kleine und forschungsorientierte Unternehmen, die sich selbst an Transaktionen beteiligen, die neuartige Projekte oder Projekte mit hohem Risiko und hohem Gewinn umfassen. Die Autoren argumentieren, dass große etablierte Unternehmen mit großen Marktanteilen sich weniger wahrscheinlich an Übernahmen beteiligen, die sich in erster Linie auf interne Forschung und Entwicklung stützen.

In einem zweiten Beitrag zum gleichen Markt (für Antidiabetika) stellen Malek, Seldeslachts und Veugelers (2022) fest, dass Fusionen und Übernahmen im Durchschnitt die Wahrscheinlichkeit erhöhen, dass Ziel-projekte bei der Übernahme im Vergleich zu einer Vergleichsgruppe nicht übernommener Projekte eingestellt werden, und die Wahrscheinlichkeit der Patentierung nach der Übernahme verringern. Für eine Untergruppe von Transaktionen schätzen die Autoren jedoch positive Auswirkungen auf Innovationen. Überraschenderweise handelt es sich dabei um Fälle, in denen etablierte Unternehmen Projekte erwerben, die auf ähnlichen biologischen Verfahren beruhen, und in denen die Projekte des Erwerbers und des Zielunternehmens auf der Grundlage einer Messung der textbasierten Patentähnlichkeit technologisch ähnlich sind.

Calvano und Polo (2021) und Argentesi et al. (2021a) gehen über den Pharmabereich hinaus und betrachten Killer-Akquisitionen und verschiedene Schadenstheorien auf digitalen Märkten. Die potenziellen Auswirkungen von Fusionen auf diesen Märkten hängen beispielsweise vom Ausmaß der Netzwerkeffekte und des Multihoming, dem Verlust von Wettbewerb auf dem Markt für Aufmerksamkeit (d. h. selbst wenn die Produkte keine direkten Substitute sind, ermöglicht die Aufmerksamkeit der Verbraucher den Unternehmen die Ausübung von Marktmacht auf den Online-Werbemärkten), dem Verlust von potenziellem Wettbewerb und dem Verlust von Innovation ab.

Fumagalli, Motta und Tarantino (2022) analysieren die Übernahme potenzieller Konkurrenten, die spürbaren finanziellen Beschränkungen unterliegen, wie es etwa bei Start-ups oft der Fall ist. Wie Fumagalli, Motta und Tarantino (2022) zeigen, können Übernahmen von potenziellen Wettbewerbern dann auch wettbewerbsfördernd sein, wenn die Übernahme die finanziellen Beschränkungen lockert und das Produkt des Zielunternehmens ohne die Übernahme möglicherweise nicht die Marktreife erlangen würde. Die Aussicht auf einen möglichen Verkauf des kann zudem ex ante Innovationsanreize schaffen, d. h. Start-ups investieren in innovative Projekte mit dem Ziel, übernommen zu werden. Diese Argumentation unterstellt allerdings, dass es kein anderes Unternehmen gibt, das z.B. auf einem anderen Markt tätig ist und bereit wäre, das Start-up zu erwerben (Motta & Peitz 2021).

Eine zentrale Herausforderung für die Wettbewerbspolitik besteht darin, dass viele Killer-Akquisitionen unterhalb des Radars der kartellrechtlichen Prüfung stattfinden, da es sich dabei oft um die Übernahme kleiner Start-up-Unternehmen handelt, deren Umsatz unter den für die Fusionskontrolle relevanten Schwellenwerten liegt. Eine mögliche Lösung bestünde darin, die Fusionskontrolle so zu erweitern, dass Übernahmen von bestimmten großen Erwerbern stets unabhängig von den Umsätzen der Zielunternehmen untersucht werden. Diese Praxis wird in der EU für digitale Gatekeeper bereits teilweise umgesetzt, da Artikel 14 des Gesetzes über digitale Märkte (Digital Markets Act, DMA) von den Gatekeepern verlangt, die Europäische Kommission über jede Fusion im digitalen Sektor zu informieren, einschließlich solcher, bei denen es um Datenerfassung geht. Diese Bestimmung könnte auch auf andere Branchen ausgedehnt werden, in denen Killer-Akquisitionen wahrscheinlich von Belang sind, z. B. in der pharmazeutischen und agrochemischen Industrie. Eine Alternative wäre, bei der Festlegung der Schwellenwerte für die Prüfung von Fusionen auch in der EU zusätzliche den Transaktionswert und nicht nur den Umsatz zu berücksichtigen. Kleine Zielunternehmen könnten hohe Transaktionswerte erzielen, wenn der erwartete zukünftige Wert ihrer Innovationen hoch ist. Aktuell scheint sich die Europäische Kommission vor allem dadurch zu helfen, dass Artikel 22 der Fusionskontrollverordnung weiter als bisher interpretiert wird und Mitgliedstaaten, die nicht für eine Fusion zuständig sind, die Prüfung dieser Fusionsvorhaben an die Europäische Kommission, die eigentlich ebenfalls keine Zuständigkeit hat, verweisen können, sodass eine Zuständigkeit entsteht, also aus zweimal Minus Plus wird.

In Deutschland müssen seit der im Jahr 2021 in Kraft getretenen 10. GWB-Novelle Unternehmen Zusammenschlüsse auch dann anmelden, wenn die umsatzbasierten Aufgreifschwellen nicht erreicht werden, der Transaktionswert jedoch die Schwelle von 400 Mio. Euro übersteigt. Erforderlich ist nach § 35 Abs. 1a GWB darüber hinaus, dass alle am Zusammenschluss beteiligten Unternehmen weltweit gemeinsam Umsatzerlöse von mehr als 500 Mio. Euro, eines der beteiligten Unternehmen im Inland mehr als 50 Mio. Euro und weder das zu erwerbende noch ein anderes beteiligtes Unternehmen im Inland Umsatzerlöse von mehr als 17,5 Mio. Euro erzielt haben und das zu erwerbende Unternehmen in erheblichem Umfang im Inland tätig ist.

Darüber hinaus verschafft in § 32 f GWB, die sog. Remondis-Klausel, dem Bundeskartellamt die Möglichkeit, Unternehmen nach einer Sektoruntersuchung zu verpflichten, *jeden* Zusammenschluss in einem bestimmten Wirtschaftszweig anzumelden. Voraussetzung für eine derartige Verfügung ist aber neben dem Abschluss der Sektoruntersuchung, dass der Erwerber im letzten Geschäftsjahr Umsatzerlöse im Inland von mehr als 50 Mio. Euro und das zu erwerbende Unternehmen im letzten Geschäftsjahr Umsatzerlöse im Inland von mehr als einer Million Euro erzielt hat. In Deutschland hat das Bundeskartellamt somit inzwischen die Möglichkeit,

Fusionsvorhaben unter bestimmten Voraussetzungen auch dann zu prüfen, wenn die umsatzbasierten Schwellenwerte nicht erreicht sind.

Eine weitere Herausforderung für die Fusionskontrolle besteht darin, dass Innovationsbemühungen und der geplante Eintritt in Produktmärkte oft sehr schwer zu beobachten und zu messen sind. Dies dürfte besonders schwerwiegend sein, wenn kleine Start-up-Unternehmen übernommen werden. Die Wettbewerbsbehörden müssen sich daher auf Informationen stützen, die sie von Unternehmen auf dem betreffenden Markt, von Branchenexperten, Kunden und möglicherweise von Investoren erhalten.

3. Produktvielfalt und Qualität

3.1. Auswirkungen horizontaler Fusionen

Im Zentrum der aktuellen wettbewerbspolitischen Diskussion stehen in Bezug auf nicht-preisliche Effekte von Fusionen die oben diskutierten Auswirkungen auf das Innovationsgeschehen. Allerdings können Fusionen darüber hinaus auch andere nicht-preisliche Auswirkungen haben, wie etwa auf Produktvielfalt und Qualität.

In Bezug auf die Produktqualität sagt die ökonomische Theorie voraus, dass fusionierende Unternehmen zur Verringerung von Kannibalisierungseffekten auf dem Produktmarkt nach einer Fusion die Markenvielfalt verringern könnten (siehe z. B. Mankiw & Whinston 1986; Atalay et al. 2023).[15] Aus demselben Grund könnten die fusionierenden Unternehmen nach einer Fusion die Produktdifferenzierung bei den bestehenden Marken erhöhen (Berry & Waldfogel 2001; Gandhi et al. 2008). Grundsätzlich könnten fusionierende Unternehmen jedoch auch ihre Produkte ähnlicher machen, um einen Markteintritt zu verhindern, ähnliche oder sogar doppelte Produkte vom Markt nehmen, um Kosten zu senken, oder neue Produkte einführen, die nur durch fusionsspezifische Effizienzgewinne rentabel werden (Berry & Waldfogel 2001).

Berry und Waldfogel (2001) waren mit die ersten, die Auswirkungen von Fusionen auf die Produktvielfalt untersucht haben. Dazu nutzten die beiden Autoren die Verabschiedung des US-amerikanischen Telekommunikationsgesetzes von 1996 als natürliches Experiment, da durch die Reform

15 Siehe Nocke & Schutz (2018) und Gaudin (2021) für eine Analyse des allgemeinen Zusammenhangs zwischen Wettbewerb und Qualitätsangebot.

eigentumsrechtliche Beschränkungen für Radiosender aufgehoben wurden und es im Anschluss zu einer großen Zahl von Fusionen kam. Ihre empirische Strategie macht sich die Tatsache zunutze, dass die Konzentration in regionalen Märkten mit einer höheren ursprünglichen Anzahl von Radiosendern stärker zunehmen durfte. Die Befunde deuten darauf hin, dass Fusionen in dieser Branche die Produktvielfalt eher erhöht haben und dass die fusionierenden Unternehmen ihre Programme so differenziert haben, dass der Markteintritt für andere schwieriger wurde (siehe auch Sweeting 2010).

Inzwischen gibt es eine ganze Reihe von empirischen Studien, die sich mit den Auswirkungen von Fusionen auf Produktvielfalt und Qualität befasst habe. Zu nennen wären etwa:

- Atalay et al. (2023), die für Fusionen in der amerikanischen Konsumgüterindustrie negative Effekte für die Produktvielfalt finden,
- Pires und Trindade (2018), die für Fusionen zwischen amerikanischen Supermarktketten tendenziell positive Effekte für die Sortimentsvielfalt im relevanten Markt finden,
- Argentesi et al. (2021b), die für eine Fusion zwischen zwei niederländischen Supermarktketten differenzierte Ergebnisse in Bezug auf das Sortiment des Zielunternehmens und des Erwerbers finden,
- Ashenfelter, Hosken und Weinberg (2013), die für die Fusion zwischen den US-Unternehmen Maytag und Whirlpool negative Effekte auf die Produktvielfalt finden,
- Fan (2013), die für US-Zeitungen zu dem Ergebnis kommt, dass Fusionen zu einer Verringerung der Qualität und der inhaltlichen Vielfalt führen und dass diese Auswirkungen am stärksten ausgeprägt sind, wenn es große Überschneidungen zwischen den Anbietern gibt und sie eine ähnliche Größe haben,[16]
- Mazzeo et al. (2018), die anhand eines Simulationsmodells argumentieren, dass Unternehmen nach einer Fusion eher dazu neigen, Produkte aufzugeben, um Kosten einzusparen,
- Song (2015), der ein Nachfragemodell für Personalcomputer schätzt, welches er dann auf die Fusion von HP und Compaq anwendet und feststellt, dass die fusionierenden Unternehmen nach der Fusion ihre

16 George (2002) findet hingegen für dieselbe Branche (also regionale Zeitungen in den USA) einen positiven Zusammenhang zwischen Eigentumskonzentration und Vielfalt.

Produkte differenzierten, indem sie mehr Low-End-Varianten in das Produktportfolio von Compaq aufnahmen,
- Gugler und Szücs (2023), die Auswirkungen von Fusionen auf Preise und Produktvielfalt in der pharmazeutischen Industrie in Österreich untersuchen und feststellen, dass sich die Vielfalt in regulierten Segmenten des österreichischen Pharmamarktes, in denen Preisanpassungen nicht möglich sind, nach Fusionen erhöht hat, nicht aber in unregulierten Segmenten des Marktes,
- Ciliberto, Murry und Tamer (2021), die ein Modell zur gleichzeitigen Schätzung der Auswirkungen von Fusionen auf Eintritts-, Austritts- und Preisentscheidungen entwickeln und dies für die US-Luftfahrtbranche simulieren mit dem Befund, dass die Auswirkungen entscheidend von den realisierten Effizienzgewinnen und der Marktstruktur vor dem Zusammenschluss abhängen,
- Li et al. (2022), die sehr differenzierte Auswirkungen für die US-Luftfahrtbranche ermittelt haben,
- Wollmann (2018), der ein Modell entwickelt, mit dem der Markteintritt und -austritt von Produkten nach einer Fusion analysiert werden kann und dies für die amerikanische LKW-Industrie für die potenziellen Auswirkungen einer Übernahme von GM und Chrysler durch verschiedene Käufer simuliert, mit dem Befund, dass gerade in Fällen, in denen sich die Produkte des potenziellen Erwerbers stark mit denen von GM und Chrysler überschneiden, Markteintritt dämpfend auf mögliche Preiserhöhungen wirkt, auch wenn es unwahrscheinlich ist, dass Markteintritt den Preisanstieg vollständig konterkariert,
- Fan und Yang (2020), welche die Beziehung zwischen Wettbewerb und Produktvielfalt auf dem US-amerikanischen Smartphone-Markt untersuchen, mit dem Befund, dass der oligopolistische Wettbewerb auf dem Markt zu einer ineffizient geringen Produktvielfalt führt und dieser Effekt durch eine Fusion noch verstärkt wird,
- Doi und Ohashi (2019), die Auswirkungen einer Fusion zweier Fluggesellschaften auf das Qualitätsangebot in Form von Flugfrequenzen auf dem japanischen Markt studieren und ein verbessertes Qualitätsangebot durch die Fusion finden,
- Prince und Simon (2017), die in ähnlicher Weise die Auswirkungen von fünf Fusionen US-amerikanischer Fluggesellschaften auf die Produktqualität analysieren und positive langfristige Auswirkungen auf die Qualität in Form von Pünktlichkeit finden,

- Chen und Gayle (2019), welche die Auswirkungen von Fusionen im Luftverkehr auf die Qualität (gemessen als Anteil der Non-Stop-Verbindungen) analysieren und zu dem Ergebnis kommen, dass Fusionen die Qualität erhöhen, wenn vor dem Zusammenschluss kein Wettbewerb zwischen den fusionierenden Unternehmen bestand, während die Qualität auf Märkten mit vorherigen Überschneidungen im Angebot sinkt,[17]
- Fan und Yang (2023), die die Auswirkungen von Fusionen auf Markteintritt, Produktvielfalt und Preise auf dem kalifornischen Markt für Craft-Biere, naturgemäß einer unserer Lieblingssektoren der – Achtung: doppeldeutig – Wirtschaft, schätzen und finden, dass die fusionierenden Unternehmen in den meisten Märkten Produkte aufgeben, während nicht fusionierende Wettbewerber eher Produkte hinzufügen, sodass auf großen Märkten die Produktvielfalt nach Fusionen insgesamt sogar eher zunimmt, während auf kleineren Märkten das Gegenteil der Fall ist,
- Garrido (2020), der die Auswirkungen eines Zusammenschlusses von zwei großen Anbietern von Frühstückscerealien auf die Produktvielfalt schätzt und findet, dass die fusionierenden Parteien nach der Fusion etwa 30 % ihrer Produkte vom Markt nehmen würden, [18]
- Herrera-Araujo und Piechucka (2021), die die Auswirkungen von Fusionen auf die Neupositionierung von Produkten in der französischen Krankenhausbranche analysieren und feststellen fest, dass fusionierende Krankenhäuser nach der Fusion dazu neigen, ihre Dienstleistungen stärker voneinander zu differenzieren,
- Eliason et al. (2020), die Auswirkungen von Fusionen auf die Qualität untersuchen, bei denen unabhängige Dialyseeinrichtungen von großen Unternehmen übernommen wurden und feststellen, dass nach der Fusion die Qualität in Form der Qualifikation des Pflegepersonals, der Sterblichkeit und der Krankenhausaufenthalte abnimmt.

Insgesamt zeigt sich somit ein heterogenes Bild. Eine ganze Reihe von empirischen Untersuchungen zeigt zwar, dass sich negative Auswirkungen auf Qualität oder Produktvielfalt ergeben, doch ist dies keineswegs durchgängig so. Im Gegenteil ergeben sich teilweise auch positive Auswirkungen, sodass kein einheitliches Muster erkennbar ist, aus denen sich klare wettbewerbspolitische Empfehlungen ableiten ließen.

---

17 Crawford et al. (2019) erörtern das Qualitätsüberangebot von Monopolisten auf dem US-Kabelfernsehmarkt.

18 Rossi (2023) hat mit Hilfe eines dynamischen Oligopolmodells für denselben Markt ebenfalls negative Auswirkungen von Fusionen auf die Produktvielfalt ermittelt.

3.2. Auswirkungen nicht-horizontaler Fusionen

Im Gegensatz zu horizontalen Fusionen werden in den meisten Studien zu den Auswirkungen vertikaler Fusionen positive Auswirkungen auf die Produktqualität festgestellt. So schätzen Hansman et al. (2020) einen positiven Effekt der vertikalen Integration auf die Qualität von Fischmehlherstellern. Gil und Warzynski (2015) finden positive Auswirkungen auf die Produktqualität in der US-Videospielindustrie. Chipty (2001) sowie Crawford und Yurukoglu (2012) dokumentieren positive Auswirkungen der vertikalen Integration auf die Qualität (Kanalabdeckung) in der US-amerikanischen Kabelfernsehbranche. In Bezug auf die Produktvielfalt gibt es unseres Wissens kaum empirische Studien, die die Auswirkungen vertikaler Fusionen auf die Vielfalt systematisch analysieren.[19] Aus theoretischer Sicht ist die Beziehung wie schon im Falle horizontaler Fusionen nicht eindeutig. Einerseits könnte eine vertikale Integration zu einer größeren Vielfalt führen, wenn die von der fusionierten Einheit erzielten Effizienzgewinne die Einführung neuer Produkte rentabler machen. Andererseits könnte die Fusion, wenn sie zu einer Abschottung bei Inputs führt, zum Ausscheiden konkurrierender Unternehmen führen oder den Markteintritt von Firmen mit neuen Produkten verhindern.

In jüngerer Zeit hat zudem das Interesse an den Auswirkungen konglomerater Fusionen, bei denen es keine direkten horizontalen oder vertikalen Beziehungen zwischen den fusionierenden Unternehmen gibt, wieder deutlich zugenommen. Konglomerate Fusionen sind für die Wettbewerbspolitik relevant, wenn sie "benachbarte Märkte" betreffen, die Produkte herstellen, die denselben Nachfragern angeboten werden, aber nur schwach substituierbar sind (Neven 2007). Das zunehmende Interesse an konglomeraten Fusionen ist vor allem auf die digitale Ökonomie zurückzuführen, in der konglomerate Fusionen, die oftmals komplementäre Produkte betreffen, weit verbreitet sind.[20] Zu den potenziellen Vorteilen konglomerater Fusionen gehören die Vorteile des One-Stop-Shopping, die Internalisierung von Preisexternalitäten bei komplementären Produkten sowie verstärkte Anreize für Investitionen in Forschung und Entwicklung aufgrund der Internalisierung von Externalitäten bei komplementären Produkten. Allerdings

19 Siehe die Übersichten über die entsprechende Literatur in Beck & Scott Morton (2021) und Slade (2021).

20 Siehe Bourreau & de Streel (2019) sowie Motta & Peitz (2021) für einen Überblick über Fusionen und Fusionspolitik in digitalen Märkten und Argentesi et al. (2021a) für eine Diskussion der Ex-Post-Evidenz.

können konglomerate Fusionen auch wettbewerbsbeschränkend wirken. Die größte Sorge besteht oftmals darin, dass die Bündelung und Kopplung komplementärer Produkte zu einer Marktabschottung führen kann, die nicht nur höhere Preise, sondern auch geringere F&E-Investitionen und letztlich eine geringere Auswahl für die Verbraucher zur Folge haben kann. Wie beispielsweise Choi und Stefanadis (2001) zeigen, kann die Bündelung durch etablierte Unternehmen die Rentabilität des Markteintritts und die F&E-Investitionen potenzieller Marktneulinge verringern, wenn diese für ihren Markteintritt auf andere Unternehmen angewiesen sind, die Komplementärprodukte anbieten. In jüngster Zeit wurden zudem Schadenstheorien entwickelt, wonach Bündelung und Kopplung den Verbrauchern auch dann schaden können, wenn keine Marktabschottung vorliegt. So argumentieren Chen und Rey (2023), dass die Bündelung von Produkten durch fusionierende Unternehmen die Produktdifferenzierung zwischen dem fusionierten Unternehmen und seinen Konkurrenten verstärken kann, sodass der Preiswettbewerb abgeschwächt wird.

Empirische Belege für die Auswirkungen von konglomeraten Fusionen auf die Vielfalt sind rar. Eine Ausnahme ist die Arbeit von Gautier und Lamesch (2021), die eine Ex-Post-Evaluation von 175 Übernahmen durch Google, Amazon, Facebook, Apple und Microsoft durchgeführt haben. Bei den meisten dieser Fälle handelt es sich um relativ kleine Übernahmeziele in verwandten Geschäftsbereichen. Die Autoren belegen, dass es sich bei diesen Transaktionen mit Ausnahme eines Falles offenbar nicht um die oben erwähnten Killer-Akquisitionen handelt, da sie keine potenziellen Wettbewerber betreffen. Dennoch stellen die Autoren fest, dass 60 % der Produkte der Zielunternehmen nach einer Übernahme vom Markt genommen werden. Da die Autoren die Zielunternehmen nicht mit einer Kontrollgruppe von nicht übernommenen Unternehmen vergleichen, ist nicht klar, ob diese Zahl einen kausalen Effekt repräsentiert. Daher können die Ergebnisse bestenfalls als ein gewisses Indiz für negative Auswirkungen auf die Vielfalt interpretiert werden.

Auch Argentesi et al. (2021a) haben sich Übernahmen von Amazon, Google und Facebook angesehen und festgestellt, dass die Übernahmen den Erwerbern den Zugang zu neuen Techniken in den Bereichen maschinelles Lernen, künstliche Intelligenz, Analytik und Big Data ermöglicht haben. Die Autoren argumentieren, dass solche Übernahmen zwar die Effizienz der übernehmenden Unternehmen steigern können, dass aber die zunehmende Sammlung von Big Data in Verbindung mit Netzwerkeffekten, Marktzutrittsschranken für Wettbewerber schaffen kann, was letztlich die

Vielfalt verringern könnte. Argentesi et al. (2021a) erörtern konkret zwei Fusionsfälle, die von den britischen Wettbewerbsbehörden geprüft werden. In Bezug auf den Fall Facebook/Instagram argumentieren die Autoren unter anderem, dass die britische Wettbewerbsbehörde möglicherweise das Potenzial von Instagram unterschätzt hat, in den Bereich der sozialen Netzwerkdienste hineinzuwachsen. Ferner argumentieren sie, dass die Wettbewerbsbehörde der Rolle der Interoperabilität zwischen Instagram und anderen sozialen Netzwerken zu wenig Aufmerksamkeit spendiert hat und dass die Interoperabilität nach dem Zusammenschluss abgenommen hat. Argentesi et al. (2021a) erörtern auch die Übernahme von Waze, einem Unternehmen, das eine Navigations-App für Smartphones anbietet, durch Google. Die Autoren argumentieren, dass die britische Wettbewerbsbehörde offenbar das Wachstumspotenzial der Navigations-App von Waze unterschätzt und nicht verstanden hat, wie sich der Zusammenschluss auf Googles Position als Anbieter von Standortdaten und damit auf seine Stellung auf dem Online-Werbemarkt auswirkte.

3.3. Zusammenfassung und wettbewerbspolitische Implikationen

Die theoretische Literatur hat sich hauptsächlich auf drei verschiedene Kanäle konzentriert, wie sich *horizontale* Fusionen auf die Vielfalt auswirken. Erstens haben die fusionierenden Unternehmen einen Anreiz, konkurrierende Produktsorten innerhalb des neu fusionierten Unternehmens einzustellen, um eine Kannibalisierung im Konzern zu vermeiden und Fixkosten zu sparen. Zweitens kann es aufgrund höherer Gewinnspannen nach dem Zusammenschluss für Unternehmen (insbesondere für nicht fusionierende Konkurrenten) rentabler werden, neue Produkte einzuführen. Drittens kann die Einführung neuer Produktsorten durch Effizienzgewinne rentabel werden. Wie Asker und Nocke (2021) betonen, dürften die Gesamtwirkungen von Fusionen aufgrund dieser gegenläufigen Effekte von der Branchenstruktur und der Art des Wettbewerbs abhängen.

Alles in allem sind die Ergebnisse zu den Auswirkungen von Fusionen auf die Produktvielfalt gemischt. Dies gilt zwar sowohl für theoretische als auch für empirische Analysen. Gleichwohl legt die empirische Literatur nahe, dass die Befunde gerade in wettbewerbspolitisch besonders wichtigen Fällen wahrscheinlich nicht positiv sind. So deuten die empirischen Befunde darauf hin, dass die Vielfalt nach Fusionen auf stark konzentrierten Märkten tendenziell abnimmt. In den Fällen, in denen die Befunde auf eine Zunahme der Vielfalt hindeuten, reicht dieser Effekt gleichwohl regelmäßig nicht aus, um die Wohlfahrtsverluste durch höhere Preisaufschläge zu kompensieren. Oft ist die Zunahme der Vielfalt auf das Bestreben zurückzuführen, den Markteintritt zu verhindern oder das Produktportfolio in einer Weise neu zu positionieren, die den Wettbewerb verringert, was sich ebenfalls nachteilig auf die Verbraucherwohlfahrt auswirken dürfte. Insgesamt ist es unwahrscheinlich, dass eine Zunahme der von den Konkurrenten angebotenen Vielfalt eine ansonsten wohlfahrtsmindernde Fusion in eine wohlfahrtssteigernde Transaktion verwandelt. Die plausibelsten Szenarien, in denen die Auswirkungen von Fusionen auf die Wohlfahrt durch eine größere Vielfalt verbessert werden, sind Effizienzgewinne. Unserer Meinung nach ist es unwahrscheinlich, dass eine Fusion, die nicht zu erheblichen Kosteneinsparungen führt, die Produktvielfalt insgesamt erhöht.

Die Fusionskontrolle sollte versuchen, ex ante Faktoren zu identifizieren, die einen bestimmten Wirkungskanal wahrscheinlich machen. Beispielsweise ist die Internalisierung von Marktanteilsverlusten (Umlenkungseffekte) umso größer, je höher die Substituierbarkeit zwischen den Produkten der fusionierenden Konkurrenten und je höher die Fixkosten der Produktion pro Produktsorte sind. Die Messung der Substituierbarkeit zwischen den Produkten der fusionierenden Unternehmen (z. B. Umlenkungsquoten) und Informationen über die Fixkosten einer Produkteinführung können hier aufschlussreich sein.

Da eine größere Vielfalt bei Konkurrenten den Verlust an Vielfalt bei den fusionierenden Unternehmen teilweise kompensieren könnten, gilt es auch die Anreize der Wettbewerber zu analysieren. Dabei spielen Marktgröße ebenso wie Markteintrittskosten eine Rolle (vgl. Ciliberto et al. 2021). Einen empirischen Rahmen für die Simulation von Markteintritts- und Sortimentsentscheidungen bieten die jüngsten Arbeiten von Fan und Yang (2021) und Ciliberto et al. (2021).

Die Auswirkungen auf die Produktqualität dürften zudem auch branchenspezifisch sein. Oben haben wir bereits Befunde in Bezug auf Innovationstätigkeiten erörtert, die auch Anreize für Investitionen in eine Qualitätssteigerung beinhalten. In anderen Branchen, wie z. B. bei Fluggesellschaften und auf Medienmärkten, ist Qualität nicht nur das Ergebnis von Innovationsaktivitäten, sondern hängt auch davon ab, welche Produkte und Dienstleistungen auf bestimmten Märkten überhaupt angeboten werden sollen. Empirische Studien deuten darauf hin, dass ein fusionsbedingter Anstieg von Marktmacht tendenziell Anreize für die Bereitstellung qualitativ besonders hochwertiger Produkte eher verringert. Allerdings können fusionsbedingte Effizienzgewinne den Nachfragern in Form von höherer Qualität zugutekommen, wie etwa in einigen Studien zum Luftverkehrsbereich gezeigt wurde.

Bei nicht-horizontalen Fusionen sind die Belege aus Ex-Post-Evaluationen zu den Auswirkungen von Fusionen auf die Produktvielfalt unseres Erachtens zu dünn, um allgemeine Schlussfolgerungen zu ziehen. Es gibt jedoch gewisse Belege, dass Produktmarken, die von den großen Technologieunternehmen erworben wurden, nach einer Übernahme oftmals vom Markt genommen wurden. Die Anreize zur Verringerung der Produktvielfalt sollten in der Fusionskontrolle daher nicht unbeachtet blieben, selbst wenn es sich um relativ kleine Zielunternehmen handelt, die keine direkten Wettbewerber sind. Darüber hinaus gibt es Belege, dass nicht-horizontale Fusionen teilweise die Interoperabilität beeinträchtigen und Marktzutrittsschranken schaffen können, die sich auf die von Wettbewerbern oder potenziellen Neueinsteigern angebotene Vielfalt auswirken können.

4. Nachhaltigkeit

Im Prinzip können Auswirkungen von Fusionen auf die Nachhaltigkeit im Großen und Ganzen innerhalb des bestehenden Rahmens analysiert werden. Die OECD (2021: 35-38) stellt vier Schadenstheorien in Bezug auf Fusionen und Nachhaltigkeit auf: (1) Die aus der Fusion resultierende zunehmende Marktmacht kann durch unilaterale Effekte zu höheren Preisen für grüne Produkte, geringerer ökologischer Qualität und weniger grünen Innovationen führen. (2) Eine zweite horizontale Schadenstheorie bezieht sich auf Fusionen, die zu größerer Nachfragemacht führen und daher Innovationsanreize bei Zulieferern reduzieren, und (3) eine dritte Schadenstheorie bezieht sich auf unilaterale Effekte auf Tempo und Umfang der Innovation in einer Branche. Schließlich (4) betrifft eine vierte Schadenstheorie im Zusammenhang mit Innovationen 'grüne Killer-Akquisitionen', d. h. Akquisitionen nachhaltigerer Wettbewerber, die darauf abzielen, den Wettbewerbsdruck in Bezug auf die Herstellung umweltfreundlicherer oder weniger umweltbelastender Produkte zu verringern (OECD 2021: 38). Auch die OECD sieht die Frage, wie mit potenziell wettbewerbsbeschränkenden Fusionen, die aber zugleich mit Umweltvorteilen verbunden sind, bisher im Wesentlichen als ein theoretisches Problem an und es gibt auch keinen Bericht über einen solchen Fall. In einem theoretischen Papier zeigen Fikru und Gautier (2020) jedoch, dass selbst in einer hoch konzentrierten Branche eine weitere Fusion die Wohlfahrt erhöhen oder verringern kann, je nach (1) der Fusionsschwelle und (2) der Verschmutzungsintensität der Unternehmen. Die Autoren zeigen auch, dass der Zusammenhang zwischen Wohlfahrtseffekten und Größe der Übernahme durch exogene Faktoren wie Emissionssteuern beeinflusst werden kann. In ähnlicher Weise zeigen Choi, Espínola-Arredondo und Muñoz-García (2022), dass Fusionen wettbewerbsbeschränkend, aber positiv für die Umwelt sein können, wenn eine Zunahme der Marktmacht zu einer Verringerung der Produktionsmengen führt.

Des Weiteren können die Unternehmen hypothetisch grüne Effizienzgewinne geltend machen, doch ist dies bisher nur eine theoretische Option. Insgesamt können die von der OECD aufgezeigten Schädigungstheorien im Rahmen der derzeitigen Fusionskontrollleitlinien durchaus berücksichtigt werden.

In ihrer Fusionskontrollpraxis berücksichtigt die Europäische Kommission in ihren Marktabgrenzungen bereits seit längerem etwaige Verbraucherpräferenzen für nachhaltige Produkte. So wurden beispielsweise in den Fällen *Chiquita Brands International/Fyffes* (2015) oder *DEMB/Mondelez/Charger OPCO* (2015) unterschiedliche Marktsegmente für konventionelle Produkte einerseits und Bio- oder FairTrade-Produkte andererseits definiert. Darüber hinaus werden Umweltfaktoren in die Bewertung des Wettbewerbs auf den für eine grüne Wirtschaft relevanten Märkten durch die Kommission einbezogen. Umweltfaktoren, die durch nachfrageseitige Präferenzen und regulatorische Vorgaben bestimmt werden, können sich erheblich auf die Wettbewerbssituation auswirken, z. B. auf den Recyclingmärkten (mit denen sich die Kommission etwa bei der Übernahme mehrerer Abfallentsorgungsunternehmen in Deutschland, Luxemburg, den Niederlanden und Polendurch die Schwarz-Gruppe befasst hat).

Die empirische Literatur zu den Auswirkungen von Fusionen auf Nachhaltigkeit und insbesondere auf grüne Innovationen ist mehr als dürftig. In einer neueren Arbeit untersuchen Liang et al. (2022) Fusionen und Übernahmen von Unternehmen mit hohem Schadstoffausstoß in China zwischen 2010 und 2018 und finden eine positive Korrelation zwischen Fusionen und Übernahmen und grünen Innovationen, die auch durch staatliche Subventionen gefördert werden. Allerdings können die Autoren weder eine kausale Beziehung etablieren noch unterscheiden sie zwischen horizontalen und nicht-horizontalen Fusionen. Ihre Ergebnisse stehen jedoch im Einklang mit den jüngsten Erkenntnissen von da Cruz und Newham

(2022) in ihrer Studie über Fusionen und Übernahmen im US-amerikanischen Energie- und Versorgungssektor. Die beiden Autorinnen untersuchen die Auswirkungen von Fusionen und Übernahmen insbesondere auf grüne Innovationen anhand von Daten über Patentanmeldungen. Da Cruz und Newham (2022) unterscheiden jedoch ebenfalls nicht zwischen horizontalen und vertikalen oder konglomeraten Fusionen, so dass die Ergebnisse im Hinblick auf allgemeinere wettbewerbspolitische Implikationen mit Vorsicht zu genießen sind. Außerdem wird in diesen Studien nicht untersucht, wie sich Fusionen auf Innovationen im Allgemeinen auswirken, d. h. auch auf nicht-grüne Innovationen.

Darüber hinaus stellt sich noch eine allgemeinere Frage: Müssen wir umweltpolitische Ziele in die Wettbewerbspolitik einbeziehen[21] oder sollte die Verfolgung umweltpolitischer Ziele eher anderen Politikbereichen wie Umweltpolitik, Klimapolitik, Energiepolitik usw. überlassen werden, die in der Regel über Instrumente verfügen, mit denen sich die Ziele viel präziser erreichen lassen? Es gibt zwar eine allgemeine Diskussion zu diesem Thema, aber sie bezieht sich hauptsächlich auf Kooperationsvereinbarungen zwischen Unternehmen und nicht auf Fusionen. In Anbetracht der Tatsache, dass die Europäische Kommission gerade ihre horizontalen Gruppenfreistellungsverordnungen und ihre Horizontal-Leitlinien novelliert hat, die nun ausdrücklich "Nachhaltigkeitsvereinbarungen" einschließen, und in Anbetracht der begrenzten Erfahrungen in diesem Bereich erscheint es verfrüht, Schlussfolgerungen und Empfehlungen in Bezug auf die Fusionskontrolle in diesem Bereich zu ziehen.

5. Fusionen und Arbeitsmarkt

Die Frage, wie sich die Wettbewerbspolitik im Allgemeinen und die Fusionspolitik im Besonderen auf Arbeitsmarktergebnisse auswirkt, hat in letzter Zeit mehr Aufmerksamkeit erhalten. Die Diskussion über Arbeitsmärkte und Wettbewerbspolitik hat ihre Wurzeln in den USA, ist aber inzwischen auch nach Europa exportiert worden. Eine Reihe von US-Wissenschaftlern argumentiert nachdrücklich, dass die Wettbewerbspolitik, einschließlich der Fusionskontrolle, auch Interessen von Arbeitnehmerinnen und Arbeitnehmern berücksichtigen sollte und dass Wettbewerbsbehörden sich auch

---

21 Aghion et al. (2023) erörtern die allgemeine Beziehung zwischen Nachhaltigkeit und Wettbewerb.

auf Arbeitsmarktmonopsone konzentrieren sollten (siehe z. B. Marinescu & Hovenkamp 2019; Posner 2021). Empirische Daten zu Krankenhausfusionen in den USA deuten in der Tat darauf hin, dass eine höhere regionale Marktkonzentration in der Krankenhausbranche zu niedrigeren Wachstumsraten bei den Löhnen führen kann, insbesondere bei qualifizierten Arbeitskräften (siehe Prager & Schmitt 2021). Aus wettbewerbspolitischer Sicht ist dies eine gute Nachricht. Mehr Wettbewerb ist nicht nur gut für die Verbraucher, sondern auch für die Arbeitnehmer.[22]

Allerdings bleibt an dieser Stelle abzuwarten, wie verallgemeinerbar der empirische Befund von Prager und Schmitt (2021) sein wird. Insbesondere steht das Ergebnis in starkem Kontrast zu den wesentlich älteren Erkenntnissen von Neven und Röller (1996), die europäische Luftverkehrsmärkte untersucht haben. Anhand eines einfachen strukturellen Modells, das anhand von Daten aus den Jahren 1976-1990 für acht europäische Fluggesellschaften geschätzt wird, kommen Neven und Röller (1996) zu dem Befund, dass schwacher Wettbewerb zu einer umfangreichen Rententeilung in Form von überhöhten Löhnen führt. Diese Befunde können auch erklären, warum Gewerkschaften häufig gegen Bemühungen zur Liberalisierung der Produktmärkte (z. B. durch Deregulierung oder den Abbau von Handelsschranken) sind. Die Unterschiede zwischen den Ergebnissen von Prager und Schmitt (2021) und Neven und Röller (1996) können dabei mehrere Gründe haben. Offensichtlich spielen etwa Gewerkschaften in Europa eine ganz andere Rolle als in den USA, und auch die Arbeitsmarktregeln unterscheiden sich in vielerlei Hinsicht.

In dem Fall, in dem ein geringer Wettbewerb mit höheren Gewinnspannen und einer stärkeren Rententeilung einhergeht, besteht unserer Meinung nach ein fundamentales Problem, wenn Wettbewerbsbehörden mit der Berücksichtigung von Arbeitsmarktzielen beauftragt werden. Die Behörden würden zwangsläufig Zielkonflikte zwischen Verbraucherwohlfahrt und höheren Löhnen identifizieren. Wenn ein solcher Zielkonflikt wahrscheinlich ist, sollte es nicht Aufgabe von Wettbewerbsbehörden sein, diesen Zielkonflikt politisch aufzulösen,

22 Montag (2023) analysiert, wie sich eine Fusion auf die Beschäftigung in den USA auswirkt, wenn es keine Veränderung der Arbeitsmarktmacht gibt.

6. Schlussfolgerung

In diesem Beitrag wurde die Literatur zu den nicht-preislichen Auswirkungen von Fusionen beleuchtet. Dabei haben wir uns insbesondere auf die Auswirkungen auf Innovationen, Produktvielfalt und Qualität konzentriert und kurz die Ergebnisse in Bezug auf Nachhaltigkeit und Arbeitsmarktergebnisse erörtert ebenso wie mögliche Implikationen für die Fusionskontrolle.

Begonnen haben wir mit Auswirkungen von Fusionen auf Innovationen. Die überwiegende Mehrheit der Ex-Post-Evaluationen findet deutlich negative Auswirkungen auf Innovationsinputs und -outputs. Die größte Herausforderung für Wettbewerbsbehörden besteht jedoch darin, solche Fusionen ex ante zu identifizieren, die Innovationen auf dem relevanten Markt verringern werden. Dies ist von Natur aus schwierig, da Innovationsergebnisse manchmal (sehr) schwer zu messen sind. Da Innovationen nicht immer patentiert werden, gibt es oft keine offensichtliche Messgröße (im Gegensatz zu Umsätzen, Mengen oder Marktanteilen). Während in einigen Branchen wie der Pharmaindustrie, der Agrochemie oder der Medizintechnik Innovationen relativ leicht durch die Auswertung klinischer Studien und die Analyse der Produktentwicklungspipelines der beteiligten Unternehmen bewertet werden können, ist diese Aufgabe in anderen Branchen weit weniger einfach. Dies gilt insbesondere für digitale Märkte. Daher scheint eine widerlegbare Vermutung für horizontale Zusammenschlüsse auf konzentrierten Märkten gerechtfertigt zu sein.

Die wettbewerbsrechtliche Bewertung künftiger Märkte umfasst die schwierige Aufgabe, die Stärke von Wettbewerbern und alternativen Produkten zu ermitteln. Bei neuen Arzneimitteln, die sich noch in einem frühen Entwicklungsstadium befinden, sind die Informationen über ihre Wirksamkeit und Nebenwirkungen jedoch noch lange nicht gesichert. Forschungsergebnisse sind jedoch mit Unsicherheiten behaftet. So ist die Erfolgswahrscheinlichkeit von Arzneimitteln, die sich in einer frühen Phase der Entwicklung befinden, gering. Nur etwa 11 % der Arzneimittel in der Phase I der klinischen Prüfung kommen tatsächlich auf den Markt. Während sich die Europäische Kommission zunächst auf Arzneimittel kurz vor der Markteinführung, d. h. auf Phase-III-Pipelines, konzentrierte, hat sie in letzter Zeit auch Pipeline-Produkte in früheren Entwicklungsstadien in Betracht gezogen.

Obwohl es naturgemäß schwierig ist, den künftigen Wettbewerb zu prognostizieren, gibt es verschiedene Indikatoren, die den Wettbewerbsbehörden bei der Bewertung helfen können. Der erforderliche Beweisstandard muss jedoch möglicherweise gesenkt werden, da es zwar schwieriger ist, Innovationsprozesse vorherzusagen, die Folgen für die soziale Wohlfahrt aber wahrscheinlich schwerwiegender sind als der Verlust von statischem Wettbewerb (d. h. einfache Preissteigerungen). Wenn die Beweisanforderungen für den Nachweis vermutlich negativer Innovationsauswirkungen einer Fusion gesenkt werden, muss jedoch möglicherweise zugleich auch die Anforderung an den Nachweis von Effizienzgewinnen für die fusionierenden Unternehmen gesenkt werden. Darüber hinaus muss möglicherweise auch die Vorhersagezeitspanne im Vergleich zu den Preiseffekten angepasst werden.

Literaturverzeichnis

Aghion, P.; Bénabou, R.; Martin, R. & Roulet, A. (2023), Environmental preferences and technological choices: Is market competition clean or dirty, in: American Economic Review: Insights, Vol. 5 (1), 1-20.

Aghion, P.; Bloom, N.; Blundell, R.; Griffith, R. & Howitt, P. (2005), Competition and innovation: An inverted U relationship in: Quarterly Journal of Economics, Vol. 120 (2), 701-728.

Argentesi, E.; Buccirossi, P.; Calvano, E.; Duso, T.; Marrazzo, A. & Nava, S. (2021a), Merger policy in digital markets: An ex post assessment, in: Journal of Competition Law & Economics, Vol. 17 (1), 95-140.

Argentesi, E.; Buccirossi, P.; Cervone, R.; Duso, T. & A. Marrazzo (2021b), The effect of mergers on variety in grocery retailing, in: International Journal of Industrial Organization, Vol. 79, 1-19.

Arts, S.; Cassiman, B. & Gomez, J. C. (2018), Text matching to measure patent similarity, in: Strategic Management Journal, Vol. 39 (1), 62-84.

Arrow, K. (1962), Economic welfare and the allocation of resources for invention, in: Universities-National Bureau Committee for Economic Research, Committee on Economic Growth of the Social Science Research Council, The Rate and Direction of Inventive Activity: Economic and Social Factors, Princeton University Press, 609-626.

Arundel, A. & Kabla; I. (1998), What percentage of innovations are patented? Empirical estimates for European firms, in: Research Policy, Vol. 27 (2), 127-141.

Ashenfelter, O. C.; Hosken, D. S. & Weinberg, M. C. (2013), The price effects of a large merger of manufacturers: A case study of Maytag-Whirlpool, in: American Economic Journal: Economic Policy, Vol. 5 (1), 239-261.

Asker, J. & Nocke, V. (2021), Collusion, mergers, and related antitrust issues, in: K. Ho; A. Hortacsu & A. Lizzeri (Hrsg.), Handbook of Industrial Organization, Amsterdam: Elsevier, Vol. 5, 177 279.

Atalay, E.; Hortacsu, A. & Syverson, C. (2014), Vertical integration and input flows, in: American Economic Review, Vol. 104 (4), 1120-1148.

Atalay, E.; Sorensen, A.; Sullivan, C. & Zhu, W. (2023), Product repositioning by merging firms, erscheint in: Journal of Industrial Economics.

Autor, D.; Dorn, D.; Hanson, G. H.; Pisano, G. & Shu, P. (2020), Foreign competition and domestic innovation: Evidence from US patents, in: American Economic Review: Insights, Vol. 2 (3), 357-374.

Beck, M. & Scott Morton, F. M. (2021), Evaluating the evidence on vertical mergers, in: Review of Industrial Organization, Vol. 59, 273-302.

Bena, J. & Li, K. (2014), Corporate innovations and mergers and acquisitions, in: Journal of Finance, Vol. 69 (5), 1923-1960.

Bennato, A. R.; Davies, S.; Mariuzzo, F. & Ormosi, P. (2021), Mergers and innovation: Evidence from the hard disk drive market, in: International Journal of Industrial Organization, Vol. 77, Artikel 102755.

Berry, S. T. & Waldfogel, J. (2001), Do mergers increase product variety? Evidence from radio broadcasting, in: Quarterly Journal of Economics, Vol. 116 (3), 1009-1025.

Bertrand, O.; Hakkala, K. N.; Norbäck, P.-J. & Persson, L. (2012), Should countries block foreign takeovers of R&D champions and promote greenfield entry?, in: Canadian Journal of Economics, Vol. 45 (3), 1083-1124.

Blonigen, B. A.; Fontagné, L.; Sly, N. & Toubal, F. (2014), Cherries for sale: The incidence and timing of cross-border M&A, in: Journal of International Economics, Vol. 94 (2), 341-357.

Bombardini, M.; Li, B. & Wang, R. (2018), Import competition and innovation: Evidence from China, working paper, URL: https://drive.google.com/file/d/1nYqghqOgaKIksIsD4EdSCZBFSLi3P0VL/view (zuletzt abgerufen am 03. Februar 2024).

Bourreau, M.; Jullien, B. & Lefouili, Y. (2021), Mergers and demand-enhancing innovation, CEPR Discussion Paper No. DP16031.

Bourreau, M.; & de Streel, A. (2019), Digital conglomerates and EU competition policy, URL: http://dx.doi.org/10.2139/ssrn.3350512 (zuletzt abgerufen am 03. Februar 2024).

Bryan, K. A.; Lemus, J. & Marshall, G. (2022), R&D competition and the direction of innovation, in: International Journal of Industrial Organization, Vol. 82, Artikel 102841.

Calvano, E. & Polo, M. (2021), Market power, competition and innovation in digital markets: A survey, in: Information Economics and Policy, Vol. 54, Artikel 100853.

Cassiman, B.; Colombo, M. G.; Garrone, P. & Veugelers, R. (2005), The impact of M&A on the R&D process: An empirical analysis of the role of technological-and market-relatedness, in: Research Policy, Vol. 34 (2), 195-220.

Chen, Y. & Gayle, P. G. (2019), Mergers and product quality: Evidence from the airline industry, in: International Journal of Industrial Organization, Vol. 62, 96-135.

Chen, Z. & Rey, P. (2023), A Theory of Conglomerate Mergers, TSE Working Paper Nr. 23-1447, June 2023.

Chipty, T. (2001), Vertical integration, market foreclosure, and consumer welfare in the cable television industry, in: American Economic Review, Vol. 91 (3), 428-453.

Choi, J. P. & Stefanadis, C. (2001), Tying, investment, and the dynamic leverage theory, in: RAND Journal of Economics, Vol. 32 (1), 52-71.

Choi, P.-S.; Espínola-Arredondo, A. & Muñoz-García, F. (2022), Environmental policy helping antitrust decisions: Socially excessive and insufficient merger approvals, in: Resource and Energy Economics, Vol. 67, Artikel 101267.

Ciliberto, F. (2006), Does organizational form affect investment decisions?, in: Journal of Industrial Economics, Vol. 54 (1), 63-93.

Ciliberto, F.; Murry, C. & Tamer, E. (2021), Market structure and competition in airline markets, in: Journal of Political Economy, Vol. 129 (11), 2995-3038.

Coase, R. H. (1937), The nature of the firm, in: Economica, Vol. 4, 386-405.

Coase, R. H. (1960), The problem of social cost, in: Journal of Law and Economics, Vol. 3, 1-44.

Coase, R. H. (1974), The lighthouse in economics, in: Journal of Law and Economics, Vol. 17, 357-376.

Cohen, W. M.; Nelson, R. & Walsh, J. P. (2000), Protecting their intellectual assets: Appropriability conditions and why US manufacturing firms patent (or not), NBER Working Paper Nr. 7552.

Crawford, G. S. & Yurukoglu, A. (2012), The welfare effects of bundling in multichannel television markets, in: American Economic Review, Vol. 102 (2), 643-685.

Crawford, G. S.; Shcherbakov, O. & Shum, M. (2019), Quality overprovision in cable television markets, in: American Economic Review, Vol. 109 (3), 956-995.

Cunningham, C.; Ederer, F. & Ma, S. (2021), Killer acquisitions, in: Journal of Political Economy, Vol. 129 (3), 649-702.

da Cruz, V. & Newham, M. (2022). The impact of mergers on green innovation, working paper, URL: https://papers.ssrn.com/sol3/papers.cfm?abstract_id=4236137 (zuletzt abgerufen am 03. Februar 2024).

Dasgupta, P. & Stiglitz, J. (1980), Uncertainty, industrial structure, and the speed of R&D, in: The Bell Journal of Economics, Vol. 11 (1), 1-28.

Demsetz, H. (1969), Information and efficiency: Another viewpoint, in: Journal of Law and Economics, Vol. 12, 1-22.

Denicolo, V. & Polo, M. (2018), Duplicative research, mergers and innovation, in: Economics Letters, Vol. 166, 56-59.

Dijk, E.; Moraga-González, J. L. & Motchenkova, E. (2023), How do start-up acquisitions affect the direction of innovation?, erscheint in: Journal of Industrial Economics.

Doi, N. & Ohashi, H. (2019), Market structure and product quality: A study of the 2002 Japanese airline merger, in: International Journal of Industrial Organization, Vol. 62, 158-193.

Eliason, P. J.; Heebsh, B.; McDevitt, R. C. & Roberts, J. W. (2020), How acquisitions affect firm behavior and performance: Evidence from the dialysis industry, in: Quarterly Journal of Economics, Vol. 135 (1), 221-267.

Entezarkheir, M. & Moshiri, S. (2018), Mergers and innovation: Evidence from a panel of US firms, in: Economics of Innovation and New Technology, Vol. 27 (2), 132-153,

Fan, Y. (2013), Ownership consolidation and product characteristics: A study of the US daily newspaper market, in: American Economic Review, Vol. 103 (5), 1598-1628.

Fan, Y. & Yang, C. (2020), Competition, product proliferation, and welfare: A study of the US smartphone market, in: American Economic Journal: Microeconomics, Vol. 12 (2), 99-134.

Fan, Y. & Yang, C. (2023), Estimating discrete games with many firms and many decisions: An application to merger and product variety, working paper, URL: https://public.websites.umich.edu/~yingfan/Fan_Yang_discrete_games.pdf (zuletzt abgerufen am 03. Februar 2024).

Federico, G.; Langus, G. & Valletti, T. (2017), A simple model of mergers and innovation, in: Economics Letters, Vol. 157, 136-140.

Federico, G.; Langus, G. & Valletti, T. (2018), Horizontal mergers and product innovation, in: International Journal of Industrial Organization, Vol. 59, 1-23.

Federico, G.; Scott Morton, F. M. & Shapiro, C. (2020), Antitrust and innovation: Welcoming and protecting disruption, in: Innovation Policy and the Economy, Vol. 20 (1), 125-190.

Fikru, M. G. & Gautier, L. (2020), Are big mergers welfare enhancing when there is environmental externality?, in: Energy Economics, Vol. 87, Artikel 104718.

Fumagalli, C.; Motta, M. & Tarantino, E. (2022), Shelving or Developing? The Acquisition of Potential Competitors under Financial Constraints, CSEF Working Paper No. 637.

Gandhi, A.; Froeb, L.; Tschantz, S. & Werden, G. J. (2008), Post-merger product repositioning, in: Journal of Industrial Economics, Vol. 56 (1), 49-67.

Garrido, F. (2020), Mergers between multi-product firms with endogenous variety: Theory and an application to the ready-to-eat cereal industry, working paper, URL: https://repository.library.georgetown.edu/bitstream/handle/10822/1059465/Garrido_georgetown_0076D_14668.pdf?sequence=1 (zuletzt abgerufen am 03. Februar 2024).

Gaudin, G. (2021), Quality and imperfect competition, working paper, URL: https://sfb-seminar.uni-mannheim.de/material/Gaudin_2021.pdf (zuletzt abgerufen am 03. Februar 2024).

Gautier, A. & Lamesch, J. (2021), Mergers in the digital economy, in: Information Economics and Policy, Vol. 54, Artikel 100890.

George, L. M. (2002), Ownership concentration and product variety in daily newspaper markets, in. L. F. Cranor & S. Greenstein (Hrsg.), Communications policy and information technology: Promises, problems, prospects, Cambridge (Mass.): MIT-Press, 235-253.

Gil, R. & Warzynski, F. (2015), Vertical integration, exclusivity, and game sales performance in the US video game industry, in: Journal of Law, Economics, and Organization, Vol. 31 (1), 143-168.

Gilbert, R. J. (2006), Looking for Mr. Schumpeter: Where are we in the competition-innovation debate?, in: Innovation Policy and the Economy, Vol. 6, 159-215.

Gilbert, R. J. (2008), Competition and innovation, in: W. D. Collins & J. Angland (Hrsg.), Issues in Competition Law and Policy, Chicago: ABA Section of Antitrust Law, 577-600

Gilbert, R. J. & Greene, H. (2014), Merging innovation into antitrust agency enforcement of the Clayton Act, in: George Washington Law Review, Vol. 83 (6), 1919-1947.

Gilbert, R. J. & Newbery, D. M. G. (1982), Preemptive patenting and the persistence of monopoly, in: American Economic Review, Vol. 72 (3), 514-526.

Grabowski, H. & Kyle, M. (2008), Mergers and alliances in pharmaceuticals: effects on innovation and R&D productivity, in: K. Gugler & B. Yurtoglu (Hrsg.), The Economics of Corporate Governance and Mergers, Cheltenham: Edward Elgar, 262-287.

Greenstein, S. & Ramey, G. (1998), Market structure, innovation and vertical product differentiation, in: International Journal of Industrial Organization, Vol. 16 (3), 285-311.

Grimpe, C. & Hussinger, K. (2008), Pre-empting technology competition through firm acquisitions, in: Economics Letters, Vol. 100 (2), 189-191.

Guadalupe, M.; Kuzmina, O. & Thomas, C. (2012), Innovation and foreign ownership, in: American Economic Review, Vol. 102 (7), 3594-3627.

Gugler, K. & Szücs, F. (2023), Market power and regulation in pharmaceutical markets, WU Vienna Working Paper Series No. 343.

Gutierrez, G. & Philippon, T. (2017), Declining competition and investment in the US. Technical Report, NBER Working Paper No. 23583.

Hansman, C.; Hjort, J.; Léon-Ciliotta, G. & Teachout, M. (2020), Vertical integration, supplier behavior, and quality upgrading among exporters, in: Journal of Political Economy, Vol. 128 (9), 3570-3625.

Haucap, J.; Rasch, A. & Stiebale, J. (2019), How mergers affect innovation: Theory and evidence, in: International Journal of Industrial Organization, Vol. 63, 283-325.

Herrera-Araujo, D. & Piechucka, J. (2021), Hospital mergers can impact the offer of health care services, in: DIW Wochenbericht, Vol. 11 (33), 239-245.

Igami, M. & Uetake, K. (2020), Mergers, innovation, and entry-exit dynamics: Consolidation of the hard disk drive industry, 1996–2016, in: Review of Economic Studies, Vol. 87 (6), 2672–2702.

Jaffe, A. (1986), Technological opportunity and spillovers of R&D: Evidence from firms' patents, profits, and market value, in: American Economic Review, Vol. 76 (5), 984-1001.

Jullien, B. & Lefouili, Y. (2018), Horizontal mergers and innovation, in: Journal of Competition Law & Economics, Vol. 14 (3), 364-392.

Katz, M. L. (2021), Big-tech mergers: Innovation, competition for the market, and the acquisition of emerging competitors, in: Information Economics and Policy, Vol. 54, Artikel 100883.

Katz, M. L. & Shelanski, H. A. (2007), Mergers and innovation, in: Antitrust Law Journal, Vol. 74, 1 85.

Kerber, W. (1992), Innovation, Handlungsrechte und evolutionärer Marktprozess, in: U. Witt (Hrsg.), Studien zur Evolutorischen Ökonomik II, Berlin: Duncker & Humblot, 171-195.

Kerber, W. (1993), Rights, innovations and evolution. The distributional effects of different rights to innovate, in: Review of Political Economy, Vol. 5, 427-452.

Kerber, W. (2011), Competition, innovation and maintaining diversity through competition law, in: J. Drexl; W. Kerber & R. Podszun (Hrsg.), Economic Approaches to Competition Law: Foundations and Limitations, Cheltenham: Edward Elgar, 173-201.

Kerber, W. (2018), Competition, innovation, and competition law: Dissecting the interplay, in: D. Gerard (Hrsg.), Dynamic Markets and Dynamic Enforcement – The Impact of the Digital Revolution and Globalisation on the Enforcement of Competition Law in Europe, Brüssel: Bruylant, 33-62.

Kerber, W. (2023a), Towards a dynamic concept of competition that includes innovation – Note, OECD DAF/COMP/WD(2023)42.

Kerber, W. (2023b), Dynamic competition, digital ecosystems, and competition policy, in: Network Law Review, URL: https://www.networklawreview.org/kerber-dynamic-competition/ (zuletzt abgerufen am 03. Februar 2024).

Kerber, W. & Vezzoso, S. (2005), EU competition policy, vertical restraints, and innovation: An analysis from an evolutionary perspective, in: World Competition, Vol. 28 (4), 507-532.

Kern, B. R.; Dewenter, R. & Kerber, W. (2016), Empirical analysis of the assessment of innovation effects in U.S. merger cases, in: Journal of Industry, Competition and Trade, Vol. 16, 373-402.

Lafontaine, F. & Slade, M. (2007), Vertical integration and firm boundaries: The evidence, in: Journal of Economic Literature, Vol. 45 (3), 629-685.

Lee, R. S.; Whinston, M. D. & Yurukoglu, A. (2021), Structural empirical analysis of contracting in vertical markets, in: K. Ho; A. Hortacsu & A. Lizzeri (Hrsg.), Handbook of Industrial Organization, Vol. 4, Amsterdam: Elsevier, 673-742.

Li, S.; Mazur, J.; Park, Y.; Roberts, J.; Sweeting, A. & Zhang, J. (2022), Repositioning and market power after airline mergers, in: RAND Journal of Economics, Vol. 53 (1), 166-199.

Liang, X.; Li, S.; Luo, P. & Li, Z. (2022), Green mergers and acquisitions and green innovation: An empirical study on heavily polluting enterprises, in: Environmental Science and Pollution Research, Vol. 29 (2), 48937–48952.

Malek, J.; Seldeslachts, J. & Veugelers, R. (2022), Are M&As spurring or stifling innovation? Evidence from antidiabetic drug development, Unveröffentlichtes Arbeitspapier.

Malek, J.; Newham, M.; Seldeslachts, J. & Veugelers, R. (2022), Acquiring innovation: Who, when, and what? Evidence from antidiabetic drug development, Unveröffentlichtes Arbeitspapier.

Mankiw, N. G. & Whinston, M. D. (1986), Free entry and social inefficiency, in: RAND Journal of Economics, Vol. 17, 48-58.

Marinescu, I. & Hovenkamp, H. (2019), Anticompetitive mergers in labor markets, in: Indiana Law Journal, Vol. 94 (3), 1031-1063.

Marshall, G. & Parra, A. (2019), Innovation and competition: The role of the product market, in: International Journal of Industrial Organization, Vol. 65, 221-247.

Mazzeo, M. J.; Seim, K. & Varela, M. (2018), The welfare consequences of mergers with endogenous product choice, in: Journal of Industrial Economics, Vol. 66 (4), 980-1016.

Mermelstein, B.; Nocke, V.; Satterthwaite, M. A. & Whinston, M. D. (2020), Internal versus external growth in industries with scale economies: A computational model of optimal merger policy, in: Journal of Political Economy, Vol. 128 (1), 301-341.

Montag, F. (2023), Mergers, Foreign Competition, and Jobs: Evidence from the U.S. Appliance Industry, Collaborative Research Center Transregio 190 Discussion Paper No. 413.

Moraga-Gonzalez, J. L.; Motchenkova, E. & Nevrekar, S. (2022), Mergers and innovation portfolios, in: RAND Journal of Economics, Vol. 53, 641-677.

Moresi, S. & Schwartz, M. (2023), Product innovation with vertical differentiation: Is a monopolist's incentive weaker?, in: International Journal of Industrial Organization, Vol. 89, Artikel 102951.

Morzenti, G. (2022), Antitrust Policy and Innovation, mimeo, Bocconi University.

Motta, M. & Peitz, M. (2021), Big tech mergers, in: Information Economics and Policy, Vol. 54, Artikel 100868.

Motta, M. & Tarantino, E. (2021), The effect of horizontal mergers, when firms compete in prices and investments, in: International Journal of Industrial Organization, Vol. 78, Artikel 102774.

Mukherjee, A. (2022), Merger and process innovation, in: Economics Letters, Vol. 213, Artikel 110366.

Neven, D. J. (2007), The analysis of conglomerate effects in EU merger control, in: P. Buccirossi (Hrsg.), Handbook of Antitrust Economics, Cambridge: MIT Press, Kapitel 5.

Neven, D. J. & Röller, L.-H. (1996), Rent sharing in the European airline industry, in: European Economic Review, Vol. 40, 933-940.

Nocke, V. & Schutz, N. (2018), An aggregative games approach to merger analysis in multiproduct-firm oligopoly, NBER Working Paper No. w24578.

Nocke, V. & Whinston, M. D. (2022), Concentration thresholds for horizontal mergers. In: American Economic Review, Vol. 112 (6), 1915-1948.

Nocke, V. & Yeaple, S. (2007), Cross-border mergers and acquisitions vs. greenfield foreign direct investment: The role of firm heterogeneity, in: Journal of International Economics, Vol. 72 (2), 336–365.

OECD (2012), The Role of Efficiency Claims in Antitrust Proceedings. OECD Policy Roundtables, Paris: OECD.

OECD (2018), Considering non-price effects in merger control – Background note by the Secretariat, DAF/COMP(2018)2, Paris: OECD.

OECD (2021), Environmental Considerations in Competition Enforcement, Background Paper by the Secretariat, DAF/COMP(2021)4, Paris: OECD.

Ornaghi, C. (2009), Mergers and innovation in big pharma, in: International Journal of Industrial Organization, Vol. 27 (1), 70-79.

Pires, T. & Trindade, A. (2018), Ex-post evaluation of mergers in the supermarket industry, in: Review of Industrial Organization, Vol. 52 (3), 473-496.

Posner, E. (2021), How Antitrust Failed Workers, Oxford: Oxford University Press.

Prager, E. & Schmitt, M. (2021), Employer consolidation and wages: Evidence from hospitals, in: American Economic Review, Vol. 111 (2), 397-427.

Prince, J. T & Simon, D. H. (2017), The impact of mergers on quality provision: Evidence from the airline industry, in: Journal of Industrial Economics, Vol. 65 (2), 336-362.

Röller, L.-H. (2010), Efficiencies in EU merger control: Do they matter?, in: H. J. Ramser & M. Stadler (Hrsg.), Marktmacht, Tübingen: Mohr Siebeck, 185-195.

Rey, P. & Tirole, J. (2007), A primer on foreclosure, in: M. Armstrong & R. Porter (Hrsg.), Handbook of Industrial Organization, Vol. 3, 2145-2220.

Rossi, F. (2023), Mergers with endogenous product choice: The case of the ready-to-eat cereal industry, in: Quantitative Marketing and Economics, Vol. 21 (1), 1-64.

Salop, S. (2018), Invigorating vertical merger enforcement, in: Yale Law Journal, Vol. 127, 1962-1994.

Schmutzler, A. (2013), Competition and investment – A unified approach, in: International Journal of Industrial Organization, Vol. 31 (5), 477-487.

Schumpeter, J. A. (1942), Capitalism, Socialism, and Democracy, New York: Harper.

Shu, P. & Steinwender, C. (2019), The impact of trade liberalization on firm productivity and innovation, in: Innovation Policy and the Economy, Vol. 19, 39-68.

Slade, M. E. (2021), Vertical mergers: A survey of ex post evidence and ex ante evaluation methods, in: Review of Industrial Organization, Vol. 58 (4), 493-511.

Song, M. (2015), A hybrid discrete choice model of differentiated product demand with an application to personal computers, in: International Economic Review, Vol. 56 (1), 265-301.

Stiebale, J. (2016), Cross-border M&As and innovative activity of acquiring and target firms, in: Journal of International Economics, Vol. 99, 1-15.

Sweeting, A. (2010), The effects of mergers on product positioning: Evidence from the music radio industry, in: RAND Journal of Economics, Vol. 41 (2), 372-397.

Szücs, F. (2014), M&A and R&D: Asymmetric effects on acquirers and targets?, in: Research Policy, Vol. 43 (7), 1264-1273.

Valletti, T. & Zenger, H. (2021), Mergers with differentiated products: Where do we stand?, in: Review of Industrial Organization, Vol. 58 (1), 179-212.

Veugelers, R. (2017), Competition Policy and Innovation, Update to Veugelers, R. (2012) "Innovation in EU merger control: Walking the talk", Bruegel Policy Contribution 2012/708, presented at the Competition and Innovation Summer School (CISS) 2017.

Vives, X. (2008), Innovation and competitive pressure, in: Journal of Industrial Economics, Vol. 56 (3), 419-469.

Wollmann, T. G. (2018), Trucks without bailouts: Equilibrium product characteristics for commercial vehicles, in: American Economic Review, Vol. 108 (6), 1364-1406.

Yan, B. & Luo, J. (2017), Measuring technological distance for patent mapping, in: Journal of the Association for Information Science and Technology, Vol. 68 (2), 423-437.

Zhang, Y. & Tong, T. W. (2021), How vertical integration affects firm innovation: Quasi-experimental evidence, in: Organization Science, Vol. 32 (2), 455-479.

Control of buyer power: which role (if any) for competition law?

Roger van den Bergh & Franziska Weber, Rotterdam

1. Introduction

Buyer power affects competition on different markets in different ways (Clarke et al. 2002; Chen 2008). Before their goods reach the ultimate consumers, producers sell their goods on an upstream market. Thereafter, the buyers on the former market resell the goods to the consumers on a downstream market. On the upstream market, producers may be confronted with powerful buyers. These buyers may extract favorable buying conditions that affect the producers' profitability. On the downstream market powerful buyers may pass on the discounts obtained from the producers and start up a fierce price competition with their rivals. These competitive processes may negatively affect the profitability of individual competitors on both the buyer and seller markets. The pressure to grant discounts to large supermarkets may force producers to invest less in product improvements, thus hindering innovation to the detriment of the ultimate consumers. Fierce price competition on the seller markets may drive out small or medium-sized retailers who are not able to obtain similarly favourable buying conditions. Also, the latter competitive process may ultimately harm consumers if their free choice of alternative sales channels is negatively affected.

Competition authorities do not have a good track record with the control of buyer power. The oldest attempts to cope with the potential anti-competitive consequences of buyer power were based on legal rules prohibiting 'unfair' competition (Carstensen 2017). An economic approach, which requires a balancing of the anti-competitive effects with the efficiency savings brought about by powerful buyers was absent. Under the rules of competition law prohibiting abuse of a dominant position, it turned out extremely difficult to prove market dominance. To overcome this hurdle, the concept of 'relative' market power – as opposed to 'absolute' market power – was introduced (Grave 2015: 1). However, also the proof of the existence of an abuse practiced by an economically superior buyer to the detriment of an 'economically dependent' market player remained difficult and the number of successful cases remained low.

This paper investigates whether competition law provides the right toolbox for dealing with the pro- and anti-competitive effects of buyer power. The structure is as follows. After this Introduction, Section 2 summarizes the main insights from the economic analysis of buyer power. It discusses both the traditional price theoretical approach regarding the welfare consequences of monopsony and the more recent insights from transaction cost analysis. In Section 3, this economic framework serves as a frame of reference to judge the normative desirability of the control of buyer power through rules of competition law. The authors' main argument is that the continuous changes of competition law, as it may be best illustrated by the German experience, have caused a gradual conversion of competition rules into a regulatory toolbox. If *ex ante* regulation is preferable to *ex post* control, transaction cost analysis offers a more useful economic framework than monopsony theory. Section 4 argues that control of buyer power through *ex ante* contract regulation may be more efficient and avoid a counterproductive transformation of competition law. Section 5 concludes.

2. Economic analysis of buyer power

2.1. Insights from price theory

The conventional economic analysis of buyer power distinguishes two scenarios: monopsony power and countervailing bargaining power (bilateral monopoly). In price theory, the importance of the monopoly model (a market with a single seller) as a theoretical basis for competition law is well-established (Motta 2004: 41); the mirror image of monopoly is monopsony: a market with a single buyer (Blair & Harrison 1991). Price theory shows the negative welfare impact of both monopoly and monopsony: the transfer of producer surplus and the deadweight loss to society. Under monopsony, a single buyer is facing a (very) large number of suppliers. No supplier has the power to individually negotiate better contract terms and this allows the monopsonist to strategically reduce demand, thereby forcing manufacturers to accept an acquisition price below the socially optimal level, leaving no supplier surplus. Monopsony thus causes allocative inefficiency and results in decreased welfare. It must be added that lower prices in the upstream market only increase the monopsonist's profits and will not benefit consumers. Since the marginal cost of a monopsonist exceeds that of a buyer exposed to competition, output in the downstream market will decrease and discounts will not be passed on to end-consumers (Blair & Harrison 2010: 41-67).

The price theoretical analysis changes when a large buyer encounters a large seller. If the buyer enjoys 'countervailing power', the resulting bilateral monopoly will change the market outcome. Ultimately, the purchase price will be in-between the monopoly price charged by a would-be monopolist seller and the monopsony price required by a would-be monopsonist buyer. Following Galbraith's seminal book, countervailing power is often regarded as a pro-competitive force, since it may prevent monopolistic pricing by powerful sellers and protect consumers (Galbraith 1956). However, the positive effects of countervailing power crucially depend on the intensity of competition in the downstream market. If the latter is restricted, large buyers may not pass-on (part of) the price discounts obtained from manufacturers and end-consumers will not gain any benefit.

Traditional economic theory is not well able to explain the reasons of buyer power and its possible effects on welfare in real-life markets. Taking the grocery trade as an example, neither the former model (monopsony) nor the latter scenario (countervailing power) adequately describes the superior bargaining position of large retailers. The real-life buying and selling markets are much more complex than the schoolbook scenarios described by the theoretical models. There are very few markets that resemble the monopsony model. One could think of a very narrowly defined relevant market where the local supermarket buys foodstuff from a large unorganized group of local farmers. However, often the supply side is also concentrated and there is scope for individual contract design. In such a case the monopsony model is not able to clarify the competitive setting. Most real-life markets will not fit the monopsony scenario and thus require a much more complex analysis of the competitive conditions. How to deal with less concentrated markets where welfare reducing collusion may be a concern?

For a long time, economists considered retailing as an industry that does not lend itself easily to collusion, given the large number of players and the ease of entry. However, recent concentration levels in retailing have increased substantially, particularly in the food sector.[1] These increasing concentration trends may give rise to the establishment of local monopolies in the groceries sector. Consequently, collusion or unilateral price increases by dominant retailers, eventually after a merger, cannot be excluded and the retailing trade no longer features an industry that is totally free of competition concerns.

Also, the real-life consequences of countervailing power have not been fully captured by the price theoretical analysis. If a leading brand supplier represents only a very small percentage of the supermarket's overall volume of purchases, the large retailer is far more flexible in deciding the range of products it keeps in store, compared to the producer's ability to adapt its production line.[2] On the one hand, countervailing power may then counteract the market power of the brand supplier and lower product prices for consumers. On the other hand, the competitive pressure exerted by the powerful retailer may negatively affect the incentives to invest in product quality and innovation.

Next to the potential negative impact on innovation, other arguments have been put forward to question that buyer power results in lower consumer prices. First, the extent to which lower wholesale prices are passed on to consumers may be dependent on the contract design at the upstream level. Two-part tariffs, which comprise a linear component reflecting list prices and a non-linear component reflecting additional favourable supply terms (e.g., compensations paid for hiring shelf-space or marketing efforts), may simply lead to a redistribution of rents between suppliers and retailers (Blair & DePasquale 2020). Second, the impact of the increased market shares of private labels to the detriment of branded goods should be taken into account.[3] Supermarkets selling private labels tend to have a group of loyal consumers and this loyalty is less pronounced towards manufacturer

1 European Commission, The Economic Impact of Modern Retail on Choice and Innovation in the EU Food Sector, 2014, 50; In Germany (status 2013) the four main retail groups, namely the Rewe Group, EDEKA, the Schwarz Group and Aldi, together held a market share of around 85 per cent, see https://www.bundeskartellamt.de/SharedDocs/Meldung/EN/Pressemitteilungen/2013/24_07_2013_Edeka.html?nn=3591568.

2 See Commission Decision of 3 February 1999 in Case IV/M.1221 Rewe & Meinl 1999, 103. For the US, see Toys "R" Us, Inc. v. Federal Trade Commission, 221 F.3d 928, 931 (7th Cir, 2000).

3 For a more elaborate analysis of the competition effects of the widespread use of private labels, see Nevo & Van den Bergh (2017). See also the early UK experience in this regard, Erzene (2012).

brands. Consequently, powerful retailers enjoy some discretion over price and the passing-on of discounts obtained in upstream markets is uncertain.

Pressure groups from the small and medium-sized retailing trade have advanced two additional arguments to question that buyer power results in low consumer prices. From a long-term perspective, a negative 'spiral effect' may materialise if only few retailers succeed in continuously strengthening their bargaining position at the upstream level (Lande 2004). Lower retail prices at the downstream level will then reduce sales of less powerful buyers, which further weaken the bargaining position of the latter towards suppliers and threaten their survival. Also, it has been argued that bargaining power creates a 'waterbed effect' (Dobson & Inderst 2008). Suppliers have to compensate the loss of lower wholesale prices granted to powerful retailers by higher wholesale prices for smaller retailers. This results in higher average wholesale prices that in turn lead to higher consumer prices. It must be noted that both the spiral effect and the waterbed effect arguments may be criticized because they lack a theoretical economic foundation and include the risk of protecting inefficient retailing firms. Nevertheless, economists agree that the extent to which end consumers may profit from buyer power is dependent on the degree of competition in the downstream markets.

It should be added that the intensity of competition on the downstream market tends to change depending on the overall growth rate of the economy. In times of high inflation and concomitant fears of economic recession, large supermarkets may be forced to close some of their shops or convert them in franchised stores. The resulting growing number of independent retailers may intensify competition to the benefit of consumers. However, working conditions of personnel employed by independent franchised stores may deteriorate, compared to their protected states as employees in large supermarket chains that are subject to collective labour agreements. This may cause social unrest and retard innovation processes in the retailing sector.[4]

4 At the time of writing, Belgian labour unions are organizing regular strikes because they fear the social consequences of the decision of Delhaize Belgium to close its self-owned shops and convert them into franchised stores.

2.2. Insights from transaction cost analysis

Given the limitations of traditional price theory, a different economic approach to buyer power is required. Buyer power may be analyzed and explained by using a bargaining theoretical model. First, a definition of bargaining power different from monopsony or countervailing power is needed. Second, the constitutive elements of buyer power in the sense of bargaining power must be identified. Third, the welfare impact of particular practices through which bargaining power is exploited must be assessed. To answer these questions, transaction cost analysis seems most useful and is, therefore, the main focus of the discussion below. According to the economic definition, transaction costs include the costs of finding contract partners, the writing of contracts and their enforcement. The size of the transaction costs depends on the type of the transaction (simple or complex), its frequency and the need of specific investments required to carry out the transaction (Williamson 1990). As further explained below, insights from transaction cost theory may both illuminate the factors underlying buyer power and its welfare assessment.

When analyzed as bargaining power, buyer power can be defined as the ability of a buyer to reduce price profitably below a supplier's normal selling price or the ability to obtain terms of supply more favourable than a supplier's normal terms (Chen 2007). The normal price can be defined as the supplier's profit-maximizing price in the absence of buyer power. The proposed definition focuses on the economic dependence of manufacturers in their relation with retailers, rather than the market share of the latter (Bakhoum 2018). The degree to which manufacturers are economically dependent on retailing firms varies according to the outside options of the former. The retailers' bargaining position will be strong and may provide scope for 'abusive' behaviour if manufacturers have no access to sufficient and reasonable alternative sales channels.

Of particular importance among the constitutive elements of buyer power is the use of private labels. At the upstream level, private labels give retailers additional outside options. In the food retailing industry, the bargaining power of retailers is positively correlated with a larger market share of their own-brand products (Clarke et al. 2002). At the downstream level, private labels turn retailers into competitors of the manufacturers' branded products. With increased concentration on the downstream market, large retailers may become a 'bottleneck' for suppliers whose position has already been weakened on the upstream market. Major supermarkets may exploit the asymmetric dependency of brand manufacturers in several ways. A powerful retailer may utilize a broad range of practices to this end, from restrictive contractual obligations (e.g., access fee payments in exchange for entering a supermarket's product listing) to simply blocking access to its shelf spaces.

Transaction cost theory allows a useful categorization of the factors that increase the buyer power of large retailing firms. It highlights two types of costs that may explain the bargaining power of buyers and the economic dependency of sellers: information costs (writing of contracts) and incentive costs (enforcement of contracts). If retailers are better aware of the marketing opportunities of particular products and/or are better placed to organize the distribution of these goods than the manufacturers, the resulting informational asymmetry strengthens the bargaining position of the former. There are several reasons why a retailer may be better placed to organize the promotion of consumer goods than the manufacturer. In several EU countries, consumers reveal a clear preference for 'one-stop-shopping'; they prefer to buy all products they typically need for their weekly household in a single large supermarket ('hypermarket'). Consumers' loyalty to supermarkets may thus be stronger than their loyalty to particular grocery brands. The store loyalty that can be observed among particular consumer groups strengthens the market position of retail chains offering a full basket of weekly needed groceries. In addition, territorial preferences of consumers may exacerbate buyer power. Retailers located in preferred shopping areas will enjoy the greatest bargaining power in their relations with manufacturers.

Next to information costs, incentive costs affect the degree of economic dependency of manufacturers. Incentive costs increase with the size of 'relation specific investments' (Crawford 1990), which are expenditures for which there is no second-hand market. To improve their chances of winning tenders, supplying manufacturers may consider or be required to change the location of their factories (for example, to save on transportation costs) or to adapt their production processes (for example, changes in packaging) to the needs of a large buyer. Complex transactions, due to information asymmetry, which occur regularly and must be supported by specific investments ('asset specificity') are the school example of high transaction costs. The resulting idiosyncratic investments[5] reduce the outside options of manufacturers and make them economically dependent on powerful buyers. The potential foreclosure effect of these practices will be strongest for suppliers who mainly produce retailers' private labels; they will suffer more from buyer power than suppliers who also sell their own branded products. The bargaining position of the latter depends on the importance of the manufacturer brands and their product portfolio (Bundeskartellamt 2010: 98-99).

Assessing the welfare effects of buyer power as bargaining strength is a difficult exercise, since it requires a balancing act of pro- and anticompetitive effects. Traditional economic theory in the context of price theory emphasizes improvement of allocative efficiency (lower consumer prices), productive efficiency (economies of scale) and dynamic efficiency (innovation). Transaction cost theory distinguishes between types of agreements among market participants that reduce transaction costs and other agreements that increase transaction costs. In the former case, a positive assessment of reduced transaction costs (efficiencies resulting from lowering the information and incentive costs of deals negotiated between manufacturers and retailers) may outweigh potential anti-competitive effects. In the latter case, the absence of reasonable trading alternatives creates 'small number exchanges', which give scope to opportunistic behaviour by market parties possessing superior bargaining power. This behaviour may take the form of a 'hold-up', when large retailers can credibly threaten to discontinue the sale of branded goods if manufacturers refuse to accept lower purchase prices or the transfer of commercial risks.

The buyer power of large retailers may enable them to transfer risks to suppliers even when the latter are not superior risk bearers.[6] Confronted with economically dependent manufacturers, large retailers may foreclose the downstream market for both existing and new brands (by requiring the payment of unreasonable access fees or de-listing) and thus reduce product variety and quality. The foreclosure effect of these practices may outweigh the potential efficiencies generated by the reduction of transaction costs. With the growing acceptance of private labels, the transfer of risks from retailers to manufacturers and the requirement of additional price discounts will further increase. This will put pressure on manufacturers to reduce

5 The concept of idiosyncratic investments was introduced by Nobel Prize laureate Oliver Williamson as part of transaction cost theory, see Williamson (1990).

6 The concept originated in tort law and economics, see Calabresi (1961).

their production costs and may ultimately lower brand manufacturers' incentives to innovate.

3. The failing attempts of competition law to control buyer power

The traditional tools of competition law to control market power include the prohibition of abuse of a dominant position and merger control. Historically, also rules prohibiting 'unfair' business practices have been used to curtail buyer power. The latter rules do not require the prior establishment of a dominant market position and are thus easier to use by smaller competitors lacking similar bargaining power. Within the area of competition law *sensu stricto*, a gradual lowering threshold for combating market power, – through replacing the criterion of 'absolute' market power (concept of market dominance) by the concept of 'relative' market power – can be noticed in the competition laws of several EU Member States, with Germany as a leading example.

3.1. Abuse control: from 'absolute' to 'relative' market power

Originally, the political debate on buyer power was nurtured by pressure groups from the small and medium-sized retailing trade. Their lobbyists argued that large supermarket chains were able to obtain price discounts that caused prices to fall below the wholesale prices that small traders had to pay on the buyer markets. The obvious problem with this reasoning is that discounts may enliven, rather than restrict, price competition. Volume discounts are a just reward for achieving economies of scale and functional discounts may compensate large supermarkets for sales services provided to producers. In 1936 the American Robinson-Patman Act was passed, which prohibited powerful buyers to claim discounts from sellers that could not be cost-justified. The general prohibition of price discrimination applied irrespective of the possession of market power and was therefore sharply criticized by antitrust commentators. The Robinson-Patman Act became a 'Fremdkörper' in US antitrust and remained largely unenforced.

In Europe first attempts to cope with problems of buyer power date back to the 1970s. Not competition laws but rules prohibiting 'unfair' competition were invoked to protect small traders from vigorous price competition. For example, in Belgium a law was passed that prohibited sales at a loss or with a too low profit margin (Article 22 *Wet betreffende de handelspraktijken*). In Germany, particular types of discounts – so called 'Eintrittsgelder'[7]; additional payments by producers to retailers for agreeing to include their products in the retail store assortment – were held contrary to the rules banning unfair competition as stipulated in the *Gesetz gegen den unlauteren Wettbewerb* (UWG) (Köhler 2006: 145).[8] These early interventions in buyer markets share a strong regulatory character with the older US approach. Sales at too low profit margins or the granting of entry fees were prohibited irrespective of whether the company enjoying buyer power had a dominant position in a meaningfully defined relevant market. An economic approach, which requires a balancing of the anti-competitive effects and the efficiency savings brought about by market players enjoying buyer power, was absent.

For those favouring an economic approach, the need to define market power on the buyers' side of the market is a crucial requirement. However, the control of the anti-competitive effects of buyer power turned out extremely difficult if it required the existence of single firm dominance (Article 102 TFEU and the equivalent provisions in the Member States' competition laws, such as § 19 GWB). To circumvent the difficulties with finding high market shares on meaningfully defined relevant markets, competition laws of several EU Member states introduced additional specific provisions that aim at protecting "economically dependent companies" against abuses practiced by their economically superior trading partners. The introduction of the concept of 'relativer Marktmacht' in the German competition law (§ 20 (1) GWB) – alongside with the concept of 'überlegene Marktmacht' – is the oldest and best-known example.[9]

7 See BGH GRUR 197, 619, 621 – Eintrittsgeld; also of interest OLG Düsseldorf, 09.03.1973 - 2 U 84/72, GRUR 1974: 161f. - Regalkosten/Bettelbriefe; see more generally Franzen & Giessen (1978).

8 Since 2004 the UWG specifies a number of examples, of which the most applicable to buyer power are § 4 No. 1 UWG and § 4 No. 10 UWG (of which the former concerns the vertical and the latter horizontal relations with competitors). For § 4 No.1 UWG the exertion of pressure and other undue improper influence is central.

9 Other countries followed the German example, including France, Belgium, Switzerland and Italy (For comments see e.g., Blockx (2021) and Stäuber & Burger (2021)). In Germany this is currently not the only provision that deviates from the original competition law standard of market power: the recently introduced § 19a GWB concerns abusive conduct by companies of overriding importance for competition across

Under German competition law, companies which do not reach the threshold for 'absolute market power' (§ 19 GWB) are equally subjected to an abuse control. In this way, the abuse prohibition including exploitative behaviour (price abuses) and exclusionary behaviour applies to firms possessing either of both types of market power. To establish an absolute dominant position the market share is indispensable; there is also a rebuttable presumption that a market share of 40 per cent proves dominance (§ 18 (4) GWB). However, market shares are not needed to prove relative market power. The latter may exist in bilateral relations between large and small or medium-sized companies. German law includes a broad prohibition of 'unfair' exclusionary behaviour ("unbillige Behinderung" § 20 (3) GWB) and discrimination without objective justification ("ohne sachlich gerechtfertigten Grund") protecting firms that are economically dependent. These are small and mid-sized companies, which do not have sufficient and reasonable possibilities ("ausreichende und zumutbare Möglichkeiten") to conclude contracts with other suppliers or buyers (§20 (1) GWB). German law entails a presumption that a supplier is economically dependent of a buyer if this buyer regularly obtains extraordinary benefits that are not granted to comparable buyers (§ 20 (1) in fine GWB). In essence, a buyer who enjoys relative market power may not abuse this position by demanding benefits without objective justification. The practice of requiring contractual benefits without objective justification, which is supposed to be a recurring problem on buyers' markets, has been explicitly labelled as an abuse of market power (the so-called 'Anzapfen'[10], see § 19[1], (2) No. 5 jointly with § 20 (2) GWB) (Köhler 2006: 146; Wanderwitz 2015).

In spite of these changes, German competition law practice has not witnessed a meaningful increase of successful cases dealing with anti-competitive uses of buyer power. The practical use of the provision was limited,[11] in particular in the early years when the UWG-route was favoured. An important step to increase the viability of handling "Anzapfen" via the GWB was attempted with the 2014 decision of the Bundeskartellamt in the EDEKA-case.[12] The EDEKA Zentrale AG & Co.KG, Hamburg, was found

markets. Also § 20 GWB reflects the new challenges posed by digital markets in para 1a (regarding access to data) and 3b (network effects).

10 Also ‚passive Diskriminierung', see Dreher & Kulka 2023: 1375.

11 Regarding the lack of suitability of the early formulations of the GWB to deal with "Anzapfen", see Westermann (2008): 118; Bechtold (2013): 84.

12 Decision by Bundeskartellamt of 03.07.2014, B2-58/09, Edeka Konditionenforderungen – Verstoß gegen das "Anzapfverbot". This decision chronologically followed a sec-

to have violated the so-called "Anzapfverbot". More specifically, the abuse consisted in the use of so-called 'wedding rebates' (in German: "Hochzeitsrabatte"), i.e. unlawful demands for a number of conditions that EDEKA made to suppliers for taking over the stores of its former retail competitor PLUS. However, the decision received fierce criticism regarding its potential of providing guidance for future cases.[13] A main reason why the practical importance of the GWB-route is limited is attributed to the "Ross und Reiter"-problem (Wanderwitz 2015: 170 with further references). In real-life commercial relations, 'angezapfte' suppliers refuse to cooperate in the proceedings out of fear for sanctions by the 'anzapfende' buyer, because the business relationship with the buyer remains indispensable. After a successful appeal before the Regional court of Appeal at Düsseldorf,[14] the Bundeskartellamt view was supported by the BGH.[15] This was a crucial step to decide if the "Anzapfverbot" risked to remain a "tote Norm" (along those lines Grave 2015: 28; Bunte 2017: 158). Despite this BGH ruling there have been no further cases involving the "Anzapfverbot".[16]

3.2. Merger control

In the field of merger control, the concept of market dominance has been replaced by the notion of "substantial lessening of market power". This enables competition authorities to assess the consequences of the increas-

tor enquiry of the Bundeskartellamt concerning Germany's grocery retailer market [Bundeskartellamt, Lebensmitteleinzelhandel – Darstellung und Analyse der Strukturen und des Beschaffungsverhaltens auf den Märkten des Lebensmitteleinzelhandels in Deutschland, 2014, i. F. SU.] that has revealed several examples of benefits that are not objectively justified: entry fees, grants at the occasion of the opening of a new store or a jubilee, or long payment periods that systematically grant supplier credit to the large retailer, and 'wedding rebates' which are retroactive adjustments of buying conditions after the conclusion of a merger. For criticisms of the *Sektoruntersuchung* due to definition problems and remaining unclarity about when a threat becomes buyer power, see Lademann (2015); see also Haucap et al. (2015).

13 The decision is overall of little help with the complex GWB provisions, see Wanderwitz (2015): 166.

14 OLG Düsseldorf, 18.11.2015 – Kart 6/14.

15 BGH, 23.01.2018 – KVR 3/17. Regarding the follow-on questions of interpretation and the positive effect of the judgment: Thomas (2019); likewise positive about the enhanced contouring of the conditions Gayk (2019).

16 In 2023 the practical value of the provision is still limited, see Dreher & Kulka (2023): 1378.

ing concentration on both buyer markets and seller markets in particular sectors of industry, such as the groceries markets. The concentration processes may make collusion on either of those markets better sustainable or enable abuse of buyer power by large supermarkets to the detriment of their suppliers or smaller competitors.[17] Within the context of merger control, the German competition authority (Bundeskartellamt) has regularly assessed various manifestations of buyer power in the commercial relationships between supermarket chains and suppliers of groceries. These favourable contract terms, benefiting retail companies post-merger, include price calculation mechanisms[18] and concentration linked rebates, in particular 'Hochzeitsrabatte'.[19]

Besides increased risks of collusion, also unilateral effects may strengthen the market power of a post-merger retail chain. The Bundeskartellamt has explained these competitive concerns in the following way. Because of the merger, an important alternative trade partner disappears on the buying market. As a consequence, the bargaining power of the post-merger firm increases a first time (first round effect). Thereafter, the importance of the remaining large buyers on the selling markets increases. This causes a further increase of market power in the commercial relationships with the producers (second round effect).[20] In sum, merger control is an important additional instrument to supervise the competitive effects of superior bargaining power. However, since it focuses on structural effects in highly concentrated markets, it is not a general tool to supervise the welfare effects of buyer power.

17 See Bundeskartellamt/2016/B2-51/16 https://www.bundeskartellamt.de/SharedDocs/Entscheidung/DE/Entscheidungen/Fusionskontrolle/2021/B2-85-20.pdf?__blob=publicationFile&v=2.

18 In the case of canned food: price-fixing at the time of the of fruits, clauses regulating, delivery of fruit within a limited time period etc. see Bundeskartellamt/B2-23/21, https://www.bundeskartellamt.de/SharedDocs/Entscheidung/DE/Entscheidungen/Fusionskontrolle/2021/B2-23-21.pdf?__blob=publicationFile&v=3.

19 Bundeskartellamt/B1-195/19, https://www.bundeskartellamt.de/SharedDocs/Entscheidung/DE/Entscheidungen/Fusionskontrolle/2020/B1-195-19.pdf?__blob=publicationFile&v=4.

20 Bundeskartellamt/B2-85/20.

4. *Towards* ex ante *contract regulation*

From a normative point of view, the economic analysis in the second section of this paper provides support for the enactment of legal rules prohibiting the use of buyer power in the sense of superior bargaining power in a welfare reducing way. Despite of its long history, competition law cannot show a good track record with respect to the control of buyer power. This raises the question whether different normative solutions should be envisaged. Above, the traditional price theoretical analysis of buyer power, seen as monopsony power, has been contrasted with a concept of bargaining power. The latter approach may be better suited to tackle problems caused by welfare reducing increases of transaction costs in the relationship between large supermarket chains and their suppliers in the food chain. This insight invites policy makers to abandon their traditional competition law-based approach and to think further along the lines of contract law and economics.

The buyer power of large retailers may enable them to transfer risks to suppliers even when the latter are not superior risk bearers.[21] Long term bilateral contracts may create opportunities for hold-up behaviour by trade partners enjoying superior bargaining power. As a consequence, long term contracts may contain clauses that would not have been accepted by a rational contract partner who is able to negotiate on equal terms with a counterparty. Confronted with economically dependent manufacturers, large retailers may foreclose the downstream market for both existing and new brands (by requiring the payment of unreasonable access fees or delisting) and thus reduce product variety and quality. The foreclosure effect of these practices may outweigh the potential efficiencies generated by the reduction of transaction costs. *Ex ante* regulation of contract terms used on the upstream market may be a better response to unequal bargaining power than the traditional competition law-based rules discussed in the previous part of this paper.

Ex ante contract regulation has been a common response to unfair contract clauses in consumer contracts (business-to-consumer: B2C) The 'signing without reading' problem is well studied in the Law and Economics literature; several authors have therefore suggested the adoption of black lists that prohibit irrational clauses in consumer contracts (see, e.g., De

---

21 The concept originated in tort law and economics, see Calabresi (1961).

Geest 2002). Examples of contract regulation are less prominent with a view to business-to-business (B2B) contracting. In German law, § 310 (1) BGB (*Bürgerliches Gesetzbuch* – German Civil Code) makes clear that most of neither the grey (§ 308 BGB) nor the black list (§ 308 BGB) is immediately applicable in the B2B context. However, the open unfairness norm as stipulated in § 307 (1) BGB does find general application in the B2B context. The norm is explicit about the fact that this may eventually lead to practices being either on the grey or the black list being declared unfair also in B2B general standard contract terms. Lately, the interpretation that the prohibitions from the lists have an indicative meaning also for the B2B context is on the rise (Staudinger & Piekenbrock 2022: 28). § 310 (1) 2nd sentence *in fine* BGB stipulates, furthermore, that "appropriate consideration shall be given to the customs and practices applicable in commercial transactions".[22] Hence, adaptations to the B2B context are entirely possible. The goal is to increase flexibility for the B2B context (Roloff & Looschelders 2020: 1). Whereas the exact nature of unfair standard contract terms cannot be derived from lists stipulated in the law, lists compiled in the BGB commentaries give very clear guidance on the boundaries (Leuschner 2021; Schäfer 2022: 27).

A prime example of a contract regulation approach is the EU Directive on unfair trading practices in the B2B relationships in the agricultural and food supply chain.[23] The goal of this Directive is to strengthen the farmers' position who do not have sufficient bargaining power in the food and supply chain. The Directive contains a list of 16 prohibited unfair trading practices in relations between buyers and suppliers in the agricultural and food supply chain.[24] Ten unfair trading practices are labelled 'black clauses' and are generally prohibited. Six more practices are labelled 'grey clauses' and are allowed only if agreed beforehand in a clear and unambiguous manner.

The first group of prohibited unfair trading practices includes payments later than 30 days for perishable agricultural and food products, payments later than 60 days for other agri-food products, and short-notice cancel-

22 In German: "auf die im Handelsverkehr geltenden Gewohnheiten und Gebräuche ist angemessen Rücksicht zu nehmen." For details, see Staudinger & Piekenbrock (2022): 29.

23 Directive (EU) 2019/633 of the European Parliament and of the Council of 17 April 2019 on unfair trading practices in business-to-business relationships in the agricultural and food supply chain, OJ L 111, 25.4.2019: 59-72.

24 See Art. 3 for prohibited trading practices.

lations of perishable agri-food products. The underlying motivation for these prohibitions is their negative impact on the economic viability of the supplier. The abuse of superior bargaining power is further sanctioned by the prohibition of unilateral contract changes by the buyer concerning e.g. the frequency, place of delivery of the contract goods, quality standards, terms of payment or prices of agricultural and food products. In addition, the black list bans payments not related to a specific transaction, risk of loss and deterioration transferred to the supplier, refusal of a written confirmation of a supply agreement by the buyer, despite request from the supplier, misuse of trade secrets by the buyer, commercial retaliation by the buyer and transferring the costs of examining customer complaints to the supplier. In sum, the catalogue of ten prohibited 'black' practices includes several examples of hold-up behaviour by a contract partner enjoying superior bargaining strength in a long-term bilateral contractual relationship characterized by high transaction costs.

The grey list of six unfair trade practices includes the return of unsold agricultural and food products to the supplier without paying for those unsold products, payment by the supplier for stocking, displaying and listing its products, payment required by the buyer from the supplier for promotion, marketing, or advertising and payment by the supplier of staff for fitting-out premises used for the sale of its products. These six contract terms are not flatly prohibited but require an agreement "in clear and unambiguous terms' in the supply agreement. It may be doubted whether this information requirement is sufficiently strong to overcome the problems of unequal bargaining power in the relation between supplier and buyer.

5. Conclusions

In this paper buyer power has been analyzed from two contrasting economic perspectives: monopsony theory and transaction cost analysis. Traditional price theory does not offer a good understanding of buyer power as it is observed in real-life markets. An analysis of the information costs and incentive costs in long-term commercial contracts concluded between suppliers and powerful buyers better reveals the risk of welfare reducing practices. On the upstream markets, the bargaining power of large retail firms may increase transaction costs in a way that reduces efficiency (for example, by limiting investments in innovation) without compensating benefits for end-consumers. On the downstream markets, price advantages obtained through superior bargaining power may not be passed-on to consumers but used in a strategic way to exclude smaller competitors and reduce product variety.

Traditional rules of competition law do not fully capture the welfare reducing consequences of buyer power. Whenever political concerns emerge about the market behaviour of powerful companies, claims emerge to fil the gaps in current competition law. Up until today, remainders of traditional price theoretical approaches continue to obscure the debate on the welfare effects of buyer power. The suggested changes of competition law may offer a shortcut to the desired political results but do simultaneously transform competition law into an *ex ante* regulatory regime.

Transaction cost analysis may better support *ex ante* regulation- of contract terms, to reduce the inefficiencies caused by information costs and incentive costs. In cases of small-numbers exchange, idiosyncratic investments may make suppliers vulnerable to hold-up behaviour by powerful buyers. As a consequence, long term bilateral contracts may be permeated by inefficient clauses that would not be accepted by rational contract parties. In sum, from an efficiency point of view, *ex ante* contract regulation may be a better tool to control buyer power than competition rules with a strong regulatory character.

Literaturverzeichnis

Bakhoum, M. (2018), Abuse without dominance in competition law: abuse of economic dependence and its interface with abuse of dominance, in: F. Di Porto & R. Podszun, (Hrsg.), Abusive Practices in Competition Law, Cheltenham: Edward Elgar, 157-184.

Bechtold, R. (2013), §19, in: Gesetz gegen Wettbewerbsbeschränkungen: GWB, München: C.H. Beck.

Blair, R. D. & Harrison, J. L. (1991), Antitrust policy and monopsony, in: Cornell Law Review, Vol. 76, 297-340.

Blair, R. D. & Harrison, J. L. (2010), Monopsony in Law and Economics, Cambridge: Cambridge University Press.

Blair, R. D. & DePasquale, C. (2020), Monopsony and two-part tariffs, Managerial and Decision Economics, Vol. 41 (5), 730-734.

Blockx, J. (2021), Belgian prohibition of abuse of economic dependence enters into force, in: Journal of European Competition Law & Practice, Vol. 12 (4), 321-325.

Bundeskartellamt (2010), Tätigkeitsbericht des Bundeskartellamts 2009/2010, Dokumentenband – Zusammenstellung der veröffentlichten Entscheidungen, Fallberichte und Pressemeldungen.

Bunte, H.-J. (2017), Zum Missbrauch einer marktbeherrschenden Stellung durch Aufforderung zur Gewährung ungerechtfertigter Vorteile („Hochzeitsrabatte II"), in: Entscheidungen zum Wirtschaftsrecht, 157.

Calabresi, G. (1961), Some thoughts on risk distribution and the law of torts, in: Yale Law Journal, Vol. 70, 499-553.

Carstensen, P. (2017), Competition policy and the control of buyer power: a global issue, Cheltenham: Edward Elgar.

Chen, Z. (2007), Buyer power: economic theory and antitrust policy, in: Research in Law and Economics, Vol. 22, 17-40.

Chen, Z. (2008), Defining buyer power, in: Antitrust Bulletin, Vol. 53, 241-250.

Clarke, R.; Davies, S.; Dobson, P. & Waterson, M. (2002), Buyer power and competition in European food retailing, Cheltenham: Edward Elgar.

Crawford, V. (1990), Relation-specific investment, in: The Quarterly Journal of Economics, Vol. 105 (2), 561-574.

Dreher, M. & Kulka, M. (2023), Die sogenannte passive Diskriminierung (§ 19 Abs. 2 Nr. 5), in: M. Dreher & M. Kulka (Hrsg.), Wettbewerbs- und Kartellrecht, Heidelberg: C.F. Müller.

Erzene, S. (2012), Buyer power in the context of private label in the EU, accompanied with special reference to UK's approach, in: Global Antitrust Review 2012, 106-137.

De Geest, G. (2002), The signing-without-reading problem: an economic analysis of the European Directive on unfair contract terms, in: H.-B. Schaefer & H.-J. Lwoski (Hrsg.), Konsequenzen wirtschaftlicher Normen, Wiesbaden: Deutscher Universitäts-Verlag, 213-235.

Dobson, P. & Inderst, R. (2008), The waterbed effect: where buying and selling power come together, in: Wisconsin Law Review, Vol. 2, 331-357.

Franzen, H. & Giessen, K. H. (1978), Einzelhandel und Nachfragemacht: UWG-Rechtsprechung zu Eintrittsgeld, kostenloser Preisauszeichnung und Schaufenstermiete, in: Betriebsberater, Vol. 33, 1642-1646.

Galbraith, J. K. (1956), American Capitalism. The Concept of Countervailing Power, Boston: Houghton Mifflin.

Gayk, A. (2019), Das Hochzeitsrabattverfahren – Neuorientierung und Klarstellungen zum Anzapfverbot, in: Wirtschaft und Wettbewerb, Vol. 69 (5), 245-251.

Haucap, J.; Heimeshoff, U.; Thorwarth, S. & Wey, C. (2015), Die Sektoruntersuchung des Bundeskartellamts zur Nachfragemacht im Lebensmitteleinzelhandel – Ein Kommentar aus ökonomischer Perspektive, in: Wirtschaft und Wettbewerb, Vol. 65, 605-618.

Köhler, H. (2006), Zur Kontrolle der Nachfragemacht nach dem neuen GWB und dem neuen UWG, in: Wettbewerb in Recht und Praxis, Februar 2006, 139-147.

Lademann, R. (2015), Zur Nachfragemacht von Unternehmen des Lebensmitteleinzelhandels über den Einfluss von Unternehmensgröße im Handel auf die Einkaufskonditionen, in: Wirtschaft und Wettbewerb, Heft 07-08/2015, 716-732.

Lande, R. H. (2004), Beware buyer power, in: Legal Times, Vol. 27 (28).

Leuschner, L. (2021), AGB-Recht im unternehmerischen Rechtsverkehr, München: C.H. Beck.

Motta, M. (2004), Competition policy: Theory and practice, Cambridge: Cambridge University Press.

Nevo, H. & Van den Bergh, R. (2017), Private labels: challenges for Competition Law and Economics, in: World Competition, Vol. 40 (2), 271-298.

Roloff, S. & Looschelders, D. (2020), § 310 Anwendungsbereich, in: Erman BGB, Kommentar, Köln: Otto Schmidt.

Schäfer, C. (2022), § 310 Anwendungsbereich, in: P. Ulmer; H. E. Brandner; & H.-D. Hensen (Hrsg.), AGB-Recht Kommentar, Köln: Otto Schmidt.

Stäuber, R. & Burger, A. (2021), Einführung der relativen Marktmacht in der Schweiz Ein taugliches Instrument gegen hohe Schweizer Preise?, in: Zeitschrift für Wettbewerbsrecht, Vol. 19 (2), 235-272.

Staudinger, J. & Piekenbrock, A. (2022), § 310, in, G. Mäsch; M. Wendland; D. Coester-Waltjen; A. Piekenbrock & M. Stoffels (Hrsg.), J. von Staudingers Kommentar zum Bürgerlichen Gesetzbuch: Staudinger BGB - Buch 2: Recht der Schuldverhältnisse: §§ 305-310, Köln: Otto Schmidt.

Thomas, S. (2019), Das Anzapfverbot des § 19 Abs. 1, 2 Nr. 5 i. V. mit § 20 Abs. 2 GWB unter Berücksichtigung vertikaler Wettbewerbsdynamiken – Auslegungsfragen (Teil 2), in: Wirtschaft und Wettbewerb, Vol. 69 (2), 62-67.

Wanderwitz, M. (2015), Der Missbrauch von Nachfragemacht: eine dogmatische Analyse der zentralen Norm zur Erfassung des Missbrauchs von Nachfragemacht im deutschen Kartellrecht, § 19 Abs. 2 Nr. 5, in: Wettbewerb in Recht und Praxis, Vol. 61 (2), 162-171.

Westermann, K. (2008), § 20, in: F. J. Säcker; F. Bien; P. Meier-Beck; & F. Montag (Hrsg.), Münchener Kommentar zum Europäischen und Deutschen Kartellrecht, Band 2: Gesetz gegen Wettbewerbsbeschränkungen, München: C.H. Beck.

Williamson, O. (1990), Economic Organization: Firms, Markets and Policy Control, New York: New York University Press.

Innovation and knowledge-generating competition: A concept for our times

Simonetta Vezzoso, Trento

1. Introduction

What is competition? What purpose does it serve? How can it be protected? Wolfgang Kerber, whom we honour with this celebratory book, has dedicated significant research efforts to answering these questions since at least the time of his dissertation (Kerber 1989). The quest for an answer to these fundamental questions has led Kerber to develop a dynamic concept of competition firmly rooted in the ideas of Schumpeter and Hayek, while simultaneously being open to incorporating insights and methods from a wide range of economic and managerial/business disciplines. Whereas Kerber begun laying the groundwork for the concept of dynamic competition before the digital revolution took hold, it is in the present age that its profound significance becomes even more apparent. For appreciating competition processes especially in this fast-changing world, Kerber invites us to conceptualize competition as a knowledge-generating process, in which firms compete to improve their knowledge and capabilities for developing new and better problem solutions. By clearly departing from an economic notion of competition that primarily focuses on price competition and static market power while infrequently considering innovation effects, a fundamental contribution of Kerber's research trajectory lies in the development of an original and comprehensive framework for a dynamic conception of competition. In this framework, innovation should be acknowledged as an integral element of competition within a market-based economy.

Dynamic competition is not the only mechanism for producing knowledge and innovation, but it complements scientific and academic research - serving as a crucial enabler and motivator for processes that generate knowledge, creating and implementing novel solutions to the numerous challenges and problems confronted by consumers, firms, and the broader society. We are dealing here with a delicate and complex mechanism, with characteristics that likely vary across economic sectors and technological fields. It's also a mechanism which can experience severe operational issues (e.g., toxic innovation in surveillance techniques), as well as being hampered (e.g., buying disruptive competitors) or hacked (e.g., within an app marketplace). This, however, should not deter us from engaging with it, resigning ourselves to deal solely with the less ambitious but apparently more manageable and more familiar realm of price competition. Instead, it makes the challenging task of safeguarding its operation even more vital.

Kerber's dynamic concept of competition seamlessly aligns with the contemporary spirit in competition policy thinking and antitrust enforcement, characterized by a strong inclination to shift away from the traditional and constrained focus on prices and outputs. The virtually unstoppable rise of Big Tech occurred at a time when the prevailing sentiment in the antitrust community seemed to be one of "doing everything right," believing that we had understood "how markets worked" and how to address the (very few) "failures" that might occur. The newfound awareness that has since emerged, even among the more change-resistant antitrust circles, is instead that we may have at least "missed something." Among the things that had already become clear as no longer allowing for further delay, there was the need to acquire a better understanding of innovation in relation to competition. Traditionally relegated to a secondary role in competition policy and enforcement at best, there was a growing belief that innovation needed to be elevated to a primary position. Various reactions have arisen as a result of the newly acquired awareness of the inadequacy of current competition policy thinking and enforcement. In the urgency to rein in the power of Big Tech, new tools have been devised, notably the Digital Markets Act in the EU, which introduces a long list of obligations for designated gatekeepers, as well as a requirement to inform about intended concentrations, accompanied by a strong enforcement mechanism.

Criticism towards traditional competition economics has been especially strong on the other side of the Atlantic. It is abundantly clear to those advocating for the American New Brandeisian movement that one of the problems stemming from the concentration of economic power is a notable stifling of the innovation processes (Wu 2012; Khan 2018). This factor, among others, drives the current policy push in favour of de-concentrating US economy. However, while the New Brandeisians would largely agree with the goal of safeguarding dynamic competition processes, at this early stage in this movement's journey, they would likely resist raising it to a higher rank compared to other objectives traditionally and more clearly outlined in US antitrust legislation. Moreover, while there is a tendency in the literature to draw parallels between the New Brandeisians and representatives of the German ordoliberal school (Wörsdörfer 2023), Kerber's thinking is clearly rooted in a different intellectual tradition that goes back to a concept of dynamic competition which was particularly influential in Germany until the '80s (Heuss 1965; Hoppmann 1977).

The primary aim of this celebratory contribution is to underscore the importance and reach of the dynamic concept developed by Kerber. What this paper cannot provide, however, is an in-depth analysis of Kerber's concept within the scope of his extensive and rich scholarly work. For this analysis, Readers are referred to his academic writings (Kerber 1994, 1997, 2011). In the following parts of this contribution, we will confine ourselves to briefly distilling Kerber's concept and then outline the role it should play in positively influencing the necessary evolution of competition policy thinking and economics (Part 2). We will finally emphasize how, in the current phase of the digital economy characterized by rapid transformations driven by powerful AI technologies, the significance of such a concept can only grow (Part 3).

2. Knowledge-generating competition: reshaping competition policy

2.1. Kerber's concept of dynamic competition as innovation and knowledge-generation

As mentioned in the introduction, a significant portion of Kerber's research efforts in the field of competition policy has been directed towards developing a new comprehensive framework for a dynamic competitive concept that regards innovation and knowledge-generation as an integral component of competition in a market economy. The research was initiated by recognizing the absence of such a fully developed concept from a theoretical standpoint and believing in the relevance of such a concept both at the levels of formulating competition policy and enforcing competition law. To this end, it was crucial for Kerber to look beyond neoclassical (competition) economics. While various economists and other thinkers have profoundly influenced the development of his concept, two key figures stand out for their seminal contribution to shaping the concept's theoretical bedrock, specifically the already cited Schumpeter and Hayek. While Schumpeter recognized the key role of innovation for economic development and the dynamic character of competition, thereby focusing on innovations and technological progress (Schumpeter 1934, 1942), Hayek's notion of "competition as a discovery procedure" (Hayek 1978) underscores competition's epistemological role in markets. With no pre-known optimal solutions, competition serves as a parallel experimentation process, essentially a "procedure" for generating new insights.

Beyond these two prominent figures, the combined contributions from other approaches are deemed essential for developing this dynamic concept of competition. These are approaches and research fields that concentrate on innovation and the generation of new knowledge in markets, as well as on capabilities, dynamics of market processes, and the evolution of industries. Thus, evolutionary economics plays a crucial role with its framing of competition within a variation-selection paradigm (Dosi 2023), as well as strategic management with its focus on resources and capabilities of firms (Teece 2007; Sidak & Teece 2009). Those and other disciplines have developed a much better understanding of competition through innovations than neoclassical economics can offer with its limited focus on innovation incentives (Kerber & Vezzoso 2019).

What Kerber proposes is to challenge the still-existing centrality of the traditional static concept of competition with a new comprehensive framework for a dynamic concept of competition that recognizes innovation and the generation of knowledge as essential components of competition in a market economy. Competition, conceptualized as a dynamic and rivalrous process of experimenting with new problem solutions, can yield incremental, step-by-step enhancements in knowledge and capabilities, resulting in knowledge accumulation. However, competition can also render existing knowledge and capabilities outdated, prompting the need for the development of new and distinct capabilities. In this context, innovation entails the creation of new and improved solutions to the problems faced by consumers, firms, and society as a whole.

Kerber does not contend that this concept is already "plug and play," ready for convenient pick up from a theoretical shelf along with other competition concepts. Rather, he would, all too readily, acknowledge that it still requires further development by combining the efforts of scholars especially from fields of research beyond neoclassical competition economics. Kerber would warmly encourage such additional research efforts, potentially igniting a positive feedback loop: innovation-focused competition cases could inspire fresh studies in innovation research and strategic management, much as competition law has historically driven research in competition economics (industrial organization). Whereas more research is clearly needed, I am convinced that Kerber's concept of competition as an innovation and knowledge-generating process is already sufficiently developed to be able, and indeed should, influence competition policy and competition law enforcement. A primary aim of this contribution is precisely to demonstrate that this is both possible and essential.

2.2. The effectiveness of knowledge-generating competition processes as policy goal

At the outset, it is important to clarify that the dynamic concept of competition developed by Kerber is quite distinct from other dynamic concepts that, also drawing from Schumpeter, would lead to the actual dismantlement of competition policy. These different dynamic approaches appear to hinge on the faith in the emergence of radical innovations and the associated creative destruction as means to address competition issues and to preserve the dynamic processes of knowledge-generating competition. On the contrary, Kerber would view it as an empirical question when and under what circumstances radical innovations can be factored in. Far from been dismantled, the important role of competition policy is reaffirmed as it is tasked with creating conditions and implementing rules that facilitate, safeguard, and ensure the continued effectiveness of competition processes for generating new knowledge in markets. These competitive processes must be recognized and studied in their complexity, avoiding "intellectual laziness" and shortcuts. Examining these processes without glossing over their inherent complexity means recognizing that they are characterized by factors such as true uncertainty, dynamic patterns of technological and industrial evolution, entrepreneurial decisions, dynamic capabilities, creativity, parallel experimentation, market selection and mutual learning between firms. This requires in-depth analyses how innovation works in specific industries or innovation spaces.

While it is impossible to predict future dynamic competition processes, nor the knowledge and innovations they will likely generate, the focus should rather be on preserving the conditions and rules that facilitate and safeguard such processes. It would be the important task of competition policy and the application of competition law to ensure that competition as a dynamic process generating new knowledge and innovations (including preconditions for radical innovations) can work effectively and is protected against preventive, restrictive and distorting actions by firms in the market. Thus, Kerber makes clear, an important and largely underscored way in which mergers can impede or hamper competition processes for generating new knowledge in markets is through lowering the number of parallel "experiments" conducted by firms (Kerber & Saam 2001), not only through depressing innovation incentives.

When competition is conceptualized as an evolutionary process of parallel experimentation, the value and role of diversity, decentralization, and open markets for competition and antitrust policy become self-evident. Hence, if consumers have access to a wider variety of solutions due to an expanded range of offers, their choices convey richer feedback to firms (and beyond) about favoured solutions. Therefore, the breadth of consumer choice not only impacts how well consumer preferences can be fulfilled, but also shapes the effectiveness of Hayekian market's feedback mechanism. In this context, the elimination of traditional market power cannot be the primary objective of competition policy. Yet, for this dynamic competition process to thrive, it's vital that other competitors or newcomers match or even surpass the leading firm. This leads to challenging and ultimately eliminating that market power. More crucially, this fuels the dynamic interplay of innovation and imitation among competing firms.

In the final subsection of this part of the contribution, we will present some reflections with the aim to highlight the immediate and profound relevance of Kerber's dynamic concept in its present "state of development," against the background of current debates in competition policy, regulatory innovations, and trends in the practical enforcement of competition law.

2.3. Developing new concepts for competition policy and the application of competition law

As opposed to relying solely on approaches derived from a static view of competition, Kerber makes clear that new concepts need to be developed. For instance, the "product market" concept rooted in the hypothetical monopoly and SSNIP tests, fixates on current products and concerns of price increases. This static product market concept struggles to encompass the innovation of new products and services. Moreover, in order to be truly effective, innovation-based theories of harm should be able to stand alone in determining antitrust violations, without having to rely on traditional claims of adverse price effects. While it might be possible to a certain extent to adapt theories of harm derived from the neoclassical approach to innovation, the development of entirely new ones is also necessary.

As discussed above, Kerber's dynamic concept of competition is firmly rooted in well-established and respected traditions of economic thinking, while being open and receptive to contemporary theories and approaches that can offer valuable insights and tools for a more comprehensive understanding of innovation and knowledge-generation processes. In turn, competition policy and antitrust enforcement should be (largely) reconsidered and remodelled in light of this dynamic concept. Even though competition law as enforced in recent decades is currently under severe criticism, adhering to Kerber's concept would seem to necessitate changes of such magnitude that compelling arguments would be required to justify and garner broad consensus for these changes. Such difficulties and expected resistance to change should not be underestimated.

However, it is also important to acknowledge that the evolution of competition policy and competition law enforcement, emphasising a newly found recognition of the centrality of innovative processes, is already underway. A glaring example of this is the aforementioned DMA, which in addition to fairness puts at the centre the concept of contestability, which can be easily understood in the sense of protecting and enabling innovation processes uncontrolled by Big Tech. Having greater conceptual clarity, along with a precise understanding of the pursued objectives, could better inform and streamline competition policy initiatives, as well as dedicated efforts to make competition law evolve from "the ground up," based on its purposeful enforcement in concrete cases.

3. A competition concept for our (AI) times

3.1. Compass to navigate the intricacies of the digital economy

The advent of the digital age has put competition policy through a stringent stress test. The outcome is plain for all to see, meticulously and almost ruthlessly detailed in a myriad of reports from various corners of the globe. These in-depth analyses not only offer incisive critiques but also frequently propose remedies. Drawing inspiration and advice from this belated collective realisation, regulatory experiments are underway in various jurisdictions, one of which is unequivocally the DMA. The issues highlighted by these reports and studies, as well as other reflections, are multifaceted and challenging to trace back to a single cause. However, it is now widely recognised that the static nature of the competition concept, dominant in the last decades under the 'more economic approach' in the style of industrial organization, is a pressing concern that needs serious and immediate attention (OECD 2023).

In this context, the dynamic concept of competition as an innovation and knowledge-generating process developed over many years by Kerber garners significant interest, particularly in some of those international circles where such discussions are currently underway (Kerber 2023a). As previously discussed, Kerber would certainly be the first to acknowledge that for there to be a substantial shift in competition policy aligned with such this concept, a collective research effort, uniting scholars from diverse disciplines, is essential. In particular, marked by the rise of formidable new technologies, significant understanding is needed before we can aptly frame the regulatory responses to the emerging realities these technologies might bring forth. However, this requires time, at best.

Yet, recent decades of experience with competition law enforcement in the digital economy have taught us that time is a luxury we can scarcely afford. Already now, and notwithstanding the call for additional research, I would advocate that we employ Kerber's dynamic competition concept at least as a guiding compass, which equips us to navigate some of the complexities of digital competition without being entirely overwhelmed. Next, to shed light on this guiding function, I will use an example: how Kerber's concept and approach intersects with today's discussion on Artificial Intelligence (AI) and the challenges AI brings to ensuring effective competition in the digital economy.

3.2. Innovation competition in the AI sector: understanding how knowledge generation works

Reflections on the new challenges in an era marked by the proliferation of powerful digital technologies, especially advanced machine learning techniques such as more recently foundation models, have been ongoing for some time already in competition policy circles. Launching a market investigation into cloud computing following a reference from the telecom regulator, the UK antitrust authority explicitly mentioned that among the goals of its analysis is to examine the impact of AI on competition in the cloud computing markets (CMA 2023b). Previously, the same authority had channelled significant reflection on competitive mechanisms in the development of foundation models, considered a potentially transformational and still emerging technology (CMA 2023a). According to this authority's initial assessment, the strong innovation that currently characterizes this technology is also due to competition among various providers. The same authority believes that it falls within its statutory duties to ensure that innovation competition is not lost. Similarly, the FTC has made clear that is determined to "ensuring open and fair competition, including at key inflection points as technologies develop" (FTC 2023), prompted to do so also by a recent Executive Order by President Biden (White House 2023).

This recent focus by antitrust authorities on innovation processes within specific AI areas or sectors aligns well with the implications for competition policy stemming from Kerber's dynamic concept. Competition among providers of foundation models can be rather intuitively conceived as a knowledge-generating process, in which they compete to enhance their knowledge and capabilities for developing new and improved generative models (problem solutions). The underlying concern motivating this early attention by some competition authorities is that the functioning of this mechanism could be compromised rather quickly, resulting in less innovation and knowledge production. How do we prevent this from happening, with a focus on potentially anticompetitive agreements, mergers, and unilateral behaviours of firms? Kerber would first suggest understanding in detail how competition as an innovation and knowledge-generating process operates in this specific context.

First, key emphasis should be directed at identifying the requisite resources and capabilities for innovation competition in the AI field. Hence, useful in this respect could be methods to define, spot, and measure essential resources and capabilities for dynamic competition already developed in particular by strategic management theories. It is clear that the suggested approach diverges significantly from a traditional product market perspective. Thus, in a merger investigation involving AI developers, an analysis of the merged firm and competitors' resources capabilities would aim at providing a better understanding of the innovation impacts on AI development of the proposed merger. Crucially important is also to examine how the entry and exit of firms, or potential competition, impacts innovation generation in the AI sector. In this respect, it could be argued that a larger number of AI developers, each with unique knowledge and capabilities, might explore a wider range of possibilities in the AI domain and generate more ideas/hypotheses than a limited set of larger, similar firms. This would require a particular attention by competition authorities towards start-ups and new firms due to their potentially important role with regard to innovation competition (Kerber 2023b).

Second, and besides resources and capabilities, there are likely to be other necessary preconditions for generating new knowledge in this specific field that competition authorities should take into consideration. In particular, the role played by intellectual property rights, as well as the impact of the enforcement (or the lack thereof) of data protection law and the upcoming (EU) AI regulation, are going to be extremely important in this respect and should be included in the analysis of innovation competition by competition authorities and other regulators.

Third, typical dynamic patterns of technological and industrial evolution are also relevant, like, e.g., technological trajectories based upon technological paradigms (Dosi 2023) and the timing of the emergence of a dominant design (Hummel 2023). These (and other) dynamics can have a large impact on dynamic processes of competition and innovation.

3.3. Capturing and reining in the ability to prevent, restrict or distort innovation competition

Once it is broadly understood how dynamic competition as an innovation and knowledge generating process in the AI field (and its subfields, such as foundation models) works, the important task for competition policy and the enforcement of competition law would be to safeguard its effectiveness as much as possible. The focus should here be on the various tactics employed by firms to prevent/restrict (e.g., shielding themselves from disruptive innovators), but also to distort (e.g., unfairly profiting from third parties' innovation efforts from within well-guarded ecosystems) dynamic competition. The goal here should be to fully capture the ability by firms of to prevent and manipulate to their advantage innovation competition processes.

Admittedly, there is still much yet to uncover about the tactics companies use to shield themselves from the gales of creative destruction in the AI field, but also to bluntly appropriate third parties' innovation as "observed" within their walled gardens (e.g., marketplace, cloud infrastructure). In earlier phases of the digital economy, it has been demonstrated that unilateral conduct employed by Big Tech has had a detrimental impact on innovation. Moreover, one of the favourite tactics employed by Big Tech to protect themselves from potentially disruptive gales has been the acquisition of firms perceived as disruptive. Prime examples of these tactics include Meta's acquisitions of WhatsApp and Instagram. Another, less examined but equally telling case is Google's acquisition of Waze. These acquisitions were greenlit by antitrust authorities, seemingly without a solid grasp of dynamic theories of harm. Retrospective merger evaluations and deeper analyses now suggest that the more prudent course of action would have been to block them. Having perhaps learned from those significant missteps, today's antitrust authorities would likely view such acquisitions of "nascent competitors" with much greater scepticism.

Yet, it would be naive to assume that the anticompetitive tactics of Big Tech do not also evolve, becoming more elusive in the face of increased scrutiny and scepticism from enforcers. In this respect, Big Tech's collaborations with pioneering 'start-ups' in the foundation models field can indeed be cause for further scrutiny by competition authorities. Such alliances might be seen as high-priced buffers against innovations that could jeopardise their core activities, short of outright acquisitions that could attract the attention of competition authorities. An in-depth analysis should be conducted to determine whether such agreements, along with similar ones, could potentially limit innovation competition. This is a question that has not yet been extensively explored within the digital competition policy sphere.

4. Conclusion

Over decades of rigorous research, Wolfgang Kerber has refined his and our understanding of competition as a key driver of innovation and knowledge, serving as an essential pillar of a market-based economy. This approach, while deeply rooted in the history of economic thinking, is seamlessly open to assimilating contemporary insights from both economic and managerial disciplines. Kerber's work, in turn, aligns with the legacy of economists whose important dynamic theories had for decades influenced German competition policy. Interestingly, his research endeavours in this area commenced at a juncture when these dynamic theories began waning in prominence. Starting in the 1980s, his work could be interpreted, albeit unintentionally, as a counterpoint to the ascending static perspective on competition, epitomised by the "more economic approach" that has substantially shaped competition policy up until recent times. As the digital era brings to the fore the urgent call to re-evaluate competition policy, we find ourselves thrust into revisiting cardinal debates surrounding the essence of competition, its objectives, and the means to preserve it. Owing to Kerber's comprehensive and unwavering commitment to competition policy research over the years, we are already equipped with crucial insights to help us answer these foundational questions.

References

CMA (2023a), AI Foundation Models: Initial Report.

CMA (2023b), Public cloud infrastructure services market investigation - Issues statement, URL: https://assets.publishing.service.gov.uk/media/652e958b6972600014ccf9f6/Issues_statement__updated.pdf, (last access: 25. January 2024).

Dosi, G. (2023), Foundations of Complex Evolving Economies. Part One: Innovation, Organization and Industrial Dynamics, Oxford: Oxford University Press.

FTC (2023), Generative AI Raises Competition Concerns, Technology Blog 29 June 2023, URL: https://www.ftc.gov/policy/advocacy-research/tech-at-ftc/2023/06/generative-ai-raises-competition-concerns, (last access: 25. January 2024).

Hayek, F. A. (1978), Competition as a Discovery Procedure, in: F. A. Hayek (Ed.), New Studies in Philosophy, Politics, Economics and the History of Ideas, Chicago: University of Chicago Press, 179-190.

Heuss, E. (1965), Allgemeine Markttheorie, Tübingen: Mohr.

Hoppmann, E. (1977), Marktmacht und Wettbewerb, Tübingen: Mohr.

Hummel, L. (2023), Innovation as a Competitive Constraint on Online Platforms in European Competition Law: The Industry Life Cycle and Dominant Designs in Digital Markets, in: K. Mathis & A. Tor (Eds.), Law and Economics of the Digital Transformation, Berlin: Springer, 281-304.

Kerber, W. (1989), Evolutionäre Marktprozesse und Nachfragemacht, in: Wirtschaftsrecht und Wirtschaftspolitik, Vol. 101, Baden-Baden: Nomos.

Kerber, W. (1994), Evolutorischer Wettbewerb. Zu den theoretischen und institutionellen Grundlagen der Wettbewerbsordnung, Freiburg: unpublished habilitation thesis.

Kerber, W. (1997), Wettbewerb als Hypothesentest: Ein evolutorisches Konzept wissenschaffenden Wettbewerbs, in: K. v. Delhaes & U. Fehl (Eds.), Dimensionen des Wettbewerbs, Stuttgart: Lucius & Lucius, 31-78.

Kerber, W (2011), Competition, Innovation and Maintaining Diversity Through Competition Law, in: J. Drexl; W. Kerber & R. Podszun (Eds.), Economic Approaches to Competition Law: Foundations and Limitations, Cheltenham: Edward Elgar, 173-201.

Kerber (2023a) Towards a dynamic concept of competition that includes innovation, OECD Competition Committee Meeting on 14-16 June 2023.

Kerber (2023b), Dynamic Competition, Digital Ecosystems, and Competition Policy, Network Law Review, July 2023, URL: https://www.networklawreview.org/kerber-dynamic-competition/, (last access: 25. January 2024).

Kerber, W. & Saam, N. J. (2001), Competition as a Test of Hypotheses: Simulation of Knowledge-generating Market Processes, in: Journal of Artificial Societies and Social Simulation, Vol. 4, No. 3.

Kerber, W. & Vezzoso, S. (2019), Dow/DuPont: Another Step Towards a Proper Assessment Concept of Innovation Effects of Mergers, Discussion Paper June 24, 2019.

Khan, L. (2018), The New Brandeis Movement: America's Antimonopoly Debate, in: Journal of European Competition Law & Practice, Vol. 9 (3), 131-132.

OECD (2023), The Role of Innovation in Competition Enforcement, OECD Competition Policy Roundtable Background Note.

Schumpeter, J. A. (1934), The Theory of Economic Development. An Inquiry into Profits, Capital, Credit, Interest, and the Business Cycle, Cambridge/Massachusetts: Harvard University Press.

Schumpeter, J. A. (1942), Capitalism, Socialism And Democracy, New York: Harper.

Sidak, J. G. & Teece, D. J. (2009), Dynamic Competition in Antitrust Law, in: Journal of Competition Law & Economics, Vol. 5 (4), 581–631.

Teece, D. J. (2007), Explicating Dynamic Capabilities: The Nature and Microfoundations of (sustainable) enterprise performance, in: Strategic Management Journal, Vol. 28 (13), 1319-1350.

White House (2023), Executive Order on the Safe, Secure, and Trustworthy Development and Use of Artificial Intelligence, 30 October 2023.

Wu, T. (2012), Taking Innovation Seriously: Antitrust Enforcement If Innovation Mattered Most, in: Antitrust Law Journal, Vol. 78, 313-328.

Wörsdörfer, M. (2023), Brandeis and Eucken: Two Pioneers of the Modern Big Tech and Antitrust Debate, forthcoming in: History of Economic Ideas.

Wettbewerb als Hypothesentest: Implikationen für die moderne Wettbewerbspolitik?

Oliver Budzinski, Ilmenau

1. Einleitung

Als ich im Zuge meiner Dissertation (Budzinski 2000) in den späten 1990er Jahren an der Universität Hannover[1] auf der Suche nach einer Theorie des Wettbewerbs bzw. des wettbewerblichen Marktprozesses war, welche über die – ebenso faszinierenden wie wertvollen – industrieökonomischen Modellwelten hinaus als Grundlage einer dynamischen und evolutorischen (Neu-)Konzeption ordnungskonformer Wirtschaftspolitik dienen konnte, las ich viel Hayek (z.B., 1945, 1948, 1968), Schumpeter (1911), Clark (1961) und andere. Ebenso wie bei meiner Ausgangsinspiration – Eucken (1952) – hatte ich es mit Literatur zu tun, welche mir faszinierende und wertvolle Denkwelten eröffnete und wichtige Elemente adressierte, welche für mich komplementär die Grenzen der Industrieökonomik erweiterten und Wissen ergänzten. Gleichzeitig erstand für mich bei der Suche nach neuerer, weiterführender Literatur in diesen Richtungen eine gewisse Frustration, da sich viele neuere Quellen zu dieser Zeit entweder auf eine Nacherzählung der „alten" Quellen beschränkten oder sich in elaborierten – teils berechtigten, oft auch unberechtigten – Kritiken des Mainstreams bzw. der Orthodoxie der Wettbewerbstheorie erschöpften. Den Durchbruch durch diese Stagnation in der Entwicklung „meines" Theorieweltbildes lieferten zwei Beiträge, die ich fast zeitgleich entdeckte: zum einen der Aufsatz „Wettbewerb als Hypothesentest" von Wolfgang Kerber (1997), zum anderen das Buch „Wirtschaftspolitik zwischen Selbst- und Fremdsteuerung" von Gerhard Wegner (1996). Ich bin noch heute fest davon überzeugt, dass die Kenntnis dieser beiden Konzepte, kombiniert mit der Kenntnis der jeweils

1 Ich promovierte am Fachgebiet Ordnungs- und Prozesspolitik (aus heutiger Sicht: was für ein Name!) bei Udo Müller. Zu seinem wissenschaftlichen Werk vgl. die Festschrift zu seiner Emeritierung (Budzinski & Jasper 2004) sowie den Nachruf (https://www.tu-ilmenau.de/universitaet/fakultaeten/fakultaet-wirtschaftswissenschaften-und-medien/profil/institute-und-fachgebiete/fachgebiet-wirtschaftstheorie/team/nachruf-auf-prof-dr-udo-mueller).

modernen internationalen ökonomischen Literatur (theoretischer und empirischer Natur), die beste Grundlage für das Verständnis von Wirkungen und Effekten wirtschaftspolitischer Maßnahmen liefert.

Bezogen auf die Wettbewerbstheorie und Wettbewerbspolitik – welche bei allen mir liebgewonnenen Ausflügen in die Medien- und die Sportökonomik den Schwerpunkt meiner eigenen wissenschaftlichen Tätigkeit ausmacht – hat das Konzept Kerbers zur Verbindung von Hayek und Schumpeter (sowie von Clark und weniger bekannten Ansätzen deutscher dynamischer Wettbewerbstheorie; siehe Abschnitt 2) mein Denken nachhaltig geprägt[2] und findet sich mitunter explizit sowie oft auch implizit eigentlich in allen meinen Schriften wieder. Zu den Fragen, die sich im Zusammenhang mit Theorien des Wettbewerbsprozesses immer wieder stellen, gehören jene nach der Operationalisierbarkeit bzw. der Anwendbarkeit in der konkreten Wettbewerbspolitik. Zwar möchte ich betonen, dass ich diese Theorien auch ohne eine solche Anwendbarkeit für wertvoll halte, um das Wesen des Wettbewerbs, von Marktprozessen und der Wirtschaftsordnung zu verstehen und um spezifischere, bspw. moderne industrieökonomische Modelle, Theorien und empirische Studien, besser einordnen zu können. Dennoch erlaubt aus meiner Sicht auch der aktuelle Stand des Wissens wichtige und wesentliche Implikationen für die Wettbewerbspolitik, welche sich angesichts der Digitalisierung und anderer gegenwärtiger Herausforderungen[3] derzeit in Deutschland und vielen anderen Ländern im Dauerreformmodus zu befinden scheint. Daher möchte ich in diesem Beitrag ausgewählte Implikationen von Wolfgang Kerbers Konzept des Wettbewerbs als Hypothesentest für die Wettbewerbspolitik herausarbeiten.

2 Dazu hat naturgemäß auch beigetragen, dass ich nach meinem Studium an die Universität Marburg zur Abteilung von Wolfgang Kerber wechseln und dort meine Habilitation durchführen konnte. Im vorliegenden Band gibt der einleitende Beitrag von Budzinski et al. (2024) einen – nicht so wissenschaftlichen – Einblick in diese Zeiten.

3 Darunter befindet sich auch mit neuer Dynamik das „alte" Thema der nachhaltigen, umwelt- und klimaschonenden Wirtschaftspolitik, welches seinerzeit meine Dissertation motivierte (Budzinski 2000). Allerdings ist der wirtschaftspolitische Teilbereich der Wettbewerbspolitik nur in sehr engen Grenzen ein geeigneter Ort für die Durchsetzung diesbezüglicher politischer Ziele (Budzinski & Stöhr 2023).

2. Wettbewerb als dynamischer Hypothesentest

Kerbers Theorie eines dynamischen und wissenschaffend Prozesses verbindet eine Reihe von existierenden Ansätzen zu dynamischen und evolutorischen Wettbewerbskonzepten (Kerber 1994, 1997, 2023b). Dazu gehören

- *Konzepte eines dynamischen Wettbewerbsprozesses in der Tradition von Schumpeter*

Hier werden in der Literatur insbesondere die sogenannten Neo-Schumpeter-Hypothesen diskutiert, nämlich dass (I) eine stärkere Anbieter-Konzentration auf Märkten (bis hin zur Dominanz eines einzelnen Unternehmens) bzw. (II) eine höhere Unternehmensgröße zu mehr Innovationen führen würden. Bereits recht früh zeigte sich, dass beide Hypothesen im Grunde (und von Ausnahmen abgesehen) zu verwerfen sind (Müller & Stahlecker 1975), was seither auch die neuere theoretische und empirische Literatur immer wieder bestätigt hat (Übersichten finden sich unter anderem bei Gilbert 2006; Kerber & Kern 2014: 8-14). Hiermit verwandt, aber deutlich weitergehend, ist die theoretische und empirische Herleitung eines invertiert-U-förmigen Verlaufes des Zusammenhangs von Wettbewerbsintensität und Innovationsdynamik (Aghion et al. 2005). Bemerkenswert ist, dass die Neo-Schumpeter-Hypothesen keinesfalls von Schumpeter selbst formuliert wurden, sondern (recht freie) Interpretationen des Werks von Schumpeter darstellen – welcher selbst keine Wettbewerbstheorie vorgelegt hat (Kerber 2023b). Insgesamt findet Schumpeter'sches Denken in dieser Form jedoch keinen Eingang als Baustein in die Kerber'sche Theorie.

Stattdessen betont Kerber die ebenfalls von Schumpeter beeinflusste Idee des Wettbewerbs als dynamischer Prozess rivalisierender Unternehmen, wie sie insbesondere in Deutschland (z.B., Arndt 1952; Heuss 1965; Hoppmann 1977) aber auch – (zu) wenig beachtet – international (Clark 1961) formuliert wurde. Im Zentrum steht hierbei das Verständnis des Wettbewerbsprozesses als Dynamik von vorstoßendem, innovativem Wettbewerbsverhalten und aufholendem, imitativem Wettbewerbsverhalten. Kreative Akteure erarbeiten sich durch Innovationen gewinnträchtige Vorsprünge im Wettbewerb, welche aber temporär sind und durch Imitationsverhalten der Wettbewerber wieder erodiert und „wegkonkurriert“ werden. Durch diese Imitation – die ihrerseits weiterführende Innovationselemente enthalten kann – können sich die kreativen Akteure nicht auf ihrem Vorsprung ausruhen, sondern müssen weiter innovativ bleiben, um wieder voranzuschreiten. Innovation und Imitation bedingen also einander und nur durch ihre Wechselwirkung entsteht ein dynamischer Wettbewerbsprozess. Imitation bekommt damit eine positive Wirkung im Wettbewerbsprozess zugesprochen, da sie dafür sorgt, dass Innovationsvorsprünge – auch solche, die zu dominanten oder monopolistischen Marktpositionen führen – temporär bleiben und eine Vermachtung und Verkrustung der Märkte vermieden wird.

Damit wird die Marktstruktur endogen und durch die Wettbewerbskräfte gestaltet. Der Begriff des Gleichgewichts verliert an Relevanz, während die explizite Rivalität der Wettbewerber an Bedeutung gewinnt. Letzteres ähnelt dabei durchaus der strategischen Interdependenz der Wettbewerber als Kern der modernen Oligopoltheorie.

– *Die Theorie des Wettbewerbes als Entdeckungsverfahren*

Hayek entwickelt sein Verständnis des Wettbewerbes als dynamisches, permanentes Entdeckungsverfahren (Hayek 1948, 1968) im Kontext des von ihm betonten Wissensproblems (Hayek 1945, 1975). Dabei geht es im Kern um die Frage, ob wettbewerbliche Märkte als dezentraler, selbstorganisierender Koordinationsmechanismus von Angebot und Nachfrage durch eine zentralistische, staatliche Planung ersetzt werden könnten. Hayek weist nach, dass dies theoretisch – und somit unabhängig von der Informationsverarbeitungskapazität – unmöglich ist, da das Wissen über koordinationsfördernde Lösungen erst im dezentralen Austausch von Anbietern und Nachfragern entsteht, also geschaffen wird. Es existiert ohne die marktliche Interaktion nicht – und kann daher auch nicht marktunabhängig zentralisiert werden. Konsumenten verfügen nicht über eine fertige, abfragbare Liste alternativer Konsumpläne, sondern kreieren Alternativen erst dann, wenn sie am Markt feststellen, dass ihr ursprünglicher, auf inhärent subjektiven individuellen Präferenzen und Erfahrungen beruhender Plan nicht aufgeht, bspw. weil sich die Preise (und mithin die relativen Knappheiten) der Güter geändert haben. Die subjektiv, eigennutzbasierte (= präferenzbasierte) individuelle Änderung der Pläne – also bspw. die Nachfrage nach verteuerten Gütern einzuschränken – trägt zur Koordination von Angebot und Nachfrage bei, ohne dass dies den handelnden Akteuren bewusst oder von diesen gewollt ist. Anbieter haben Vermutungen über die Präferenzen ihrer Kunden, die aber mit Unsicherheit behaftet sind. Mit ihrem Angebot „testen" sie diese Vermutungen am Markt und erfahren durch die Nachfrage ein Feedback, das dann wieder eine Anpassung der individuellen Angebotspläne verursacht, bspw. eine Angebotsausweitung und/oder Preissteigerung bei überraschend großer Nachfrage – wiederum eine individuelle, eigennutzmotivierte Handlung, die zur Koordination von Angebot und Nachfrage beiträgt.

Die Koordinationsaufgabe ist permanent und nie endend, weil vielfältige Änderungen in den Nachfrage- und Angebotsfunktionen immer wieder neuen Koordinationsbedarf schaffen (Geschmacksänderungen, externe Schocks, Änderungen der ökonomischen und institutionellen Rahmen- und Randbedingungen, Moden, Bedarfsänderungen, usw.). Ohne den dezentralen Koordinationsprozess durch wettbewerbliche Märkte bestünde eine erhebliche Gefahr, dass sich Angebot und Nachfrage permanent auseinanderentwickeln, mit erheblichen negativen Wohlfahrtseffekten.

Auch Innovationen stellen Vermutungen darüber dar, was Nachfrager mögen könnten – und tragen damit zur Schaffung von Wissen bei. Erfolgreiche Innovationen tragen dabei auch zur verbesserten Koordination von Angebot und Nachfrage bei, da sie eine bessere Erfüllung der Präferenzen der Konsumenten ermöglichen und mithin die Wohlfahrt steigern. Innovationen sind also dem Wettbewerb als Entdeckungsverfahren inhärent (Buchanan & Vanberg 1991).

– *Evolutionsökonomische Ansätze*

Die meisten evolutionsökonomischen Ansätze bauen auf Schumpeter und/oder Hayek auf und stellen explizit Variations-Selektions-Prozesse in den Mittelpunkt ihrer Analyse des Wettbewerbsprozesses (neben vielen anderen: Nelson & Winter 1982; Langlois & Everett 1994; Nelson 1995). Dabei kommt der permanenten Kreation neuer Variationen eine entscheidende Bedeutung für den wissensgenerierenden Wettbewerbsprozess zu. Evolutorische Ansätze betonen dabei typischerweise zum einen die Heterogenität von Gütern und Unternehmen sowie den stets imperfekten Charakter des Wissens der Akteure im Markt. So stellen homogene Güter und Unternehmen einen empirisch selten auftretenden Sonderfall dar und Wettbewerbstheorie muss sich demnach auf Ansätze und Konzepte stützen, die von Heterogenität ausgehen. Genauso gelten vollkommene oder statistisch perfekt berechenbare Informationen als seltene Sonderfälle, während im Regelfall imperfekte Informationen vorliegen, welche sowohl quantitativ als auch qualitativ verzerrt sind (Budzinski 2003). Aus der Kombination von Heterogenität und imperfekter Information folgt eine wichtige Implikation: sie führt dazu, dass Unternehmen unterschiedliche Strategien im Wettbewerb ausprobieren, welche sie kreieren bzw. erschaffen und nicht etwa aus einem festen Set an Handlungsoptionen auswählen. Der Handlungsraum ist nicht determiniert, sondern wird erst durch die kreativen Handlungen der Akteure geschaffen (Buchanan & Vanberg 1991; Vanberg 1994, 2002). Dabei haben Pfadabhängigkeiten einen großen Einfluss auf die Wahlhandlungen (Heuss 1965; Klepper 1997).

– *Ordnungs- und Institutionenökonomik*

Der dynamische Wettbewerbsprozess und das Verhalten der Akteure in diesem Prozess verlaufen nicht unabhängig von den Institutionen, also den Regelsystemen, denen der Prozess unterliegt (Kerber 1994, 1997, 2006). Die Ausgestaltung des institutionellen Rahmens beeinflusst die Richtung, in welcher die Marktteilnehmer nach Innovationen suchen bzw. selbige kreieren. Sanktionsbehaftete Verbote entwerten bestimmte Handlungsoptionen und die mit ihnen verknüpften Innovationen in imperfekter Art und Weise. Der Ordnungsrahmen kanalisiert somit den Wettbewerbsprozess – und kann je nach Ausgestaltung seine Dynamik positiv oder negativ beeinflussen. Umgekehrt beeinflussen die Wettbewerbsdynamik und ihre inhärente Innovationsneigung auch die Wirkungen von Institutionen, welche somit nicht immer den Erwartungen der Regelsetzenden entsprechen (Wegner 1996).

– *Dynamische Theorie der Firma*

Die in ihren Ursprüngen auf Ökonomen wie Coase, Penrose, Alchian und viele andere zurückgehende Theorie der Firma oder Theorie der Unternehmung steht in einem steten Wechselspiel mit betriebswirtschaftlichen Theorien des strategischen Managements. Zwar bestanden beide Richtungen lange Zeit weitgehend isoliert nebeneinander, in jüngerer Zeit hat sich jedoch verstärkt eine gegenseitige Befruchtung ergeben. Insbesondere in seinen neueren Werken verweist Kerber (2023b) darauf, dass jüngere Ansätze dieser Forschungsrichtungen Kompatibilitäten zu evolutionsökonomischen Ansätzen aufweisen – und damit auch für eine dynamische Wettbewerbstheorie von Interesse sind. Die Fähigkeiten („capabilities") eines Unternehmens, durch gezielte Entwicklung ihrer Ressourcenbasis wettbewerbliche Probleme in systematischer Weise zu lösen sowie wettbewerbliche Chancen effektiv wahrzunehmen, spielen demnach eine wesentliche Rolle für das Potenzial eines Unternehmens, einen wettbewerblichen Vorteil zu erzielen und/oder aufrechtzuerhalten (Teece 2007; Helfat 2018). Die Fähigkeiten zur Veränderung – die dynamischen Fähigkeiten („dynamic capabilities") – sind dabei in Bezug auf die Wettbewerbsdynamik besonders relevant (Teece et al. 1997; Teece 2016). Sie erklären, warum manche Firmen besser in der Lage sind, auf externe Schocks, marktinterne Entwicklungen und innovative Strategien der Mitwettbewerber zu reagieren als andere (Teece 2016), einschließlich der Frage, warum sich bestimmte Firmen in digitalen Ökosystem durchsetzen und andere nicht. Für Kerber (2023b) spielt insbesondere die Frage der Identifikation solcher dynamischen Fähigkeiten als Indiz für das Innovationspotenzial bestimmter Firmen eine wichtige Rolle, wenn es um wettbewerbspolitische Implikationen geht. Das bedeutet allerdings auch, dass die Theorie insofern empirisch gehaltvoll sein oder werden müsste, um dynamische Fähigkeiten zu spezifizieren, zu operationalisieren und (ex ante) zu messen. Ich bin da momentan noch skeptisch. Kein Zweifel besteht daran, dass der Ansatz dynamischer Fähigkeiten als zentraler Theorie unternehmerischer Flexibilität, Adaptivität und Resilienz sehr kompatibel zu den anderen Theoriebausteinen ist.

Aus diesen Bausteinen entwickelt Kerber (1994, 1997, 2023b) seine Theorie des Wettbewerbs als Hypothesentest (auch: Kerber & Saam 2001). Wettbewerb ist dementsprechend ein dynamischer und rivalisierender Prozess des parallelen Experimentierens, in welchem Firmen darum konkurrieren, neues Wissen zu schaffen, um bessere Problemlösungen für Nachfrager zu ermöglichen. Im Zentrum steht somit die wissenschaffende Wirkung über Lernprozesse: Firmen wissen nicht mit Sicherheit, ob eine Innovation – eine neue Hypothese über die Präferenzen der Abnehmer – zutreffend ist, so dass das Testen neuer Lösungen (neuer Güter) am Markt ein „trial-and-error"-Prozess ist. Durch das Feedback der Marktgegenseite wird Wissen darüber geschaffen, ob die neue Problemlösung (die Hypothese, das neue/veränderte Gut) die Präferenzen der Nachfrager trifft. In wettbewerblichen Märkten ist dieses Feedback beobachtbar, so dass nicht nur die experimentierende Firma, sondern auch die anderen Marktteilnehmer lernen – und zwar von erfolgreichen ebenso wie von nicht erfolgreichen „Hypothesen" (Problemlösungen, Gütern).

Die Möglichkeit des wechselseitigen Lernens von erfolgreichen Experimenten und Fehlschlägen erlaubt die Feststellung zweier wichtiger Implikationen:

- Erstens haben sowohl erfolgreiche als auch nicht-erfolgreiche Experimente einen Wert im dynamischen Wettbewerbsprozess, denn auch die Fehlschläge generieren wertvolles Wissen bei den Marktteilnehmern. Diese Einsicht widerspricht somit der in Teilen der Industrieökonomik verbreiteten Auffassung, dass nur effiziente Problemlösungen (oder gleich: nur effiziente Firmen[4]) von Wert für die Wohlfahrtswirkungen des Wettbewerbsprozesses und damit schützenswert sind.

- Zweitens kommt der Diversität der Hypothesentester eine gewichtige Rolle zu (auch: Kerber 2011): je mehr Hypothesen getestet werden und je verschiedener diese Hypothesen sind, umso schneller generiert der Prozess des parallelen Experimentierens unter wechselseitiger Beobachtung neues Wissen über die Präferenzen der Nachfrager. Mehr Diversität führt also c. p. zu mehr Wohlfahrt, das heißt Heterogenität hat prowettbewerbliche Effekte.[5] Während also in rein statischen Betrachtungen Heterogenität die Wettbewerbsintensität senken kann, beschleunigt sie in dynamischer Sicht den wechselseitigen Lernprozess und damit die dynamische Wettbewerbsintensität.

Der Ordnungsrahmen des Wettbewerbsprozesses, bestehend aus den Wettbewerbsregeln im engeren Sinne und sonstige Institutionen mit Einfluss auf das Wettbewerbsverhalten, gibt die Spielregeln vor und strukturiert damit den Möglichkeitenraum, ohne ihn zu determinieren. Damit schaffen die Regeln Orientierungs- und Referenzpunkte für die Marktteilnehmer und entwerten bestimmte, gesellschaftlich (zu Recht oder zu Unrecht) unerwünschte Verhaltensweisen – letzteres abhängig von der Sanktionsstärke und der Wahrscheinlichkeit ihres Eintritts. Damit kanalisiert der Ordnungsrahmen in imperfekter Weise den Wettbewerbsprozess und gibt dem wissenschaffenden Prozess Richtung (ohne ihn zu determinieren). Hieraus folgt eine weitere wichtige Implikation:

- Die Konsistenz oder Kongruenz der Ordnungen bzw. der institutionellen Rahmenbedingungen spielt eine wesentliche Rolle für die Wettbewerbsprozesse auf Märkten, die nicht frei „in der Luft hängen“, sondern soziale Konstrukte im Rahmen vielfältiger Regulierungen sind.

Da sich die Umwelt der Wettbewerbsprozesse stetig weiter verändert und auch die Präferenzen der Nachfrager nicht isoliert und persistent sind, sondern sich in der Evolution der Weltsichten (bspw. der Trend zu ökologischen und regionalen Gütern), in Moden und Geschmäckern sowie

4 Sehr deutlich kommt dies im sogenannten As-Efficient-Competitor-Test zum Ausdruck, nach welchem nur solche Wettbewerber marktmächtiger Unternehmen vor einer Verdrängung mit allen Mittel zu schützen wären, welche mindestens so effizient wie der Marktbeherrscher sind (siehe genauer Abschnitt 3.3.1).

5 Auch in der modernen Industrieökonomik wird jedoch die wettbewerbsfördernde Wirkung von Heterogenität und Diversität verstanden (u.a. Leary 2000; Bengtsson 2005; Farrell 2006; Froeb et al. 2010; Argentesi et al. 2021).

politisch-gesellschaftlichen (und auch institutionellen) Rahmenbedingungen wandeln, korrespondiert die inhärente Dynamik über neue Problemlösungshypothesen mit einer evolvierenden Koordinationsnotwendigkeit, so dass ein permanenter dynamischer Prozess resultiert. Innovationen sind dieser Dynamik inhärent und werden oft inkremental, mitunter aber auch disruptiv (Federico et al. 2020) ausfallen.

Wolfgang Kerbers Theorie stellt insgesamt mehr da als eine Synthese der genannten Ansätze. Durch die Verbindung der Innovations-Imitations-Dynamik mit dem Wissensproblem und der Evolutorik von Lernprozessen entsteht zwar kein fertiges oder abschließendes Theoriegebäude (kann es das jemals geben?), aber ein Theorierahmen, welcher das Verstehen, die Einsortierung und eine Bewertung vielfältiger horizontaler, vertikaler und konglomerater wettbewerblicher Probleme erlaubt, ohne die dynamische Perspektive zu vernachlässigen. Dabei bestätigen sich viele Erkenntnisse der Industrieökonomik, insbesondere dort, wo diese konsequent Anreize auf die Handlungen der Wettbewerber in den Mittelpunkt ihrer Analyse stellt. Jedoch erweisen sich manche für allgemeingültig (miss-)verstandene Einsichten der Industrieökonomik als Sonderfälle (Budzinski 2008, 2011) und die Zuspitzung auf (allokative) Effizienz wird durch eine dynamische Wettbewerbstheorie infrage gestellt (Kerber 2009). Auch das für die empirischen Wirkungen so wesentliche Wechselspiel zwischen dem Wettbewerbsprozess und den institutionellen Rahmenbedingungen findet in der Industrieökonomik mitunter zu wenig Beachtung, weil es nicht systematisch in ihr angelegt ist.

Andererseits stellt sich die Frage, ob Wolfgang Kerbers Ansatz nicht davon profitieren könnte, die (weit verstandene) moderne industrieökonomische Oligopoltheorie heterogener Märkte stärker als Baustein seines Theoriegebäudes zu betonen. Sie beruht auf der spieltheoretischen Idee einer expliziten Rivalität zwischen den Wettbewerbern – und erfüllt damit ein Desiderat aus Hayek'scher und Schumpeter-inspirierter Sicht. Zentrales Merkmal oligopolistischen Wettbewerbs in heterogenen Märkten ist die strategische Interdependenz der Wettbewerber, das heißt, die Wirkungen (inklusive des Erfolgs) der eigenen Strategie hängen neben der Reaktion der Nachfrager auch von den Reaktionen der Mitwettbewerber ab. Damit erhalten Unsicherheit und wechselseitige Beobachtung Einzug in die Theoriewelt: ein Wettbewerber in einem heterogenen Oligopol wählt seine Strategie unter bestimmten (zutreffenden oder nichtzutreffenden) Annahmen über die Reaktionen bzw. die Strategiewahl seiner Mitwettbewerber, wobei nicht jeder Mitwettbewerber als gleich wichtig eingeschätzt wird (unilaterale Oligopoleffekte). Diese Annahmen können sich naturgemäß auf Erfahrungen und Lerneffekte vergangener Spielrunden beziehen und verändern sich im Zeitablauf. „Preiswettbewerb" (oder Bertrand-Wettbewerb) bedeutet in einem solchen Szenario beispielsweise nicht mehr die Konvergenz zum polypolistischen Gleichgewicht, sondern – ganz im Gegensatz – die Eröffnung strategischer Spielräume, die Schaffung der Möglichkeit durch innovative Strategien Wettbewerbsvorteile zu erzielen – und zwar nicht nur in der Dimension Preis, sondern in unbegrenzt weiteren wettbewerbsrelevanten Dimensionen. Insbesondere die Heterogenität der Wettbewerbsbeziehungen zwischen den Marktteilnehmern bewirkt dann, dass eine steigende Zahl an Marktteilnehmern grundsätzlich keine Annäherung an polypolistische Marktzustände mit sich bringen muss: typische Marktstrukturen mit wenigen großen und einer Vielzahl an kleinen Anbietern lassen sich so adäquat abbilden.

Während sich in den Spezialfällen von Duopolen mit stark begrenzter Heterogenität und limitierter Dynamik (= wenige Spielrunden) in diesem Theorierahmen noch einigermaßen problemlos Gleichgewichte errechnen lassen, welche interessante Spezialfälle beschreiben, so resultieren bei n > 4 Marktteilnehmern, nicht-antizipierbaren Spielrunden (echte Dynamik; sog. Superspiele) und nicht-determinierten Handlungsoptionen (echte Heterogenität) (sowie fallweise weiteren „Komplexitäten", wie verhaltensökonomische Aspekte oder spezielle institutionelle Rahmenbedingungen) Szenarien, welche mit einer Kerber'schen dynamischen Wettbewerbstheorie durchaus kompatibel sein können. Freilich lassen sich diese Szenarien kaum noch als mathematisch ausformulierte allgemeine Theorie niederschreiben, sondern es entsteht auch hier eine Theorie als „Denkrahmen", welche das Verstehen und die Einordnung wettbewerblicher Phänomene ermöglicht. Dies deutet auf ähnliche Grenzen der Verallgemeinerbarkeit von Einzelfällen hin, wie das Hayek'sche Wissensproblem: Musteraussagen sind eher möglich als Detailprognosen.

Die Argumentation in den vorherhergehenden Absätzen zielt nicht darauf, dass der eine den anderen Ansatz ersetzen kann – egal wer welchen. Im Gegenteil soll die Darstellung der prinzipiellen Kompatibilitäten verdeutlichen, dass eine gegenseitige Befruchtung sehr wohl möglich ist (Budzinski & Ruhmer 2010; Budzinski 2011; Budzinski & Noskova 2022) – und die moderne Industrieökonomik einen Baustein für ein Theoriegebäude wissenschaffenden Wettbewerbs liefern kann. In dieser Hinsicht erneuere ich die Ansicht Eucken's, dass der neueste Stand der Wirtschaftstheorie bzw. Industrieökonomik einen wichtigen Input für eine – allerdings darüberhinausgehende – wettbewerbsbewahrende und -fördernde Wettbewerbspolitik darstellt (Budzinski 2013).[6] Ich werde versuchen, diese Behauptung im Kontext der wettbewerbspolitischen Implikationen zu verdeutlichen.

3. *Implikationen für die moderne Wettbewerbspolitik*

3.1. Anwendbarkeit und allgemeine Implikationen

Auch wenn Wolfgang Kerber (2023b) selbst betont, dass eine konsequent dynamische Sicht noch viel Forschungsbedarf mit sich bringt, so lassen sich aus der Grundtheorie Wettbewerb als wissenschaffender Prozess im Sinne eines evolutorischen Hypothesentests doch bereits heute eine Reihe von Implikationen für die Wettbewerbspolitik herleiten. Dabei sind naturgemäß die Aspekte, welche die bestehende Praxis und die bestehenden wettbewerbstheoretischen Grundlagen weitgehend bestätigen, weniger spannend als die Implikationen, welche auf Veränderungen in der wettbewerbspolitischen Vorgehensweise hinweisen. Deswegen konzentriert sich auch der vorliegende Beitrag auf diese letzteren Aspekte. Das sollte aber nicht darüber hinwegtäuschen, dass es viele Gemeinsamkeiten gibt.

Wolfgang Kerber (2023a: 2) formuliert die Aufgabe der Wettbewerbspolitik aus seiner Sicht wie folgt: „From this perspective, it would be a task of competition policy and the application of competition law to ensure that competition as a dynamic process generating new knowledge and innovations can work effectively and is protected against anticompetitive behaviors that endanger the working of this process." An anderer Stelle betont er: „It is clear that we cannot predict future dynamic competition processes and the knowledge and innovations that will be generated by them. However, this is not necessary. Important is to ensure that conditions and rules exist, which enable and protect dynamic competition processes, which generate knowledge that helps to solve better the problems of consumers, firms, and the society" (Kerber 2023b: 31). Es geht also um den Schutz des Wettbewerbsprozesses und das bedeutet, die besonders

6 Eucken selbst verwendete logischerweise den ihm seinerzeit bekannten Stand der Wirtschaftstheorie der 1930er und 1940er Jahre. Eine moderne Ordnungsökonomik müsste aber selbstverständlich auf den heutigen Stand der Wirtschaftstheorie zurückgreifen.

spannenden und herausfordernden Aufgaben liegen insbesondere dort, wo die Effekte des heutigen Handelns der Marktteilnehmer in der Zukunft liegen und damit heute – also zum Zeitpunkt des wettbewerbspolitischen Eingriffs – nicht sicher berechenbar sind. Dem entsprechend skeptisch zeigt sich Kerber gegenüber einer extremen Einzelfallorientierung, die versucht, jeden Fall ohne Präzedenz ausschließlich auf der Grundlage der zu berechnenden wettbewerblichen Effekten des Einzelfalls zu entscheiden – ohne andererseits einer Regelbindung auf allgemeinem Niveau das Wort zu reden (Christiansen & Kerber 2006). Stattdessen befürwortet er widerlegbare Vermutungen (rebuttable presumptions) als differenziertere Form einer regelbasierten oder -orientierten Wettbewerbspolitik (Kerber 2023b; siehe z.B. auch Baker & Shapiro 2008; Budzinski 2010).

Für die Diskussion aktueller wettbewerbspolitischer Implikationen des Kerber'schen Ansatzes möchte ich in diesem Beitrag drei aus der Theorie in Abschnitt 2 hergeleitete Leitaspekte fokussieren:[7]

- Diversität (und damit auch Heterogenität) stellt einen wichtigen Proxy für einen dynamischen, funktionsfähigen Wettbewerbsprozess dar: je mehr Hypothesen getestet werden und je verschiedener diese Hypothesen sind, umso schneller generiert der Prozess des parallelen Experimentierens unter wechselseitiger Beobachtung neues Wissen über die Präferenzen der Nachfrager. Mehr Diversität führt also ceteris paribus zu mehr Wohlfahrt, so dass Heterogenität grundsätzlich prowettbewerbliche Effekte hat.
- Die Relevanz von Effizienz bzw. (statischen) Effizienzwirkungen ist zu relativieren und sollte nicht politikleitend sein. Im parallelen Experimentierprozess mit Hypothesen über Problemlösungen sind sowohl erfolgreiche als auch nicht-erfolgreiche Experimente wertvoll, denn beide beflügeln den Lernprozess der Marktteilnehmer. Wird die Annahme determinierter Lösungsräume systematisch aufgegeben, gibt es nicht nur eine effiziente Problemlösung, sondern verschiedene Wege, ähnliche Effizienzebenen zu erreichen – mit unterschiedlichen erwünschten oder unerwünschten Folge- und Nebenwirkungen (Budzinski 2000 – als Synthese aus Kerber 1994 und Wegner 1996). Dem entsprechend sind die Wohlfahrtsverluste aus „false positives", also dem Verbot effizienter Verhaltensweisen oder Arrangements, begrenzt.

7 Damit erhebe ich aber natürlich keinen Anspruch auf Vollständigkeit.

- Institutionelle Wirkungen und Wechselwirkungen müssen mitgedacht werden (auch: Budzinski & Haucap 2020). Dazu gehört die Schnittstelle zwischen ökonomischer Analyse bzw. ökonomischen Instrumenten und den Funktionsweisen sowie der inneren Logik des juristischen Umsetzungs- und Durchsetzungsprozesses ebenso wie die Anreize für Wettbewerbsbehörden und Gerichte und den in diesen Organisationen handelnden Individuen. Treten institutionelle Friktionen auf, bringen unter Umständen gut gemeinte und an sich vorteilhafte Praktiken oder Instrumente letztendlich negative Effekte hervor.

3.2. Kartellpolitik

In Bezug auf die Kartellpolitik bleiben viele bewährte Grundsätze auch aus der Sicht einer dynamischen Wettbewerbstheorie bestehen, wie insbesondere das allgemeine Kartellverbot. Damit zusammenhängende Aspekte wie Kartellstabilität und die Abschreckungswirkung bestimmter kartellpolitischer Maßnahmen werden von der spieltheoretischen Industrieökonomik dort, wo Mehrrundenspiele mit auch mehr als zwei Spielern adressiert werden (sog. Superspiele), meiner Einschätzung nach sehr gut erfasst. Insofern kann ich das Unterkapitel Kartellpolitik an dieser Stelle kurzhalten.

Von besonderem Interesse ist aus einer Kerber'schen Wettbewerbssicht der Umgang mit Forschungs- und Entwicklungskooperationen, kurz mit F&E-Kartellen. In der gemeinsamen europäischen ebenso wie auch in der deutschen Wettbewerbspolitik sind F&E-Kartelle vom allgemeinen Kartellverbot ausgenommen, wenn sie kumulativ (i) die statische und die dynamische Effizienz erhöhen, (ii) den Verbraucher angemessen an den Kartellvorteilen beteiligen, (iii) die Kartellvorteile strikt kartellspezifisch sind, also nicht auf anderem Wege erreicht werden könnten, und (iv) den Wettbewerb nicht wesentlich beschränken (Art. 101 (3) AEUV; § 2 (1) GWB). In den Ausnahmebedingungen wird die Steigerung der dynamischen Effizienz direkt angesprochen. Bei einer eventuellen Beurteilung der hier geforderten Innovationswirkungen eines Kartells mögen selbige noch in der Zukunft liegen (bspw., weil das Kartell erst beginnt). Der Ansatz der dynamischen Theorie der Unternehmung mit seinem Fokus auf den dynamischen Fähigkeiten von Firmen kann hier eventuell bei der Identifikation infrage kommender Kooperationsprojekte hilfreich sein. Dies würde den Fokus weg von (messbaren) Effizienzen hin zu (messbaren) Innovationsfähigkeiten verschieben. Freilich stehen hinter der Messbarkeit dieser dynamischen Fähigkeiten derzeit noch große Fragezeichen und die Rolle der Anreizwirkungen für die tatsächliche Nutzung solcher Fähigkeiten für Innovation und Diversität sollte auch nicht vernachlässigt werden.

Weniger klar ist, welchen Beitrag die Theorie zu der aktuellen Diskussion darum leisten kann, ob Vorteile für die Verbraucher nur aktuelle, tatsächlich und unmittelbar von dem Kartell betroffene Verbraucher umfassen kann, oder in einer erweiterten Auslegung auch solche, die erst zukünftig von den erwarteten positiven Effekten des Arrangements profitieren würden (bspw. durch mehr Nachhaltigkeit und weniger Umweltverschmutzung – oder eben durch die Verfügbarkeit der Innovation an sich). Sehr zu befürworten sind in jedem Fall die Postulate der Kartellspezifität und der wesentlichen Erhaltung des wirksamen Wettbewerbs. Diese beiden Bedingungen helfen dabei, dass vermieden wird, (i) antiwettbewerbliche Privilegien an solche Innovationsprojekte zu vergeben, welche auch auf anderen, weniger wettbewerbsschädlichen Wegen erreichbar gewesen wären und/oder mit alternativen Innovationswegen ergebnisoffen konkurrieren, sowie (ii) die Schaffung von Wettbewerbsausnahmen zu verhindern, die dann persistent werden und den Anreiz zu weiteren und weitergehenden Innovationen erodieren.

Eine weitere interessante Kontroverse in der europäischen und deutschen Kartellpolitik betrifft die Schadenersatzverfahren im Anschluss an erfolgreich aufgedeckte Kartelle. Hierauf gehe ich in Abschnitt 3.4 kurz ein.

3.3. Missbrauchsaufsicht

3.3.1. Verdrängung, Ausbeutung und Effizienz

Zwar ist die Marktkonstellation, dass ein Unternehmen eine so marktmächtige Position einnimmt, dass es den Wettbewerbsprozess negativ beeinflussen kann, grundsätzlich nicht optimal aus einer dynamisch-evolutorischen Wettbewerbstheoriesicht, jedoch kann im dynamischen Prozess des kreativen Vorstoßens und adaptiven Aufholens nicht ausgeschlossen werden, dass temporär relevante Marktmacht endogen entsteht. Dies kann dann – beispielsweise als Folge disruptiver Innovationen (Federico et al. 2020) – durchaus gewünscht sein. Erlangt jedoch ein Unternehmen bei dieser Gelegenheit die Handlungsmöglichkeit, Imitationen bzw. aufholenden Wettbewerb effektiv zu verhindern, so ist es im Sinne einer Kerber'schen Wettbewerbstheorie, dass der Einsatz dieser Handlungsmöglichkeit (Verdrängungsmissbrauch) verhindert wird. Das Gleiche gilt, wenn die Natur des Marktes (etwa durch angebots- und nachfrageseitige Größenvorteile) oder die Kombination von Märkten (bspw. in einem digitalen Ökosystem) dem marktmächtigen Unternehmen erlaubt, sich Renten von Nachfragern (seien es Konsumenten oder geschäftliche Nachfrager, bspw. auf digitalen Marktplätzen) oder Wettbewerbern anzueignen (Ausbeutungsmissbrauch). Die Möglichkeit, dass Marktmacht endogen im Wettbewerbsprozess entsteht, impliziert übrigens weder, dass ihre Ausnutzung dann positiv zu bewerten wäre, noch widerspricht sie der Ansicht, dass Marktmacht in den meisten Fällen durch politisch-gesellschaftlich gewährte Privilegien entsteht bzw. flankiert wird.

Aus der Sicht des Hypothesentests bedeutet Verdrängungsmissbrauch, dass die Zahl, Frequenz und Diversität der getesteten Hypothesen künstlich verringert wird und sich der wohlfahrtssteigernde Lernprozess verlangsamt. Ausbeutungsmissbrauch gegenüber Geschäftspartnern bewirkt einen ähnlichen Effekt, da diese in ihrer Hypothesentestfähigkeit und -tätigkeit eingeschränkt werden, während die Ausbeutung von Konsumenten nicht nur direkt die Konsumentenwohlfahrt senkt, sondern die Endverbraucher auch in ihrer Möglichkeit des Feedbacks eingeschränkt werden – was wiederum ebenfalls die Lerngeschwindigkeit verlangsamt. Da sowohl erfolgreiche als auch nicht erfolgreiche Hypothesen zum Lernprozess beitragen, spielt die Effizienz der verdrängten oder ausgebeuteten Akteure dabei für die dynamischen Wohlfahrtwirkungen keine oder bestenfalls eine untergeordnete, vernachlässigbare Rolle (über eine geringere Qualität der von ineffizienten Unternehmen getesteten Hypothesen). Da besonders stark ineffiziente Unternehmen auch ohne aktives Hinzutun eines marktmächtigen Unternehmens – also ohne Verdrängungs- oder Ausbeutungsstrategie – ohnehin aus dem Markt verschwinden werden, besteht hier wenig Handlungsbedarf (diese Vorgänge zu beschleunigen).

Damit steht eine dynamisch-evolutorische Sicht im Gegensatz zum sog. As-Efficient-Competitor-Test (AECT)[8], der in der europäischen Wettbewerbspolitik seit den 2000ern diskutiert wird und teilweise auch zum Einsatz kommt. Die Logik des AECT im Rahmen des effekt-basierten Ansatzes der Wettbewerbspolitik (z.B., EAGCP 2005; Röller 2005; Neven 2006) besteht darin, dass die Ausnutzung von Marktmacht nur dann als antikompe-

8 Siehe für die aktuelle kontroverse Diskussion um den AECT z.B. Bundeskartellamt (2007, 2023); Salop (2017); Neven (2023); McCallum et al. (2023); Schweitzer (2023).

titiv einzuschätzen ist, wenn die dadurch geschädigten Unternehmen (seien es Wettbewerber oder Unternehmen auf vor- oder nachgelagerten oder benachbarten Märkten) mindestens so effizient sind wie das schädigende, verdrängende Unternehmen.[9] Die Verdrängung eines relativ ineffizienten Wettbewerbers ist demnach vorteilhaft, weil sie das Effizienzniveau des Marktes erhöht. Dies ist ein leuchtendes Beispiel für eine inhärent statische Betrachtung, die – neben ethischen oder fairness-bezogenen Aspekten[10] – die Möglichkeiten ausblendet, dass (i) sich relative Effizienzen von Unternehmen im Wettbewerbsprozess über die Zeit ändern können, und dass (ii) auch momentan weniger erfolgreiche Hypothesentests positive Lerneffekte mit sich bringen. Werden gemäß eines heutigen „Schnappschusses" relativ weniger effiziente Wettbewerber erfolgreich verdrängt, so verfällt die Option darauf, dass diese heute weniger effizienten Anbieter morgen relevante Hypothesen testen. Die Zulässigkeit von Missbrauchsstrategien von der aktuellen relativen Effizienz des „Opfers" abhängig zu machen, stellt somit aus dynamisch-evolutorischer Sicht einen Irrweg dar.

Diese Einschätzung wird noch dadurch verstärkt, dass eine dynamische, innovationsbezogene Sicht auf Wettbewerbsprozesse eine Vielfalt von effizienten Lösungen bzw. von Wegen zu effizienzsteigernden Lösungen postuliert, also ein momentan festzustellendes Effizienzniveau nicht einzigartig oder besonders schützenswert ist. Die Kreativität der Markteilnehmer im dynamischen Wettbewerbsprozess wird neue Hypothesen zu effizienzsteigernden Gütern und Angebotsbedingungen/-prozessen entwickeln. Die Kombination der Heterogenität und Diversität der Unternehmen und der fundamental imperfekte Charakter von Informationen führt dazu, dass die Unternehmen unterschiedliche Strategien im Wettbewerb ausprobieren, welche sie erst in der Anreizsituation des Wettbewerbs *erschaffen* bzw. *kreieren* – und nicht lediglich aus einem feststehenden Set an Handlungsoptionen auswählen (Kerber 2023b; siehe auch Buchanan & Vanberg 1991), so dass eine Vielfalt der Wege zu effizienteren Lösungen statt einer klaren,

9 Wettbewerbstheoretisch greift der AECT sowohl bei Verdrängungs- als auch bei Ausbeutungsmissbrauch, wenn letzterer gegenüber Geschäftspartnern stattfindet. Gemeinsam mit einer generellen Vernachlässigung von Ausbeutungsmissbrauch in vielen Wettbewerbspolitiken in den letzten Jahrzehnten, dreht sich die Diskussion aber meist nur um Verdrängungswettbewerb, weswegen dieser auch nachfolgend im Zentrum steht. Für eine Kritik an der Vernachlässigung des Tatbestands des Ausbeutungsmissbrauchs aus moderner, digitalökonomischer Sicht siehe z.B. Bougette et al. (2022).

10 Siehe zu einer generellen und kritischen Diskussion der zugrundeliegenden Denkansätze Fox (2003).

vorgegebenen Effizienzhierarchie entsteht; Wege zu effizienteren Lösungen sind nicht deterministisch, sondern unterliegen der unternehmerischen Kreativität. Generell wird dadurch eine (statische) Effizienzverteidigung von Marktmacht entwertet.

3.3.2. Systemische Marktmacht

Das vermehrte Auftauchen und die erhöhte Relevanz sogenannter digitaler Ökosysteme – verstanden als komplexe und überwiegend nicht-horizontale Kombination von Märkten, die nicht identisch oder eindeutig vertikal entlang einer Wertschöpfungskette miteinander verbunden sind – führt auch dazu, dass der Begriff der Marktmacht neu überdacht und erweitert werden muss. So können nach der Auffassung einer Vielzahl an Expertenstudien (zusammenfassend diskutiert in Kerber 2019) weder das Konzept der Einzelmarktbeherrschung noch jenes der kollektiven Marktbeherrschung die Phänomene von Machtpositionen in digitalen Ökosystemen in befriedigender Weise beschreiben. Der Onlinemarktplatzbetreiber Amazon erzielt beispielsweise auf kaum einem herkömmlich abgegrenzten Markt eine besonders beherrschende Stellung, vermag aber dennoch offensichtlich Marktmachtstrategien wie die Ausbeutung von Geschäftsbetreibern auf diesem Marktplatz durchzusetzen (z.B., Budzinski & Köhler 2015; Bougette et al. 2019). Auch das Ausmaß der Marktmacht anderer Digitalkonzerne wie Apple, Google (auch unter dem Konzernnamen Alphabet) oder Facebook (Konzernname: Meta) geht über die – durchaus vorhandene – Beherrschung einzelner Märkte hinaus.

Unter der Beteiligung von Wolfgang Kerber[11] entstand dabei im Rahmen der 10. Novelle des Gesetzes gegen Wettbewerbsbeschränkungen (GWB) der Vorschlag eines Konzepts, welches diese Phänomene von Marktmacht wettbewerbstheoretisch und wettbewerbspolitisch erfassen sollten: fokussierend auf Intermediationsmacht untersagt ein neu geschaffener Tatbestand den Missbrauch einer Stellung der *überragenden marktübergreifenden Bedeutung* (ÜMÜB) für den Wettbewerb (§ 19a GWB). In der Zwischenzeit sind in der Tat die GAFAM[12]-Unternehmen als ÜMÜB-Unter-

11 Eine Studie von Wolfgang Kerber gemeinsam mit Heike Schweitzer und Justus Haucap bereitete den Boden für die 10. GWB-Novelle (Schweitzer et al. 2018).

12 GAFAM steht für Google (Alphabet) – Amazon – Facebook (Meta) – Apple – Microsoft.

nehmen klassifiziert worden und unterliegen also dem erweiterten Marktmachtbegriff.[13]

Die Erweiterung des Marktmachtbegriffs liegt im Kern in ihrer Betrachtung als systemisch, womit eine Loslösung von der Unterteilung in horizontale – vertikale – konglomerate Macht verbunden ist, insbesondere aber auch von der damit zusammenhängenden (vermeintlichen) Gefährlichkeitshierarchie (Budzinski et al. 2020a, b). Damit ist der so erweiterte Marktmachtbegriff mit einer dynamisch-evolutorischen Theorie des Wettbewerbs als wissenschaffender Hypothesentest gut vereinbar und stellt eine wertvolle Ergänzung der bisherigen, eher stationär orientierten Marktmachtbegriffe dar. Auch eine Innovationsmacht – also eine Marktmacht, die Innovationsprozesse in eine einzelwirtschaftlich gewünschte Richtung steuern kann – wäre ein Element systemischer Marktmacht, ebenso wie die aus Marktmacht resultierende politische Macht bzw. Lobbyismusmacht. Letztere – bereits bei Eucken (1952) betont – erfährt gerade eine Wiederbelebung durch neue empirische Evidenz ihrer Existenz und Relevanz (Cowgil et al. 2021). Eine Integration dieser Marktmachtdimensionen in eine explizite dynamisch-evolutorische Theorie der Marktmacht steht freilich noch aus und stellt eine Forschungslücke dar, die lohnenswert zu adressieren wäre.

Dies gilt umso mehr, als das auf der europäischen Ebene mit der Schaffung einer vergleichsweise starren Regulierung sogenannter digitaler Gatekeeper im Rahmen des Digital Markets Act (DMA) ein markant anderer Weg gegangen wird (Kerber 2021a). Der im DMA kodifizierte Ansatz, der eher einer Sektorregulierung gleicht, schreibt bestimmten, über ökonomisch eher willkürlich anmutende Kriterien identifizierten „Gatekeepern" in Plattformmärkten eine Vielzahl an Verhaltensregeln vor, welche ganz überwiegend auf antiwettbewerblichem Verhalten beruhen, welches in der Vergangenheit in den betroffenen Märkten beobachtet worden ist.[14] Damit vernachlässigt der DMA systematisch die Kreativität und Innovationskraft von Unternehmen – bezüglich der Kreation neuer pro- wie antiwettbewerblicher Strategien – und passt somit weniger gut zu einem dynamisch-evolutorischen Wettbewerbsverständnis, als der strategieoffene Ansatz über das

13 Vgl. zu einer ersten Bilanz der Anwendung des § 19a GWB den Beitrag von Stöhr & Mendelsohn (2024).

14 Vgl. zu einer eher positiven Einschätzung des DMA Podszun et al. (2021) und zu einer eher kritischen Einschätzung Budzinski & Mendelsohn (2023). Wolfgang Kerber hat sich über diese generellen Einschätzungen hinausgehend mit den datenökonomischen Dimensionen des DMA auseinandergesetzt (Kerber 2021b).

allgemeine Verbot des Missbrauchs systemischer Marktmacht im Sinne des ÜMÜB-Ansatzes in der deutschen Wettbewerbspolitik. Insbesondere die exakte Vorschreibung bestimmter Verhaltensweisen in Art. 5-7 DMA sowie die recht generelle Untersagung der Kombination von Daten aus verschiedenen Quellen atmet nicht das Verständnis des Lernens durch Hypothesentests und der Bedeutung von Diversität. Nichtsdestotrotz wird es mutmaßlich gerade in der Anfangszeit der beiden neuen Instrumente viele Übereinstimmungen in der wettbewerbs- bzw. regulierungspolitischen Praxis geben.

3.3.3. Anlassunabhängige Missbrauchsaufsicht und strukturelle Sanktionen

Zu den weiteren großen Diskussionspunkten der Missbrauchsaufsicht gehören die Fragen anlassunabhängiger Eingriffe in Marktstrukturen, welche vermachtet erscheinen und dauerhafte Wettbewerbsprobleme aufweisen – Eingriffe, die insbesondere auch die Frage nach strukturellen Sanktionen bis zur Zerschlagung von Unternehmen stellen (Kwoka & Valletti 2021). Die 11. GWB-Novelle sowie wettbewerbspolitische Reformen in Großbritannien adressieren beispielsweise diese Fragestellungen (siehe die Beiträge in Kirk et al. 2023).

Im Kern der Überlegungen steht hier die Frage, ob Wettbewerbspolitik in erster Linie den Wettbewerbsprozess vor konkreten Wettbewerbsbeschränkungen schützen soll oder auch dafür zuständig ist, Wettbewerb zu schaffen bzw. zu intensivieren. Geht man davon aus, dass an sich intensiver Wettbewerb herrscht und dieser „nur" geschützt werden muss, so liegt es auf der Hand, eine anlassbezogene Missbrauchsaufsicht zu betreiben, also nur dann einzugreifen, wenn eine konkrete Verhaltensweise den Wettbewerbsprozess gefährdet. Dies war bisher – implizit oder explizit – die vorherrschende Sicht.[15] In jüngerer Zeit haben jedoch eine Reihe von empirischen Studien deutlich herausgearbeitet, dass die Wettbewerbsintensität in vielen Industrien (gerade auch außerhalb der Digitalwirtschaft) signifikant gesunken ist und die Marktmacht von Großunternehmen erheblich zugenommen hat – sowohl in Nordamerika als auch in Europa (Autor et al. 2017; Gutiérrez & Philippon 2018; Grullon et al. 2019; De Loecker et al. 2020; Affeldt et al. 2021; Koltay et al. 2023). Wenn also der Wettbe-

15 Beigi & Budzinski (2015) betonen allerdings beispielsweise, dass in Transformationsländern und oftmals auch in Schwellenländern die Schaffung des Wettbewerbs wesentliche Voraussetzung für den späteren Schutz desselben ist.

werbsprozess in bestimmten Märkten und Industrien durch Vermachtung geschwächt ist, dann stellt sich die Frage, ob der bloße Schutz des Restwettbewerbs ausreicht. Eine Reaktivierung der Wettbewerbsintensität durch eine Wiederbelebung der Frequenz und Diversität der Hypothesentests wäre dabei aus der Sicht einer dynamisch-evolutorischen Wettbewerbstheorie grundsätzlich durchaus wohlfahrtssteigernd, wobei der Ergebnisoffenheit der Eingriffe eine große Relevanz zukommt.

Insofern ist die Reform des Instruments der Sektoruntersuchungen von einem reinen Informationsinstrument zu einer sanktionsbewehrten Maßnahme durchaus zu begrüßen. Das schließt letztendlich auch die *ultima ratio* der Aufspaltung oder Zerschlagung von Konzernstrukturen ein, welche eine Vermachtung von Märkten zementieren und eine Revitalisierung des Wettbewerbs effektiv verhindern. Aus dynamisch-evolutorischer Sicht gibt es wenig Grund, entstandenen Konzernstrukturen einen Wert an sich beizumessen, insbesondere, weil eine Kerber'sche Wettbewerbstheorie eben nicht postuliert, dass die Herausbildung solcher Konzernstrukturen automatisch von deren Effizienz zeugen müsse. Im Gegenteil, es steht zu erwarten, dass ähnliche (wenn nicht sogar höhere) Effizienzniveaus auch durch alternative Kombinationen von Unternehmensgrößen entstehen können (Müller & Stahlecker 1975); der Möglichkeitenraum ist nicht determiniert und kann kreativ erweitert werden. Wenn Vermachtungsblockaden des wissenschaffenden Wettbewerbsprozesses durch eine Zwangsaufspaltung oder eine Zerschlagung effektiv gelöst werden können und wenn kein milderes Instrument zu vergleichbaren Effekten auf den Wettbewerbsprozess zu führen vermag, sind entsprechende Interventionen als prowettbewerblich einzustufen.

Jedoch ist Vorsicht geboten. Zum einen bedeutet diese Sichtweise nicht, dass nicht relevante rechtliche oder andere Gründe einer Zerschlagung entgegenstehen können. Und zum anderen hängt vieles davon ab, wie eine Aufspaltung oder Zerschlagung durchgeführt wird. Einem eventuellen planerischen Ehrgeiz von Wettbewerbs- und Regulierungsbehörden, die neuen Marktstrukturen im Detail zu planen, zu modellieren und umzusetzen (und dann gar noch kleinteilig zu überwachen), müsste effektiv Einhalt geboten werden, da sonst die marktlichen Lernprozesse nicht wirksam, sondern nur scheinbar in Gang gebracht werden (Budzinski & Haucap 2020). Eine Gefahr (auch aufgrund von Informationsasymmetrien) sind dabei „Deals" mit den betroffenen Unternehmen, die dann im Schatten einer vermeintlich prowettbewerblichen Intervention eher ein kollusives Gleichgewicht zwischen Regulierer und Regulierten zu Lasten des Wettbewerbsprozesses und der Gesellschaft hervorbringen (Budzinski & Kuchinke 2012).

3.4. Zusammenschlusskontrolle

Im Kontext der im vorigen Abschnitt erwähnten Studien, die eine sinkende Wettbewerbsintensität und eine steigende Vermachtung der Märkte übergreifend über viele Industrien zeigen, setzt sich auch die Erkenntnis durch, dass insbesondere die Zusammenschlusskontrolle in den letzten Jahrzehnten zu großzügig war und stärker die Herausbildung marktmächtiger Unternehmen verhindern müsste (z.B., Baker & Shapiro 2008; Budzinski 2010; Valletti & Zenger 2019; Valletti 2021). Dazu im Gegensatz stehend fällt auf, dass gerade die Zusammenschlusskontrolle in der intensiven Reformdynamik der Wettbewerbsregeln und -politiken der letzten Jahre das Dasein eines Mauerblümchens gefristet hat.

Insbesondere aus Sicht der Theorie des wissenschaffenden Wettbewerbs durch paralleles Experimentieren mit Güterhypothesen kommt der Zusammenschlusskontrolle jedoch eine wichtige Rolle im Blick auf Innovationen und Diversität zu. Neben der in der modernen industrieökonomischen Literatur intensiv diskutierten Frage der Innovationsanreize (z.B. Federico et al. 2020) entsteht durch Unternehmenszusammenschlüsse ein zusätzlicher negativer Effekt auf die Innovationsaktivität: Zusammenschlüsse können unmittelbar sowohl zu einer Verringerung der getesteten Hypothesen als auch zu einer Verringerung der Diversität der getesteten Hypothesen (auch: Farrell 2006) und damit zu einer Verlangsamung des wohlfahrtssteigernden Lernprozesses führen (Kerber 2023b: 37-39). Nicht selten treten ganze Wellen von Megafusionen auf, welche innerhalb relativ kurzer Zeit den Wettbewerbsprozess stark verändern und seine Dynamik erheblich reduzieren können (Budzinski & Kerber 2003).

Angesichts der in Abschnitt 3.3.2 diskutierten systemischen Marktmacht in digitalen Ökosystemen wäre es naheliegend und erforderlich, auch die Zusammenschlusskontrolle so zu erweitern, dass nicht nur Zusammenschlüsse unterbunden werden, die zu traditioneller Marktmacht führen, sondern auch solche, welche systemische Marktmacht begünstigen, hervorbringen oder verstärken (Budzinski et al. 2020a, b). Ob es dazu notwendig wäre, das Untersagungskriterium zu erweitern, oder ob systemische Marktmacht auch unter die bestehenden Formulierungen – von der signifikanten Behinderung des wirksamen Wettbewerbs (so und so ähnlich in Europa verbreitet) bis zur signifikanten Verringerung der Wettbewerbsintensität (so und so ähnlich in Amerika verbreitet) – subsumiert werden kann, mag dabei eine juristische Frage sein. Mindestens müsste aber in den Auslegungsbestimmungen („Richtlinien") sowie in der Zusammenschlusskontrollpraxis eine entsprechende Erweiterung stattfinden. Dabei sind mehrere Veränderungen notwendig, um den dynamisch-evolutorischen Wettbewerbsprozess besser zu schützen:

- eine Verlagerung des Fokus' von der Möglichmachung von Zusammenschlussvorhaben durch detaillierte und komplexe Zusagen- und Auflagenlösungen (welche sich ex post als wenig wirksam erwiesen haben; Bougette & Turolla 2008; Seldeslachts et al. 2009) hin zu einer „mutigeren" Untersagungspraxis (im Sinne des Wagens innovativer Schadenstheorien; Duso 2022),
- eine stärkere Betonung nicht-horizontaler Effekte und ihrer antikompetitiven Wirkungen[16] (z.B. auch Salop 2018; Duso 2022),
- (darunter auch) eine stärkere Betonung der Wirkungen auf Innovationsfähigkeiten und -potenziale sowie der Frequenz und Diversität von wissenschaffenden Hypothesentests (Kerber 2023a, b),
- eine Stärkung von widerlegbaren Vermutungen wettbewerbswidriger Effekte (statt extremistischer Einzelfallorientierung), bei denen die Beweislast auf der Seite liegt, welche Ausnahmeeffekte geltend machen möchte (Christiansen & Kerber 2006; Baker & Shapiro 2008; Breyer 2009; Budzinski 2010; Valletti 2021), sowie
- eine Auflösung institutioneller Blockaden und Inkongruenzen, welche den Einsatz moderner ökonomischer Erkenntnisse und Einsichten be- und verhindern (Budzinski 2010; Budzinski & Noskova 2022)[17].

Gerade mit Blick auf die Dynamik der Märkte und die Innovationskraft der Marktteilnehmer sowie bezüglich der in Abschnitt 3.3.3 angesprochenen Zerschlagungsthematik wäre zudem zu diskutieren, ob die Zusammenschlusskontrolle von einer Ergänzung durch Ex-Post-Elemente profitieren könnte, welche eine Anpassung von Auflagen oder auch einen Widerruf der

16 Die a priori Vermutung, dass nicht-horizontale Zusammenschlüsse in der Regel wenig wettbewerbsgefährdend sind, hat erheblich zu dem Entstehen systemischer Marktmacht in digitalen Ökosystemen beigetragen und ist spätestens in der Digitalwirtschaft nicht (mehr) gerechtfertigt.

17 Dies gilt in bestimmter Weise auch für die Missbrauchsaufsicht oder für die private Durchsetzung von Schadenersatz bei Kartellen.

Zusammenschlussgenehmigung ex post nach einem definierten Zeitraum ermöglichen würden (Bougette et al. 2022).

4. Fazit und Ausblick

Auch wenn – wie von Wolfgang Kerber immer wieder betont – eine dynamisch-evolutorische Wettbewerbstheorie noch viele offene Forschungsfragen mit sich bringt und umfangreich weiterer Forschung bedarf, so ist es keineswegs so, dass aus den bestehenden Erkenntnissen, Theorien und Konzepten keinerlei Handlungsempfehlungen für die praktische Wettbewerbspolitik abgeleitet werden können. Um dies zu verdeutlichen, adressiert der vorliegende Beitrag eine selektive Reihe an aktuellen wettbewerbsökonomischen und wettbewerbspolitischen Diskussionen und Handlungsfeldern und diskutiert, welche Implikationen ein Kerber'sches Wettbewerbsverständnis für diese Bereiche hätte.

Dabei zeigen sich zum einen deutliche Unterschiede zu Ansätzen, welche von eher statisch-effizienzorientierten Wettbewerbstheorien getrieben werden. Ein herausragendes Beispiel ist der AEC-Test in der Missbrauchskontrolle (siehe Abschnitt 3.3.1), welcher aus einer dynamisch-evolutorischen Sicht eines wissenschaffenden Wettbewerbsprozesses abzulehnen ist. Andererseits konvergieren die aus der Wettbewerbsprozesssicht hergeleiteten Handlungsempfehlungen teilweise auch mit Einsichten aus der modernen (theoretischen und empirischen) Industrieökonomik. Dazu gehören die Forderung nach einer Umkehr der Vernachlässigung der Zusammenschlusskontrolle und hierbei insbesondere einer Neubewertung nicht-horizontaler Effekte ebenso wie die Erwägung wettbewerbsschaffender Instrumente als Teil der Wettbewerbspolitik bis hin zur Aufspaltung und Zerschlagung von vermachteten Marktstrukturen (siehe Abschnitte 3.3.2, 3.3.3 und 3.4). Allerdings handelt es sich um eine imperfekte Konvergenz und eine Ignoranz dynamisch-evolutorischer – und auch institutioneller – Aspekte des Wettbewerbsprozesses wird mutmaßlich zu Reformen führen, die ihre Ziele nicht erreichen werden.

Das von vielen so wahrgenommene „Scheitern" des als „more economic approach" etwas irreführend bezeichneten Ansatzes, ganz auf (statische/stationäre) Modelle der Industrieökonomik, angewendet in einer extremen Einzelfalllogik, zu setzen, birgt eine Chance, die Vielfalt der Wettbewerbstheorie wieder stärker zu würdigen und bei der Gestaltung der Wettbewerbsregeln und Praktiken zu berücksichtigen. Meiner persönlichen Einschätzung nach – geprägt durch den ordnungsökonomischen Hintergrund meiner akademischen Lehrer, aber auch durch die formal-theoretische Industrieökonomik, die mein Studium dominierte – bestehen die besten Chancen auf eine gesellschaftlich bestmögliche Wettbewerbspolitik darin, die Erkenntnisse der modernsten Industrieökonomik in Regeln zu gießen, welche die institutionellen Schnittstellen zur – ja immer juristisch und politökonomisch geprägten – Umsetzung beachten („Interdependenz der Ordnungen") und dabei einer dynamisch-evolutorischen Sichtweise (im Sinne der hier vorgestellten Theorie) als Leitlinie folgen. Das bedeutet auch, sich der Imperfektion jeder Wettbewerbspolitik bewusst zu sein und im Sinne einer Risikominimierung dem Leitsatz zu folgen: im Zweifel für den Wettbewerbsprozess.

Literaturverzeichnis

Affeldt, P.; Duso, T.; Gugler, K. & Piechucka, J. (2021), Market Concentration in Europe: Evidence from Antitrust Markets, in: CESifo Working Paper No. 8866, Munich: Center for Economic Studies and Ifo Institute (CESifo).

Aghion, P.; Bloom, N.; Blundell, R.; Griffith, R. & Howitt, P. (2005), Competition and Innovation: An Inverted-U Relationship, in: The Quarterly Journal of Economics, Vol. 120 (2), 701-728.

Argentesi, E.; Buccirossi, P.; Cervone, R.; Duso, T. & Marazza, A. (2021), The Effects of Mergers on Variety in Grocery Retailing, in: International Journal of Industrial Organization, Vol. 79 (4), 102-789.

Arndt, H. (1952), Schöpferischer Wettbewerb und klassenlose Gesellschaft, Berlin: Duncker & Humblodt.

Autor, D.; Dorn, D.; Katz, L.; Patterson, C. & Van Reenen, J. (2017), Concentrating on the Fall of the Labor Share, in: The American Economic Review, Vol. 107 (5), 180-185.

Baker, J. B. & Shapiro, C. (2008), Reinvigorating Horizontal Merger Enforcement, in: R. Pitofsky (Hrsg.), How the Chicago School Overshot the Mark, Oxford: Oxford University Press, 235-291.

Beigi, M. H. & Budzinski, O. (2015), Generating Instead of Protecting Competition, in: M. S. Gal; M. Bakhoum; J. Drexl; E. M. Fox & D. J. Gerber (Hrsg.), The Economic Characteristics of Developing Jurisdictions: Their Implications for Competition Law, Cheltenham: Edward Elgar, 223-247.

Bengtsson, C. (2005), Simulating the Effect of Oracle's Takeover of PeopleSoft, in: P. A. G. van Bergeijk & E. Kloosterhuis (Hrsg.), Modelling European Mergers: Theory, Competition Policy and Case Studies, Cheltenham: Edward Elgar, 133-149.

Bougette, P.; Budzinski, O. & Marty, F. (2019), Exploitative Abuse and Abuse of Economic Dependence: What Can We Learn from an Industrial Organization Approach?, in: Revue d'Economie Politique, Vol. 129 (2), 261-286.

Bougette, P.; Budzinski, O. & Marty, F. (2022), Self-Preferencing and Competitive Damages: A Focus on Exploitative Abuses, in: The Antitrust Bulletin, Vol. 67 (2), 190-207.

Bougette, P. & Turolla, S. (2008), Market Structures, Political Surroundings, and Merger Remedies: An Empirical Investigation of the EC's Decisions, in: European Journal of Law and Economics, Vol. 25 (2), 125-150.

Breyer, S. (2009), Economic Reasoning and Judicial Review, in: The Economic Journal, Vol. 119, No. 535, 123-135.

Buchanan, J. M. & Vanberg, V. J. (1991), The Market as a Creative Process, in: Economics & Philosophy, Vol. 7 (1), 167-186.

Budzinski, O. (2000), Wirtschaftspolitische Implikationen evolutorischer Ordnungsökonomik: Das Beispiel ordnungskonformer ökologischer Wirtschaftspolitik, Marburg: Metropolis.

Budzinski, O. (2003), Cognitive Rules, Institutions, and Competition, in: Constitutional Political Economy, Vol. 14 (3), 213-233.

Budzinski, O. (2008), Monoculture versus Diversity in Competition Economics, in: Cambridge Journal of Economics, Vol. 32 (2), 295-324.

Budzinski, O. (2010), An Institutional Analysis of the Enforcement Problems in Merger Control, in: European Competition Journal, Vol. 6 (2), 445-474.

Budzinski, O. (2011), Modern Industrial Economics: Open Problems and Possible Limits, in: J. Drexl; W. Kerber & R. Podszun (Hrsg.), Competition Policy and the Economic Approach: Foundations and Limitations, Cheltenham: Edward Elgar, 111-138.

Budzinski, O. (2013), Zur Bedeutung der Ordnungsökonomik für eine moderne, ökonomiebasierte Wettbewerbspolitik, in: I. Pies (Hrsg.), Das weite Feld der Ökonomik, Festschrift zu Ehren von Prof. Dr. Karl-Hans Hartwig, Stuttgart: Lucius & Lucius, 145-167.

Budzinski, O.; Gaenssle, S. & Stöhr, A. (2020a), Outstanding Relevance across Markets: A New Concept of Market Power?, in: Concurrences, Vol. 17 (3), 38-43.

Budzinski, O.; Gaenssle, S. & Stöhr, A. (2020b), Der Entwurf zur 10. GWB Novelle: Interventionismus oder Laissezfaire?, in: List Forum für Wirtschafts- und Finanzpolitik, Vol. 46 (2), 157-184

Budzinski, O. & Haucap, J. (2020), Kartellrecht und Ökonomik: Institutions Matter!, in: J. Haucap & O. Budzinski (Hrsg.), Recht und Ökonomie, Nomos: Baden-Baden, 331-361.

Budzinski, O.; Heine, K. & Stöhr, A. (2024), Einleitung, in diesem Band.

Budzinski, O. & Jasper, J. (2004; Hrsg.), Wettbewerb, Wirtschaftsordnung und Umwelt: Festschrift für Udo Müller, Frankfurt a. M.: Peter Lang.

Budzinski, O. & Kerber, W. (2003), Megafusionen, Wettbewerb und Globalisierung, Reihe Zukunft der Marktwirtschaft, Band 5, Stuttgart: Lucius & Lucius.

Budzinski, O. & Köhler, K. H. (2015), Is Amazon The Next Google?, in: ORDO, Vol. 66 (1), 263-288.

Budzinski, O. & Kuchinke, B. A. (2012), Deal Or No Deal: Consensual Arrangements as an Instrument of European Competition Policy?, in: Review of Economics, Vol. 63 (3), 265-292.

Budzinski, O. & Mendelsohn, J. (2023), Regulating Big Tech: From Competition Policy to Sector Regulation?, in: ORDO, Vol. 72-73 (3), 217-255.

Budzinski, O. & Noskova, V. (2022), Prospects and Limits of Merger Simulations as a Computational Antitrust Tool, in: Stanford Computational Antitrust Journal, Vol. 2 (4), 44-65.

Budzinski, O. & Ruhmer, I. (2010), Merger Simulation in Competition Policy: A Survey, in: Journal of Competition Law & Economics, Vol. 6 (2), 277-320.

Budzinski, O. & Stöhr, A. (2023), Wettbewerb und Nachhaltigkeit in Deutschland und der EU: Ökonomische Einschätzung der Studie im Auftrag des Bundesministeriums für Wirtschaft und Klimaschutz, in: Ilmenau Economics Discussion Papers, Vol. 28 (179).

Bundeskartellamt (2007), Die Zukunft der Missbrauchsaufsicht in einem ökonomisierten Wettbewerbsrecht, Arbeitspapier.

Bundeskartellamt (2023), Leitlinien zu Artikel 102 AEUV – Neue Maßstäbe für die Missbrauchsaufsicht? Arbeitspapier.

Christiansen, A. & Kerber, W. (2006), Competition Policy with Optimally Differentiated Rules Instead of "Per se Rules vs. Rule of Reason", in: Journal of Competition Law and Economics, Vol. 2 (2), 215-244.

Clark, J. M. (1961), Competition as a Dynamic Process, Washington D.C: The Brookings Institution.

Cowgil, B.; Prat, A. & Valletti, T. (2021), Political Power and Market Power, in: CEPR Discussion Paper No. DP17178.

De Loecker, J.; Eeckhout, J. & Unger, G. (2020), The Rise of Market Power and the Macroeconomic Implications, in: The Quarterly Journal of Economics, Vol. 135 (2), 561-644.

Duso, T. (2022), Fusionskontrolle in digitalen Märkten, Bundeskartellamt, Arbeitskreis Kartellrecht – Vortrag.

EAGCP (2005), An Economic Approach to Art. 82, Report of the Economic Advisory Group for Competition Policy for the European Commission, DG Competition, Brussels.

Eucken, W. (1952), Grundsätze der Wirtschaftspolitik, Tübingen: Mohr Siebeck.

Farrell, J. (2006), Complexity, Diversity, and Antitrust, in: The Antitrust Bulletin, Vol. 51 (1), 165-173.

Federico, G.; Scott Morton, F. & Shapiro C. (2020), Antitrust and Innovation: Welcoming and Protecting Disruption, in: Innovation Policy and the Economy, Vol. 20 (1), 125-190.

Fox, E. M. (2003), "We Protect Competition, You Protect Competitors", in: World Competition, Vol. 26 (2), 149-165.

Froeb, L.; Tenn, S. & Tschantz, S. (2010), Mergers when Firms Compete by Choosing both Price and Promotion, in: International Journal of Industrial Organization, Vol. 28 (6), 695-707.

Gilbert, R. J. (2006), Looking for Mr. Schumpeter: Where Are We in the Competition-Innovation Debate?, in: Innovation Policy and the Economy, Vol. 6 (1), 159-215.

Grullon, G.; Larkin, Y. & Michaely, R. (2019), Are U.S. Industries Becoming more Concentrated?, in: Review of Finance, Vol. 23 (4), 697-743.

Gutiérrez, G. & Philippon, T. (2018), Ownership, Concentration, and Investment, in: AEA Papers and Proceedings, Vol. 108, 432-437.

Hayek, F. A. von (1945), The Use of Knowledge in Society, in: The American Economic Review, Vol. 35 (4), 519-530.

Hayek, F. A. von (1948), The Meaning of Competition", in: F. A. von Hayek (Hrsg.) Individualism and Economic Order, Chicago: University of Chicago Press, 92-106.

Hayek, F. A. von (1968), Der Wettbewerb als Entdeckungsverfahren, Kieler Vorträge Neue Folge 56, Kiel: Institut für Weltwirtschaft.

Hayek, F. A. von (1975), The Pretence of Knowledge, in: The Swedish Journal of Economics 77 (4), 433-442.

Helfat, C. E. (2018), The Behavior and Capabilities of the Firms, in: R. R. Nelson & G. Dosi (Hrsg.), Modern Evolutionary Economics, Cambridge: Cambridge University Press, 85-103.

Heuss, E. (1965), Allgemeine Markttheorie, Tübingen: Mohr-Siebeck.

Hoppmann, E. (1977), Marktmacht und Wettbewerb, Tübingen: Mohr-Siebeck.

Kerber, W. (1994), Evolutorischer Wettbewerb. Zu den theoretischen und institutionellen Grundlagen der Wettbewerbsordnung, Habilitationsschrift.

Kerber, W. (1997), Wettbewerb als Hypothesentest: Eine evolutorische Konzeption wissenschaffenden Wettbewerbs, in: K. von Delhaes & U. Fehl (Hrsg.), Dimensionen des Wettbewerbs: Seine Rolle in der Entstehung und Ausgestaltung von Wirtschaftsordnungen, Stuttgart: Fischer, 29-78.

Kerber, W. (2006), Competition, Knowledge, and Institutions, in: Journal of Economic Issues, Vol. 40 (2), 457-463.

Kerber, W. (2009), Should Competition Law Promote Efficiency? - Some Reflections of an Economist on the Normative Foundations of Competition Law, in: J. Drexl; L. Idot & J. Moneger (Hrsg.), Economic Theory and Competition Law, Cheltenham: Edward Elgar, 93-120.

Kerber, W. (2011), Competition, Innovation, and Maintaining Diversity through Competition Law, in: J. Drexl; W. Kerber & R. Podszun (Hrsg.), Economic Approaches to Competition Law: Foundations and Limitations, Cheltenham: Edward Elgar, 173-201.

Kerber, W. (2019), Updating Competition Policy for the Digital Economy? An Analysis of Recent Reports in Germany, UK, EU, and Australia, URL: http://dx.doi.org/10.2139/ssrn.3469624 (zuletzt abgerufen am 03. Februar 2024).

Kerber, W. (2021a), Taming Tech Giants with a Per se Rules Approach? The Digital Markets Act from the "Rules vs. Standard" Perspective, in: Concurrences, Vol. 18 (3), 28-35.

Kerber, W. (2021b), Datenrechtliche Aspekte des "Digital Markets Act", in: Zeitschrift für Datenschutz, Vol. 11 (10), 544-548.

Kerber, W. (2023a), Towards a Dynamic Concept of Competition that Includes Innovation – Note, OECD DAF/COMP/WD(2023)42.

Kerber, W. (2023b), Dynamic Competition and Innovation: An Evolutionary Approach of Knowledge-Generating Competition, manuscript.

Kerber, W. & Kern, B. R. (2014), Assessing Innovation Effects in US Merger Policy: Theory, Practice, Recent Discussions, and Perspectives, discussion paper.

Kerber, W. & Saam, N. (2001), Competition as a Test of Hypotheses: Simulation of Knowledge-generating Market Processes, in: Journal of Artificial Societies and Social Simulation, Vol. 4 (3).

Kirk, A.; Offergeld, P. & Rohner, T. (2023; Hrsg.), Kartellrecht in der Zeitenwende: Auf dem Weg zur 11. und 12. GWB-Novelle, Baden-Baden: Nomos.

Klepper, S. (1997), Industry Life Cycles, in: Industrial and Corporate Change, Vol. 6 (1), 145-182.

Koltay, G.; Lorincz, S. & Valletti, T. (2023), Concentration and Competition: Evidence from Europe and Implications for Policy, in: Journal of Competition Law & Economics, Vol. 19 (3), 466-501.

Kwoka, J. & Valletti, T. (2021), Unscrambling the Eggs: Breaking up Consummated Mergers and Dominant Firms, in: Industrial and Corporate Change, Vol. 30 (5), 1286-1306.

Langlois, R. N. & Everett, M. J. (1994), What is Evolutionary Economics?, in: L. Magnusson (Hrsg.), Evolutionary and Neo-Schumpeterian Approaches to Economics, Boston: Kluwer Academic Publishers.

Leary, T. B. (2000), The Significance of Variety in Antitrust Analysis, Federal Trade Commission, FTC public statement, URL: https://www.ftc.gov/news-events/news/speeches/significance-variety-antitrust-analysis (zuletzt abgerufen am 03. Februar 2024).

McCallum, L.; Bernaerts, I.; Kadar, M.; Holzwarth, J.; Kovo, D.; Lagrue, M.; Leduc, E.; Manigrassi, L.; Ramos, J. M.; Pereira Alves, I.; Pozzato, V. & Stamou, P. (2023), A Dynamic and Workable Effects-based Approach to Abuse of Dominance, in: Competition Policy Brief, Vol. 2023 (1), 1-8.

Müller, U. & Stahlecker, P. (1975), Wettbewerb, Unternehmenskonzentration und Innovation, Göttingen: Schwartz.

Nelson, R. R. (1995), Recent Evolutionary Theorizing About Economic Change, in: Journal of Economic Literature, Vol. 33 (1), 48-90.

Nelson, R. R. & Winter, S. G. (1982), An Evolutionary Theory of Economic Change, Cambridge: Harvard University Press.

Neven, D. J. (2006), Competition Economics and Antitrust in Europe, in: Economic Policy, Vol. 21 (48), 742-791.

Neven, D. J. (2023), The As-Efficient Competitor Test and Principle. What Role in the Proposed Guidelines?, in: Journal of European Competition Law & Practice, Vol. 14 (8), 565–581.

Podszun, R.; Bongartz, P. & Langenstein, S. (2021), Proposals on how to Improve the Digital Markets Act. Policy paper in preparation of the information session on the Digital Markets Act in the European Parliament's Committee on Internal Market and Consumer Protection (IMCO) on 19 February 2021.

Röller, L.-H. (2005), Der ökonomische Ansatz in der europäischen Wettbewerbspolitik, in: Monopolkommission (Hrsg.), Zukunftsperspektiven der Wettbewerbspolitik, Baden-Baden: Nomos, 37-46.

Salop, S. C. (2017), The Raising Rivals' Cost Foreclosure Paradigm, Conditional Pricing Practices, and the Flawed Incremental Price-cost Test, in: Antitrust Law Journal, Vol. 81 (2), 371-421.

Salop, S. C. (2018), Invigorating Vertical Merger Enforcement, in: Yale Law Journal, Vol. 127 (7), 1962-1994.

Schumpeter, J. A. (1911), Theorie der wirtschaftlichen Entwicklung, Berlin: Duncker & Humblot.

Schweitzer, H. (2023), Art. 102 AEUV: Irrwege und Auswege, in: Wirtschaft und Wettbewerb 2023, Heft 2, 61.

Schweitzer, H.; Haucap, J.; Kerber, W. & Welker, R. (2018), Modernisierung der Missbrauchsaufsicht für marktmächtige Unternehmen: Gutachten für das Bundesministerium für Wirtschaft und Energie, Baden-Baden: Nomos.

Seldeslachts, J.; Clougherty, J. A. & Barros, P. P. (2009), Settle for Now but Block for Tomorrow: The Deterrence Effects of Merger Policy Tools, in: The Journal of Law and Economics, Vol. 52 (3), 607-634.

Stöhr, A. & Mendelsohn, J. (2024), Durchsetzung des § 19a GWB: Erste Erfahrungen und Verhältnis zum Digital Markets Act, in: Ilmenau Economics Discussion Papers 29 (184).

Teece, D. J. (2007), Explicating Dynamic Capabilities: The Nature and Microfoundations of (Sustainable) Enterprise Performance, in: Strategic Management Journal, Vol. 28 (13), 1319-1350.

Teece, D. J. (2016), Dynamic Capabilities and Entrepreneurial Management in Large Organizations: Toward a Theory of the (Entrepreneurial) Firm, in: European Economic Review, Vol. 86 (2), 202-206.

Teece, D. J.; Pisano, G. & Shuen, A. (1997), Dynamic Capabilities and Strategic Management, in: Strategic Management Journal, Vol. 18 (7), 509-533.

Valletti, T. (2021), How to Tame the Tech Giants: Reverse the Burden of Proof in Merger Reviews, ProMarket.org-Blog, URL: https://www.promarket.org/2021/06/28/tech-block-merger-review-enforcement-regulators/ (zuletzt abgerufen am 03. Februar 2024).

Valletti, T. & Zenger, H. (2019), Increasing Market Power and Merger Control, in: Competition Law & Policy Debate, Vol. 5 (2), 40-49.

Vanberg, V. J. (1994), Rules and Choice in Economics, London: Routledge.

Vanberg, V. J. (2002), Rational Choice vs. Program-based Behaviour – Alternative Theoretical Approaches and their Relevance for the Study of Institutions, in: Rationality and Society, Vol. 14 (1), 7-53.

Wegner, G. (1996), Wirtschaftspolitik zwischen Selbst- und Fremdsteuerung, Baden-Baden: Nomos.

Die Europäische Fusionskontrolle und die Rolle von Innovationen

Lea Bernhardt & Ralf Dewenter, Hamburg

1. Einleitung

Innovationen als Grundlage des technischen Fortschritts sind die herausragende Voraussetzung für die Entstehung dynamischen Wettbewerbs. Ohne Prozessinnovationen können keine neuen, effizienteren Verfahren entstehen; ohne Produktinnovationen lassen sich keine neuen Märkte erschließen oder den Präferenzen der Konsumenten besser angepasste Produkte entwickeln. Innovationen sind daher Voraussetzung für dynamische Effizienz und Wachstum (für eine umfassende Diskussion um die Relevanz von Innovationen vgl. z. B. den hervorragenden Beitrag von Kerber 2023).

Eine zentrale Frage für die Fusionskontrolle im Zusammenhang mit Innovationen ist, welchen Einfluss die Marktstruktur auf die Innovationstätigkeit von Unternehmen haben. Während Schumpeters (1942) Theorie der schöpferischen Zerstörung davon ausgeht, dass ein reduzierter Wettbewerb notwendig ist, um erhöhte Innovationstätigkeit zu generieren, findet insbesondere Arrow (1962), dass es einen starken Wettbewerb bedarf, um Innovationen hervorzurufen. In der empirischen Literatur, die sich der Frage der Marktstruktur und der Innovationstätigkeit widmet, findet sich jedoch nicht so eine starke Zweiteilung. Eine Mehrzahl der Studien erkennt, im Gegenteil, einen positiven Einfluss des Wettbewerbs auf die Innovationstätigkeit. Allerdings müssen sich beide Theorien nicht gegenseitig ausschließen, sondern können auch komplementär zueinander sein (Kerber 2017). Wie Aghion et al. (2005) zeigen, gibt es durchaus Evidenz für einen umgekehrten U-förmigen Verlauf im Zusammenhang von Wettbewerb und Innovationen. In diesem Fall wäre weder eine hohe Konzentration noch ein intensiver Wettbewerb optimal für Innovationsaktivitäten (vgl. Kerber 2017), sondern vielmehr eine moderate Konzentration.

Geht man davon aus, dass Unternehmenszusammenschlüsse durchaus einen deutlichen Einfluss auf die Struktur eines Marktes haben können, sind auch Innovationseffekte von Fusionen wahrscheinlich. Allein aus diesem Grund ist es notwendig, auch die Innovationsverfahren von Zusammenschlüssen in Fusionskontrollverfahren zu analysieren. Doch auch unabhängig davon, ob es einen klaren Zusammenhang zwischen der Marktstruktur und der Innovationstätigkeit in einem Markt gibt, stellt sich die Frage, welchen Einfluss eine Fusion – auch im Zusammenspiel mit anderen Faktoren – auf Innovationen nehmen kann. So könnte eine Fusion z. B. einen negativen Effekt auf die Innovationstätigkeit nehmen, da die Zahl der parallelen Projekte in Forschung und Entwicklung (F&E) reduziert wird (vgl. Kern et al. 2016). Auch wird der U-förmige Verlauf zwischen Wettbewerb und Innovationen bei Fusionen teilweise infrage gestellt, sodass ein Zusammenschluss die Anreize zur Innovation zumindest für die fusionierende Unternehmen reduziert (Federico et al. 2017). Die EU-Kommission sieht nach eigener Aussage die Relevanz von Innovationen für den Wettbewerb und die Notwendigkeit, Innovationsaspekte in Zusammenschlussverfahren zu betrachten (vgl. z. B. Europäische Kommission 2016). Jedoch gibt es einige Stimmen, die ihr eher eine zu starke Fokussierung auf die statische Effizienz bescheinigen und eine deutlich stärkere Berücksichtigung fordern (vgl. z. B. Veugelers 2012) und darlegen, dass das Innovationsmarktkonzept nie in der EU-Wettbewerbspolitik angewandt wurde (vgl. Laermann-Ngyuen & Kerber 2022). Einige Autoren fordern darüber hinaus, völlig neu und konzeptionell über die Einbeziehung von Innovationswettbewerb im Kartellrecht nachzudenken (vgl. z. B. Kerber 2011, 2017)[1].

Der vorliegende Beitrag untersucht die EU-Fusionskontrolle der Jahre 1990 bis 2019 im Hinblick auf die Berücksichtigung von Innovationsaspekten mithilfe einer maschinellen Textanalyse. Dabei wird zunächst ein deskriptiver Überblick über die Entscheidungen der Kommission im Allgemeinen und darüber hinaus die Betrachtung von Innovationsaspekten in den Entscheidungen der Kommission im Speziellen angeboten. Anschließend wird analysiert, inwiefern die Einführung des More Economic Approaches (MEA) im Jahr 2004 zu einer Veränderung in der Berücksichtigung von Innovationsaspekten in der Fusionskontrolle geführt hat.

Grundsätzlich kann erwartet werden, dass der MEA zu einer stärkeren Berücksichtigung von Innovationsaspekten geführt hat, da es zum ersten Mal eine formale Möglichkeit einer Effizienzverteidigung gab (vgl. Veugelers 2012). Damit war aber auch erstmalig die Möglichkeit gegeben, innovationsbasierte Effizienzen als Verteidigung gegen mögliche statische Wohl-

---

1 Vgl. auch für einen Fokus auf das US-amerikanische Wettbewerbsrecht z. B. Gilbert & Sunshine (1995); Katz & Shelanski (2007) oder Sidak & Teece (2009).

fahrtseinbußen vorzubringen. Die Entscheidung muss sich dann zwangsläufig mit den Innovationsaspekten auseinandersetzen.

Zusätzlich zu der Regulierung aus 2004 untersuchen wir im Sinne einer Placebo-Studie auch den Einfluss der Einführung der Vertikalrichtlinien in 2007 (Non-horizontal Merger Guidelines) und der Durchführungsverordnung zur Vereinfachung der Fusionskontrolle (Merger Simplification Package) im Jahr 2013 auf die Relevanz von Innovationaspekten in den Fusionskontrollentscheidungen. Es ist grundsätzlich nicht davon auszugehen, dass diese beiden Regulierungen einen Einfluss auf die Betrachtung von Innovationsaspekten haben, sodass ein signifikanter Einfluss eher auf ein Endogenitätsproblem, als auf einen tatsächlichen Effekt der Regulierungen hinweisen würden.

2. Entscheidungen der EU-Fusionskontrolle 1990-2019

2.1 Datengrundlage

Die vorliegende Analyse untersucht sämtliche Entscheidungen der Europäischen Fusionskontrolle durch die Generaldirektion Wettbewerb (DG Comp), die von 1990 bis zum 31. Oktober 2019 getroffen wurden und für die eine englischsprachige Entscheidung vorlag. Damit haben wir bis auf wenige Ausnahmen fast alle Fälle der Fusionskontrolle in diesem Zeitraum erfasst. Insgesamt wurden im Untersuchungszeitraum 7601 Fälle bei der EU-Kommission angemeldet. Durch die Selektion der englischsprachigen Entscheidungsdokumente verringert sich unser Sample auf 6245 Fälle. Diese Beschränkung auf englischsprachige Entscheidungen war notwendig, um eine maschinelle Auswertung der Dokumente in einer hohen Qualität zu ermöglichen und einer entsprechenden Textanalyse zu unterziehen. Die zugrundeliegenden Texte der Entscheidungsdokumente stammen alle von der offiziellen Datenbank zur Fusionskontrolle der Europäischen Kommission (Europäische Kommission 2020).

Aus diesen Dokumenten wurden zunächst verschiedene Informationen wie die Fallnummer, die beteiligten Parteien, das Einreichungs- und Entscheidungsdatum sowie die Entscheidung herausgelesen, um eine erste Einordnung der Entscheidungen sowie eine Betrachtung über die Zeit zu ermöglichen. Anschließend wurden weitere Untersuchungen anhand der maschinellen Textanalyse durchgeführt, um etwa die Verwendung von ökonomischen Begriffen (Bernhardt & Dewenter 2022) oder die Relevanz von Innovationsaspekten zu analysieren.

2.2 Fusionen im Quer- und Längsschnitt

Betrachtet man die Sektoren, aus denen die untersuchten Fusionsfälle entstammen, fällt zunächst die relativ starke Konzentration auf einige wenige Sektoren auf. Fast 39 % entfallen dabei allein auf den Bereich C, *Manufacturing*, weitere etwa 11 % auf den Sektor G und knapp 10 % auf *Financial and Insurance Services* (Sektor K) sowie etwa 9 % auf *Information and Communication* (Sektor J). Nimmt man noch die Sektoren D, N und L und M hinzu, sind mit fast der Hälfte der Sektoren etwa 90 % der Fusionen abgedeckt. Über den gesamten Zeitraum sind die Fusionen also nur einem Teil der Sektoren zuzuordnen, ein Großteil entfällt dabei auf den Bereich der Fertigung. Allerdings werden Fälle häufig mehreren unterschiedlichen Sektoren zugeordnet, sodass teilweise Überschneidungen auftreten (z. B. M.9019 Mars/Anicura aus den Sektoren M, C und G) während in anderen, wenigen Fällen keine Klassifizierung (NACE) zugeordnet wurde, zumeist bei Fällen, die nach Art. 4(4) (Full referral) entschieden wurden (z.B. M. 5446 Deutsche Bank/Postbank). Fusionen aus der pharmazeutischen Industrie fallen ebenfalls in Sektor C (C.21), wie etwa der Zusammenschluss Thermo Fisher/Patheon (M.8541).

Tabelle 1: Verteilung der Fälle über die betroffenen Sektoren

Sektor	**Anzahl**	**in %**	**kum.**
C - Manufacturing	2,337	38.94	38.94
G - Wholesale and retail trade; repair of motor veh. and motorcycles	676	11.26	50.2
K - Financial and insurance activities	589	9.81	60.01
J - Information and communication	563	9.38	69.39
H - Transporting and storage	426	7.1	76.49
D - Electricity, gas, steam and air conditioning supply	302	5.03	81.52
N - Administrative and support service activities	211	3.52	85.04
L - Real estate activities	207	3.45	88.49
M - Professional, scientific and technical activities	125	2.08	90.57
I - Accommodation and food service activities	103	1.72	92.29
B - Mining and quarrying	91	1.52	93.8

Sektor	Anzahl	in %	kum.
F - Construction	91	1.52	95.32
E - Water supply; sewerage; waste managem. and remediation activ.	73	1.22	96.53
Q - Human health and social work activities	73	1.22	97.75
R - Arts, entertainment and recreation	58	0.97	98.72
O - Public administration and defence; compulsory social security	28	0.47	99.18
S - Other services activities	24	0.4	99.58
A - Agriculture, forestry and fishing	14	0.23	99.82
P - Education	6	0.1	99.92
T - Activities of households as employers	5	0.08	100

Quelle: Bernhardt & Dewenter (2022).

Betrachtet man die Entwicklung der Fusionsanmeldungen über die Zeit, ergibt sich ebenfalls ein interessantes Bild (vgl. Abbildung 1). Während zu Anfang in den 1990er Jahren noch relativ wenige Fusionen angemeldet wurden, steigt diese Zahl einem positiven Trend folgend bis 2019 an. Gleichzeitig sind immer wieder die in der Literatur intensiv diskutierten Fusionszyklen zu erkennen (vgl. z. B. Maule 1968; Geroski 1984; Town 1992; Shleifer & Vishny 1997). Als Ursachen für diese Fusionswellen werden verschiedene Gründe angeführt, wie etwa der Zusammenhang mit Konjunkturzyklen, das Auftreten von exogenen technologischen oder regulatorischen Schocks oder auch verhaltensökonomischen Begründungen (vgl. Gugler et al. 2012 für eine umfassende Übersicht). Ebenso lassen sich die Fusionswellen regelmäßig unterschiedlichen Branchen wie der Kohle-, der Banken-, der Automobil- oder auch der Technologiebranche zuordnen (vgl. z. B. Kleinert & Klodt 2002; Sudarsanam 2003). Insgesamt hat die Zahl der Fusionsanmeldungen also über die Zeit deutlich zugenommen, wobei es auch in Europa immer wieder zu wohlbekannten Schwankungen bei der Fusionstätigkeit gekommen ist.

Abbildung 1: Anzahl der angemeldeten Fusionsentscheidungen im Zeitverlauf

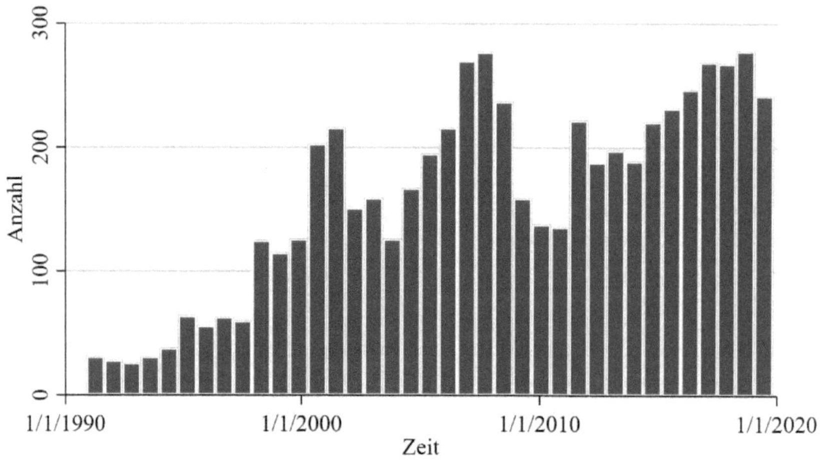

Quelle: Bernhardt & Dewenter (2022).

2.3 Entscheidungen

Die von uns analysierten Dokumente enthalten neben anderen Informationen vor allem Informationen über die Entscheidungen der Kommission über die angemeldeten Fusionen. Betrachtet man die Fälle, die in den Zuständigkeitsbereich der Kommission fallen, so ist auffällig, dass über 5529 Anmeldungen mit oder ohne Bedingungen oder Auflagen genehmigt werden (Tabelle 2 fasst die wichtigsten Entscheidungen zusammen). Davon wurden lediglich ca. 5 % der Fälle unter Bedingen und Auflagen genehmigt. 185 Anträge wurden von den Fusionsparteien zurückgezogen und 78 an die nationalen Wettbewerbsbehörden zurückverwiesen. In der zweiten Phase wurden 34 genehmigt und 109 mit Bedingungen und Auflagen genehmigt. Lediglich 18 Fusionen wurden untersagt.

Tabelle 2: Wichtigste Entscheidungen der Kommission in unserem Sample

Artikel		**Anzahl**
Phase I		
6(1)b	Erlaubnis (mit /ohne Bedingungen und Auflagen)	5529
4(4)	Zurückverwiesen an nationale Wettbewerbsbehörden	78
Phase II		
8(1)	Erlaubnis	34
8(2)	Erlaubnis mit Bedingungen und Auflagen	109
8(3)	Untersagung	18

Hinweis: Weitere relevante Artikel sind, unter anderem, Art. 6(1)a wonach ein Fall nicht in die Zuständigkeit der EU-Fusionskontrolle fällt oder Verweisungen an die zuständigen Behörden der Mitgliedstaaten nach Art. 9.

Es ist nicht überraschend, dass die allermeisten Anmeldungen von der Kommission genehmigt werden und auch nur relativ wenige davon unter Bedingungen und Auflagen. Ein nicht unerheblicher Teil der Anträge (185) wurde von den fusionierenden Unternehmen selbst zurückgezogen. Es ist davon auszugehen, dass diese Anmeldungen nur wenig Erfolgsaussichten hatten und das dies eventuell auch schon von der Kommission kommuniziert wurde. Diese Fälle wären also eher einer Untersagung, u.U. einer Genehmigung unter Auflagen zuzuordnen. Interessanterweise ist das Verhältnis der zurückgezogenen zu den abgelehnten Fusionen seit 2002 massiv zurückgegangen (vgl. Abbildung 3). Vor 2002 wurden durchschnittlich 7,28 % der Fälle in unserem Sample zurückgezogen oder abgelehnt, danach nur 2,83 % (Bernhardt 2022). Dieser Rückgang ist auf verschiedene Entwicklungen zurückzuführen, etwa auf drei juristische Niederlagen der EU-Kommission vor Gericht (für eine ausführliche Beschreibung, vgl. Bernhardt 2022).

In Phase II, in der die eher kritischen Fusionen analysiert werden, werden dann die meisten Fusionen mit Auflagen belegt. Dennoch wird auch hier nur ein geringer Teil der Anmeldungen untersagt.

Abbildung 2: Anteil der zurückgezogenen Fälle im Zeitverlauf

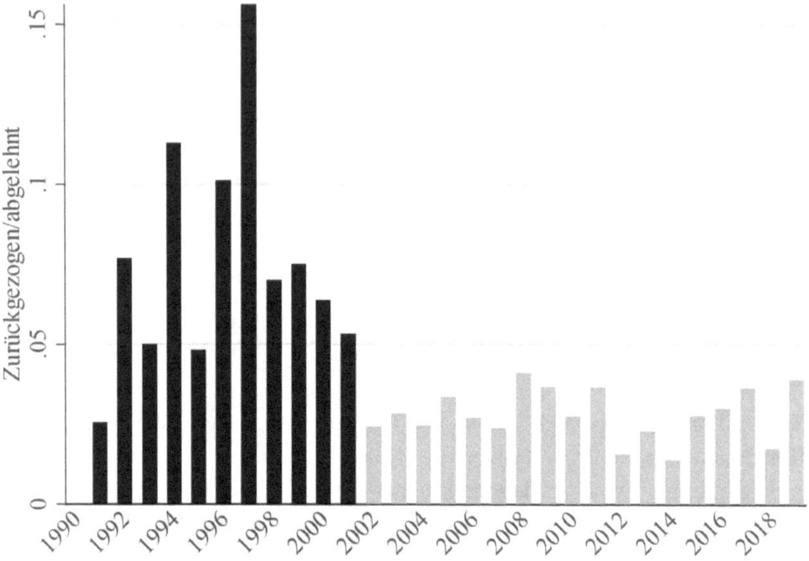

Quelle: Bernhardt (2022).

3. Innovationen in der Fusionskontrolle

3.1 Textanalyse anhand der Fusionsentscheidungen

Um eine Einschätzung über die Relevanz von Innovationen vornehmen zu können, haben wir eine Textanalyse der Fusionsentscheidungen vorgenommen. Wir haben dazu die Dokumente nach innovationsrelevanten Begriffen und deren Häufigkeit durchsucht, um eine Aussage darüber treffen zu können, wie diese Begriffe im Zeitverlauf und in den Entscheidungen bezüglich der einzelnen Sektoren verwendet werden. Dies erlaubt uns eine Aussage über (i) die generelle Relevanz von Innovationsbegriffen, (ii) deren sektorspezifische Verteilung und (iii) deren zeitliche Entwicklung.

3.2 Analyse des Innovationsbegriffs

3.2.1. Innovationsbegriff

Um eine Aussage über die Relevanz von Innovationen in den Entscheidungen treffen zu können, haben wir die Dokumente nach allen Nennungen von Begriffen mit dem Wortstamm von „Innovation" durchsucht.[2] Für jeden Fall mit verfügbarem Textdokument berechnen wir dann die absolute Anzahl an Nennungen sowie die relative Häufigkeit im Verhältnis zur Gesamtanzahl der Wörter im Dokument.

Der Fall mit der absolut größten Zahl an innovationsrelevanten Begriffen in unserem Sample ist die Fusion Bayer/Monsanto (M. 8084) aus dem Jahr 2017 sowie die Fälle Dow/DuPont (M. 7932) aus 2016 sowie Deutsche Börse/NYSE Euronext (M. 6166) aus dem Jahr 2012 und Zimmer/Biomet (M.7265) aus dem Jahr 2015. Insbesondere im Fall Dow/DuPont wurde ausführlich auf Basis der Innovationskraft in Form von reduzierter Forschungstätigkeit und einem signifikanten Verlust von Innovationswettbewerb argumentiert (vgl. Kerber & Vezzoso 2021).

2 Begriffe umfassen etwa „innovation", „innovate", „innovative", etc.

Abbildung 3: Innovationsbegriff in absoluter Häufigkeit. Die Fälle mit den höchsten Nennungen sind mit den jeweiligen Fallnummern gekennzeichnet.

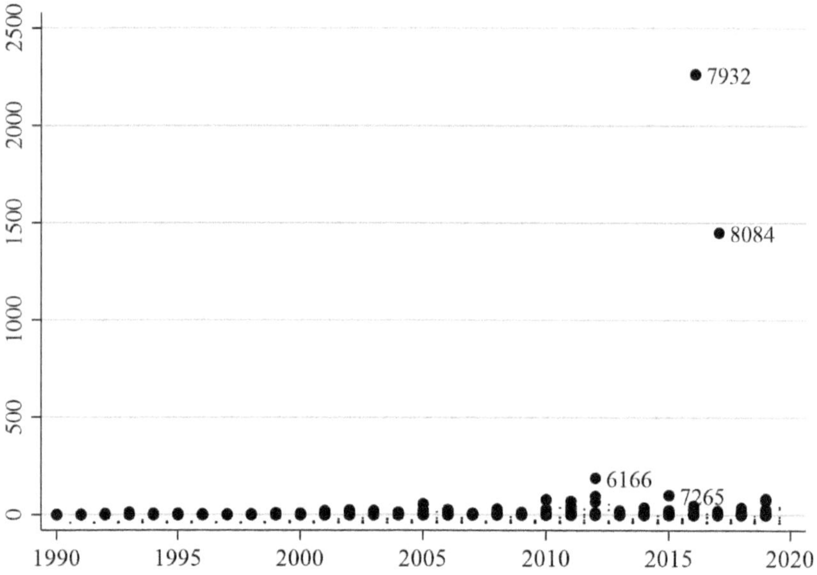

Insgesamt betrachtet taucht der Innovationsbegriff aber nur in einer Minderheit der untersuchten Fälle auf. So findet in 88 % der Fusionsfälle überhaupt keine Nennung des Innovationsbegriffs statt. Dies ist ein erster Hinweis auf die geringe Relevanz von Innovationen in der praktischen Anwendung der Fusionskontrolle (siehe auch Veugelers 2012). Tatsächlich haben Innovationsaspekte, trotz der aus theoretischer Sicht hohen Relevanz, kaum eine praktische Bedeutung in der Breite der Fusionsfälle.

In manchen Fällen werden Innovationen auch nur im Abschnitt zur Marktdefinition und der Geschäftsaktivitäten genannt, ohne direkten Bezug zu Bedenken hinsichtlich der Innovationstätigkeit der Unternehmen nach der Fusion. Wie zu erwarten, ist allerdings der Anteil an Nennungen von Innovationen bei Entscheidungen unter Auflagen höher als bei den direkt genehmigten Fällen. So wird etwa in 101 von 276 Fällen mit Auflagen in unserem Sample der Innovationsbegriff verwendet. Explizite Bedenken hinsichtlich der Innovationskraft werden etwa dann genannt, wenn es um negative Auswirkungen auf den Wettbewerb geht, wie beispielsweise im Fall Zimmer/Biomet (M. 7265): "*[...] the Commission concludes that the merger would negatively affect competition conditions through the elimination of an important competitive force, and even impact on the pace of innovation in the market.*" Dieser Fall wurde entsprechend nach Art. 8(2) nur unter Auflagen genehmigt. Ein anderer Fall, die Fusion der Deutschen Börse mit NYSE Euronext (M. 6166) wurde im Jahr 2012 abgelehnt. Das Entscheidungsdokument für diesen Fall enthält 189 Erwähnungen des Innovationsbegriffs.

3.2.2. Innovationsbegriffe im Zeitverlauf

Eine graphische Analyse der Verwendung von Innovationsbegriffen im Zeitverlauf (vgl. Abbildung 4), zeigt sowohl eine Zunahme des Auftretens der Begriffe (erhöhte Dichte) als auch eine leichte Zunahme bei der Häufigkeit innerhalb der Dokumente (höhere Ausschläge über die Zeit). Dies kann auf eine höhere Bedeutung von Innovationen generell aber auch auf die höhere Bedeutung in der Fusionskontrolle hinweisen.

Abbildung 4: Innovationsbegriffe im Zeitverlauf (ohne Ausreißer)

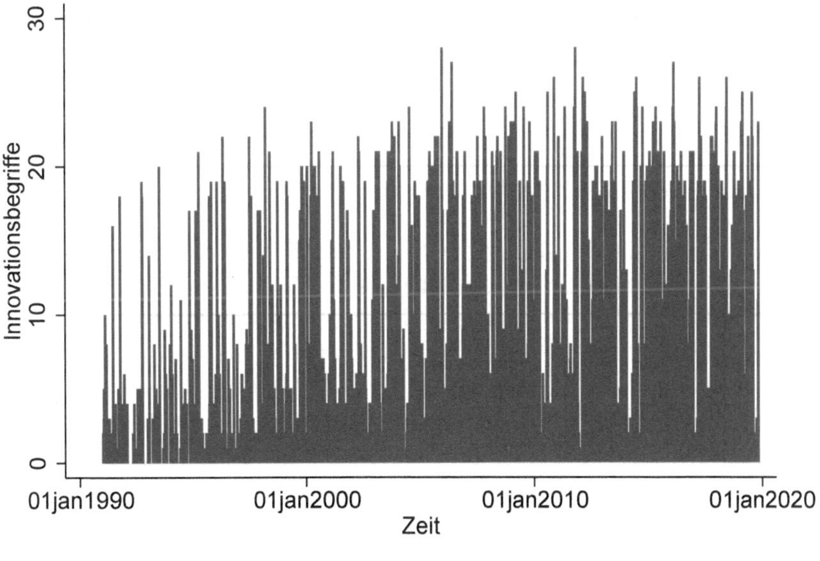

Betrachtet man die relativen Nennungen der Innovationsbegriffe, stellt sich die Verteilung dieses Anteils der innovationsrelevanten Begriffe etwas anders dar (vgl. Abbildung 5). Nun sind eher Wellenbewegungen in den

Ausschlägen zu erkennen. Dennoch lässt sich auch hier eine erhöhte Dichte beobachten. Ebenso lassen sich vereinzelte Ausreißer beobachten, die sich gut durch besonders innovationsintensive Einzelfälle erklären lassen.

Abbildung 5: Innovationsbegriffe im Zeitverlauf, relativ zu allen anderen Begriffen in den Entscheidungsdokumenten.

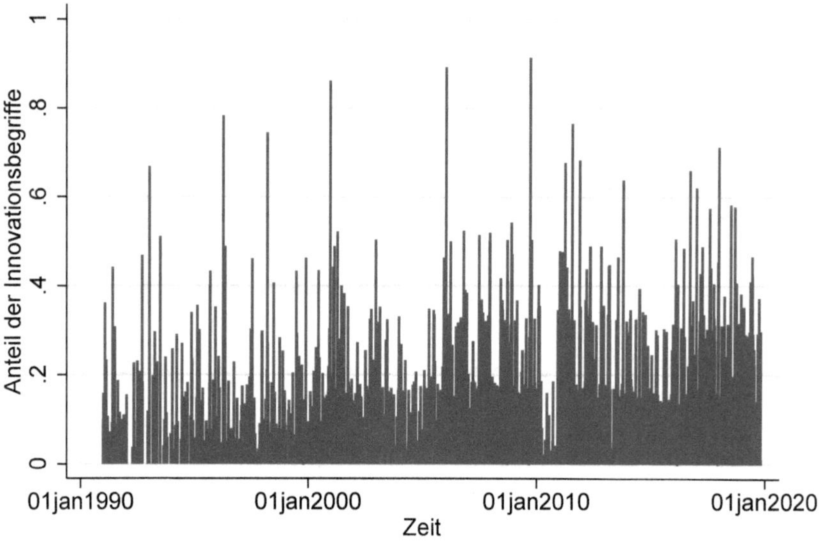

3.2.3. Innovationsbegriffe über die Sektoren

Betrachtet man die Verteilung der Innovationsbegriffe über die einzelnen Sektoren, ergibt sich ein etwas anderes Bild als bei der Betrachtung der Fusionen. So fällt auf, dass zwar auch hier der Sektor C (der auch einen hohen Anteil an Anmeldungen aufweist) relativ viele Fälle aufweist und an zweiter Stelle der Sektoren mit den meisten Innovationsbegriffen liegt. Darüber hinaus gibt es aber auch noch andere Sektoren, bei denen Innovationen in den Entscheidungen durchaus eine Rolle spielen. Der Sektor mit den meisten Nennungen ist dabei der Sektor E (water supply; sewerage; waste managem. and remediation activ.) aber auch die Sektoren Q, M, J, A und D weisen entsprechende Begriffe auf. Allerdings ist auch hierbei wieder zu beachten, dass einige Fälle mehreren Sektoren zugeteilt sind (vgl. Abschnitt 2.2).

Abbildung 6: Verteilung der Innovationsbegriffe auf die Sektoren

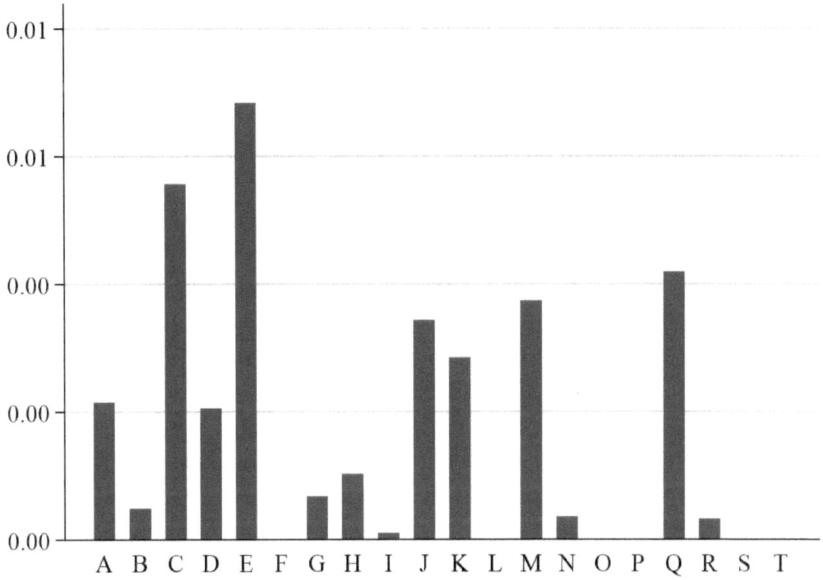

4. Der Einfluss des More Economic Approaches auf die Betrachtung von Innovationen in Fusionsentscheidungen

4.1 Innovationsfälle

Zunächst betrachten wir die Wahrscheinlichkeit des Auftretens eines Innovationsfalls – also der Frage, ob Innovationen in einer Entscheidung in irgendeiner Weise vorkommen – und des Einflusses des More Economics Approaches auf diese Wahrscheinlichkeit. Die zu erklärende Variable *Innovation* nimmt daher den Wert eins an, wenn mindestens ein innovationsrelevanter Begriff[3] in einem Fallbericht auftaucht und ist ansonsten null.

3 Es muss mindestens einer der folgenden Begriffe in der Entscheidung enthalten sein: innovate, innovation, innovative, research, r&d, development, develop, developed, researcher, reseachers, researched, patent und technical progress. Auf diese Weise wird ein Innovationsfall schon sehr früh identifiziert und damit dessen Relevanz überschätzt. Finden also, wie in der Literatur regelmäßig behauptet, kaum Innovationsfälle statt, unterschätzen wir auf diese Weise zumindest nicht deren Relevanz.

Um den Einfluss des More Economic Approach zu determinieren, regressieren wir Innovation auf den Dummy *MEA*, der die Einführung des More Economic Approaches indiziert und eine Reihe weiterer Variablen. Wir verwenden weitere Dummy-Variablen, die verschiedene Änderungen der Fusionskontrolle abbilden. Hierzu bezeichnet der Dummy *Reg2007* die Einführung der Vertikalrichtlinien im Jahr 2007 und *Reg2013* die Einführung der Durchführungsverordnung zur Vereinfachung der Fusionskontrolle im Jahr 2013. Ebenso werden fixe Effekte für die entsprechenden Sektoren und Jahre eingeführt. Für unsere Schätzungen verwenden wir ein einfaches lineares Wahrscheinlichkeitsmodell.

Zunächst haben wir den Innovationsdummy lediglich auf die Dummies *MEA*, *Reg2007* und *Reg2013* regressiert, um anschließend Sektor-fixe Effekte zu ergänzen. Wie man den ersten beiden Spalten der Tabelle 3 (Spalte I und II) entnehmen kann, zeigt sich ein negativer Einfluss des *MEA* auf die Wahrscheinlichkeit eines Innovationsfalls. Überraschenderweise hat *Reg2007* einen Einfluss, obwohl nicht unbedingt davon auszugehen ist, dass diese Regulierung die Analyse von Innovationseffekten verändert haben sollte.

Tabelle 3: Wahrscheinlichkeit eines Innovationsfalls.

Innovation	**I**	**II**	**III**	**IV**
MEA	-0,1852 (0,00)	-0,1707 (0,00)	-0,0356 (0,00)	-0,0850 (0,02)
Reg2007	0,0936 (0,00)	0,1028 (0,00)	0,1619 (0,09)	0,1014 (0,00)
Reg2013	-0,00995 (0,88)	-0,0107 (0,58)	0,1277 (0,06)	-0,0189 (0,24)
Patentanmeldungen beim EPA	-	-	-	-7.27e-06 (0.00)
Jahres-fixe Effekte	Nein	Nein	Ja	Nein
Sektor-fixe Effekte	Nein	Ja	Ja	Ja
Konstante	0,4977 (0,00)	0,4596 (0,00)	-0,0773 (0,29)	0,7819 (0,00)
F	33,49 (0,00)	30,79 (0,00)	17,45 (0,00)	32,11 (0,00)
R^2	0,02	0,07	0,08	0,08
Beobachtungen	6.417	6.417	6.417	6.417

Hinweis: p-values in Klammern sind robust gegen Heteroskedastie und mithilfe von geclusterten Standardfehlern berechnet.

Ein einfacher Vorher-Nachher-Vergleich wie im vorliegenden Fall ist jedoch nicht unbedingt geeignet, den wahren Effekt des *MEA* zu identifizieren. So könnten durchaus andere Gründe dafür verantwortlich sein, dass die Innovationsfälle im Zeitverlauf abgenommen haben. So könnten z. B. im Zeitverlauf einfach weniger Innovationsfälle angemeldet worden sein; oder es liegen Innovationswellen vor, die nicht über das Modell abgebildet werden. Um dieser möglichen Endogenität entgegenzutreten, führen wir im ersten Schritt Jahres-fixe Effekte ein. Auf diese Weise lassen sich jährliche Schwankungen zumindest teilweise abbilden. Wie der Spalte III zu entnehmen ist, sinkt der negative Koeffizient für *MEA* nun deutlich, ist aber immer noch statistisch signifikant. Darüber hinaus weisen nun beide Regulierungen *Reg2007* und *Reg2013* scheinbar einen Einfluss auf.

Eine weitere, allerdings auch nur sehr indirekte Möglichkeit, für die Innovationsrelevanz der Fälle zu kontrollieren, ist die Einführung eines Maßes, das die Relevanz von Innovationen generell abbilden kann. Wir haben daher anstelle der Jahres-fixen Effekte die Anzahl der Patentanmeldungen beim Europäischen Patentamt aus den europäischen Staaten für die Jahre 1990 bis 2017 in die Schätzung aufgenommen (Spalte IV).[4] Diese Spezifikation führt zu einer Anpassung der Ergebnisse, die jedoch auch nicht vollständig überzeugen. So wirkt die Zahl der Patentanmeldungen negativ. Eine Zunahme der Relevanz von Innovationen wirkt anscheinend senkend auf die Wahrscheinlichkeit von Fusionsfällen. Dieses Ergebnis ist jedoch wenig intuitiv, weshalb eine Interpretation des Ergebnisses schwierig erscheint. Es stellt sich daher die Frage, ob die Zahl der Patentanmeldungen generell gut geeignet ist, um für die mögliche Endogenität zu kontrollieren.

Insgesamt zeigt sich in unseren Schätzungen durchgehend ein negativer Effekt des MEA auf die Wahrscheinlichkeit eines Innovationsfalls. Dies ist zunächst nicht sehr intuitiv, da mit dem More Economic Approach zum ersten Mal die Möglichkeit der Effizienzverteidigung und damit auch die explizite Einbeziehung von Innovationseffekten bestand. Außerdem würde man erwarten, dass eine stärker ökonomisch geprägte Analyse Innovationseffekte auch mit einer höheren Wahrscheinlichkeit betrachtet als eine weniger ökonomisch geprägte. Letztendlich belieben also Zweifel, ob denn unsere Untersuchung den Einfluss des MEA tatsächlich identifizieren kann. Dennoch ist ein negativer Einfluss denkbar.

4 Vgl. Eurostat (2023), Patent Application to the EPO by priority year (1977-2017), https://ec.europa.eu/eurostat/databrowser/view/pat_ep_ntot__custom_7899176/default/table?lang=en.

4.2 Relevanz von Innovationen in den Entscheidungen

Im nächsten Schritt untersuchen wir, ob sich die Intensität der Analyse von Innovationsfällen durch den More Economic Approach geändert hat, ob Innovationen also eine größere Relevanz erfahren haben. Hierzu regressieren wir nun den Anteil von innovationsrelevanten Begriffen (siehe oben) an den verwendeten wettbewerbsrelevanten Begriffen[5] der Entscheidung auf die oben beschriebenen Variablen.[6]

Dabei bezeichnet der Dummy *Reg2004* die Einführung des More Economic Approachs, der Dummy *Reg2007* die Einführung der Vertikalrichtlinien und *Reg2013* die Einführung der Durchführungsverordnung zur Vereinfachung der Fusionskontrolle. Ebenso werden fixe Effekte für die entsprechenden Sektoren und Jahre eingeführt.

Tabelle 4: Einfluss von Reformen auf die Betrachtung von Innovationen

Anteil Innovationsbegriffe	**I**	**II**	**III**	**IV**
MEA	-0,1155	-0,0979	-0,0632	-0,0172
	(0,00)	(0,00)	(0,74)	(0,32)
Reg2007	0,0661	0,0727	-0,1585	0,0688
	(0,00)	(0,00)	(0,47)	(0.00)
Reg2013	0,0434	-0,0575	0,0898	0,0844
	(0,28)	(0,19)	(0,16)	(0,24)
Patentanmeldungen beim EPA	-	-	-	-6.83e-06
				(0.00)
Jahres-fixe Effekte	Nein	Nein	Ja	Nein
Sektor-fixe Effekte	Nein	Ja	Ja	Ja
Konstante	0,2632	0,1288	-0,1448	0,4579
	(0,00)	(0,00)	(0,07)	(0,00)

5 Hierbei handelt es sich um 60 Begriffe, die die Wettbewerblichkeit eines Marktes abbilden können wie z. B.: HHI, concentration, cost asymmetry, market entry, entry barrier, dominance, etc.

6 Die Einführung weiterer Variablen, wie z. B. eines Dummys, der die Amtszeit des jeweiligen Wettbewerbskommissars indiziert, hat keine Veränderung der Ergebnisse mit sich gebracht.

Anteil Innovationsbegriffe	I	II	III	IV
F	9,07 (0,00)	13,63 (0,00)	7,69 (0,00)	12,55 (0,00)
R2	0,002	0,01	0,02	0,02
Beobachtungen	6.205	6.205	6.205	5.544

Hinweis: p-Values in Klammern sind robust gegen Heteroskedastie und mithilfe von geclusterten Standardfehlern berechnet.

Wie man der Tabelle 4 entnehmen kann, korrelieren die verschiedenen Regulierungen unterschiedlich mit der Berücksichtigung von Innovationsaspekten in den Fusionsentscheidungen. Regression I und II kommen zu qualitativ ähnlichen Ergebnissen und legen nahe, dass der More Economic Approach zu einer Reduktion der Analyse von Innovationsaspekten geführt hat. Die Einführung der Vertikalrichtlinien im Jahr 2007 hatte dagegen anscheinend einen positiven und signifikanten Einfluss. Die Durchführungsverordnung[7] aus dem Jahr 2013 hatte dagegen keinen signifikanten Einfluss. Allein die Signifikanz der Vertikalrichtlinie deutet darauf hin, dass hier ein Endogenitätsproblem vorliegt. Zwar ist nicht völlig auszuschließen, dass es 2007 und 2014 zu einer Veränderung der Entscheidungspraxis gekommen ist, jedoch wäre dies aller Wahrscheinlichkeit nach nicht auf die entsprechenden Regulierungen zurückzuführen. Der Effekt des MEA nimmt weiter ab und ist ebenso statistisch nicht signifikant.

Führt man Zeit-fixe Effekte ein, verschwindet die Signifikanz des MEA und auch die der anderen Regulierungen. Ein negativer Einfluss des More Economic Approaches ist damit nicht mehr haltbar. Wiederum gilt, dass es durchaus sein kann, dass die Schwankungen zwischen den einzelnen Regulierungen einfach auf eine jeweils unterschiedliche Zusammensetzung der entschiedenen Fälle zurückzuführen sind. Anders ausgedrückt, könnte es z. B. der Fall sein, dass nach der Einführung des MEA weniger Fälle mit Innovationsrelevanz angemeldet und entsprechend entschieden wurden. Ohne für die tatsächliche Relevanz von Innovationen in den einzelnen Fällen zu kontrollieren, ist es daher nicht möglich, den Einfluss der eigentlichen Regulierung, also den MEA, zu identifizieren.

Verwendet man wiederum die Zahl der Patentanmeldungen beim Europäischen Patentamt, für die Jahre 1990 bis 2017, ändern sich die Ergebnisse nochmals. Während die 2007er Anpassung nun wieder positiv und signifikant ist, bleibt die Durchführungsverordnung insignifikant. Wiede-

7 Wirksam wurde die Verordnung erst zu Beginn des Jahres 2014.

rum gilt, dass die Zahl der Patentanmeldungen negativ wirken, also eine Zunahme der Relevanz von Innovationen anscheinend senkend auf die Relevanz in Fusionsfällen wirkt. Es stellt sich wiederholt die Frage, ob der Effekt des MEA auf diese Weise identifiziert werden kann.

Da sich der MEA bezüglich der Relevanz von Innovationsaspekten auch nur auf tatsächliche Innovationsfälle auswirken kann, haben wir in einem nächsten Schritt nur solche Fälle betrachtet, die bestimmte Innovationsbegriffe aufweisen. Hier zeigt sich zwar ein positiver jedoch statistisch insignifikanter Einfluss des MEA. Um die Analyse weiter zu schärfen, haben wir deshalb einen weiteren Ansatz gewählt. Dazu haben wir im Sinne einer Pseudo-Differenz-von-Differenzen-Analyse zwei weitere erklärende Variablen eingeführt: Zum einen indizieren wir mit dem Dummy *Innovation*, ob es sich bei einem Fall zum einen Innovationsfall handelt, ob also mindestens ein Innovationsbegriff in der Entscheidung genannt wird. Zum anderen bilden wir das Produkt von Innovation und MEA (*ATT* = *Innovation* x *MEA*), um den tatsächlichen Einfluss des MEA auf die Relevanz von Innovationsfällen im Vergleich zu Nicht-Innovationsfällen und über die Zeit zu determinieren.

Tabelle 5: Pseudo-Differenz-von Differenzen Ansatz

Anteil Innovationsbegriffe	**I**
ATT	0,0791 (0,09)
MEA	-0,0089 (0,54)
Innovation	0,5210 (0,00)
Reg2007	0,0152 (0,45)
Reg2013	0,1025 (0,18)
Patentanmeldungen beim EPA	-2.92e-06 (0,07)
Jahres-fixe Effekte	Nein
Sektor-fixe Effekte	Ja
Konstante	0,0846 (0,15)

Anteil Innovationsbegriffe	I
F	43,04 (0,00)
R2	0,07
Beobachtungen	5.544

Hinweis: p-Values in Klammern sind robust gegen Heteroskedastie und mithilfe von geclusterten Standardfehlern berechnet.

Verwendet man den Pseudo-Differenzen-von-Differenzen-Ansatz, zeigt sich ein differenzierteres Bild: Der durchschnittliche Treatment-Effekt des MEA (gegenüber den Nicht-Innovationsfällen und über die Zeit) ist nun positiv und statistisch signifikant auf dem 10 %-Niveau. Es werden etwa um 8 Prozentpunkte mehr Innovationsbegriffe genutzt als vor der Einführung des MEA. Beide Variablen *Reg2007* und *Reg2013* sind nun erwartungsgemäß insignifikant. Allerdings sind die Patentanmeldungen immer noch negativ, was wenig intuitiv ist.

Insgesamt finden wir keine Evidenz dafür, dass der MEA zu einer Zunahme der Innovationsfälle geführt hat. Allerdings sind wir auch nicht in der Lage, diesen Effekt eindeutig zu identifizieren. Unsere Analysen legen eher nahe, dass es zu einem Rückgang an Innovationsfällen gekommen ist. Warum dies der Fall ist, können wir aber nicht nachweisen.

Verwenden wir einen Pseudo-Differenzen-von-Differenzen-Ansatz, können wir eine Zunahme der Relevanz von Innovationen in den Entscheidungen identifizieren. Im Gegensatz zu unseren vorherigen Analysen zeigt sich hier ein positiver Einfluss des More Economic Approach. Innovationen spielen nun also in den Dokumenten eine etwas größere Rolle.

5. Fazit

Obwohl Innovationen eine entscheidende Rolle für Wettbewerb, dynamische Effizienz und generelles Wachstum spielen, kommt ihnen in der angewandten Wettbewerbspolitik und vor allem in der Fusionskontrolle oft nur eine marginale Bedeutung zu. Einige Autoren fordern daher, völlig neu und konzeptionell über die Einbeziehung von Innovationswettbewerb im Kartellrecht nachzudenken. Dieser Beitrag geht deshalb der Frage nach, wie sich Innovationsaspekte in der europäischen Fusionskontrolle wiederfinden und welche Rolle sie dabei spielen und inwiefern es im Zeitverlauf

– insbesondere durch die Einführung des More Economic Approach – zu einer Veränderung in der Analyse von Innovationsaspekten gekommen ist.

Zu diesem Zweck haben wir mehr als 6000 Fusionsentscheidungen der Kommission zwischen 1990 und 2019 mithilfe einer maschinellen Textanalyse untersucht. Dazu haben wir die entsprechenden Dokumente nach innovationsrelevanten Begriffen durchsucht und sie ins Verhältnis zu den anderen verwendeten Begriffen gesetzt. Auf diese Weise können wir das Gewicht, dass Innovation in den Dokumenten einnimmt, approximieren und die Anzahl der Dokumente feststellen, die überhaupt Innovationsterme aufweisen. Da wir eine Entscheidung bereits als Innovationen analysierend identifizieren, wenn auch nur einer dieser Begriffe genannt wird, überschätzen wir tatsächlich die gesamte Relevanz von Innovation. Allerdings können wir so die Verteilung über die Branchen und im Zeitverlauf approximieren.

Nachdem wir eine deskriptive Analyse der Entscheidungen vorgenommen haben, widmen wir uns der Frage, inwiefern der More Economic Approach, der zum ersten Mal eine Effizienzverteidigung im europäischen Wettbewerbsrecht institutionalisiert, zu einer Änderung der Entscheidungspraxis bezüglich der Innovationsaspekte geführt hat. Genauer gesagt untersuchen wir, um es nach der Einführung des MEA zu einem Anstieg der absoluten und relativen Häufigkeit dieser Begriffe gekommen ist. Auf diese Weise können wir die Wahrscheinlichkeit eines Innovationsfalls als auch die Relevanz solcher Fälle determinieren.

Bei der Innovationswahrscheinlichkeit zeigt sich kein einheitliches Bild. Um die Gefahr der Endogenität zu verringern, verwenden wir sowohl fixe Effekte als auch Patentanmeldungen beim Europäischen Patentamt als erklärende Variablen. Zwar variieren die Ergebnisse deutlich, es kann jedoch nicht ausgeschlossen werden, dass der MEA zu einer Reduktion der Innovationsfälle geführt hat.

Auch bezüglich der Relevanz von Innovationen innerhalb der Entscheidungen fällt eine Identifikation schwer. Sowohl fixe Effekte als auch Patentanmeldungen führen nicht zu eindeutigen Ergebnissen. Allerdings kann mithilfe eines Pseudo-Differenzen-von-Differenzen-Ansatz ein positiver Einfluss des MEA auf die Relevanz der Innovationen festgestellt werden. Werden also Fusionsfälle als Innovationsfälle identifiziert, weist deren Analyse ein stärkeres Gewicht bezüglich Innovationen auf.

Literaturverzeichnis

Aghion, P.; Bloom, N.; Blundell, R.; Griffith, R & Howitt, P. (2005), Competition and innovation: An inverted-U relationship, in: The quarterly journal of economics, Vol. 120 (2), 701-728.

Arrow, K. J. (1962), Economic Welfare and the Allocation of Resources for Invention, in: The Rate and Direction of Inventive Activity: Economic and Social Factors, 609–625.

Bernhardt, L. (2022), Withdrawn and Prohibited Merger Cases in the EU, in: Journal of European Competition Law & Practice, Vol. 13 (4), 296–303.

Bernhardt, L. & Dewenter, R. (2022), The Impact of the More Economic Approach on EU Merger Decisions, Diskussionspapier No. 195 der Fächergruppe VWL der Helmut-Schmidt-Universität Hamburg.

Europäische Kommission (2016), EU merger control and innovation, Competition policy brief, April 2016.

Europäische Kommission (2020), Merger Cases, URL: https://ec.europa.eu/competition/elojade/isef/index.cfm?fuseaction=dsp_merger_ongoing (zuletzt abgerufen am 13. Januar 2024).

Federico, G.; Langus, G. & Valletti, T. (2017), A simpfedericole model of mergers and innovation, in: Economics Letters, Vol. 157, 136–140.

Geroski, P. A. (1984), On the relation between aggregate merger activity and the stock market, in: European Economic Review, Vol. 24, 223–233.

Gilbert, R. J. & Sunshine, S. C. (1995), Incorporating Dynamic Efficiency Concerns in Merger Analysis: The Use of Innovation Markets, in: Antitrust Law Journal, Vol. 63, 569–601.

Gugler, K.; Mueller, D. C. & Weichselbaumer, M. (2012), The determinants of merger waves: An international perspective, in: International Journal of Industrial Organization, Vol. 30 (1), 1–15.

Katz, M. L. & Shelanski, H. A. (2007), Mergers and Innovation, in: Antitrust Law Journal, Vol. 74, 1–85.

Kerber, W. (2011), Competition, Innovation and Maintaining Diversity Through Competition Law, in: J. Drexl; W. Kerber & R. Podszun (Hrsg.), Economic Approaches to Competition Law: Foundations and Limitations, Cheltenham: Edward Elgar, 173–201.

Kerber, W. (2017), Competition, Innovation, and Competition Law: Dissecting the Interplay, in: D. Gerard; B. Meyring & E. M. de Rivery (Hrsg.), Dynamic Markets and Dynamic Enforcement - The impact of the digital revolution and globalisation on the enforcement of competition law in Europe, Bruylant, 33–62.

Kerber, W. (2023), Towards a dynamic concept of competition that includes innovation – Note by Wolfgang Kerber, OECD Directorate for Financial and Enterprise Affairs Competition Committee, DAF/COMP/WD(2023)42, URL: https://one.oecd.org/document/DAF/COMP/WD(2023)42/en/pdf (zuletzt abgerufen am 13. Januar 2024).

Kerber, W. & Vezzoso, S. (2021), Dow/Dupont: Another Step Towards a Proper Assessment Concept of Innovation Effects of Mergers, URL: https://papers.ssrn.com/sol3/papers.cfm?abstract_id=3856885 (zuletzt abgerufen am 13. Januar 2024).

Kern, B. R.; Dewenter, R. & Kerber, W. (2016), Empirical Analysis of the Assessment of Innovation Effects in U.S. Merger Cases, in: Journal of Industry, Competition and Trade, Vol. 16 (3), 373–402.

Kleinert, J. & Klodt, H. (2002), Casues and Consequences of merger waves, Kiel Working Paper No. 1092, Kiel Institute of World Economics (IfW), Kiel.

Laermann-Nguyen, U. & Kerber, W. (2022), Ex-Post Analysis of Pharmaceutical Merger Cases in the EU and US: The Identification of the Relevant R&D Projects, URL: https://papers.ssrn.com/sol3/papers.cfm?abstract_id=4349627 (zuletzt abgerufen am 13. Januar 2024).

Maule, C. J. (1968), A Note on Mergers and the Business Cycle, in: The Journal of Industrial Economics, Vol. 16, 99–105.

Schumpeter, J. A. (1942), Capitalism, Socialism and Democracy, Harper and Brothers: New York.

Shleifer A. & Vishny, R. W. (1997), A survey of corporate governance, in: Journal of Finance, Vol. 52, 737–783.

Sidak, G. & Teece, D. (2009), Dynamic Competition in Antitrust Law, in: Journal of Competition Law & Economics, Vol. 5 (4), 581–631.

Sudarsanam, S. (2003), Creating Value from Mergers and Acquisitions, Challenges, Harlow, Pearson Education Ltd.: London.

Town, R. J. (1992), Merger waves and the structure of merger and acquisition time series, in: Journal of Applied Econometrics, Vol. 7, 83–100.

Veugelers, R. (2012), Innovation in EU Merger Control: Walking the Talk, Breugel Polica Distribution, 12/2004.

The SIEC Test in German Merger Control

Arndt Christiansen[*], *Bonn*

1. Introduction

Let me begin by expressing my deep gratitude to Wolfgang Kerber. As a PhD student and research assistant under his direction at the University of Marburg I benefitted greatly from his liberal attitude in the best sense of the word. He generously provided academic inspiration and direction but also left ample freedom to pursue my own ideas and interests.

Merger control has been one of the many topics that Wolfgang Kerber covered consistently both in his research and in his teaching (see Kerber 1994a, b, 2000; Budzinski & Kerber 2003; Dewenter et al. 2016; Kerber & Vezzoso 2019; Laermann-Nguyen & Kerber 2022). His focus has always been EU merger control according to the EC Merger Regulation.[1] One of the most important developments in this area was the change of the prohibition criterion to significant impediment to effective competition (SIEC) as part of the much-debated "more economic approach" (see Christiansen & Kerber 2006; Budzinski 2008; Christiansen 2010; Monti 2010). After almost twenty years the SIEC test is now well established in EU merger control (see Schwalbe & Zimmer 2021; Monti 2022; Völcker 2023). The European Commission has applied the test to a large number of cases in virtually all sectors of the economy. With the recent important judgments by the General Court[2] (see Göhsl & Rottmann 2020; Schwalbe & Zimmer 2021: 438 et seq.; Monopolkommission 2022: paras 260 et seq.) and, follow-

* The author was a member of the Bundeskartellamt's case team working on the furniture retail merger dealt with below (File number B1-195/19 – XXXLutz/Roller/Tejo Möbel). Any opinions are, however, the author's and not those of the Bundeskartellamt. He is also responsible for any remaining mistakes and omissions.

1 Council Regulation (EC) No 139/2004 of 20 January 2004 on the control of concentrations between undertakings, in: Official Journal L 24, 29.01.2004, 1-22.

2 General Court, Judgment of 28/05/2020 - CK Telecoms UK Investments Ltd v European Commission, Case T-399/16.

ing an appeal by the European Commission, the European Court of Justice[3] judicial review for the first time extended to substantive issues with regard to the SIEC test (Bach 2023; Crede 2023; Thomas 2023b).

In Germany, both the "more economic approach" and the SIEC test in particular were at first greeted with some scepticism (see Böge & Müller 2002; Böge 2004; Schmidt 2004; Immenga 2006). With a certain time lag, however, the test was finally adopted with the 8th amendment of the Act against Restraints of Competition (GWB)[4] in 2013 (see Monopolkommission 2012; Ewald 2014). It has since influenced the substantive assessment of mergers to a growing extent (Monopolkommission 2014: paras 576 et seq.; Monopolkommission 2016: paras 700 et seq.; Strassmair & Christiansen 2016; Schwalbe & Zimmer 2021: esp. pp. 433 et. seq. and 765 et seq.). As was expected, the SIEC test facilitated the integration of economic analysis and, thus, led to a refinement of the decision-practice. The focus of the assessment shifted towards the effects of a merger on the entire market in question. The economics-based concepts of unilateral effects, respectively coordinated effects, have become standard theories of harm. Quantitative analyses have been more widely conducted both by the Bundeskartellamt and by merger parties. In 2022, the Higher Regional Court ("Oberlandesgericht") of Düsseldorf for the first time ruled on substantive matters of the SIEC test in case Kart 2/21 (V) (see Monopolkommission 2022: paras 262, 272 et seq.; Emmerich 2023: 611).[5] Judicial review is, however, still incomplete as the Federal Court of Justice ("Bundesgerichtshof") declined to hear the subsequent appeal by the Bundeskartellamt (see Thomas 2023a).[6]

I know from personal experience that Wolfgang Kerber has always followed the development of (EU) merger control with great interest and expertise. Hence, he has been well aware of the fact that merger control ultimately boils down to individual cases (see his case analyses: Kerber 1994b; Kerber &Vezzoso 2019). The general legal test as well as the economics-based theories of harm must be applied to the facts of any specific

3 European Court of Justice, Judgment of 13/07/2023 - Commission v CK Telecoms UK Investments, Case C-376/20 P.

4 Achtes Gesetz zur Änderung des Gesetzes gegen Wettbewerbsbeschränkungen vom 26.6.2013, in: Bundesgesetzblatt I, 1738-1749.

5 Oberlandesgericht Düsseldorf, File no. Kart 2/21 (V), Decision of 09/03/2022. Available at Beck RS 2022, 8834.

6 Bundesgerichtshof, File no. KVZ 33/22, Decision of 27/06/2023. Available at Beck RS 2023, 32652.

case. A thorough case-by-case analysis of the merger project and the parties in question as well as the affected markets is required.

Against this background, this contribution deals with specific applications of the SIEC test in the case-practice of the Bundeskartellamt. More specifically, it looks at recent merger control decisions in retail markets, namely furniture retail and grocery. First, the XXXLutz/Roller/Tejo Möbel case is dealt with. It concerned the acquisition of a 50 %-stake in German furniture retailers Roller and Tejo Möbel by the Austrian XXXLutz group. Secondly, the "Real cases" are looked at. These concern the acquisitions of packages of large grocery stores from the Real chain above all by Kaufland and EDEKA.

2. The XXXLutz/Roller/Tejo Möbel case

2.1. Background

At the end of 2020 the Bundeskartellamt cleared the acquisition of 50 % of the shares in Roller GmbH & Co. KG, Gelsenkirchen, and Tejo Möbel Management Holding GmbH & Co. KG, Goslar, by the Austrian XXXLutz group.[7] The other 50 % of the shares remained with the Tessner Group. The merger parties are among the leading furniture retailers in Germany, each with an extensive network of physical outlets and online shops. The target companies alone operated 155 outlets throughout the country, mostly under the Roller brand, and achieved an annual turnover in excess of 1 billion Euros. The merger in question contributed to the strong growth of the XXXLutz group by acquiring third party furniture retailers and also by opening up new stores across Europe. For example, the group had completed the takeover of discounter POCO only at the end of 2018. Moreover, the major acquisition of Conforama France via Mobilux (But) was also referred to the national competition authority by the European Commission following a request by the merger parties.[8] In 2022, after almost two years of proceedings, it was finally cleared by the French

7 Bundeskartellamt, File no. B1-195/19 – XXXLutz/Roller/Tejo Möbel, Decision of 25/11/2020.

8 European Commission, Case M.9894 -MOBILUX/CONFORAMA FRANCE, Decision of 26/6/2020.

Autorité de la Concurrence in application of the failing firm exception.[9] In the same year XXXLutz acquired joint control of Black Red White, a company active in manufacture and retailing mainly in Poland.[10] Besides, it acquired a 50 %-stake in regional retailer Braun Möbel-Center.[11] In 2023, the acquisition of online retailer Home24 was cleared by the European Commission (European Commission 2023).

The XXXLutz/Roller/Tejo Möbel merger as originally notified would have combined over 350 outlets. The main focus was brick-and-mortar discount stores. With their sales lines POCO, Mömax and Osca/Sparkauf on XXXLutz's side and Roller and tejo's SB Lagerkauf on the targets' side, the parties were by far the leading furniture discounters in Germany in terms of number of outlets, geographical coverage and especially turnover. They were also particularly close competitors. Therefore, the loss of the previous intensive competition between the parties in this segment was expected as a result of the merger. The parties also operate large furniture stores ("Einrichtungshäuser") with the XXXLutz group counting among the leading suppliers in this segment in Germany with 53 outlets at the time of the merger.

The examination of the XXXLutz/Roller/Tejo Möbel merger was limited to the retail markets in Germany affected by the merger while the examination of the procurement markets remained within the competencies of the European Commission. This exception to the one-stop-shop principle in merger control reflected the fact that the project had to be notified to the European Commission due to the turnover of the parties concerned. As the acquisition mainly had effects in Germany, the merger parties filed a request according to Art. 4 (4) of the EC Merger Control Regulation to have the case referred to the Bundeskartellamt. However, since the European Commission deemed the procurement markets to extend beyond Germany, the referral of the control case was limited to the German retail markets.[12]

After an in-depth review, the Bundeskartellamt finally cleared the merger subject to the condition that 23 outlets in competitively problematic market

9 Autorité de la Concurrence, Décision n° 22-DCC-78 - Conforama France/Mobilux, 28/4/2022.

10 European Commission, Case M.10664 - XLCEE / DEROT / BLACK RED WHITE, 21/06/2022.

11 Bundeskartellamt, File no. B1-170/22 -XXXLutz/Braun Möbel-Center, Case Summary, 21/12/2022.

12 European Commission, Case M.9609 - MANN MOBILIA/TESSNER HOLDING, Decision of 23/1/2020.

areas be sold to third parties. Shortly afterwards the European Commission cleared the merger unconditionally with regard to the procurement markets.[13] XXXLutz subsequently appealed the Bundeskartellamt's decision which led to the ruling by the Higher Regional Court of Düsseldorf on substantive matters of the SIEC mentioned above. The Court held that the conditions attached to the clearance decision were not lawful and annulled them.[14] The ruling became effective after the Federal Court of Justice declined to hear the appeal by the Bundeskartellamt .[15]

2.2. The relevant market for furniture retail

The relevant product market was defined in line with past decisional practice.[16] That is the retail of articles from the basic furniture range ("Möbelgrundsortiment").[17] The basic furniture range includes, inter alia, kitchen furniture, including large electrical appliances, living-room furniture, upholstered furniture, bedroom furniture, dining-room furniture and nursery and children's furniture. In order to adequately analyse relevant competitive forces, it was considered appropriate to define an overall market in the form of a full-range market ("Sortimentsmarkt") to which online sales and suppliers of part of the product range such as kitchen specialists, upholstered furniture outlets and DIY stores belong. Because of divergent competitive conditions the so-called fringe range of products ("Randsortiment") comprising living and interior accessories, such as, e.g., household textiles and lights, was excluded.

In order to account for the specific case at hand the market definition was further refined. Going beyond prior decisional practice the market was segmented according to types of retailers.[18] Discount stores on the one hand and large furniture stores ("Einrichtungshäuser") on the other

13 European Commission, Case M.9609 - MANN MOBILIA/TESSNER HOLDING, Decision of 30/11/2020.

14 Oberlandesgericht Düsseldorf, File no. Kart 2/21 (V), Decision of 09/03/2022. Available at Beck RS 2022, 8834.

15 Bundesgerichtshof, File no. KVZ 33/22, Decision of 27/06/2023. Available at Beck RS 2023, 32652.

16 Bundeskartellamt, File no. B9-15/01 - Lutz/Engelhardt, Decision of 19/9/2001, paras 8 et seq.; Bundeskartellamt, File no. B9-114/01 - Kurt Krieger / Möbel Walther AG, Decision of 07/12/2001, para7.

17 Bundeskartellamt, File no. B1-195/19, paras 90 et seq.

18 Bundeskartellamt, File no. B1-195/19, paras 116 et seq.

hand have relevant distinguishing characteristics. Discount stores offer primarily low-price items, mostly ready-to-assemble and often based on particleboard. At the same time, the range of products and services is typically rather limited. Other furniture discounters are the next best alternatives for typical customers of a furniture discounter, thus making them particularly close competitors. This holds even if there are overlaps between the segments.

Large furniture stores focus on mid-price items, among them products which have been produced using higher-quality materials like real wood, metal or genuine leather. They also offer more individual choice options and a wider range of services (in particular expert advice, delivery and assembly). Consequently, the competitive pressure which large furniture stores exert on discounters (and vice-versa) is weaker. Only competition from the IKEA stores is somewhat more significant. In fact, the assignment of IKEA to a segment was one of the most controversial aspects of the case at hand. While the Bundeskartellamt, based on the results of the market investigation, assigned IKEA to the furniture store segment, the merger parties claimed that it belonged to the discount segment.[19] The Higher Regional Court followed the parties in this specific regard while generally accepting the Bundeskartellamt's segmentation of the market.[20]

The definition of the relevant geographic market was based on the target locations of the merger at hand.[21] However, in a different way from past practice, actual sales data were used to define market areas for each store separately. That was the catchment area comprising those five-figure postal code areas in which 90 % of the customers of the respective outlet reside. Take the market area Goslar around the Roller store in the town as an example.[22] In the map below (figure 1) the 90 %-market area is marked while the symbols represent target stores (diamonds for discount stores and circles for furniture stores). The market area comprises 30 five-figure postal code areas[23] and covers a radius of around 25 km as the crow flies,

19 Bundeskartellamt, File no. B1-195/19, paras 138 et seq.

20 Oberlandesgericht Düsseldorf, File no. Kart 2/21 (V), paras 49 et seq.

21 Bundeskartellamt, File no. B1-195/19, paras 160 et seq.

22 The complete address is Carl-Zeiß-Straße 6, 38644 Goslar. See Bundeskartellamt, File no. B1-195/19, para 176.

23 These are 37444, 37520, 37539, 38229,38259, 38274, 38275, 38277, 38279, 38312, 38315, 38322, 38324, 38640, 38642, 38644, 38667, 38678, 38685, 38690, 38700, 38704, 38707, 38709, 38723, 38729, 38835, 38855, 38871 and 38879 (Bundeskartellamt, File no. B1-195/19, para 180).

inlcuding most of the Harz area in the states of Lower Saxony and Saxony-Anhalt including, inter alia, the towns Goslar, parts of Salzgitter, Schladen, Bad Harzburg, Wernigerode, parts of Braunlage, Clausthal-Zellerfeld and Seesen.

Figure 1: Market area Goslar around Roller store, catchment area

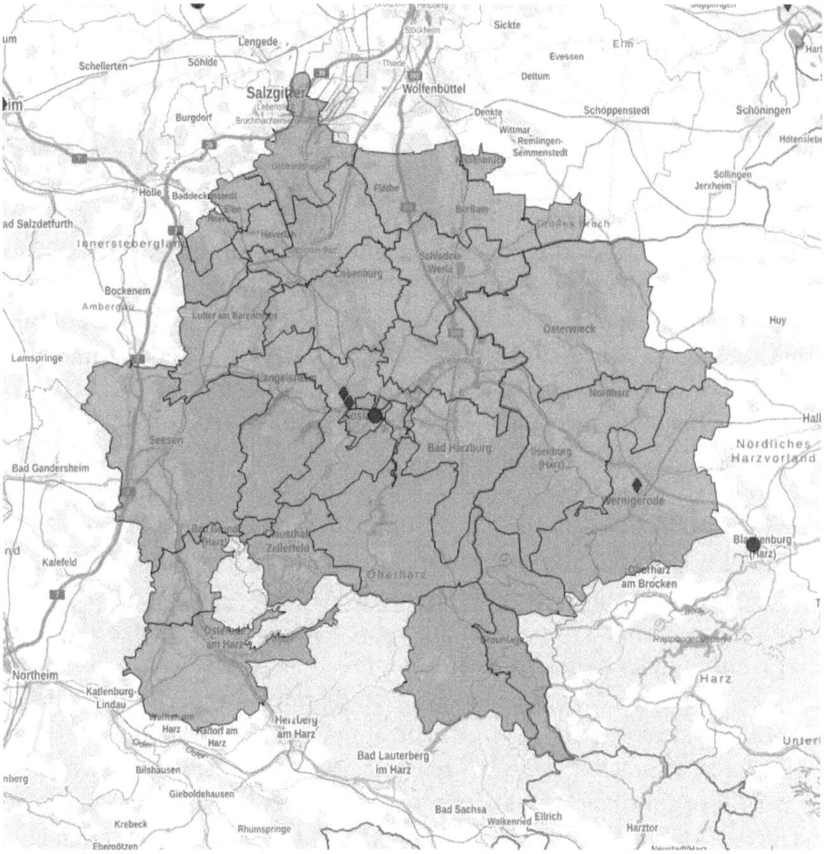

By taking the catchment area as a basis for market definition, actual consumer behaviour is accounted for. The same applies to the specific circumstances of each area including the presence of competitors' and parties' outlets, topographical conditions and transport infrastructure. Only in addition the Bundeskartellamt considered market areas based on a uniform radius of 30 km (as the crow flies) around the target locations. Such a "one-size-fits-all" approach was used regularly in past cases where for example a radius of 60 km (deemed equivalent to 45 minutes driving-time) was taken as a basis.[24]

2.3. Substantive assessment

The merger was expected to give rise to substantial unilateral (or non-coordinated) effects in 25 market areas due to the elimination of the intense competition between the merger parties in particular in the discount segment. Unilateral effects can basically be expected if, as a result of a merger, significant competitive pressure on one or more suppliers is eliminated and the latter consequently gain increased market power. The most direct effect of the merger is the loss of competition between the merger parties (first-order effect). Other companies, in particular the closer competitors of the parties, also benefit from the decrease of competitive pressure resulting from the merger (second-order effect). This can lead to significant price increases or other negative effects for the affected customers, such as a reduction in quality, limited choice or a lowering of the service level offered.

In the XXXLutz/Roller/Tejo Möbel case the Bundeskartellamt applied the SIEC test using a combination of indicative thresholds and a comprehensive case-by-case assessment. In order to ensure a uniform approach across all 155 affected market areas and also for reasons of procedural economy it relied on certain indicative threshold values as a filtering device.[25]

In case of a market area around a discount store the first pair of indicative threshold values relates to the directly affected brick-and-mortar discount segment. A combined turnover share of the parties of around two-thirds and a merger-induced increase at least in the mid-single-digit range were considered to be the relevant thresholds. The other two pairs of indicative threshold values concern the entirety of full-range furniture retailers ("Möbelvollsortimenter"), respectively the overall market that also includes specialist outlets such as upholstered furniture outlets and DIY stores. A combined share of the parties of around 30 % with regard to all full-range furniture retailers, respectively one quarter on the overall market, were considered as indicative of significant unilateral effects. At the

24 The cases concerned (very) large furniture stores in rural areas. See Bundeskartellamt, File no. B9-15/01, para 13; Bundeskartellamt, File no. B9-114/01, para 9.

25 Bundeskartellamt, File no. B1-195/19, paras 284 et seq.

same time, the merger-induced increase would have to be at least in the lower to mid-single-digit percentage range.

In the case of a market area around a large furniture store the first pair of indicative thresholds relates to brick-and-mortar discount retailers and furniture stores together.[26] The Bundeskartellamt deemed a combined share of the parties of at least around a half of the turnover and a merger-induced increase at least in the mid-single-digit percentage range to be indicative of an SIEC. In addition, the same other two threshold pairs as in the case of a discount market area were looked at.

The thresholds outlined above were regarded as cumulative, i.e., they had to be fulfilled (almost) completely for a particular market area to indicate an SIEC. Moreover, they (only) gave an indication that an SIEC would result from the merger in question. Hence, they were followed by a comprehensive examination of each individual market area in order to obtain a definitive assessment. Ultimately, the Bundeskartellamt found an SIEC in 25 market areas including 24 discount markets and one market area around a large furniture store, namely Bremen (Schulenburg).[27] The 25 SIEC market areas are plotted in figure 2.[28] They are spread across Germany while some of them border on or overlap one another.

26 Bundeskartellamt, File no. B1-195/19, para 292.

27 Bundeskartellamt, File no. B1-195/19, paras 319 et seq.

28 Taken from Bundeskartellamt, File no. B1-195/19, paras 323.

Figure 2: SIEC market areas

In most of the SIEC market areas the abovementioned indicative threshold values were clearly exceeded. In the brick-and-mortar discount segment the combined shares exceeded 80 % in over half of the market areas while the increment was more than 10 % in nearly all market areas, and in individual cases even above 40 %. Concerning all full range furniture retailers, the combined share in six cases was at least 40 % while the increase was at least 10 % in seven cases. On the overall market, including specialist outlets, the combined share was more than 30 % in ten cases and the increase in individual market areas over 10 %.

2.4. Conclusion of the case

In order to eliminate the SIEC in the 25 market areas mentioned above, the parties offered commitments. They involved in particular the divestiture of 23 furniture retail outlets to one or more independent buyers.[29] An in-depth examination and market testing of the commitments showed that they were adequate to alleviate the anti-competitive effects to a sufficient degree. The commitments also included provisions concerning owned or rented stores, access to the necessary storage facilities and the transfer of inventory and staff. The purchasers of the stores in question had to be already active in the furniture retail sector and, prima facie, should not raise any competition concerns. Finally, certain obligations were imposed on the parties for the time prior to and after the divestiture of the stores, including a prohibition of reacquisition for five years, a prohibition to open new stores in a certain radius also for five years as well as a two-year ban to poach key staff. With these conditions the merger was ultimately cleared.

As already mentioned, XXXLutz appealed the conditional clearance decision before the Higher Regional Court of Düsseldorf which held that the conditions attached to the clearance decision were not lawful.[30] On the next instance, the Federal Court of Justice declined to hear the accept the appeal by the Bundeskartellamt.[31] Meanwhile, the case-practice has continued to develop further. In particular, in the XXXLutz/Braun Möbel-Center case in late 2022 the investigation focused on the furniture store segment (Emmerich 2023: 611, 613).[32]

3. The "Real cases"

3.1. Background

In late 2020, respectively early 2021, the Bundeskartellamt cleared several acquisitions of large grocery stores under the Real brand from the Luxem-

29 Bundeskartellamt, File no. B1-195/19, paras 581 et seq.

30 Oberlandesgericht Düsseldorf, File no. Kart 2/21 (V), Decision of 09/03/2022. Available at Beck RS 2022, 8834.

31 Bundesgerichtshof, File no. KVZ 33/22, Decision of 27/06/2023. Available at Beck RS 2023, 32652.

32 Bundeskartellamt, File no. B1-170/22 -XXXLutz/Braun Möbel-Center, Case Summary, 21/12/2022.

bourg investment firm SCP Retail Operations S.á.r.l., which, at the time, was controlled by the Russian investment company Sistema and which had acquired all 276 Real stores from the Germany-based trading concern Metro shortly before.[33]At the time Real was the fifth largest grocer nationwide with a turnover of approx. seven billion euros in 2018/2019. The stores were typically very large (sales area of 7,000 sqm on average) and offered a wide range of products, including non-food-articles. Besides, Real was the largest member of the procurement cooperation Retail Trade Group (RTG).

The assessment was especially complex because not only a large number of local markets was concerned but because there were also several potential buyers and, thus, parallel proceedings. One of the buyers was Kaufland. At the time of the merger Kaufland operated approximately 670 large grocery stores ("SB-Warenhäuser" and "Verbrauchermärkte") in Germany with typically more than 30,000 articles and an average sales area of 4,000 sqm. It is part of the Schwarz Group to which also the Lidl chain of food discounters belongs. With a turnover of around 113 billion euros the Schwarz Group is by far the largest food retailer in Europe. The second buyer was EDEKA group, the leading supplier in the German grocery sector. The group operates by far the largest distribution network comprising approximately 11,200 outlets at the time of the merger, including large grocery stores mainly under the E-Center and Marktkauf labels as well as over 4,000 discount stores under the Netto Markendiscount label. In 2019 EDEKA group achieved a turnover of 51.7 billion euros in the food retail sector. Compared to the other two, the third acquirer Globus is a smaller player. At the time of the merger Globus, inter alia, operated 47 large grocery stores in Germany with sales areas exceeding 5,000 sqm. Its turnover of 4.5 billion euros in Germany was achieved to a small part outside the grocery sector (DIY and electronics stores). Since 2020 Globus has also been a member of the procurement cooperation Retail Trade Group (RTG).

The proceedings with regard to Kaufland as one of the buyers originated from a full referral by the European Commission at the request of the parties according to Art. 4 (4) of the EC Merger Control Regulation.[34] Subsequently, EDEKA and Globus notified directly to the Bundeskartellamt. Unlike in the XXXLutz/Roller/Tejo Möbel case the assessment also covered the procurement side. Eventually the acquisitions of up to 92 Real stores by Kaufland and

33 European Commission, Case M.9703– SCP/Real, Decision of 4/3/2020.

34 European Commission, Case M.9823– Kaufland/SCP Real Assets, Decision of 11/6/2020.

up to 72 stores by EDEKA were cleared conditionally while Globus was allowed to buy up to 24 stores without any conditions attached (Bundeskartellamt 2020).[35] The acquisition of more Real stores was cleared by the Bundeskartellamt in subsequent proceedings until the year 2023 (e.g. Bundeskartellamt 2023b).

3.2. Relevant retail markets

The "Real cases" affected both consumers in the relevant local markets (retail side) and food manufacturers and other suppliers such as wholesalers in the procurement markets (procurement side). In the following, the focus will be on retail markets. Here, the relevant product market was defined in line with prior decisional practice.[36] That is the retail of a typical full range of food and non-food articles ("Sortimentsmarkt").[37] Different channels of distribution are included from large grocery stores to supermarkets and discounters. Organic supermarkets are also included. However, specialist shops such as "ethnic" supermarkets, beverage stores or drugstores do not belong to the market. Neither were online food retailers included due to their very limited significance at the time of the proceedings (partly prior to the COVID-19 pandemic!) with a share of online food sales of merely 1,4 % in 2019.

Akin to the XXXLutz/Roller/Tejo Möbel case, the delineation of the relevant geographic market was based on the target locations.[38] Likewise, actual sales data were used to define market areas for each store separately. That was the catchment area in which 90 % of customers of the respective Real store reside. Additionally, the core area ("Kerngebiet") was delineated in which two-thirds of customers reside. The core area is typically much smaller than the 90 % catchment area. The market area Horb am Neckar in the south-western state of Baden-Wuerttemberg provides a good example.[39] The core area encompasses essentially Horb itself and the neighbouring town of Eutingen im Gäu. Marked by the shaded area in figure 3, it covers an area

35 Bundeskartellamt, File no. B2-83/20 - Kaufland/Real, Decision of 22/12/2020; File no. B2-85/20 - EDEKA/Real, Decision of 17/03/2021.

36 E.g., Bundeskartellamt, file no. B2-96/14 - EDEKA/Kaiser's Tengelmann, Decision of 31/03/2015, paras 160 et seq.

37 Bundeskartellamt, File no. B2-85/20 - EDEKA/Real, paras 137 et seq.

38 Bundeskartellamt, File no. B2-85/20 - EDEKA/Real, paras 159 et seq.

39 Bundeskartellamt, File no. B2-85/20 - EDEKA/Real, paras 266 et seq. The map in figure 3was taken from para 277.

around the target store (marked by a dark circle in the map)[40] of approximately 5 kilometres as the crow flies. The catchment area (also marked in the map) extends, inter alia, to the towns Nagold, Rottenburg, Starzach and Sulz.[41] In terms of distance from the target store this amounts to roughly between 10 and 20 kilometres as the crow flies.

Figure 3: Market area Horb am Neckar

40 The other circles mark the sites of large stores by EDEKA, Kaufland and REWE, respectively.

41 The core area comprises mainly the five-figure postal code areas72160 and 72184 while the catchment area also includes the postal code areas 72108, 72172, 72186, 72202 and 72221 among others.

3.3. Substantive assessment

The "Real mergers" involving Kaufland and EDEKA, respectively, were expected to give rise to a SIEC in the form of substantial unilateral effects in a number of market areas.[42] In order to structure the assessment and filter out potentially problematic markets, the Bundeskartellamt also in this case looked at a cumulative set of criteria, namely the parties' combined market share and the merger-induced increment in the catchment area as well as the parties' combined turnover share in the narrower core area. The special focus on the core area reflects the finding that geographic proximity is of particular importance for the intensity of competition between different grocery outlets.

To begin with both, combined market shares below 25 % and a turnover share in the core area below 35 %, respectively, were considered to indicate the absence of substantial unilateral effects.[43] The same applies to a market-wide increment of less than 2 %. In practice, however, the market share of the respective Real store typically exceeded that figure by a wide margin with the average increment being around 6 % in the EDEKA case. Beyond these lower thresholds, table 1 summarises the indications drawn from various combinations of the abovementioned figures.

Table 1: Indications

Market share	Increment	Core area turnover share	Indication
25-39%	≥2%	35-40%	Detailed analysis needed, typically SIEC not to be expected.
25-39%	≥2%	≥40%	Detailed analysis needed.
≥40%	≥2%	<40%	Detailed analysis needed.
≥40%	≥2%	≥40%	Detailed analysis needed, typically SIEC to be expected.

The abovementioned figures were, however, not decisive for the assessment of the merger effects in a particular market area. Rather, like in the XXXLutz/Roller/ Tejo Möbel case, they (only) gave an indication as to whether an SIEC could be expected in a particular market area or not. In

42 Bundeskartellamt, File no. B2-83/20 - Kaufland/Real, paras 270 et seq.; File no. B2-85/20 - EDEKA/Real, paras 298 et seq.

43 Bundeskartellamt, File no. B2-85/20 - EDEKA/Real, paras 203 et seq.

order to obtain a definitive assessment, therefore, a comprehensive analysis of the specific competitive situation in that given market area was necessary. On that basis, a SIEC was finally found in 9 market areas with regard to the original acquisition plans by Kaufland[44] and in 26 market areas with regard to the planned acquisitions by EDEKA.[45] In the specific case of the market area of Horb already mentioned above, the comprehensive analysis led, however, to the finding of a lack of causality of the acquisition by EDEKA for the deterioration of the competition conditions, although the relevant figures pointed towards a SIEC.[46] The principal reason was the fact that EDEKA had already acquired the property of the store in question and that the seller SCP intended to close the Real store in the near future.

3.4. Outcome of the "Real cases"

After exceptionally intensive and complex proceedings, the Bundeskartellamt eventually cleared the acquisition of up to 92 Real stores by Kaufland, up to 72 stores by EDEKA and up to 24 stores by Globus. As a condition, Kaufland was, however, prohibited to acquire 9 other stores which it had intended to acquire originally.[47] Likewise, EDEKA was prohibited to acquire 21 stores.[48] In addition, EDEKA had to carve out retail space for competitors for at least 10 years or close other stores in five more cases.[49] In addition, the sale of stores to Globus was in itself the result of another condition imposed on the seller SCP. In order to alleviate competition concerns related to the procurement side, SCP undertook to sell Real stores with a total food purchase volume of at least 200 million euros to one or more medium-sized food retailers. Globus turned out to be the sole purchaser. This was meant to strengthen a smaller retailer and, at the same time, the

44 Bundeskartellamt, File no. B2-83/20 - Kaufland/Real, paras 270 et seq.

45 Bundeskartellamt, File no. B2-85/20 - EDEKA/Real, paras 298 et seq.

46 Bundeskartellamt, File no. B2-85/20 - EDEKA/Real, paras 283 et seq.

47 These were the Real stores Bedburg, Brandenburg, Dülmen, Falkensee, Heidenau, Heidenheim, Hemer, Horb and Neubrandenburg (Bundeskartellamt, File no. B2-83/20 - Kaufland/Real, paras 649 et seq.).

48 These were the stores in Alzey, Bergen (Rügen), Bocholt, Braunschweig, Donaueschingen, Hettstedt, Jettingen, Jülich, Kamp-Lintfort, Karlsruhe, Kirchentellinsfurt, Kempten, Neustadt, Oldenburg, Pfarrkirchen, Riesa, Staßfurt, Weinheim, Wesel, Wolfenbüttel and Wolfsburg (Bundeskartellamt, File no. B2-85/20 - EDEKA/Real, paras 1033 et seq.).

49 These concerned the Real stores in Böblingen-Hulb, Memmingen, Nürtingen, Rhede-Vardingholt and Würzburg.

procurement cooperation RTG as a sales channel for food manufacturers and suppliers in Germany. Finally, 63 of the remaining Real stores were taken over by a management buyout involving the financial investor Dr. Tischendorf and operated under the newly created Mein Real brand. Mein Real subsequently entered into a procurement cooperation with REWE Group, another leading German grocer (Bundeskartellamt 2022a, b). Apparently, however, the new entity was not successful commercially and entered into insolvency proceedings in 2023 (Stockburger & Schulz 2023). The acquisition of a number of Mein-Real stores by REWE was cleared by the Bundeskartellamt subsequently (Bundeskartellamt 2023b).

Due to the lack of an appeal the conditional clearance decisions by the Bundeskartellamt became effective. Moreover, like in furniture retail, the case-practice has since developed further. For example, the assessment of the takeover of Bringmeister by rival Knuspr in 2023 focussed on online grocery (Bundeskartellamt 2023a).

4. Concluding remarks

Under the SIEC test, merger control in Germany and elsewhere ultimately boils down to individual cases. The general legal test and economics-based theories of harm must be applied to the facts of the specific case. This can clearly be seen from both the XXXLutz/Roller/Tejo Möbel case and the "Real cases" dealt with above. In all cases a large number of local retail markets was affected. The relevant market included a wide range of products while the geographic delineation was based on actual sales data for each individual target store. The Bundeskartellamt relied on a combination of indicative criteria and a comprehensive case-by-case analysis in the application of the SIEC test.

Beyond this overall congruence, however, certain differences can be also traced between the cases. These comprise the inclusion (or not) of online retailers and specialist shops in the relevant product market, the concrete values of the indicative thresholds and the further differentiation of the analysis. These differences reflect the characteristics of the affected markets and mergers in question and again testify to the case-specific application of the SIEC test.

It therefore seems safe to predict that the application of the SIEC test in German merger control (and elsewhere) will develop further in the light of upcoming cases and, in particular, judicial review. It is (almost) equally certain that Wolfgang Kerber will continue to follow this development with great interest and expertise.

References

Bach, A. (2023), Wir hätten Besseres verdient – zum CK Telecoms-Urteil des EuGH, in: Neue Zeitschrift für Kartellrecht, Vol. 11, 382-384.

Böge, U. (2004), Der „more economic approach" und die deutsche Wettbewerbspolitik, in: Wirtschaft und Wettbewerb, Vol. 54 (7&8), 726-733.

Böge, U. & Müller, E. (2002), From the market dominance test to the SLC test: Are there any reasons for a change?, in: European Competition Law Review, Vol. 23 (10), 495-498.

Budzinski, O. (2008), Monoculture versus Diversity in Competition Economics, in: Cambridge Journal of Economics, Vol. 32 (2), 295-324.

Budzinski, O. & Kerber, W. (2003), Megafusionen, Wettbewerb und Globalisierung, Stuttgart: Lucius & Lucius.

Bundeskartellamt (2020), Press Release, Kaufland can acquire 92 Real stores subject to conditions – Globus can acquire 24 Real stores, URL: https://www.bundeskartellamt.de/SharedDocs/Meldung/EN/Pressemitteilungen/2020/22_12_2020_Real_Kaufland_Globus.html?nn=3591568 (last accessed 22 January 2024).

Bundeskartellamt (2022a), Press Release, No proceeding initiated on account of purchasing agreement for further operation of 63 "real" stores, URL: https://www.bundeskartellamt.de/SharedDocs/Meldung/EN/Pressemitteilungen/2022/13_04_2022_Real_Rewe.html?nn=3591568 (last accessed 22 January 2024).

Bundeskartellamt (2022b), Press Release, Bundeskartellamt clears acquisition and further operation of 58 "Real" stores – purchasing agreement to be reviewed separately, URL: https://www.bundeskartellamt.de/SharedDocs/Meldung/EN/Pressemitteilungen/2022/02_03_2022_real.html?nn=3591568 (last accessed 22 January 2024).

Bundeskartellamt (2023a), Press Release, Online food retail sector: Knuspr can take over Bringmeister, URL: https://www.bundeskartellamt.de/SharedDocs/Meldung/EN/Pressemitteilungen/2023/10_08_2023_Kern_B_Fresh.html (last accessed 22 January 2024).

Bundeskartellamt (2023b), Press Release, REWE can take over 15 "Mein Real" stores, URL: https://www.bundeskartellamt.de/SharedDocs/Meldung/EN/Pressemitteilungen/2023/30_11_2023_REWE.html (last accessed 23 February 2024).

Christiansen, A. (2010), Der More Economic Approach in der EU-Fusionskontrolle. Darstellung, konzeptionelle Grundlagen und kritische Analyse, Frankfurt a. M.: Peter Lang.

Christiansen, A. & Kerber, W. (2006), Competition Policy with optimally differentiated Rules instead of "Per Se Rules vs Rule of Reason", in: Journal of Competition Law & Economics, Vol. 2 (2), 215-244.

Crede, C. (2023), Zusammenschlusskontrolle in Gap Cases, in: Wirtschaft und Wettbewerb, Vol. 73 (9), 488-489.

Dewenter, R.; Kerber, W. & Kern, B. (2016), Empirical Analysis of the Assessment of Innovation Effects in U.S. Merger Cases, in: Journal of Industry, Competition and Trade, Vol. 16 (3), 373-402.

Emmerich, V. (2023), Fusionskontrolle 2022/23, in: AG, Vol. 68 (17), 610-615.

European Commission (2023), Press Release, Mergers: Commission clears acquisition of home24 by XXXLutz, URL: https://ec.europa.eu/commission/presscorner/detail/en/MEX_23_2261 (last accessed 22 January 2024).

Ewald, C. (2014), Der SIEC-Test im deutschen Recht. Grundansatz, materielle Detailfragen und praktische Auswirkungen aus ökonomischer Sicht, Wirtschaft und Wettbewerb, Vol. 64 (3), 261-281.

Göhsl, J.-F. & Rottmann, J. (2020), Nichtkoordinierte Effekte in der Europäischen Zusammenschlusskontrolle im Lichte der „CK Telecoms“-Entscheidung des Europäischen Gerichts, in: Zeitschrift für Wettbewerbsrecht, Vol. 18 (4), 493-532.

Immenga, U. (2006), Der SIEC-Test der europäischen Fusionskontrolle als Kompetenzfrage, in: C. Engel & W. Möschel (eds.), Recht und spontane Ordnung. Festschrift für Ernst-Joachim Mestmäcker zum achtzigsten Geburtstag, Baden-Baden: Nomos, 269-284.

Kerber, W. (1994a), Die Europäische Fusionskontrollpraxis und die Wettbewerbskonzeption der EG. Zwei Analysen zur Entwicklung des europäischen Wettbewerbsrechts, Bayreuth: P.C.O.

Kerber, W. (1994b), Der EG-Fusionskontrollfall "Nestlé/Perrier", in: Wirtschaft und Wettbewerb, Vol. 44 (1), 21-35.

Kerber, W. (2000), Europäische Fusionskontrolle: Entwicklung und Perspektiven, in: P. Oberender (ed.), Die Europäische Fusionskontrolle, Berlin: Duncker & Humblot, 69-97.

Kerber, W. & Vezzoso, S. (2019), Dow/DuPont: Another Step Towards a Proper Assessment Concept of Innovation Effects of Mergers, Discussion Paper June 24, 2019.

Laermann-Nguyen, U. & Kerber, W. (2022), Ex-Post Analysis of Pharmaceutical Merger Cases in the EU and US: The Identification of the Relevant R&D Projects, Discussion Paper November 7, 2022.

Monopolkommission (2012), Sondergutachten 63. Die 8. GWB-Novelle aus wettbewerbspolitischer Sicht, Bonn.

Monopolkommission (2014), Hauptgutachten XX: Eine Wettbewerbsordnung für die Finanzmärkte, Bonn.

Monopolkommission (2016), Hauptgutachten XXI: Wettbewerb 2016, Bonn.

Monopolkommission (2022), Hauptgutachten XXIV: Wettbewerb 2022, Bonn.

Monti, G. (2010), EC Competition Law: The Dominance of Economic Analysis?, in: R. Zäch; A. Heinemann & A. Kellerhals (eds.), The Development of Competition Law. Global Perspectives, Cheltenham: Edward Elgar, 3-28.

Monti, G. (2022), The Merger Control Regulation: What's Past is Prologue, in: Common Market Law Review, Vol. 59 (SI), 13-24.

Schmidt, I. (2004), Fusionskontrolle – Effizienz durch Wettbewerb oder Konzentration, in: Wirtschaft und Wettbewerb, Vol. 54 (4), 359.

Schwalbe, U. & Zimmer, D. (2021), Kartellrecht und Ökonomie. Moderne ökonomische Ansätze in der europäischen und deutschen Zusammenschlusskontrolle. 3rd Ed., Frankfurt a. M.: Deutscher Fachverlag.

Stockburger, M. & Schulz, H. J. (2023), Mein Real stellt Insolvenzantrag, in: Lebensmittelzeitung, URL: https://www.lebensmittelzeitung.net/handel/nachrichten/sb-warenhaeuser-mein-real-stellt-insolvenzantrag-173635 (last accessed 22 January 2024).

Strassmair, S. & Christiansen, A. (2016), Die Anwendung des SIEC-Tests in der deutschen Fusionskontrolle am Beispiel des Falls EDEKA / Kaiser's Tengelmann, in: Wirtschaft und Wettbewerb, Vol. 66 (12), 564-572.

Thomas, S. (2023a), Judicial Review of Merger Decisions in Germany: Reconciling Structural Concepts with Effects Analysis, in: D. H. Ginsburg & T. Eicke (eds.), Judicial Review of Competition Cases, Paris: Concurrences, 175-187.

Thomas, S. (2023b), Struktur und Anwendung des SIEC-Tatbestands – Eine Analyse der CK Telecoms-Entscheidung des EuGH, in: Zeitschrift für Wettbewerbsrecht, Vol. 21 (3), 281-308.

Völcker, S. B. (2023), The past, present and future of the SIEC standard in EU merger review, in: I. Kokkoris & N. Levy (eds.), Research Handbook on Global Merger Control, Cheltenham: Edward Elgar, 128-146.

Learning Algorithms, Product Differentiation and Profitability

Ulrich Schwalbe[1], *Christian Schwalbe*[2]

Introduction

Across many sectors of the economy, digitization has become increasingly important and many firms employ data and computer-based systems to develop new or improved products, processes, and business models. As of recent years, many companies also use algorithms to determine the prices for their products, i.e., they employ automated pricing methods. These pricing algorithms mostly apply data about the prices charged by their competitors and about the buying and searching behavior of their customers to choose their own best price. If, for example, a competitor changes its price, then the algorithm can react very quickly and adjust its own price accordingly.

Fears have been expressed by both economists and legal experts that pricing algorithms in particular could learn to set prices that are significantly higher than the prices that would emerge under competitive conditions. The algorithms would thus learn to behave in the same way as firms that have entered into a cartel agreement. In both cases, "algorithmic collusion" and cartelization, consumers would have to pay higher prices and would purchase a smaller quantity. Some simulations have been presented in recent years suggesting that in the context of very simple and stylized environments, such learning algorithms, do indeed lead to higher prices than when firms compete.

However, one question that has not yet been examined in detail in this context is whether the results also depend on the degree of differentiation of the products. A priori, one would expect the incentive for collusive behavior to be greater at a relatively low degree of product differentiation. The reason for this is that when the degree of differentiation is low, the

---

1 University of Hohenheim, Department of Economics.

2 Some of the results were obtained as part of a research project at the Hector Seminar. We would like to thank Katrin Buchali, Jens Grüb and Matthias Muijs for valuable help and comments.

competitive pressure between firms is high, so that profits in the absence of collusion are only slightly higher than in the presence of perfect competition. Collusive behavior would therefore lead to a significant increase in profits. However, if the products are wide substitutes only, then each firm has significant market power even without collusion and can therefore realize higher profits. In this case, however, collusive behavior is less attractive because the additional profit generated is comparatively low.[3]

This paper therefore investigates the question to what extent the results of algorithmic pricing depend on the degree of product differentiation. Given the above reasoning, one would expect price-setting algorithms to be used primarily in industries where the competitive pressure is comparatively high, and hence the additional profits that can be generated through collusive behavior of the algorithms are large. The empirically testable hypothesis would therefore be that the use of price-setting algorithms in an industry is inversely related to the degree of product differentiation. This topic is analysed in this paper employing computer simulations of learning algorithms interacting in a simple price setting duopoly model. The learning behavior is modeled as Q-learning, which is mostly employed in the literature on algorithmic collusion. To check for robustness of the results, we use two different types of demand function, a logit demand and a linear demand function.

The paper is organized as follows: The first section briefly presents the main economic foundations of the analysis. The second section gives a brief overview of price-setting learning algorithms, focusing in particular on the concept of "reinforcement learning", a special variant of machine learning, a subfield of artificial intelligence, which is frequently used in the literature. The subsequent section introduces the model structure used in the simulations, presenting the two different demand functions used for the simulations. Further, the programming of the algorithms and the simulations are outlined. Section three then presents the results of the simulations. The paper concludes with a brief summary and discussion of the results.

---

3 The relationship between collusion and product differentiation has been extensively discussed in the literature, see e.g. Chang (1991), Hausman/Leonard/Zona (1994), Jehiel (1992), Rothschild (1992), and Tyagi (1999). Also, the analysis of mergers in markets with differentiated products has demonstrated that the effects of a merger are ceteris paribus the stronger, the more homogeneous, measured for example by the diversion ratio, the products are. See e.g. the contributions by Epstein/Rubinfeld (2004), Shapiro (1996) or Werden/Froeb (199}.

1 Economic framework

In this section, we present the basic economic model that underlies the subsequent simulations. The question of algorithmic collusion arises primarily in those markets where only a few firms compete with each other offering the same or similar products. These include, for example, producers of soft drinks, dairy products, but also petrol companies. These oligopolistic markets are characterized above all by the fact that there is strategic interdependence between the companies. This means that the outcome of a firm's decision, such as the choice of a certain price for a product, depends not only on what price the firm charges, but also on what prices the other companies set. If the other firms charge a lower price, then the company in question will only be able to sell a small amount of its products and generate a small profit, as consumers will buy from the lower-priced suppliers. However, if the competitors' prices are higher than the company's own price, then it will be able to sell a lot and make a high profit. So, when deciding what price the company should charge for a product, it must take into account what prices the other companies are charging. The company must therefore make a strategic decision. In order to determine which decisions are rational in such a situation of strategic interdependence and, to what the outcomes are , concepts from game theory must be employed which are illustrated below using a simple example.

1.1 Oligopoly with price-setting firms – non-coordinated behavior

A market with two companies is considered, each of which manufactures only one product and has the same manufacturing costs. For each firm, the quantity sold depends on the prices charged by the two firms. These demand functions are linear and given by:

$$D_1(p_1, p_2) = 2 - p_1 + bp_2 \text{ and } D_2(p_1, p_2) = 2 - p_2 + bp_1.$$

Here, D_1 and D_2 denote the quantities sold by firms 1 and 2 as a function of the two prices p_1 and p_2 charged by the firms. The functions can be interpreted as follows: If one firm increases its own price, then the quantity sold decreases as consumers buy less of the product or switch to products from other producers. If, on the other hand, the other firm charges a higher price, then demand for its own product increases because some consumers switch from the competitor to the firm with the relatively lower price. It is assumed that the effect of a change in one's own price on the quantity sold is stronger than that of a change in the competitor's price, i.e. $b \in (0,1)$. For simplicity, it is assumed that firms produce at a constant unit cost of $c = 1$. It is further assumed that the firms try to maximize their respective profits by choosing their prices. The profits of the two companies are:

$$\pi_1 = (2 - p_1 + bp_2)p_1 - 1 \quad \text{and} \quad \pi_2 = (2 - p_2 + bp_1)p_2 - 1.$$

The first-order conditions are given by

$$\frac{\partial \pi_1}{\partial p_1} = 3 - 2p_1 + bp_2 = 0, \quad \frac{\partial \pi_2}{\partial p_2} = 3 - 2p_2 + bp_1 = 0.$$

Solving for p_1 and p_2 respectively, yields the two so-called reaction or best-reply function for each firm. The second order conditions for a maximum are satisfied, because

$$\frac{\partial \pi_1}{\partial p_1} = \frac{\partial \pi_2}{\partial p_2} = -2.$$

For each price of the other firm, the best-reply functions indicate what price to charge for the own product if the profit should be maximized:

$$p_1(p_2) = \frac{3 + bp_2}{2} \quad p_2(p_1) = \frac{3 + bp_1}{2}.$$

At the intersection of the two best-reply functions, the prices of the two companies are mutually best reply. Here, neither firm has an incentive to unilaterally change its price. Thus, these best replies form a Nash equilibrium.[4] In this model, the equilibrium prices are:

4 As $b \in (0,1)$, there is a unique point of intersection of the two best-reply functions, i.e. the Nash-equilibrium is unique.

$$p_1^* = p_2^* = \frac{3}{2-b}$$

and the equilibrium profits are

$$\pi_1(p_1^*, p_2^*) = \pi_2(p_1^*, p_2^*) = \frac{(1+b)^2}{(2-b)^2}.$$

For example, for a value of $b = 0.5$, prices are 2.00 and profits in the Nash equilibrium are 1.00 each.

1.2 Collusive Behavior in Oligopoly

However, the firms could earn a higher profit if they behave collusively or enter into a cartel agreement, i.e., if they maximize their joint profits. In this case, the objective function of the firms is:

$$\pi(p_1, p_2) = \pi_1(p_1, p_2) + \pi_2(p_1, p_2).$$

The first-order-conditions for a joint profit maximum are

$$\frac{\partial \pi}{\partial p_1} = 3 - 2p_1 + b(p_2 - 1) = 0, \quad \frac{\partial \pi}{\partial p_2} = 3 - 2p_2 + b(p_2 - 1) = 0.$$

Solving the system of equations yields the equilibrium prices

$$p_1^c = p_2^c = \frac{3-b}{2(1-b)}$$

and the profits

$$\pi_1^c(p_1^c, p_2^c) = \pi_2^c(p_1^c, p_2^c) = \frac{(1+b)^2}{2(1-b)}.$$

With a value of $b = 0.5$, prices under perfect collusive behavior are 2.5 and profits are 1.125, indicating that there is a significant incentive for the two firms to engage in collusive behavior, as it allows them to increase their profits by 12.5%. However, prices are 15% higher than in the competitive Nash equilibrium. As a result, consumers are worse off because they now have to pay more for the products and buy smaller quantities of both products.

1.3 Price-setting learning algorithms

To determine whether algorithms can learn to set prices that are higher than competitive prices, some researchers have used simulation models in which learning algorithms interact repeatedly in a very simple market environment like to one discussed in the previous section.[5] { Using these models, it has been shown that learning algorithms do indeed lead to higher prices than under competition between firms. It was assumed that the learning method of the algorithms is a so-called "reinforcement learning". In this type of machine learning, the interaction between the algorithm and its environment is defined in terms of states, actions and rewards. In the case of price-setting algorithms, the set of possible actions corresponds to the set of possible prices that the firm can charge. The reward corresponds to the profit the firm realizes when it charges a given price. A state of the environment is characterized by the prices chosen by all algorithms at a given time. During the interaction, the algorithm chooses an action to balance between the actions that exploit what it has learned so far (exploitation) and the actions that have not yet been tried (exploration). The learning rate is important here, as it indicates how quickly the algorithm learns. The higher the learning rate, the higher the probability that the algorithm will exploit what it has learned so far. It is assumed in the following that the probability with which the algorithm experiments, i.e. tries out a new action, decreases over time. This implies that in the long run, no more exploration will occur.

In the simulations, a specific learning procedure, Q-learning, is used to solve a so-called Markov decision problem (MDP). An MDP is a mathematical model of a decision problem in which the agent (or algorithm) repeatedly acts in an environment and influences the transition from one

5 The most prominent papers are Calvano et al. (2020) and Klein (2021).

state to another and the rewards through its actions. Here, the Q represents the quality or expected value of an action in a given state. The goal of Q-learning is to find an optimal action for the agent to maximize the reward in the decision problem at hand. In doing so, Q-learning is based on estimating a Q-function that assigns a value to each state-action pair (S_t, a_t) at a time t that indicates how large the expected reward is that the agent will receive if it performs action a_t in state S_t. Q-learning can be illustrated by the following figure: In a state of environment S_t, the agent chooses action a_t, then receives reward r_{t+1} and observes the new state of environment S_{t+1}. In period $t+1$, the agent then chooses an action a_{t+1}, the environment transitions to a state S_{t+2}, the agent receives a reward r_{t+2}, and so on. The functioning of a Q-learning algorithm can be illustrated as follows:

Figure 1: How a Q-learning algorithm works

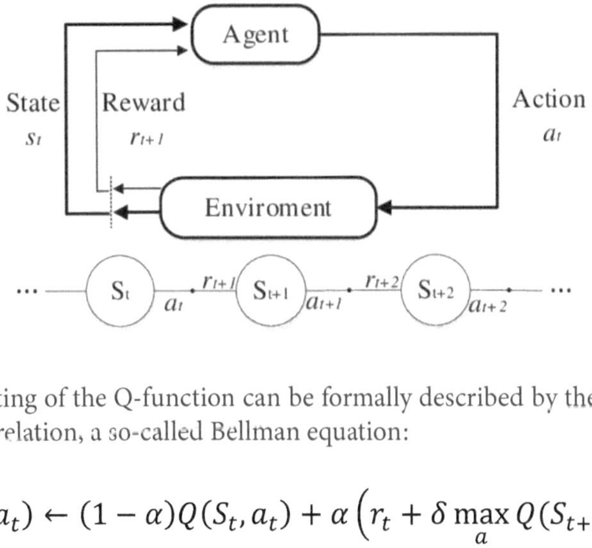

The updating of the Q-function can be formally described by the following recursive relation, a so-called Bellman equation:

$$Q(S_t, a_t) \leftarrow (1-\alpha)Q(S_t, a_t) + \alpha\left(r_t + \delta \max_a Q(S_{t+1}, a)\right).$$

Here, $\alpha \in (0,1)$ denotes the learning rate and $\delta \in (0,1)$ denotes the discount factor that determines what weight the algorithm assigns to future payoffs. The Bellman equation states that the optimal value of a decision in a given state is equal to the maximum expected value of the current reward plus the maximum expected value of the future rewards resulting from the future states reached by the decision.

The Q-function can also be represented in the form of a matrix whose rows and columns correspond to the number of states and actions. If this so-called Q-matrix is known, the algorithm can easily choose the optimal action for any given state. In the example shown here, the algorithm would choose the action a_3 in state S_2, since this leads to the highest payoff (2).

Figure 2: The Q-function in matrix-form

	a_1	a_2	a_3	…	a_n
S_1	1.1	2	1.5	…	0
S_2	0.75	0.1	2	…	0
S_3	0	2.1	0.8	…	1.9
…	…	…	…	…	…
S_n	1.95	0.8	0	…	0.77

Respectively, yields the two so-called reaction Q-learning algorithm must first estimate the values of the Q-matrix by an iterative procedure.

2 The Model

Building on the simulation models of Calvano et al. (2020) as well as Klein (2021), a simple market model is considered with both companies 1 and 2 using the same technology and therefore having the same production costs. It is assumed that the production cost c per unit is equal to 1. The companies produce similar products and face a so-called logit demand function specified as follows:

$$D_i(p_i, p_j) = \frac{e^{\frac{2-p_i}{\mu}}}{e^{\frac{2-p_i}{\mu}} + e^{\frac{2-p_j}{\mu}} + 1}.$$

The parameter μ indicates how similar the two products are. The smaller μ is, the less differentiated the products are and the more intense the competition between the companies.[6] This type of demand function has also been used in merger analysis to predict the non-coordinated effects of a merger as e.g. in Werden/Froeb (1994). The first step was to check whether the results of Calvano et al. (2020) could be reproduced. In the further steps of the investigation, the assumptions were modified to determine whether and how the results change if the degree of product differentiation changes. The set of possible prices that the algorithm can set is given by $a = \{0.3, 0.35, 0.4, 0.45, 0.5, 0.55\}$. The probability that the algorithm explores is given by 1 in the first period and decreases to the value 0.1% after 100,000 periods. The learning rate is $\alpha = 0.15$ and the discount factor is $\delta = 0.95$. The parameter μ indicates the degree of product differentiation.

To check whether and to what extent the results are independent of the form of the demand function, we use a second form of demand, the linear demand function:

$$D_i(p_i, p_j) = 2 - p_i + bp_j.$$

Here, the parameter $b \in (0,1)$ indicates how similar the products are. If b is very low, then the price of firm j's product has almost no effect on the demand for product i, i.e., the products are comparatively independent, so there is little competitive pressure between the firms. Stated otherwise, the best-reply functions of each firms are constant. If b increases, the slope of the best-reply functions is increasing leading to a Nash-equilibrium with higher prices and also higher profits.

2.1 Programming and Simulation

The oligopoly model and the Q-learning algorithm were programmed in Python. Ten runs each with a maximum of 2,000,000 periods were performed. A run was terminated when the algorithms selected the same value or cycle for 10,000 consecutive periods.

6 For the logit demand function and its properties see Anderson/de Palma (1992).

3 Results

In the following section, we present the results for different modifications of the models of Calvano et al. (2020) and Klein (2021), respectively.

3.1 Results for Logistic Demand

In this modification of the two models, we investigate whether the results of their simulations depend on the degree of product differentiation. The results are measured by how well a Q-learning algorithm achieves the collusive outcome. If the products are perceived as very different by the consumers, for example, in terms of the sugar content of soft drinks, then the degree of product differentiation is high and the intensity of competition is relatively low. It is high if the products are perceived by consumers to be very similar. Here, a small price increase in one product would cause consumers to switch to another product.

The following table contains the values for the prices of the products in Nash equilibrium and collusive behavior as well as the corresponding profits. Furthermore, the table contains the prices learned by the algorithms and the resulting profits. Finally, the percentage increase of the profit for each firm is given as well as the average profit growth in percent. The corresponding results were calculated for μ values of 0.1, 0.25, 0.5, 0.75, 1, and 5, with demand characterized by the logit demand function given above.

Table 1: Prices, profits and profit gains with logistic demand

μ	p^*	p^c	π^*	π^c	p_1	p_2	π_1	π_2	$\Delta\pi_1$	$\Delta\pi_2$	$\Delta\pi$
0.10	1.199	1.866	0.099	0.383	1.547	1.547	0.267	0.267	0.591	0.591	0.591
0.25	1.472	1.950	0.223	0.337	1.690	1.690	0.299	0.299	0.662	0.662	0.662
0.50	1.799	2.187	0.299	0.343	1.934	1.934	0.325	0.325	0.571	0.571	0.571
0.75	2.100	2.600	0.350	0.380	2.265	2.247	0.365	0.369	0.505	0.640	0.573
1.00	2.401	2.852	0.411	0.426	2.610	2.610	0.418	0.418	0.678	0.678	0.678
5.00	7.289	8.647	1.289	1.323	7.858	7.977	1.317	1.308	0.809	0.550	0.679

Here, p^* and π^* denote the prices and profits in non-coordinated Nash equilibrium, p^c and π^c denote the prices and profits under perfect collusion, p_1 and p_2 denote the prices learned by the algorithms at the corresponding parameter value, and π_1 and π_2 denote the profits realized at these prices. The symbols $\Delta\pi_1$, $\Delta\pi_2$ and $\Delta\pi$ denote the average profit gain for the two firms and the average profit gain in percentage terms, respectively. Here, $\Delta\pi_i$ is defined as

$$\Delta\pi_i = \frac{\pi_i - \pi^*}{\pi^c - \pi^*}, \qquad i = 1,2.$$

and $\Delta\pi$ analogously as in the contribution by Calvano et al. (2020). The value is 0 when the profit generated by the algorithms is equal to that in non-coordinated Nash equilibrium and 1 when the algorithms learn perfectly collusive prices and thus generate the same profit as under perfect collusion.

It can be seen that the greater the differences between the products, the higher the prices set by the algorithms. Also, the profits of the companies increase with the degree of product differentiation. This is mainly due to the fact that the competitive pressure exerted by a close substitute on one's own product is high, since consumers will switch to the alternative product, which is, after all, very similar to their own, even if the price increase is small. Companies will therefore tend to charge low prices due to this high competitive pressure. If, on the other hand, the products are wide substitutes, then they exert only a low competitive pressure on each other. Since the products are quite different in the eyes of consumers, they will continue to buy the preferred product even if the price is higher. Companies can therefore charge higher prices without fear of losing significant demand. The simulations show, however, no clear trend for the average profit gain achieved by using learning algorithms. Regardless of the value of the parameter μ, the average percentage gain ranges from 57.1% to 67.9%, with no apparent correlation with the values of μ. For example, for the values of $\mu = 0.25$ and $\mu = 5$, the algorithms set higher prices and achieve higher profits, but the profit gain in percentage terms achieved by the algorithms is not significantly different.

3.2 Results for Linear Demand

To check whether the results depend on the type of the demand function, in the following we use the linear demand function

$$D_i(p_i, p_j) = 2 - p_i + bp_j, \quad i,j = 1,2, \quad i \neq j.$$

instead of the logit demand and vary the degree of product differentiation, denoted here by the parameter $b \in (0,1)$. If b is very small, then the price of the competitor's product has no influence on one's own demand. If, on the other hand, b is close to 1, then an increase in the competitor's price leads to an increase in demand for one's own product in almost the same proportion. For the simulation, values of b of 0.3, 0.4, 0.5, 0.6, 0.7, 0.8 and 0.9 are used in the following. The results of the simulations are summarized in table 2 using the same notation as in table 1.

Table 2: Prices, profits and profit gains with linear demand

μ	p^*	p^c	π^*	π^c	p_1	p_2	π_1	π_2	$\Delta\pi_1$	$\Delta\pi_2$	$\Delta\pi$
0.3	1.764	1.929	0.585	0.604	1.834	1.834	0.596	0.596	0.575	0.574	0.574
0.4	1.875	2.167	0.766	0.817	2.015	2.015	0.800	0.800	0.676	0.676	0.676
0.5	2.000	2.500	1.000	1.125	2.180	2.180	1.075	1.074	0.590	0.590	0.590
0.6	2.143	3.000	1.306	1.600	2.505	2.505	1.499	1.499	0.657	0.657	0.657
0.7	2.308	3.833	1.710	2.408	3.018	2.976	2.107	2.182	0.569	0.676	0.623
0.8	2.500	5.500	2.250	4.050	3.466	3.466	3.195	3.195	0.525	0.525	0.525
0.9	2.727	10.500	2.983	9.025	5.820	5.820	6.561	6.561	0.592	0.592	0.592

Prices and profits increase with increasing b, but even with linear demand there is no discernible systematic dependence of the profit gain achieved by the price setting algorithms on the degree of product differentiation. The percentage profit increase ranges between 53% and 68%, a result similar to the logit demand function. This shows that the results seem not to depend on the type of the demand function.

4 Discussion

In the context of a simple Bertrand duopoly, in which the two firms use learning algorithms to set prices, it was shown that the profit gains achieved by such algorithms do not systematically depend on whether the duopolists produce close or wide substitutes. This was verified using two types of demand functions, logistic and linear demand. It was found that the profit gain from learning algorithms compared to the competitive equilibrium is always in the range of 53% to 67%, regardless of the type of demand function and regardless of the degree of differentiation. This suggests that the incentive to use learning algorithms to set prices should be in the same order of magnitude, regardless of the degree of differentiation of the products. One would therefore expect that the degree of diffusion of price-setting algorithms in markets with differentiated goods would also correspond to that observed in markets with homogeneous goods. It would therefore be interesting to empirically test this hypothesis, which can be derived from the study.

References

Anderson, S. P. and A. de Palma (1992): The Logit as a Model of Product Differentiation, *Oxford Economic Papers,* Vol. 44, No. 1, pp. 51–67.

Calvano, E., G. Calzolari, V. Denicolò, and S. Pastorello (2020): Artificial intelligence, algorithmic pricing, and collusion, *American Economic Review*, Vol. 110, No. 10, pp. 3267–3329.

Chang, M.-H. (1991): The effects of product differentiation on collusive pricing, *International Journal of Industrial Organization*, Vol. 9, No. 3, pp. 453–469.

Epstein, R. J. and D. L. Rubinfeld (2004): Effects of mergers involving differentiated products - Technical Report *COMP/B1/2003/07, Brussels,* url: https://ec.europa.eu/competition/mergers/studies_reports/effects_mergers_involving_differentiated_products.pdf

Hausman, J., G. Leonard, and J. D. Zona (1994): Competitive Analysis with Differentiated Products, *Annales d'Économie et de Statistique,* No. 34, pp. 159–180.

Jehiel, P. (1992): Product differentiation and price collusion, *International Journal of Industrial Organization, Vol. 10, No. 4, pp. 633–641.*

Klein, T. (2021): Autonomous algorithmic collusion: Q-learning under sequential pricing, *RAND Journal of Economics*, Vol. 52, No. 3, pp. 538–599.

Rothschild, R. (1992): On the sustainability of collusion in differentiated duopolies, *Economics Letters,* Vol. 40, No. 1, pp. 33–37.

Shapiro, C. (1996): Mergers with differentiated products, *Antitrust*, pp. 23–30.

Tyagi, R. K. (1999): On the Relationship between Product Substitutability and Tacit Collusion, *Managerial and Decision Economics*, Vol. 20, No. 6, pp. 293–298.

Werden, Gregory, J. and L. M. Froeb (1994): The effects of mergers in differentiated products industries: Logit demand and merger policy, *Journal of Competition Law & Economics,* Vol. 10, No. 2, pp. 407–426.

Recht und Ökonomie

Was ist das Problem bei der Zähmung von Big Tech?

Rupprecht Podszun, Düsseldorf

1. Einführung

Warum fällt die Regulierung von Big Tech so schwer? Wolfgang Kerber hat – unter Rückgriff auf Joseph Schumpeter – herausgearbeitet, dass eine technologische Revolution wie die der Digitalisierung auf begrenztes regulatorisches Wissen stößt und dass die rechtlichen Institutionen mit der ökonomischen Umwälzung nicht Schritt halten. Für die rechtsetzenden Instanzen sei das regulatorische „Experimentieren" die einzige Möglichkeit (Kerber 2023). 2016 erschien der erste große Aufsatz von Kerber zur digitalen Ökonomie, notabene in einer juristischen Zeitschrift, in dem er einen „sophisticated integrated approach" forderte (Kerber 2016).[1] Experimentiert wurde in der Zwischenzeit unter anderem mit Datenschutz-Grundverordnung (DSGVO), Digital Markets Act (DMA), Digital Services Act (DSA), Data Act, Data Governance Act und mit Reformen im Kartellrecht (z.B. § 19a GWB). Kerber hatte eine vorbereitende Studie für kartellrechtliche Änderungen mitverantwortet (Schweitzer et al. 2018).

Die politischen Institutionen haben also weitreichende und wegweisende Gesetzgebungsschritte unternommen, die sowohl „sophisticated" im Sinne von anspruchsvoll und „integrated" dahingehend sind, dass Zielsetzungen wie Schutz der Privatsphäre, Wettbewerbsschutz oder Fairness teilweise ineinandergreifen.

Gleichwohl bleibt ein Unbehagen. Denn auf den Märkten hat sich trotz der mehrjährigen Bemühungen eigentlich nichts verändert: Die wirtschaftliche Macht der GAFAMs ist ungebrochen. Nutzerinnen und Nutzer sind in Abhängigkeiten verstrickt. Dass sie mündig und weniger fremdbestimmt durch die digitale Welt segeln, ist nicht erkennbar.

1 Zuvor hatte sich Kerber schon, wie viele in dieser Generation, mit dem „Jahrhundertfall" Microsoft auseinandergesetzt, der aus damaliger Sicht vor allem das Verhältnis von IP und Kartellrecht betraf, von Kerber und seiner Co-Autorin Claudia Schmidt aber bereits zutreffend als Testfall für Innovationsanreize gelesen wurde und der auch die Interoperabilitätsdiskussionen vorwegnahm (Schmidt & Kerber 2008).

In diesem Beitrag wird die Regulierung der Big Tech-Konzerne mit Hilfe eines Modells analysiert, das Wolfgang Kerber zwanzig Jahre vor seinem ersten großen Aufsatz zur Digitalwirtschaft dargestellt hat. Es ermöglicht einen geschärften Blick auf die Chancen des Rechts, Richtung und Dynamik des wirtschaftlichen Geschehens zu prägen. Die nächsten regulatorischen Experimente könnten damit berechenbarer werden.

2. Kerbers Modell von Recht als Selektionsumgebung für eine evolutorische Wirtschaft

Wolfgang Kerber veröffentlichte 1996 einen Beitrag mit dem Titel „Recht als Selektionsumgebung für evolutorische Wettbewerbsprozesse" (Kerber 1996). Darin beschäftigt er sich konzeptionell mit der Frage, wie Rechtsregeln auf ökonomische Prozesse wirken, und entwickelt ein Modell, nach dem Recht die „Selektionsumgebung" für ökonomische Prozesse darstellt und diesen eine Richtung verleiht.[2] Damit will er es ermöglichen, auch weiterhin Aussagen über Wirtschaft zu treffen – nämlich indem rechtliche Regelungen auf ihren Steuerungsgehalt hin analysiert werden.

Der Ausgangspunkt, der diese Fragestellung erforderlich macht, ist Kerbers dynamisches – oder genauer: evolutorisches – Verständnis der Wirtschaft. Wirtschaft ist für ihn ein Prozess, in dem es ständig zu nicht-antizipierbaren Neuerungen kommt. Er löst sich damit von statisch ausgerichteten Modellen der Industrieökonomik und der einseitigen Fokussierung auf Preiselemente in der Analyse von Wirtschaft und Wettbewerb. Für Unternehmen geht es vielmehr darum, Hypothesen über Angebot und Nachfrage zu bilden und zu überprüfen, um damit relativ besseres Wissen zu schaffen und die Aktionsparameter erfolgversprechender als die Wettbewerber einsetzen können. Die Suche nach Wissen wird damit zur zentralen Triebfeder einer sich permanent weiterentwickelnden Wirtschaft. Diese evolutorische Sichtweise knüpft nahtlos an die Theorie zur Wissensgenerierung von Hayek und die Innovationstheorie von Schumpeter an. Kreativität bei der Hypothesenbildung wird für erfolgreiches Unternehmertum kennzeichnend. Der Prozess, mit dem das neue Wissen am Markt getestet wird, ist nach Kerber ein Trial-and-Error-Prozess, der an das Variations-Selektions-Schema aus der Evolutionstheorie erinnert: Unternehmen

2 Kerber hat dieses Modell in zahlreichen weiteren Schriften niedergelegt und angewendet, z.B. Kerber (1997), Kerber & Heine (2003); siehe auch Budzinski (2004) sowie für eine Übertragung aufs Recht als evolutorisches Programm Podszun (2014).

müssen ausprobieren, welche Neuerungen, welche Angebote, welche Preise funktionieren. Das sind die Variationen, die sie hervorbringen. Diese werden am Markt selektiert. So kommt es zu Rückkopplungen (also Informationssignalen), die wiederum zur Anpassung führen. So entwickeln sich Unternehmen und Märkte weiter.

Die Neuerungen sind jedoch dank der unbegrenzten Kreativität und der letztlich nicht zu prognostizierenden Kundenreaktionen nicht-antizipierbar. Damit stellt sich für die Wirtschaftswissenschaft – und auch die Wirtschaftspolitik – die Frage, wie Aussagen über Wettbewerbsprozesse gemacht werden können. An dieser Stelle dockt Kerber an das evolutorische Modell mit dem institutionenökonomischen Denken an.[3] Er versteht den Markt als Ort mit Institutionen, die als Selektionsbedingungen die Möglichkeiten für Neuerungen und die Auswahlentscheidungen der Marktgegenseite prägen. Zu diesen Institutionen zählt neben anderen das Recht, dessen „ökonomische Analyse“ folglich Aussagen über wirtschaftliche Prozesse ermöglicht. Kerber schreibt, „daß Regeln im Sinne eines institutionellen Rahmens, innerhalb dessen die wirtschaftlichen Handlungen und Interaktionen von Wirtschaftssubjekten stattfinden, als Selektionsumgebung verstanden werden können, die auf die ökonomischen Entwicklungsprozesse eine Kanalisierungswirkung ausübt und ihnen folglich eine Richtung verleiht“ (Kerber 1996: 302).

Die Steuerungsmöglichkeit des Rechts bezieht sich auf zwei Aspekte: Den Inhalt dessen, was im Wettbewerb überhaupt verhandelt wird, und die Dynamik des wettbewerblichen Geschehens. Inhaltlich wird durch Recht definiert, was zulässig ist. Welche Aktivitäten können Unternehmen ausführen, welche Aktionsparameter stehen rechtlich dafür überhaupt zur Verfügung? Das Recht arbeitet mit Restriktionen, eröffnet aber auch Handlungsfreiheiten (was Kerber mit Hoppmanns Überlegungen zur Wettbewerbsfreiheit assoziiert (Hoppmann 1966). Die Dynamik entscheidet sich daran, wie Wissen und Informationssignale verteilt werden und welche Anreize und Sanktionen für den Wissensvorsprung gesetzt werden. Setzt das Recht Anreize oder Sanktionen, die die Umverteilung des Wissens beeinflussen, verändert dies die Selektion. Führt etwa eine Pflicht zur Wissensteilung dazu, dass Wettbewerber, die einen Wissensvorsprung erarbeitet

3 Insbesondere in Anknüpfung an North (1990). Eine erkennbare Nähe besteht zur Konstitutionenökonomik, mit der sich Kerber – etwa bei der Übersetzung von James Buchanan und in der Zusammenarbeit mit Viktor Vanberg – befasst hat.

haben, diesen nur in geringem Maße kapitalisieren können, werden sie ihre Selektionsentscheidung entsprechend treffen.

Damit Recht als Institution überhaupt Selektionswirkungen zeitigt, müssen bestimmte Voraussetzungen gegeben sein, von denen Kerber drei benennt. Recht wandelt sich selbst permanent (vgl. Podszun 2014). Es kann seine Prägekraft daher erstens nur entfalten, wenn es eine gewisse Dauerhaftigkeit erreicht (invariant ist) oder sich jedenfalls langsamer weiterentwickelt als der ökonomische Prozess. Zweitens beeinflusst Recht grundsätzlich nur die Entscheidungen, wenn es auch durchgesetzt wird. Drittens werden die Aussagen im Modell durch Interdependenzen zwischen Marktprozessen und rechtlichen Institutionen verkompliziert, etwa wenn es Rückkopplungen auf Geltung oder Durchsetzung des Rechts gibt.

Zusammengefasst beinhaltet Kerbers Modell die konsequente Hinwendung zu einem evolutorischen Wettbewerbsverständnis, das – inspiriert von Hayek und Schumpeter – den Wandel als konstitutiv und die Lösung von Wissensproblemen als die eigentliche Aufgabe für Unternehmen ansieht. Stabilität erhält dieses Modell durch Institutionen, die dem Wandel, der im Variations-Selektionsschema abläuft, eine Richtung geben – insbesondere rechtliche Regeln, soweit diese konstant sind, durchgesetzt werden und nicht zu stark vom Gegenstand ihrer Regelung rückbeeinflusst werden.

3. Ökonomische Prozesse der Digitalwirtschaft durch die Linse des evolutorischen Modells

Die Veränderungen der ökonomischen Prozesse durch die Big Tech-Unternehmen sind vielfach analysiert worden (Rochet & Tirole 2003; Monopolkommission 2015; Bundeskartellamt 2016; Crémer et al. 2019; zusammenfassend Kerber 2019). Das hier referierte Analysekonzept schärft aber den Blick für Besonderheiten der Digitalwirtschaft und zeigt auf, wie Plattformcharakter, Datenmacht und Gatekeeperstellungen wirken.

Die GAFAMs betreiben Plattformen, verbinden also mehrere Marktseiten miteinander. Die Plattformwirtschaft bestätigt eindrucksvoll, dass die Preisfokussierung anderer ökonomischer Modelle irreführend sein kann. Die „Zero-Price-Markets“ – die Null-Preis-Marktseiten – funktionieren nicht über Preissignale, sodass die auf preiswirksame Effizienzeffekte ausgerichteten Modelle nicht funktionieren. Der Ansatz, dass Unternehmen überlegenes Wissen erarbeiten müssen, ist vorzugswürdig gegenüber Modellen, die auf Preiseffekte setzen.

Mit der geschickten Trennung und Verknüpfung verschiedener Marktseiten erzielen die Plattformbetreiber einen Effekt, der durch das Wissensmodell sichtbarer wird: Sie lösen das Wissensproblem auf zwei verschiedenen Ebenen. Auf Ebene der Null-Preis-Marktseite sind sie kreativ und innovativ, ziehen mit immer neuen Services und Ideen neue Nutzer an oder halten die bisher gewonnenen. Auf der Marktseite, die bepreist wird, hingegen spielen Kreativität und Innovation eine völlig untergeordnete Rolle, da die Bindung der Marktgegenseite nicht durch ein direktes Angebot, sondern durch die indirekten Netzwerkeffekte der Plattform hergestellt wird. Während in der klassischen Wirtschaft Innovationswettbewerb direkt der Marktgegenseite zugutekommt, können Innovation und Umsatz in der Plattformökonomie voneinander getrennt werden. Die Selektion der Variation wird nicht durch die Marktseite gesteuert, die dafür zu bezahlen hat. Vielmehr können die Signale dieser Marktseite, jedenfalls sobald der Markt gekippt ist, weitgehend ignoriert werden. Das erklärt, warum die Plattformunternehmen einerseits sehr innovativ sind, sie andererseits aber große Abhängigkeiten verursachen, die wettbewerblich höchst problematisch sind. Die Plattform führt zur Entkopplung der Selektion vom wirtschaftlichen Erfolg. Es ist daher unterkomplex, wenn zur Abwehr von regulatorischen Interventionen vorgebracht wird, die Digitalunternehmen seien doch äußerst innovativ, was ein Zeichen für funktionierenden Wettbewerb sei. Das ist lediglich die eine Seite der Medaille. Zugleich wird bei dieser Analyse deutlich, dass der wissenschaffende Wettbewerb vor allem gegenüber den (zahlenden) gewerblichen Nutzern gestärkt werden muss – ein Ansatz, der sich in der Grundkonzeption des DMA niedergeschlagen hat.

Das zweite Charakteristikum der Digitalwirtschaft ist die Datenmacht der großen Akteure. Daten sind Informationen. Die GAFAMs haben diese Informationen in sehr granularer Weise in großer Masse zur Verfügung. Es liegt auf der Hand, dass sie in einem Wettbewerb, der wesentlich als Prozess zur Lösung von Wissensproblemen gestaltet ist, enorme Vorteile haben. Wer Zugriff auf bessere Informationen hat als andere, kann Signale aus dem Markt besser einordnen, verarbeiten, auswerten. Kerber nennt in Anlehnung an Armen Alchian und Günter Hesse die wettbewerblichen Aktivitäten einen „mehr oder minder blinden trial and error-Prozeß" (Kerber

1996: 304).[4] Die datenmächtigen Unternehmen überwinden teilweise diese Blindheit.

Die sehr großen Unternehmen mit global ausgerollten Aktivitäten haben die Möglichkeit, trial and error-Prozesse mit einer Vielzahl von Datenpunkten selbst rasant schnell durchzuführen. Das A/B-Testing ist integraler Bestandteil der digitalen Geschäftsmodelle. Will ein stationäres Ladengeschäft ausprobieren, ob Kunden eher auf Dekoration A oder Dekoration B mit einem Kauf reagieren, sind Aufwand und Zeitverzögerung ungleich größer, als wenn dies in einer massenhaft genutzten Internet-Anwendung getestet wird, möglicherweise in einem Land der Erde testweise für den Rest. Die Möglichkeit zu derartigen Selektionsexperimenten erklärt den großen Erfolg, ist aber nicht zu beanstanden.

Problematischer ist eine andere zentrale Fähigkeit der Unternehmen, die zum dritten Charakteristikum der Digitalwirtschaft führt, der Gatekeeperstellung der Unternehmen. Der Begriff „Gatekeeper“ (oder, wie es in der deutschen Fassung des DMA heißt: Torwächter) ist für den DMA zentral, wird dort in Art. 2 Nr. 1, Art. 3 und Erwägungsgrund 13 aber nur formal definiert. Der Gatekeeper kontrolliert das Zugangstor zu Märkten, Diensten oder Kunden; die Beschränkbarkeit eröffnet Missbrauchspotenziale, wenn Nutzer auf den Zugang angewiesen sind. Neben die Zugangskontrolle tritt – für ein Modell, das Wissensgenerierung in den Fokus rückt, noch wichtiger – die Informationskontrolle. Die Gatekeeper können auch den Informationsfluss zu den einzelnen Nutzern kontrollieren und steuern. Wenn der evolutorische Prozess der Wirtschaft im Wesentlichen auf dem Austausch von Informationen und Signalen beruht, ist der freie Fluss dieser Informationen und Signale essentiell. Der Wettbewerbsprozess lebt von der Rivalität um Informationen – wettbewerblichen Erfolg hat, wer überlegenes Wissen hat. Genau diese Informationsflüsse werden nun von den Informationsintermediären gesteuert. Sowohl die Erstinformation als auch die für die Anpassung im Wettbewerb zentralen Rückkopplungseffekte können kontrolliert werden. Die Gatekeeper besetzen die Informationsschnittstellen zu den Nutzern der Marktseiten. Nutzer suchen, Anbieter bewerben Produkte über Google. Damit entsteht das Problem der Kontrolle der Informationen – Google hat es in der Hand, welche Anbieter in Rankings

4 Er bezieht sich auf Alchian (1950) und Hesse (1987). Auch wenn die Idee, dass Unternehmen durch trial-and-error Innovationsfortschritte erzielen, heute weiter verbreitet ist, bleibt erstaunlich, wie sehr die Innovationsökonomie jedenfalls in der Wettbewerbstheorie noch immer ein Stiefkind ist, siehe, dies anmahnend, beispielhaft Spulber (2023) und Andree (2023).

und in der Werbung wie ausgespielt werden, die Anbieter erfahren von den ursprünglichen Nutzerbedürfnissen nur das, was sie über Google an Information erhalten. Am deutlichsten werden dadurch mögliche Wettbewerbsbeschränkungen, wenn ein Online-Marktplatz an die Händler, die auf diesem Marktplatz vertreiben, Informationen aus den von den Händlern getätigten, aber vom Marktplatzbetreiber abgewickelten Transaktionen mit Kunden nur in begrenzter Weise zurückspielt.

Noch tieferliegend ist das Problem, dass die Gatekeeper zunehmend Vorstellungswelten prägen. Sie kontrollieren nicht nur, wer welche Informationen erhält, sondern auch, was überhaupt im Rahmen des Vorstellbaren ist – der bias wird noch tieferliegend angesetzt. Sucht ein Nutzer beispielsweise bei einem Online-Marktplatz oder in einer Suchmaschine nach einem Teppich, und es werden in den ersten 50 Suchergebnissen lediglich Teppiche in einer Preisrange von € 500 bis € 2.000 angezeigt, fallen die Produkte des Händlers X, der Teppiche für € 250 anbietet, aus dem Blickfeld des Nutzers. Nun kann vom Nutzer möglicherweise erwartet werden, dass er sich auch geringere Preise vorstellen und gezielt danach suchen kann. Geht man aber auf weniger offensichtliche Parameter oder auf noch wesentlich tiefer liegende Faktoren der Geschmacksprägung, wird die Informationshoheit des Intermediärs zur Möglichkeit, die gesamte Informationsgrundlage zu steuern oder zu manipulieren. Werden etwa Teppiche wie die von Anni Albers nie angezeigt, verlieren Nutzer zunehmend die Fähigkeit, Variationen außerhalb der von einem zentralen Operateur gestellten Umgebung überhaupt für möglich zu erachten. Aus dem Versprechen des Internets, unendliche Möglichkeiten nicht-antizipierbarer Neuerungen erreichbar zu machen, wird ein von einem Unternehmen mit Eigeninteressen zentral gesteuerter Korridor, der immer berechenbarer wird. Es lässt sich hoffen, dass die Unterdrückung des freien Willens und der Kreativität nicht ganz so einfach ist, wie hier dargestellt. Gleichwohl wird die informatorische Gegenmacht, das kritische Bewusstsein, der Marktgegenseite geschwächt. Nudges, dark patterns und Pfadabhängigkeiten verstärken die Informationseinschränkung. Nur am Rande sei bemerkt, dass die wirtschaftlich-wettbewerblichen Folgen noch verschmerzbar gegenüber den politisch-gesellschaftlichen Folgen sein dürften, die diese Informationshoheit mit sich bringt.

Insgesamt verleihen die Möglichkeiten der digitalen Wirtschaft den besonders großen Akteuren eine extrem gute Position, um überlegenes Wissen zu generieren. Zugleich kann der Wettbewerb um dieses Wissen durch genau diese Unternehmen gesteuert und eingeschränkt werden. Die

Entkopplung der Marktseiten, also die Besetzung der Schnittstelle zwischen Anbieter und Nachfrager (Podszun 2017), verleiht eine Schlüsselposition, die beides ermöglicht: Innovation *und* Wettbewerbsbeschränkung, beides auf hohem Niveau. Es kommt also noch zur Schaffung neuen Wissens, wirtschaftlich fairer Wettbewerb ist aber nicht mehr die Ursache dafür. Vielmehr kommt es zu einer einseitigen Umverteilung von Informationsvorsprüngen auf die Big Tech-Unternehmen, die dadurch derart erfolgreich sind.

4. Veränderungen der rechtlichen Selektionsumgebung durch Big Tech

Die regulatorischen Schwierigkeiten mit Big Tech sind aber nicht nur den Umwälzungen geschuldet, die die Plattformgeschäftsmodelle für den Wettbewerbsprozess bedeutet haben, sondern auch den Defiziten in den rechtlichen Antworten. Zunächst wurde rechtlich lange Zeit gar nicht versucht, Big Tech zu zähmen. Die Selektionsumgebung wurde im Gegenteil fördernd ausgestaltet. Mit der E-Commerce-Richtlinie 2001 wurde ein weitreichendes Haftungsprivileg für bestimmte Plattformdienste gewährt. Eine umfassende Reform des Datenschutzrechts erfolgte mit der DSGVO erst ab 2016, also zu einem Zeitpunkt, als die Datensammelei der Unternehmen schon erhebliche Ausmaße angenommen hatte. Auch im Kartellrecht wurde der Internethandel stark gefördert, Fusionen wurden durchgewunken, bis ab etwa 2017 Missbräuche von Marktmacht ernsthafter verfolgt wurden. Die Verkennung der wettbewerblichen Gefahren führte zu Selektionsmustern, die über Jahre ungehindert eingeübt werden konnten. Als eine kritischere Haltung sich Bahn brach, wurde die Durchsetzung völlig unterschätzt. So ist der Anpassungsdruck an Datenschutzvorschriften nach wie vor gering. Die DSGVO hat sich als zahnloser Tiger herausgestellt. Die kartellrechtlichen Leuchtturmverfahren sind derart langwierig, spezifisch und im Ergebnis wenig ergiebig, dass das Kartellrecht als Selektionsumgebung von den Unternehmen bislang kaum ernst genommen werden musste. Hinzukommt ein Mangel an Konstanz. Die sich jagenden Neuregelungen in der Plattformökonomie, die immer neuen Pläne, Positionspapiere, Guidelines und Regeln erschweren es, Rechtsprinzipien zu erkennen, an denen Verhalten ausgerichtet werden könnte. Unternehmen, die sich *compliant* verhalten wollen, sind mit einer kaum überschaubaren Vielzahl von Regelungen konfrontiert, deren Kohärenz und Konstanz nicht gesichert ist, sodass Investitionen in Compliance wenig incentiviert werden.

Es besteht eine Hoffnung, dass der DMA als Selektionsumgebung im Zusammenspiel mit nationalen kartellrechtlichen Sondervorschriften wie § 19a GWB einige dieser Limitationen überwindet (kritischer Budzinski & Mendelsohn 2023). Die Regelungen sind relativ klar formuliert (*rules* statt *standards*, vgl. Kerber 2021). Die gesetzgebenden Institutionen haben viel Wert darauf gelegt, die Durchsetzbarkeit zu gewährleisten, auch wenn insoweit Zweifel bleiben. Die enormen Lobby-Aktivitäten der GAFAM-Unternehmen wurden weitgehend aus dem Gesetzgebungsprozess herausgehalten, was die Interdependenzen reduziert hat.

Blickt man genauer darauf, wie DMA und § 19a GWB Inhalt und Dynamik des Wettbewerbs prägen können, welche *Richtung* sie geben, offenbaren sich Stärken und Schwächen dieses regulatorischen Umfelds.

Der Inhalt des Wettbewerbs wird dadurch bestimmt, welche Aktionsparameter die Unternehmen einsetzen dürfen. Eine Regelung setzt eine Vorstellung davon voraus, welche Aktionsparameter erwünscht und welche unerwünscht sind. Eine solche konzeptionelle Vorklärung ist in der Gesetzgebung nur unzureichend erfolgt. Als die damalige Wettbewerbskommissarin Margrethe Vestager 2019 mit dem Ansatz „shaping competition policy for the era of digitisation" antrat,[5] war das Ziel, zunächst die Richtung zu definieren, in die sich die digitale Wirtschaft entwickeln sollte. Eine solche Richtungsbestimmung ist jedoch ausgeblieben. Weder in der kartellrechtlichen Praxis noch im DMA sind Prinzipien erkennbar, auf die die einzelnen Maßnahmen gestützt sind. Vielmehr entsteht beim DMA der Eindruck eines *piecemeal approach*, bei dem auf mehr oder weniger zufällig bekannte gewordene Phänomene und Schwächen des Kartellrechts reagiert wurde. § 19a GWB ist insofern klarer, da wenigstens der Ausgangspunkt ersichtlich wettbewerbsorientiert ist.

Kerber hat herausgearbeitet, dass Regulierung ein Experimentieren bleibt, aber immerhin die Chance besteht, wettbewerbliche Aktivitäten zu „kanalisieren", ihnen eine Richtung zu verleihen. Diese Richtungsentscheidungen würden berechenbarer (d.h. weniger experimentell), wenn die Anknüpfungspunkte für rechtliche Steuerung differenzierter benannt würden. In dieser Hinsicht lassen sich verschiedene Wettbewerbsprobleme von Big Tech identifizieren, für die die Aktionsparameter jeweils unterschiedlich angesteuert werden müssten:

5 So der Titel einer von ihr veranstalteten, groß angelegten Konferenz am 17.1.2019, siehe https://competition-policy.ec.europa.eu/about/europes-digital-future/shaping-competition-policy-era-digitisation_en (zuletzt abgerufen am 27. Januar 2024).

- Marktbeherrschung: Die Unternehmen sind teilweise marktbeherrschend, was zu marktmachtbedingten Wettbewerbseinschränkungen oder Marktversagen führen kann. Das Instrument zur Verhinderung von Missbräuchen ist das Kartellrecht.
- Ultra-Marktbeherrschung: Das Europäische Gericht hat in einer Entscheidung zu Google davon gesprochen, dass das Unternehmen nicht bloß marktbeherrschend ist, sondern „superdominant" oder „völlig beherrschend" (englisch: ultra-dominant).[6] Eine solche Einordnung erhöht die kartellrechtlich notwendigen Anforderungen und spricht regulatorisch für ein „Ultra-Kartellrecht" (z.B. in Form von § 19a GWB).
- Gatekeeper: Wie beschrieben nehmen die GAFA-Unternehmen vielfach eine Schnittstelle im Verhältnis von gewerblichen Nutzern zu Endnutzern ein. Diese Torwächter-Funktion schafft Abhängigkeiten. Sie sind am ehesten durch Interoperabilitäts-, Informations- und Zugangsrechte zu bekämpfen.
- Ökosystem: Die GAFAM-Konzerne vernetzen Märkte und bilden zunehmend Ökosysteme oder „walled gardens", in denen sie Nutzer immer länger und intensiver „betreuen". Dadurch können problematische konglomerate Effekte entstehen. Der Lock-in könnte am ehesten mit strukturellen Trennungen (z.B. Entflechtung) beseitigt werden.
- Infrastruktur: Der Bundesgerichtshof hat Facebook vorgehalten, dass es als privates Unternehmen „die Bereitstellung schon der Rahmenbedingungen öffentlicher Kommunikation selbst" übernommen habe.[7] Das erinnert an eine Infrastruktureinrichtung. Folglich geht der BGH davon aus, dass „die Grundrechtsbindung Privater einer Grundrechtsbindung des Staates im Ergebnis vielmehr nahe- oder auch gleichkommen" kann (ebd.). Sieht man die Dienste von Big Tech als eine Art Infrastruktur wie das Strom- oder Schienennetz, was für manche Dienste zutreffen mag (insbesondere die Betriebssysteme, evtl. auch schon die Google Suche), ist ein regulierungsrechtlicher Eingriff zielführend.
- Datenkontrolle: Zum Teil wird die Macht der Unternehmen vor allem aus ihrer Datenkontrolle hergeleitet. Grundrechtlich sind dann Datenschutzregeln veranlasst. Wettbewerblich sind Datenportabilität und Datenzugang die entscheidenden Anforderungen.
- Regelsetzerkompetenz: Problematisch gesehen wird auch die Rolle von derartigen Unternehmen als Regelsetzer, die autonom entscheiden, wel-

6 EuG, 10.11.2021, Rs. T-612/17, ECLI:EU:T:2021:763, Rn. 180, 182 – Google Shopping.
7 BGH, 23.6.2020, KVR 69/19, Rn. 105 – Facebook.

che Regeln für Dritte im Internet gelten (Crémer et al. 2019; Schweitzer 2019) und die damit den hoheitlichen Regelungsanspruch teilweise substituieren. Das betrifft beispielsweise das Verhalten auf der jeweiligen Plattform, wo die Geschäftsbedingungen der Operateure wichtiger für die sonstigen Akteure werden als hoheitliche Rechtsvorschriften.

Im DMA und in anderen Gesetzen werden diese Ansatzpunkte vermischt. Dadurch mangelt es an einer zielsicheren und passgenauen Richtungsentscheidung für die Selektionsumgebung Recht.

Neben dem Inhalt des Wettbewerbs entscheidet die Rechtsordnung auch über dessen Dynamik mit. In dieser Hinsicht kommt es durch die Big Tech-Unternehmen zu erheblichen Verzerrungen. Die Dynamik des Wettbewerbs entscheidet sich an der Geschwindigkeit, mit der neues Wissen altes Wissen entwerten kann und es dementsprechend zur Umverteilung kommt. Der spontane Mechanismus wird in der Plattformökonomie weitgehend ausgehebelt. Das schaffen Big Tech-Unternehmen dadurch, dass sie selbst die Regelungshoheit über Informationsfluss, Anreize und Sanktionen im Wettbewerb übernehmen (Gatekeeper- und Regelsetzerfunktion). Sie bestimmen, wer welche Informationen erhält und wer welche Transaktionen erfolgreich abschließen kann. Andere Unternehmen sind somit nicht mehr in der Lage, Wissenshypothesen zu testen. Hinzukommt, dass die „Ultra-Dominanz" der DMA-Adressaten eine entmutigende Wirkung zu haben scheint, die durch den Aufkauf potentiellen Wettbewerbs und die Abschreckung von Investoren in konkurrierende Geschäftsmodelle genährt wird.

Ein Hersteller, der in seinem Shop auf einem Online-Marktplatz erfolgreich ist, muss fürchten, dass die entsprechenden Transaktionsdaten von dem hybrid tätigen Marktplatzbetreiber ausgewertet werden und dieser dann, mit überlegenem Wissen, in den Wettbewerb direkt eintritt. Ähnliche Mechanismen wirken bei der Selbstbevorzugung von Suchmaschinen-Betreibern, die die Suchdaten und das Bieten auf Werbeplätze kontrollieren. Erhalten Nutzer über ihre Kanäle keine Informationen über innovative Angebote, können solche Angebote nicht etabliert werden. Eine besonders hohe Gefahr des Ausbremsens wettbewerblicher Vorstöße Dritter besteht, wenn der Plattformbetreiber hybrid tätig ist, also mit eigenen Diensten im Wettbewerb steht. Seine ursprüngliche Funktion als neutraler Makler, als effizienter Intermediär wird in solchen Fällen durch Gewinnerzielungsinteressen überlagert – aus dem Intermediär wird ein Vermittler mit Interessenskonflikten, der seine Kunden auf beiden Marktseiten verraten kann

(Podszun 2020). Ist die Plattform dominant, ist das Potenzial zum Verrat am Prinzipal besonders hoch. In derartigen Fällen liegt es nahe, die Plattform von anderen eigenen Geschäftsmodellen komplett zu entflechten.

Im DMA sind Regelungen vorgesehen, die bestimmte Praktiken verbieten oder bremsen, etwa das Verbot der Selbstbevorzugung in Art. 6 Abs. 5 oder das Verbot der Datenverwendung in Art. 6 Abs. 2 DMA. Ähnliche Vorschriften bestehen in § 19a Abs. 2 Nr. 1 und Nr. 4b GWB. Der DMA bietet somit eine Chance, den wissenschaffenden Wettbewerb zu stärken, auch wenn die Gesetzgeber hier manches eher intuitiv, als modellhaft abgesichert richtig gemacht haben. Gerade die Dynamik des Wettbewerbs muss aber stärker abgesichert werden, indem die Freiheit der Informationsflüsse und Signale im Markt gewährleistet und die Möglichkeit zur grundlegenden Kontrolle der Informationsbasis beschränkt wird. Ob damit der digitalen Ökonomie eine neue Richtung gegeben wird, hängt maßgeblich von der Durchsetzung der Regeln sowie ihrer Kohärenz und Konstanz ab.

5. Folgerungen

Das hier in Erinnerung gerufene Modell eines evolutorischen Wettbewerbs, der vom Recht als Selektionsumgebung mitbestimmt wird, schärft den Blick für die Herausforderungen, die seit Erscheinen des wegweisenden Beitrags von Wolfgang Kerber über die am Wettbewerb Interessierten hereingestürzt sind. Kerber selbst hat in zahlreichen Schriften insbesondere die Verzahnung von Datenmacht und Wettbewerbsbeschränkung analysiert – und damit, ganz im Sinne eines auf Information und Innovation gerichteten Wettbewerbsverständnisses, die Dynamik des Wettbewerbsprozesses zu sichern versucht. Die Informationshoheit der Datenintermediäre wird in den Diskussionen bislang aber noch unterschätzt. Die Folgen sind nicht nur im Wettbewerb spürbar, sondern auch für den öffentlichen Diskurs, der ebenso wie der freie Wettbewerb auf eine gute Informationsgrundlage angewiesen ist (vgl. Habermas 2022). Will eine Gesellschaft sich nicht in zentralen Fragen ihres Zusammenlebens auf den guten Willen zur Neutralität einiger weniger Unternehmen verlassen, muss sie die Rechtssetzungshoheit in diesem Bereich zurückerlangen und die Informationsvielfalt (einschließlich der Verteilungsstrukturen von Informationen) sichern.

Der Rückblick auf das Modell birgt drei weitere Erkenntnisse.

Erstens: Innovation bleibt der Schlüssel des Wettbewerbs. Innovation ist auch weiterhin möglich. Dass sich die wenigen Gatekeeper derart etablieren konnten, ist nicht etwa einer puren Überlegenheit ihrer Innovationskraft zu verdanken, sondern der geschickten Besetzung strategischer Schaltstellen mit ihren Geschäftsmodellen. Dadurch wurden konkurrierende Informationsflüsse, die neue Variationen hervorbringen konnten, trockengelegt. Gelingt es, die Dynamik neu zu beleben, ist auch mit neuen Strömungen zu rechnen. Dafür muss aber sowohl im Kartellrecht als auch in der Regulierung der Digitalwirtschaft Innovation endlich als zentrales Motiv erkannt und gefördert werden.

Zweitens: Das Verständnis von Recht als Selektionsumgebung, die nur in bestimmten Grenzen und unter bestimmten Voraussetzungen wirksam werden, lehrt eine gewisse regulatorische Demut. Die Wissensprobleme, die Unternehmen im Wettbewerb lösen müssen, muss auch die Gesetzgebung lösen. Zur wirksamen Regulierung gehören Durchsetzung, Kohärenz und Konstanz der Regelungen. Die Regulierungskaskaden der letzten Jahre waren insofern kontraproduktiv für die Kanalisierung des evolutorischen Wettbewerbs. Sie führten zu einer Überforderung der Durchsetzungsinstanzen und stellten derart viele Anforderungen, dass das Ignorieren beinahe zur Notwendigkeit werden musste. Empfehlenswert ist eine Strategie, die sich auf eine inhaltliche Richtung besinnt, weniger fordert, dafür aber zielgerichteter ist und besser durchgesetzt wird.

Drittens: Die Digitalwirtschaft stellt den Wert des Wettbewerbs grundsätzlich in Frage. Dabei ist nicht primär an größenwahnsinnige Skalierungsstrategien zu denken, wie Peter Thiel sie formuliert („Competition is for losers", Thiel 2014). Es stellt sich vielmehr die Frage, ob die Wissensproduktion nicht durch immer weitergehende Informationsverfügbarkeit und immer höhere Rechenkapazitäten vom Wettbewerb entkoppelt werden kann. Was gibt es denn einzuwenden, wenn Google – unter Einsatz sämtlicher Daten – immer effizienter Leistungen bereitstellt und möglicherweise auch Wissensfragen löst? Und zukünftig gedacht: Lösen wir mit Hilfe künstlicher Intelligenz bald die Fragen, für die wir jetzt noch Kreativität als Ressource und Wettbewerb als Ansporn benötigen? Wer das erwartet, öffnet den Weg für eine digitale Planwirtschaft, die nicht in sozialistisch-grauen Büros, sondern in Echtzeit in der Cloud designt wird. Wer eine solche Welt für ausreichend hält, kann auf den Schutz des freien Wettbewerbs verzichten und sich auf ökonometrische Modelle zur Wohlfahrtssteigerung kaprizieren.

An einer evolutorischen Kraft ohne menschliche Kreativität und ohne Wettbewerb darf allerdings gezweifelt werden. Es gibt viele Anzeichen, dass Effizienzgewinne, die durch die Plattformökonomie zunächst generiert wurden, wieder aufgefressen werden. Die Lösung von Wissensproblemen erfolgt in einem engen Korridor – dessen Enge aber nicht etwa durch Gesetzgebung, sondern durch das GAFAM-Ziel der Profitmaximierung vorgegeben wird. Wettbewerbsermöglichende Regulierung bleibt daher notwendig, denn die großen Versprechen des Internetzeitalters werden bislang nicht gehalten. Wer im Wettbewerb einen Ausdruck von Freiheit erkennt, wer die kreative Entfaltung des Einzelnen und gerade auch des Unternehmers als Wert an sich schätzt, für den bleibt das Streiten für den Wettbewerb eine Lebensaufgabe.

Literaturverzeichnis

Alchian, A. (1950), Uncertainty, Evolution and Economic Theory, in: Journal of Political Economy, Vol. 58 (3), 211-221.

Andree, N. (2023), Innovationswettbewerb in der Fusionskontrolle, in: Beiträge zum Kartellrecht 25, Tübingen: Mohr Siebeck.

Budzinski, O. (2004), An Evolutionary Theory of Competition, URL: https://papers.ssrn.com/sol3/papers.cfm?abstract_id=534862 (zuletzt abgerufen am 27. Januar 2024).

Budzinski, O. & Mendelsohn, J. (2023), Regulating Big Tech: From Competition Policy to Sector Regulation?, in: ORDO, Vol. 72-73 (1), 215-255.

Bundeskartellamt (2016), Marktmacht von Plattformen und Netzwerken – Arbeitspapier, Bonn: Bundeskartellamt.

Crémer, J.; De Montjyoe, Y.-A. & Schweitzer, H. (2019), Competition policy for the digital era, Brüssel: European Commission.

Habermas, J. (2022), Ein neuer Strukturwandel der Öffentlichkeit und die deliberative Politik, Berlin: Suhrkamp.

Hesse, G. (1987), Innovationen und Restriktionen, in: M. Borchert; U. Fehl & P. Oberender (Hrsg.), Markt und Wettbewerb – Festschrift für Ernst Heuß, Bern/Stuttgart: Haupt, 195-226.

Hoppmann, E. (1966), Das Konzept der optimalen Wettbewerbsintensität, in: Jahrbuch für Nationalökonomie und Statistik 179, 286-323.

Kerber, W. (1996), Recht als Selektionsumgebung für evolutorische Wettbewerbsprozesse, in: B. Priddat & G. Wegner (Hrsg.), Zwischen Evolution und Institution – Neue Ansätze in der ökonomischen Theorie, Marburg: Metropolis, 301-330.

Kerber, W. (1997), Wettbewerb als Hypothesentest: Eine evolutorische Konzeption wissenschaffenden Wettbewerbs, in: K. v. Delhaes & U. Fehl (Hrsg.), Dimensionen des Wettbewerbs: Seine Rolle in der Entstehung und Ausgestaltung von Wirtschaftsordnungen, Stuttgart: Fischer, 29-78.

Kerber, W. (2016), Digital Markets, Data, and Privacy: Competition Law, Consumer Law and Data Protection, in: GRUR Int 2016, 639-647.

Kerber, W. (2019), Updating Competition Policy for the Digital Economy? An Analysis of Recent Reports in Germany, UK, EU, and Australia, URL: https://papers.ssrn.com/sol3/papers.cfm?abstract_id=3469624 (zuletzt abgerufen am 27. Januar 2024).

Kerber, W. (2021), Taming tech giants with a per se rules approach? The Digital Markets Act from the "rules vs. standard" perspective, in: Concurrences No.3, 28-35.

Kerber, W. (2023), Digital Revolution, Institutional Coevolution, and Legal Innovations, in: European Business Law Review, Vol. 34 (6), 993-1016.

Kerber, W. & Heine, K. (2003), Institutional Evolution, Regulatory Competition and Path Dependence, in: P. Pelikan & G. Wegner (Hrsg.), Evolutionary Analysis of Economic Policy, Cheltenham: Edward Elgar, 191-222.

Monopolkommission (2015), Sondergutachten 68: Wettbewerbspolitik: Herausforderung Digitale Märkte, Bonn.

North, D. C. (1990), Institutions, Institutional Change and Economic Performance, Cambridge: Cambridge University Press.

Podszun, R. (2014), Wirtschaftsordnung durch Zivilgerichte, Tübingen: Mohr Siebeck.

Podszun, R. (2017), Innovation, Vielfalt & faire Wahlmöglichkeiten – Neue Regeln für die digitale Wirtschaft, Gutachten für die Finanzplatz München Initiative.

Podszun, R. (2020), Empfiehlt sich eine stärkere Regulierung von Online-Plattformen und anderen Digitalunternehmen?, Hauptgutachten für die Wirtschaftsrechtliche Abteilung des 73. Deutschen Juristentags, München: C.H. Beck.

Rochet, J.-C. & Tirole, J. (2003), Platform Competition in Two-Sided Markets, in: Journal of the European Economic Association, Vol. 1 (4), 990–1029.

Schmidt, C. & Kerber, W. (2008), Microsoft, Refusal to License Intellectual Property Rights, and the Incentives Balance Test of the EU Commission, URL: https://papers.ssrn.com/sol3/papers.cfm?abstract_id=1297939 (zuletzt abgerufen am 27. Januar 2024.

Schweitzer, H. (2019), Digitale Plattformen als private Gesetzgeber: Ein Perspektivwechsel für die europäisches Plattformregulierung, in: Zeitschrift für Europäisches Privatrecht, Heft 1, 1-12.

Schweitzer, H.; Haucap, J.; Kerber, W. & Welker, R. (2018), Modernisierung der Missbrauchsaufsicht für marktmächtige Unternehmen, Baden-Baden: Nomos.

Spulber, D. F. (2023), Antitrust and Innovation Competition, in: Journal of Antitrust Enforcement, Vol. 11 (1), 5-50.

Thiel, P. (2014), Competition Is for Losers, in: The Wall Street Journal, URL: https://www.wsj.com/articles/peter-thiel-competition-is-for-losers-1410535536 (zuletzt abgerufen am 27. Januar 2024).

Haftung von Systemen der Künstlichen Intelligenz - oder: Auf der Suche nach der verlorenen Zeit

Klaus Heine, Rotterdam

1. Einleitung

Digitalisierung ist ein Beschleuniger von technischen und wirtschaftlichen Prozessen aller Art. Ähnlich wie die Entdeckung der Elektrizität zu einer Fülle von technischen und wirtschaftlichen Neuerungen geführt hat, erzeugt Digitalisierung eine Vielzahl von neuartigen Anwendungen. Gleichzeitig stellen sich bislang nicht bekannte Probleme für das Rechtssystem, die durch einfache Übertragung und Anpassung von rechtlichen Routinen nicht oder nur unzureichend gelöst werden können.

Eine allgemeine Kategorisierung der Digitalisierung kann man mit der Unterscheidung von *Wissen* einerseits und den *Gegenständen* andererseits, die dieses Wissen betreffen, vornehmen. Denn um etwas über ein Objekt zu wissen, muss man das Objekt sinnvoll abgrenzen und beschreiben können. Eine solche abgrenzende Beschreibung beinhaltet Daten; im Falle der Digitalisierung sogar sehr viele Daten (Big Data) in Form von maschinenlesbarer Information. Das Wissen über diese sehr großen Datenbestände wird wiederum erschlossen durch eine Denkmaschine (*Thinking Machine*), die in den Daten bestimmte Muster erkennt und die aus der Verknüpfung von Daten lernt. Damit ergibt sich für Digitalisierung die Grundunterscheidung zwischen Daten und die für die Dateninterpretation nötige Intelligenz. Die zur Dateninterpretation benötigte Intelligenz ist nicht notwendigerweise an den Menschen gebunden, sondern kann auch eine *künstliche Intelligenz* (KI) sein.

Freilich kann diese Leitunterscheidung weiter ausdifferenziert und modifiziert werden, um alle Arten von Problemen einzufangen. Es wäre zudem möglich, die gemachte Unterscheidung in systemtheoretische Prosa zu übersetzen (Baecker 2022), um vielleicht bestimmte gesellschaftsrelevante Tatbestände noch besser zu erkennen. Aber eine solche Beschreibungsleistung steht nicht im Mittelpunkt des vorliegenden Beitrags.

KI kann zu Verbesserungen des menschlichen Lebens führen (autonome Fahrzeuge, Ressourcenschonung, neue medizinische Anwendungen usw.)

oder Bedrohungen darstellen (Waffen, Verletzung fundamentaler Rechte, Diskriminierung usw.). Man möchte sinnvollerweise die positiven Aspekte fördern und die negativen vermeiden. Dazu gibt es zwei Anknüpfungspunkte. Nämlich die Daten, die der KI zugänglich gemacht werden, und die KI mit ihren Algorithmen selbst. Die konkreten Eingriffsmöglichkeiten sind dabei zum einen durch die technologischen Möglichkeiten bestimmt (zum Beispiel Rechenkapazität), zum anderen ist es das Recht, das bestimmte Handlungen erlaubt oder unterbindet.

Die Funktion des Rechts in der Digitalisierung ist jedoch nicht trivial. Dafür gibt es gleich mehrere Gründe. Zum einen folgt aus dem legitimen Wunsch, einen Tatbestand – wie zum Beispiel die Kontrolle des Konsumenten über seine Daten – zu regeln, nicht unmittelbar ein Gesetzestext, der sein Ziel auch erfüllt.[1] Zum anderen bedarf es eines theoretischen Apparates, der in der Lage ist, den regelungsbedürftigen Gegenstand zu erfassen und auf das normative Ziel hin auszurichten. Es muss also begründbar sein, was man will, und dieses Ziel muss auch rational verfolgt werden können.

Sowohl mit der Begründung von Werten als auch der Ableitung von zielorientierten Regeln in der digitalen Welt tut sich die Rechtswissenschaft jedoch schwer. Die alten Lösungsroutinen scheinen immer schwieriger anwendbar und ein dogmatischer Vorstoß zu einem neuen Verständnis gelingt ebenso wenig. Das führt zur Gefahr einer Überdehnung des hergebrachten Instrumentariums, mit der Folge, dass das Recht dysfunktional wird (Teubner 2018a, b). Hierbei mag es eine Rolle spielen, dass Rechtswissenschaftler und -anwender aus den verschiedensten individuellen Gründen ungern einen Spurwechsel vornehmen und an dem hergebrachten Recht festhalten (Heine & Kerber 2002). Der eigentliche Grund für das Beharren dürfte aber ein allgemeiner sein. Es besteht nämlich ein grundlegendes konzeptionelles Defizit, um mit fortgeschrittenen digitalen Anwendungen rechtswissenschaftlich adäquat umzugehen.

Mit dem Aspekt des Fehlens einer geeigneten konzeptionellen Vorgehensweise zum rechtswissenschaftlichen Umgang mit KI befasst sich dieser Beitrag. Dabei soll zunächst kurz aufgezeigt werden, was rechtswissenschaftliche Theorie leisten muss und wie sie sich von Rechtsdogmatik unterscheidet. Dann soll anhand der ökonomischen Analyse des Haftungsrechts exemplarisch gezeigt werden, worin das Defizit besteht. Eine Lösung

1 Wolfgang Kerber konnte das am neuen Data Act der EU sehr anschaulich und eindrücklich zeigen (Kerber 2023).

wird hier auch nicht geliefert, aber vielleicht bietet ein Blick in die Rechtsgeschichte am Ende des Beitrags einen Weg, um mit den skizzierten Problemen umzugehen.

2. Was Rechtswissenschaft leisten muss

Unter welchen Umständen Recht wissenschaftlich betrieben wird, ist eine Frage, die nicht immer produktiv ist. Denn nicht jedes Mal, wenn ein Akt der Rechtsanwendung stattfindet, muss dieser Akt einzeln wissenschaftlich begründet werden. Hingegen wird man Wissenschaftlichkeit fordern, wenn Rechtsfortbildung betrieben wird, der Rechtsrahmen also an neue Herausforderungen bewusst angepasst wird. Diese Unterscheidung ist auch relevant, wenn es um die Anpassung der Haftung für KI-Systeme geht. Dies klingt zunächst nach einer trivialen Einsicht. Ist es aber nicht. Dies wird deutlich, wenn man sich die Funktion von Recht genauer ansieht.

Die Funktion von Recht ist praxeologisch auf das Lösen von Konflikten gerichtet und hat zunächst einmal nichts mit Wissenschaft zu tun (Buchanan 1966; Albert 1989). Entsprechend ist die Ausbildung von Juristen darauf ausgelegt, Fälle zu kategorisieren und die passende Norm zur Konfliktlösung auszuwählen. Damit dies konsistent und widerspruchsfrei gelingt, wird eine Dogmatik entfaltet, die die nötige Orientierung bereitstellt. Ein wichtiger Teil der Rechtsanwendung besteht deshalb darin, neue Fallkonstellationen daraufhin zu untersuchen, ob sie mit Hilfe von Kategorisierung und Normanwendung gelöst werden können. In vielen Fällen wird die Rechtsroutine dabei zu brauchbaren Ergebnissen führen, auch wenn der Weg dahin manchmal kompliziert ist. Die Kompliziertheit bei der Lösung eines Konflikts darf deshalb nicht mit Wissenschaftlichkeit verwechselt werden.

Rechts*wissenschaft* wird hingegen benötigt, wenn es um zielgerichtete Rechtsanpassung geht. Die Lösungsroutine somit neu ausgerichtet werden muss. Hierzu bedarf es erstens eines begründbaren normativen Ziels des Rechts. Was will man überhaupt erreichen? Wenn diese ethische (werturteilsbeladene) Frage gesellschaftlich bestimmt ist, dann bedarf es zweitens einer Theorie (eines Mechanismus), von der angenommen werden darf, dass von ihr Hinweise darauf ausgehen, wie das Ziel erreicht werden kann. Drittens bedarf es noch eines Kriteriums, mit dem festgestellt werden kann, ob das Ziel gesellschaftlich vorteilhaft erreicht wird – also die Ziel-Mittel-Relation verhältnismäßig ist. Ob das alles Sinn macht, bedarf schließlich der empirischen Überprüfung – also der Erfolgskontrolle. Es wird unmittelbar deutlich, dass Rechtsdogmatik dies nicht leistet und es auch nicht ihre Aufgabe ist (Albert 1989). Umgekehrt leistet Dogmatik einen enormen Beitrag zur konsistenten Konfliktlösung auf die gesellschaftlich vorgegebenen Ziele hin, also in Bezug auf die Implementation. Und dieser Beitrag ist offensichtlich umso höher, je mehr die Dogmatik durch empirisch überprüfbare wissenschaftliche Theorien unterfüttert wird.

Nun ist es *a priori* keinesfalls deutlich, welcher theoretische Apparat für Rechtwissenschaft am besten geeignet ist. Diese Frage klärt sich nur durch empirische Bewährung einer Theorie. Es ist auch nicht gesagt, dass es lediglich eine Theorie geben kann, die empirisch überlegene Hypothesen erzeugt. In der Vergangenheit lieferte jedoch die Anwendung der neoklassischen Methode auf das Recht einen beachtlichen Beitrag zum analytischen Verständnis des Rechts. Die ökonomische Analyse des Rechts erlaubt eine umfassende wissenschaftliche Durchdringung des Rechts in Hinblick auf das Verständnis der Wirkungsweise des Rechts sowie der Ableitung von Handlungsempfehlungen zur Verbesserung des Rechts. Dabei hat sich die ökonomische Analyse des Rechts parallel zur Neuen Institutionenökonomik in den letzten Jahren immer stärker empirisch orientiert, verhaltenswissenschaftliche Aspekte miteinbezogen und anstelle einer eindimensionalen normativen Fokussierung auf das Pareto-Kriterium bekam der Institutionenvergleich ein stärkeres Gewicht. Die ökonomische Analyse des Rechts erscheint deswegen mit ihrer wohlfahrtsökonomischen Herangehensweise als ein vitales Forschungsprogramm, das an ihren Rändern zur Ausdifferenzierung an neue Tatbestände in der Lage ist.

An der unumschränkten Anwendbarkeit der ökonomischen Analyse des Rechts auf alle beliebigen Arten von Tatbeständen sind jedoch in letzter Zeit Zweifel aufgekommen. Diese Zweifel entstehen, weil sich Akteure mit künstlicher Intelligenz nicht in die auf Menschen ausgerichtete Anreizlogik der Wohlfahrtsökonomik einordnen lassen (Teubner 2018a, b; Eidenmüller & Wagner 2021). Dies ist nicht ein unmittelbares Problem der Rechtswissenschaft, sondern der ökonomischen Analyse des Rechts, die hier ein methodisches Defizit hat. Aus rechtswissenschaftlicher Sicht muss jedoch gefragt werden, was anstelle der ökonomischen Analyse des Rechts treten kann, um empirisch gehaltvolle Hypothesen zur Rechtsfortbildung zu generieren.

3. Ökonomische Analyse des Haftungsrechts und Künstliche Intelligenz

Zur Frage von Haftungsrecht und KI ist bereits viel geschrieben worden, auch aus der Perspektive der ökonomischen Analyse des Rechts. Dies im Einzelnen zu referieren, erscheint wenig sinnvoll, vielmehr soll hier gefragt werden, ob das Forschungsprogramm der ökonomischen Analyse des Rechts ausreichend stark ist, um methodische Herausforderungen der KI zu bewältigen (mit einem Überblick siehe Heine 2023, 2024).

Ein Forschungsprogramm besteht aus einem methodischen Kern und einem Rand, an dem aus dem Kern abgeleitete Hypothesen sich bewähren müssen, indem sie empirisch gehaltvolle Erklärungen über reale Tatbestände geben (Lakatos 1970). Mit Bezug zur ökonomischen Analyse des Haftungsrechts besteht der methodische Kern aus der wohlfahrtsökonomischen Funktionslogik, die am Rand mit der Steuerung des Aktivitätsniveaus und des Sorgfaltsmaßstabs von Akteuren auf konkrete Fälle des Haftungsrechts angewendet wird. In den letzten Jahrzehnten war dieses Vorgehen äußerst erfolgreich und selbst randständige Fallkonstellationen wurden aufgegriffen und teilweise einer empirischen Überprüfung unterzogen.

3.1. Die *Accountability Gap* als Ausgangspunkt

Wie verhält es sich aber nun mit dem Forschungsprogramm der ökonomischen Analyse des Rechts mit Bezug auf KI? Hierzu ist es sinnvoll, die sogenannte *accountability gap* kurz zu beschreiben, die sich im Zusammenhang mit KI auftut (Matthias 2004; Teubner 2018a). Als erstes ist das *Autonomierisiko* zu nennen. Das ist das Risiko, das wir typischerweise vor Augen haben, wenn wir über KI sprechen. Eine KI schließt autonom einen Kaufvertrag oder ein Bergbauroboter gräbt selbstständig einen neuen Schacht. In beiden Fällen kann etwas schiefgehen, so dass eine vertragliche oder deliktische Haftung eintritt. Wird im Rahmen der etablierten Lösungsroutine der Eigentümer der KI zur Haftung herangezogen, muss geprüft werden, ob die KI als eingesetzte Maschine dem Stand der Technik entspricht. Ist dies der Fall, führt die geltende Verschuldenshaftung dazu, dass der Eigentümer von der Haftung freikommt. Tatsächlich handelt es sich aber um eine KI mit autonomer Entscheidungskraft, so dass man zweifeln kann, ob die Verschuldenshaftung als Lösungsroutine angemessen ist. Zumal extern festgelegt werden müsste, was der angemessene Stand der Technik ist. Bei einem autonomen System, das selbstständig lernt, dürfte dies *ex ante* schwerlich möglich sein. Doch auch das Umschalten auf die Gefährdungshaftung, nach der der Eigentümer immer schuldig ist, führt hier nicht weiter. Denn der Eigentümer kann ja nicht auf das autonome Entscheiden direkt Einfluss ausüben, sondern könnte lediglich auf den Einsatz von KI überhaupt verzichten, was jedoch nicht wünschenswert wäre, da damit das Potential von KI nach Voraussetzung verschlossen bliebe. Mehr noch, der Eigentümer kann typischerweise auf die Verbesserung der KI keinen Einfluss nehmen, wodurch der eigentliche Anreiz aus der Gefährdungshaftung zur Kontrolle des Entwicklungsrisikos verloren geht. Auch die Übertragung der Haftung auf den Produzenten der KI oder den Programmierer führt nicht weiter, um die entstehende *accountability gap* mit den etablierten haftungsrechtlichen Regeln zu schließen. Mittlerweile hat sich eine enorme Literatur gebildet und vielfältige Expertenkommissionen haben sich zu diesem Thema geäußert, ohne dass eine Lösung entlang der bekannten Pfade sichtbar würde.

Eine zweite Kategorie tut sich mit dem *Assoziierungsrisiko* auf. Hierbei handelt es sich um das Zusammenspiel von Mensch und Maschine. KI und Mensch erbringen zusammen eine Leistung, ohne dass ersichtlich wäre, wer von beiden exakt welche Teilleistung erbringt. Ein Beispiel sind KIs bei der Steuerung komplexer Maschinen, wie bei chirurgischen Eingriffen oder Weltraummissionen. Wie soll in solchen Fällen die Verantwortung sinnvoll aufgerechnet werden? Wie können Anreize so gesetzt werden, dass Entwicklungsrisiken beherrschbar werden? Soll der Chirurg, das Krankenhaus oder der Hersteller einer Chirurgie-KI die Haftung tragen? Diese Frage kann mit den hergebrachten analytisch-rechtlichen Instrumenten nicht beantwortet werden.

Eine dritte Risikokategorie ergibt sich mit dem *Netzwerkrisiko*. Hierbei handelt es sich um das Risiko, das entsteht, wenn ausschließlich KIs miteinander interagieren. Ein Beispiel sind KIs, die an einer Impfstoffentwicklung beteiligt sind und untereinander agieren oder KIs die ihre Sprachmodelle gegenseitig optimieren. Aber auch die KIs von Buchungssystemen können gegenseitig lernen und gegebenenfalls diesen Lernprozess für eine algorithmische Kollusion zum Nachteil der Kunden gebrauchen (Mehra 2016). Auch beim Netzwerkrisiko stellt sich daher die Frage der Verantwortungsaufrechnung. Wie soll ein Mensch haftbar sein, wenn dieser der KI weder den Auftrag zum risikovollen Handeln gegeben hat noch Einblick in die Black Box der algorithmischen Entscheidungsfindung mehrerer miteinander interagierender KIs hat? Bilden die KIs womöglich einen Risikopool mit eigener Rechtspersönlichkeit? Und selbst wenn dies der Fall wäre, wie kann das Recht Anreize für Maschinen setzen, nur gesellschaftlich optimale Risiken einzugehen?

3.2. Die ökonomische Analyse des Rechts am Limit

Bereits aus der Beschreibung der drei Risikokategorien der KI kann man Zweifel bekommen, ob die ökonomische Analyse des Rechts durch einfache Anwendung ihres Instrumentariums die durch den Einsatz von KI entstehende *accountability gap* schließen kann. Tatsächlich wird der Einsatz von KI auch ausnahmslos als eine ernsthafte Herausforderung für die ökonomische Analyse des Rechts erkannt. Wie mit dieser Herausforderung umzugehen ist und wie die Versuche aussehen, damit eine Lösung mit Hilfe der ökonomischen Analyse des Rechts gefunden wird, darüber besteht jedoch keine Einigkeit.

Um die verschiedenen Vorgehensweisen zur Lösung des hier vorliegenden Problems einzuordnen, ist es sinnvoll, auf die Konzeption von Forschungsprogrammen zurückzugreifen. Wie bereits erwähnt, haben Forschungsprogramme einen Kern aus Basisannahmen, aus denen dann kontextspezifische Hypothesen abgeleitet werden, die sich am Rand des Forschungsprogramms empirisch bewähren müssen. Wenn die empirische Überprüfung gelingt, dann stützt dies die Basisannahmen des Forschungsprogramms.

Eine erste Reaktion auf das Auftreten von KI in Zusammenhang mit Haftung ist, dass das bewährte wohlfahrtsökonomische Instrumentarium zur Anwendung gebracht wird (z.B. Guerra et al. 2022a, b). KI wird zwar als eine Herausforderung für die ökonomische Analyse des Rechts erkannt, aber letztlich wird vermutet, dass eine geschickte Anpassung des Rechts ausreichend ist, um zu einer optimalen Lösung zu kommen. Mit anderen Worten: Es wird etwas komplizierter, aber letztlich wird alles im bekannten Rahmen gehalten. Die Versuche KI auf diese Weise in das Forschungsprogramm der ökonomischen Analyse des Rechts zu integrieren, waren bislang allerdings nicht erfolgreich. Zwar können im Prinzip empirisch testbare Hypothesen aufgestellt werden, die vorgeschlagenen Rechtsänderungen sind jedoch schwer in Einklang mit der Rechtsrealität zu bringen. Zudem wird nicht thematisiert, ob der Kern des Forschungsprogramms möglicherweise das eigentliche Problem ist. Die Zukunft wird zeigen, ob dieser Weg doch noch zum Erfolg führt.

Eine gewisse Verwandtschaft zu dem eben skizzierten Ansatz haben Beiträge, die erst gar nicht versuchen, an den bestehenden rechtlich-institutionellen Rahmen anzuschließen, sondern aus dem Forschungsprogramm den optimalen Regelsatz ableiten, unabhängig davon, ob dieser an die Rechtsrealität anschlussfähig ist (z.B. Shavell 2020). Das Testen einer empirischen Hypothese scheidet damit faktisch aus. Ein Beispiel ist, dass Opfer von autonomen Fahrzeugen keine Entschädigung erhalten, sondern die Entschädigung an einen Dritten (den Staat) gehen sollte. Begründet wird dies mit der Setzung optimaler Anreize für Schädiger und Geschädigten zur Schadensvermeidung. Dieser Vorschlag ist außerhalb des Kalküls, wie üblicherweise die ökonomische Analyse des Rechts die Kompensation für Schäden zuteilt und wie tatsächliche Rechtssysteme die Entschädigungen vornehmen. Zudem ist die (perzipierte) Konsistenz von Haftungsregimen fraglich, wenn für autonome Fahrzeuge andere Haftungsregeln gelten als für übrige Fahrzeuge und andere Tatbestände. Dies muss noch kein Fehler sein, wenn es gelingen sollte, die vorgeschlagene Regeländerung so anzupassen, dass sie implementierbar und damit auch empirisch überprüfbar wird. Die Zukunft wird zeigen, ob der theoretische Kern der ökonomischen Analyse des Haftungsrechts auf diese Weise bewahrt werden kann, wie er in den letzten fünfzig Jahren formuliert wurde.

Ein ambitionierterer Weg, um die ökonomische Analyse des Rechts auf KI anwendbar zu machen, geht an den theoretischen Kern des Forschungsprogramms heran, von dem aus die empirisch überprüfbaren Hypothesen abgeleitet werden. Im Prinzip geht es um eine Verbreiterung des Forschungsparadigmas der ökonomischen Analyse des Haftungsrechts, um für KI-basierte Systeme geeignetere empirisch überprüfbare Hypothesen aufstellen zu können. Die Verbreiterung des Kerns führt nicht selbst zu solchen Hypothesen, eröffnet aber mehr Spielraum für angewandte Analysen. Ein Versuch der Verbreiterung des Kerns ist beispielsweise die Einführung eines allgemeinen Kompensationsprinzips für das Benutzen von Straßen (und damit auch autonomer Fahrzeuge), nach dem immer dann zu haften ist, wenn von einem zuvor spezifizierten Standard abgewichen wird (Schweizer 2024). Auf diese Weise würden die wohlfahrtsoptimalen Anreize für alle Beteiligten gesetzt. An dieser Stelle kann nicht das Kompensationsprinzip als solches diskutiert werden und ob es jenseits von Gefährdungs- und Verschuldenshaftung ein vereinheitlichendes Prinzip der ökonomischen Analyse des Rechts ist (Schweizer 2020). Interessant ist an dieser Stelle, dass selbst wenn das Kompensationsprinzip ein allgemeines

Prinzip der ökonomischen Analyse des Rechts wäre, würde es nicht die Herausforderung durch KI einfangen. Denn das Prinzip setzt letztlich einen menschlichen Entscheider voraus, der entsprechend seinem Nutzen- und Risikoprofil die durch das Recht gesetzten Anreize in eine optimale Entscheidung umsetzt. Sobald jedoch angenommen wird, dass ein KI-System eine autonome Entscheidung trifft, die nicht trivial auf einen menschlichen Letztentscheider hochgerechnet werden kann, läuft das Prinzip leer. Mit anderen Worten, selbst die (maximale) Verbreiterung des paradigmatischen Kerns ist nicht ausreichend, um KI-Anwendungen in die ökonomische Analyse zu integrieren.[2] Natürlich bleibt auch in diesem Fall abzuwarten, ob nicht doch noch ein Durchbruch gelingt; vor allem kann dieser Ansatz brauchbare Hypothesen zur Einbettung von KI-Anwendungen geben, in denen die menschliche Letztentscheidung noch plausibel angenommen werden kann.

3.3. Recht als Praxis

Bislang ist angenommen worden, dass Recht durch einen analytischen Apparat mit einem Wohlfahrtskriterium darüber informiert wird, was die geeignetsten rechtlichen Regeln für KI-Anwendungen sind. Doch Recht bedarf dieser Information nicht, um als Praxis zur Konfliktlösung zu funktionieren. Solange Recht Konflikte löst und dies als legitim angesehen wird, erfüllt Recht seine Funktion. Dabei können in die Praxis Rechtstraditionen zur Erfüllung der Konsistenz eingehen, zeitgenössische ethische Überlegungen, technische Randbedingungen eine Rolle spielen usw. Die Praxis des Rechts entwickelt sich demnach historisch durch Anpassung an die an sie herangetragenen Probleme, ohne dass hierfür eine wissenschaftliche Methode nötig wäre.

Aus einer evolutorischen Sicht kann über die Zeit angenommen werden, dass sich quasi im Wettbewerb die überlegenen Regeln durchsetzen, weil sie für die Konfliktparteien mit den geringsten Kosten verbunden sind (grundsätzlich Kerber 2004). Freilich kann es auch sein, dass vor allem in der kurzen Frist Regeln zum Zuge kommen, die den Wohlstand zu Lasten bestimmter Gruppen schmälern, oder dass Pfadabhängigkeiten zu einer

---

2 In diesem Zusammenhang ist es eine spannende Frage, ob dem Menschen nachempfundene Nutzenfunktionen für KI-Systeme denkbar sind und damit die auf den Menschen zielende Anreizlogik des Haftungsrechts ausgedehnt werden kann.

dauerhaften relativen Minderleistung von Recht führen (Heine 2003). Aber wegen mangelnder theoretischer Durchdringung der Wirkung von Recht würde man das alles nur erahnen können.

Zwei Dinge werden aus diesen kurzen Überlegungen deutlich: Erstens, Recht als Praxis funktioniert auch ohne Wissenschaft und wird sich zumindest in der langen Frist tendenziell verbessern. Zweitens, die Rechtspraxis ist historisch kontingent. Das heißt, rechtliche Lösungen zu bestimmten Problemen sind zeit- und situationsspezifisch. Es liegt daher nahe, sich bestimmte kontingente Bedingungskonstellationen des Rechts genauer anzuschauen, um möglicherweise Hinweise auf geeignete Theorien zu bekommen, die KI-Anwendungen adäquat abbilden können.

4. Die Vergangenheit als Ratgeber?

Rechtsgeschichte ist kein theoretischer Apparat. Ein Blick in die Rechtsgeschichte kann jedoch Bedingungskonstellationen des Rechts aufzeigen, die zur Lösung heutiger Probleme beitragen. So macht der Blick in die Rechtsgeschichte darauf aufmerksam, dass es im Mittelalter keine strikte methodische Trennung zwischen dem Menschen, der Natur und der spirituellen Welt gab. So konnten Tiere und Dinge genauso wie Menschen von Gerichten verurteilt werden, wenn sie als Verursacher von Schaden angesehen wurden (Hyde 1916). In Haftungsfällen ging es nicht nur um mögliche Kompensationen zwischen Schädiger und Geschädigtem, sondern auch darum, ob die Handlungen der Parteien gottgefällig waren. Es gab eine ausgebreitete Dogmatik (nicht weniger anspruchsvoll als heute) darüber, wie in einzelnen Fällen konsistent Recht zu sprechen sei (Arnold 1979). Viele dieser Urteile mögen aus heutiger Sicht skurril wirken oder aus Sicht der Aufklärung nicht vereinbar mit unseren heutigen Maßstäben. Es wird jedoch auch deutlich, dass KI-Systeme an sich keinerlei Problem darstellen, um in ein solches Denksystem integriert zu werden. Eine KI würde vermutlich an ihrer Gottgefälligkeit gemessen und wenn sie einen Schaden verursacht, würde sie wohl „körperlich" bestraft werden und die mit ihr gemachten Gewinne vom Gericht eingezogen. Woran liegt eine solche Integration nicht-menschlicher Artefakte in das Rechtssystem? An der Primitivität des damaligen Rechts? Aber die Rechtsdogmatik war nicht weniger ausgefeilt als heute. Liegt es an einem Mangel an theoretischer Durchdringung des Rechts? Aber die heutige Rechtslehre hat auch keine

Ansätze zur Verfügung, wie KI widerspruchsfrei theoretisch gefasst werden kann. Daher könnte es auch daran liegen, dass der Mensch im Recht des Mittelalters als eingebettet in die Natur und spirituelle Welt begriffen wird. Wie eine solche Einbettung des Menschen in die Natur und spirituelle Welt bei gleichzeitig weit fortgeschrittener Technik heute aussehen könnte, ist hingegen eine offene Frage. Heidegger (1962) und andere Existenzphilosophen (z.B. Gehlen 1957; Anders 2013) haben diese Frage gestellt, ohne sie beantworten zu können. Das liegt daran, dass der normative Fixpunkt abhandengekommen ist, auf den hin das Handlungssystem optimiert werden könnte. Wenn weder das einzelne menschliche Individuum einen solchen methodischen Fixpunkt bildet, weil KI als unabhängiger Entscheider neben den Menschen mit einer unbekannten Nutzenfunktion tritt,[3] noch Gott einen verbindlichen Wertekanon extern vorgibt („Gott ist tot!“, Nietzsche 1882), dann ist dies ein epistemologisches Problem, das sich wahrscheinlich nicht auflösen lässt.

Während wir auf die Lösung des „Optimierungsproblems“ im Rahmen eines neuen Forschungsprogramms warten, ist es klug in die Vergangenheit zu schauen. Wie sind Menschen mit rechtlichen Herausforderungen umgegangen, die eine gewisse Analogie zu KI-Systemen aufweisen? Hier können nur zwei Hinweise gegeben werden, die eine Andeutung darüber geben, in welche Richtung gedacht werden kann. Beide Hinweise haben gemein, dass KI eine Art Rechtspersönlichkeit verliehen wird.

Die erste Analogie stammt aus dem Römischen Recht. Im zweiten Jahrhundert vor Christus wurde Rom in den Territorialkriegen immer erfolgreicher und hatte ein starkes Anwachsen der Anzahl von Sklaven zu verzeichnen. Diese Sklaven wurden auch dringend benötigt, um die wirtschaftlichen Bedürfnisse des Römischen Reichs zu befriedigen. Gleichzeitig waren volle Bürgerrechte „echten römischen“ männlichen Bürgern vorbehalten. Arbeitskräfte konnten somit nicht einfach assimiliert werden. Es bedurfte daher eines rechtlichen Systems, das die wirtschaftliche Situation des Römischen Reichs in Einklang mit den ethischen Prinzipien des römischen Bürgertums brachte. Als Konsequenz ergab sich über einen Zeitraum von knapp drei Jahrhunderten eine juristische Entwicklung, in der der rechtliche Status von Sklaven geklärt wurde. Einerseits sollten Sklaven komplizierte Wirtschaftstransaktionen im Fernhandel abwickeln können, gleichzeitig sollten sie aber nicht Bürgerrechte erlangen und dem

3 Für eine Diskussion dieses Problems, das sich auf die Grundpositionen von Searle (1980) und Nagel (1974) zurückführen lässt, siehe Heine (2023).

Oberhaupt der römischen Familie strikt untergeordnet sein. So entspann sich ein beeindruckendes Recht, das im Prinzip die Gesellschaft mit beschränkter Haftung ersann und komplizierte Haftungsfragen beantwortete, wobei die Dominanz des römischen männlichen Hausvorstandes immer irgendwie gewahrt wurde. Sklaven wurden also als teilautonome Entscheidungsträger in den Konfliktlösungsmechanismus des Rechts aufgenommen (Pagallo 2011; Heine & Quintavalla 2023).

Mit der Industrialisierung im 19. Jahrhundert wuchs der Kapitalbedarf zur Finanzierung von Fabriken und Infrastruktur. Hierfür mussten neue rechtliche Institutionen zur Finanzierung von Unternehmen gefunden werden. Die Aktiengesellschaft entstand und parallel ein immer ausdifferenzierteres Recht, um Anteilseigner und Gläubiger zu schützen. Die eigene Rechtspersönlichkeit von Unternehmen entstand und differenzierte sich über die letzten zweihundert Jahre immer weiter aus, entsprechend der jeweiligen sozio-technischen Bedürfnisse (z.B. Heine 2003).

Beide Beispiele geben einen Hinweis darauf, dass die Verleihung von Rechtspersönlichkeit nicht nur der Schlüssel zur besseren Beherrschung rechtlicher Konfliktlösung war, sondern dass dies auch mit handfesten ökonomischen Vorteilen einherging. Freilich war die Verleihung von Rechtspersönlichkeit an Sklaven im Römischen Reich umstritten und ebenso wurden Kapitalgesellschaften – vor allem in ihrer Anfangszeit - kritisch betrachtet.[4] Es dauerte Jahrzehnte und mitunter Jahrhunderte, bevor sich Rechtsroutinen etablieren konnten, um das volle Potenzial von Rechtspersönlichkeit auszuschöpfen. Es ist daher nicht einleuchtend, wenn man die Verleihung von Rechtspersönlichkeit an KI-Systeme nicht in Erwägung zieht, weil mit der Einführung nicht sofort die vielfältigen konzeptionellen Probleme verschwinden, die mit solchen Systemen verbunden sind. Vielmehr würde man ein mutiges Herantasten an die Verleihung von Rechtspersönlichkeit von KI-Systemen erwarten. Ebenso wie es vielfältige Ausdifferenzierungen von Rechtspersönlichkeit von Unternehmen gibt, würde man entsprechend der Vielfalt von KI-Systemen Unterschiede in der verliehenen Rechtspersönlichkeit sehen, um die Verantwortungszurechnung bei autonomen Entscheidungssystemen vorzunehmen.

4 Baron Thurlow (1731-1806) sagte bereits in den Debatten zur ersten Einführung von juristischen Personen in England: "It has no soul to damn and no body to kick," womit er darauf hinwies, dass sich für nichtmenschliche Rechtspersonen das Anreizproblem anders stellt als für Menschen.

In diesem Beitrag wurden viele grundlegende Aspekte der ökonomischen und der rechtlichen Analyse von KI-Systemen angerissen, ohne eine Antwort auf die sich stellenden Fragen zu liefern. Es bleibt daher für den Moment offen, welche Wendungen die Analyse und Regulierung von KI noch nimmt. Ein Bezug zu Marcel Prousts „Auf der Suche nach der verlorenen Zeit" (2017) kann jedoch vielleicht ein wenig Hilfestellung geben: Die Vergangenheit scheint in der Gegenwart auf, wo sie in den reichhaltigen Kontext des Jetzt gesetzt wird. Starke konzeptionelle Leitplanken helfen, wenn sich die Entwicklungsgeschwindigkeit wie im Falle von KI erhöht und damit auch der Regulierungsbedarf. Das Schaffen von solchen starken konzeptionellen Leitplanken, die die Rechtsökonomie in der Spur halten, ist immer in Wolfgang Kerbers Argumentationen zu finden.

Literaturverzeichnis

Albert, H. (1989), Critical Rationalism: The Problem of Method in Social Sciences and Law, in: Ratio Juris, Vol. 1 (1), 1-19.

Anders, G. (2013), Die Antiquiertheit des Menschen 2 - Über die Zerstörung des Lebens im Zeitalter der dritten industriellen Revolution, 4. Aufl., München: C.H. Beck.

Arnold, M. S. (1979), Accident, Mistake, and Rules of Liability in the Fourteenth-Century Law of Torts, in: University of Pennsylvania Law Review, Vol. 128, 361-378.

Baecker, D. (2022), Form und Medium der Digitalisierung, in: Soziale Systeme, Vol. 25 (2), 476-490.

Buchanan, J. M. (1966), Economics and its Scientific Neighbors, in: Krupp, S. R. (Hrsg.), The Structure of Economic Science: Essays on Methodology, Englewood Cliffs: Prentice Hall, 166-183.

Eidenmüller, H. & Wagner, G. (2021), Law by Algorithm, Tübingen: Mohr-Siebeck.

Gehlen, A. (1957), Die Seele im technischen Zeitalter, Hamburg: Rowohlt.

Guerra, A.; Parisi, F. & Pi, D. (2022a), Liability for Robots I: Legal Challenges, in: Journal of Institutional Economics, Vol. 18, 331–343.

Guerra, A.; Parisi, F. & Pi, D. (2022b), Liability for Robots II: An Economic Analysis, in: Journal of Institutional Economics, Vol. 18, 553-568.

Heidegger, M. (1962), Die Technik und die Kehre, Pfullingen: Neske.

Heine, K. (2003), Regulierungswettbewerb im Gesellschaftsrecht, Berlin: Duncker & Humblot.

Heine, K. (2023), Human Rights, Legal Personality and Artificial Intelligence, in: Quintavalla, A. & Temperman, J. (Hrsg.), Artificial Intelligence and Human Rights, Oxford: Oxford University Press, 458-470.

Heine, K. (2024), Autonomous Decision Making as a Challenge for Legal Research, Working Paper.

Heine, K. & Kerber, W. (2002), European Corporate Laws, Regulatory Competition and Path Dependence, in: European Journal of Law and Economics, Vol. 13 (1), 47-71.

Heine, K. & Quintavalla, A. (2023), Bridging the Accountability Gap of Artificial Intelligence – What Can be Learned from Roman Law?, in: Legal Studies, 1-16 (online first).

Hyde, W. W. (1916), The Prosecution and Punishment of Animals and Lifeless Things in the Middle Ages and Modern Times, in: University of Pennsylvania Law Review and American Law Register, Vol. 64, 696-730.

Kerber, W. (2004), Evolutorische Ökonomik und Wirtschaftspolitik: Probleme und Perspektiven am Beispiel des Wettbewerbsföderalismus, in: Dopfer, K. (Hrsg.), Studien zur Evolutorischen Ökonomik, Vol. VIII, Berlin: Duncker & Humblot, 67-97.

Kerber, W. (2023), Governance of IoT Data: Why the EU Data Act Will not Fulfill Its Objectives, in: GRUR International, Vol. 72 (2), 120–135.

Lakatos, I. (1970), Falsification and the Methodology of Scientific Research Programmes, in: Lakatos, I. & Musgrave, A. (Hrsg.), Criticism and the Growth of Knowledge, Cambridge: Cambridge University Press, 91-196.

Matthias, A. (2004), The Responsibility Gap: Ascribing Responsibility for the Actions of Learning Automata, in: Ethics and Information Technology, Vol. 6 (3), 175-183.

Mehra, S. K. (2016), Antitrust and the Robo-seller: Competition in the Time of Algorithms, in: Minnesota Law Review, Vol. 100, 1323-1375.

Nagel, T. (1974), What Is It Like to Be a Bat?, in: The Philosophical Review, Vol. 83, 435-450.

Nietzsche, F. (1882), Die fröhliche Wissenschaft, Chemnitz: E. Schmeitzner.

Pagallo, U. (2011), Killers, Fridges, and Slaves: A Legal Journey in Robotics, in: AI & Society, Vol. 26 (4), 347-354.

Proust, M. (2017), Auf der Suche nach der verlorenen Zeit, Bd. 1-3, Frankfurt: Suhrkamp.

Searle, J. R. (1980), Minds, Brains and Programs, in: Behavioral and Brain Sciences, Vol. 3, 417-457.

Schweizer, U. (2020), But-for Causation and the Implementability of Compensatory Damages Rules, in: Journal of Law, Economics, and Organization, Vol. 36 (2), 231-254.

Schweizer, U. (2024), Liability for Accidents between Road Users whose Activity Levels Are Verifiable, erscheint in: Journal of Institutional and Theoretical Economics.

Shavell, S. (2020), On the Redesign of Accident Liability for the World of Autonomous Vehicles, in: Journal of Legal Studies, Vol. 49 (2), 243-285.

Teubner, G. (2018a), Digital Personhood: The Status of Autonomous Software Agents in Private Law, in: Ancilla Juris, Vol. 35, 107-149.

Teubner, G. (2018b), Digitale Rechtssubjekte, in: Archiv für die civilistische Praxis, Vol. 218 (2-4), 155-205.

Data Sharing for Collective Interests – Moving Beyond Exclusive Control

Daniel Gill, Karsten K. Zolna & Diane Asobo, Marburg

1. Introduction

Data is a valuable resource, not only for profit-maximizing private businesses, but also for manifold collective interests. Its availability enables competition, furthers innovation, or supports the provision of public services. However, primarily those who have a direct relation to the customer (e.g. social media, e-commerce), or those who have manufactured an IoT device (e.g. smartphones, connected cars) hold exclusive de facto control over data, while complementary services, public institutions, and even the users themselves often rely on the benevolence of these data holders to share the data (also through data markets). As a result, competition may be restricted, innovation hampered, and public sector services provided inefficiently. Therefore, there is a need to move beyond exclusive control over data.

From a legal perspective, none of the data holders has de jure ownership rights over the data (Kerber 2016c: 760), but has only achieved de facto control over it through investments into the exclusion of others (Eckardt & Kerber 2023a: 8). Also, from an economic perspective, there are good arguments against exclusivity, including several market failures. Despite this, the European legislator in its previous attempts to regulate the data economy (esp. the General Data Protection Regulation (GDPR)[1] and the proposed Data Act (DA)),[2] seems to accept this exclusive control and provides data access and sharing rights that merely limit the ensuing negative (external) effects (Kerber 2023a: 134). Alternative approaches that move

1 Regulation (EU) 2016/679 of the European Parliament and of the Council of 27 April 2016 on the protection of natural persons with regard to the processing of personal data and on the free movement of such data, and repealing Directive 95/46/EC, OJ L 119, 04.05.2016.

2 Proposal for a Regulation of the European Parliament and of the Council on harmonized rules on fair access to and use of data (Data Act), COM(2022) 68 final (23 February 2022).

beyond exclusivity and thus beyond the typical business model of data marketplaces, data spaces etc. exist, but are still in their infancy and thus remain largely unexplored in the literature. Against this background, this paper discusses economic arguments against exclusive control over data, and explains the status quo of data governance including an analysis of the current legal framework (chapter 2). Consequently, alternative ways to move beyond exclusive control and towards a more collective approach will be discussed (chapter 3).

2. Economic and Legal Background and Market Failures in the Status Quo

2.1. Economic Arguments Against Exclusive Control over Data

From an economic perspective, data has certain characteristics that argue against exclusive control: (1) data is a non-rivalrous good, (2) the social value of data exceeds the private value, and (3) economies of scale and scope in data aggregation and analysis exist. In addition, exclusive control over data might lead to several market failures such as: (4) impediments to competition, (5) limitations to innovation, (6) restricted interoperability, and (7) a general under-utilization of data (Kerber 2018).

(1) Data is a non-rivalrous good. The use of specific data by someone does not impede the use of the same data by someone else. Since the marginal costs of an additional use of data is (close to) zero, the welfare-optimal solution would be open access to the data. In other words: the social value of data increases the more it is used to provide value added services. At the same time, others can be excluded from using the data, so that data does not suffer from a public good problem. Therefore, exclusive property rights on data are not justified (Kerber 2016c: 761).

(2) While data holders assign a certain value to the data, it can be expected that the social value of this data exceeds this private value (Martens & Duch-Brown 2020: 11). For example, certain data on mobility patterns might be valuable for the data holder who collects it. However, the value of this data for society would be much higher if it would be openly accessible and could thus be used by many interested parties to e.g. develop mobility applications, manage traffic flows, etc. This also explains why data holders are usually not inclined to share their data: if the social value exceeds the private value and this difference cannot be appropriated by the data holder,

the data holder might not have sufficient incentives to generate the data in the first place.

(3) Data aggregation and analysis is subject to economies of scale and scope (Kerber 2017: 117-118). The more data (volume) is available for analysis, the more precise are the results. Likewise, the more different sources (variety) of data are available, the more reliable are the results. In addition, the results of data analytics might provide insights not only about the market in question but also beyond that, and might thus provide businesses with opportunities to access adjacent markets.

(4 & 5) A data holder who does not want to share the data openly has two options: to entirely refuse the data sharing, or to share the data, however, at excessively high (potentially monopolistic) prices. The first option may be chosen esp. if the exclusive control over the data constitutes a competitive advantage. For example, if potential rivals cannot enter the market without having access to this data in order to develop a competing product. In this way, the data holder might be able to monopolize markets that rely on access to this data. In the second option a high price for the data would not only exclude some potential entrants, but would also make it extremely difficult to compete with the data holder in terms of prices. Moreover, since the data holder is free to decide which data is made available to whom, the data holder can control which innovations can be realized and which services can enter the market. As a result, the data holder may only accept those services (into the ecosystem of its platform service or IoT device) which make the ecosystem more attractive relative to competing ecosystems, and thus increase the data holder's profits. Therefore, both options might lead to market failures due to inefficient competition and innovation.

Kerber (2018) discusses this anticompetitive behavior within the context of the automotive industry where vehicle manufacturers hold (through technical design of the connected car) exclusive control over the vehicle data and have both, the ability and incentives to foreclose competition in secondary markets in the ecosystem of connected cars. One lesson from this example is that the extent of the market failures depends on the specific data in question: Is it available through other sources (e.g. data marketplaces) or is it unique? Can it be imitated (e.g. through reverse engineering), or can it be substituted by other data? In many cases where specific data of a specific device or user is in question, this data may be unique, inimitable, and non-substitutable (e.g. data from a specific sensor from a specific car for predictive maintenance). In other cases, there might be alternative data sources, e.g. navigational data may also be sold from mobile network operators.

(6) Another market failure can be limited interoperability (of platforms or devices) which can result from the strategic decision to design the platform or device in a way that excludes access of third parties to the data, in order to reap the benefits of exclusive control over this data. The possibility to do this depends on the extent of competition in the primary market for the platform service or IoT device: The stronger the competition between the ecosystems, the higher the pressure on data holders to open up their systems. Therefore, limited interoperability might also lead to lower competition, less choice for users etc. and thus to market failure.[3]

(7) Because of all the above discussed reasons, too little data is directly shared or made available for data markets, leading to a systematic underutilization of data and potentially high social welfare losses.

2.2. Analysis of the Legal Framework as to Exclusive Control over Data

In the last decade, the European Commission introduced a series of legal acts that aim to regulate data-based business models. Although the Digital Markets Act (DMA),[4] the Digital Services Act (DSA),[5] and the Data Governance Act (DGA)[6] also entail provisions on data, the following analysis limits itself to the GDPR and the proposed DA which we deem to be of highest relevance for the question how the current legal framework legally acknowledges exclusive control over data, and which elements allow for a more collective approach.

---

3 See for this argumentation in the context of IoT devices Kerber (2018). For a general economic background on interoperability and standardization see Kerber & Schweitzer (2017).

4 Regulation (EU) 22022/1925 of the European Parliament and of the Council of 14 September 2022 on contestable and fair markets in the digital sector, OJEU L 265/1.

5 Regulation (EU) 2022/2065 of the European Parliament and of the Council of 19 October 2022 on a Single market for Digital Services (Digital Services Act), OJEU L 277/1.

6 Regulation (EU) 2022/868 of the European Parliament and of the Council of 30 May 2022 on European data governance (Data Governance Act), OJEU L152/1.

2.2.1. Elements of Exclusive (Individual) Control and Collective Interests in the GDPR

The GDPR, or regulation "on the protection of natural persons with regard to the processing of personal data and the free movement of such data", already incorporates the conflict between individual and collective interests in its title. It aims to protect individual data subjects, but also wants to facilitate the free movement of personal data which indisputably is of collective interest. To protect natural persons, the GDPR provides data subjects with individual rights to their personal data (e.g., access, erasure, portability etc.) and assumes that the data subjects will actively use these rights in order to manage their personal data according to their own preferences. However, individual privacy decisions may generate externalities for other data subjects, groups, or the general public, that are usually not internalized by the data subjects because, as pointed out by Acquisti et al. (2016: 444), "[...] consumers are rarely (if ever) completely aware about privacy threats and the consequences of sharing and protecting their personal information." Indeed, these externalities should in theory be prevented by the principles of purpose limitation and data minimization, and the duty to clearly inform data subjects about the processing of data. However, in practice strong informational and behavioral problems prevent this.

A well-discussed example is the right to data portability (Art. 20 GDPR), which has been found to be largely ineffective (see, e.g., Krämer et al. 2020; Gill & Kerber 2020; Gill & Metzger 2022). This includes e.g. being overburdened by the length and legal language of privacy policies, a feeling of fatigue regarding consent decisions, etc. In addition, the application of these rights is connected to transaction costs and uncertain (future) benefits, especially where the data sharing is not directly connected to the provision of a specific service (Gill & Kerber 2020). Another important shortcoming of the GDPR is that it does not explicitly empower data subjects to authorize third parties to manage the data on their behalf. Consequently, data subjects are limited in their ability to transfer privacy decisions to an entity which is potentially much better informed, faces no behavioral issues, and may have negotiation power vis-à-vis the data holders. Such intermediaries (e.g., data trustees) might not only improve individual control over data, but might also support data processing in the collective interest, e.g., by facilitating individual data sharing for research or public sector services. To some extent the GDPR acknowledges this collective dimension of data sharing by stipulating the necessity to balance conflicting interests. For example, the tradeoff between data protection and the free flow of data (Art. 1 GDPR) is mitigated through the possibility of the data holder to process personal data where the processing is necessary: (1) to protect the vital interests of another natural person, (2) for the performance of a task carried out in the public interest, or (3) for the purposes of the legitimate interests of the data holder or a third party (Art. 6 (1) (d-f) GDPR). Also, the right to data portability aims for such a balance by providing that it should "not adversely affect the rights and freedoms of others." (Art. 20 (4) GDPR). Despite these acknowledgements, the GDPR does not protect collective interests as such (Graef et al. 2023: 3).

2.2.2. Elements of Exclusive (Individual) Control and Collective Interests in the Data Act

The main issue the DA aims to solve is that manufacturers of IoT devices can get – through technical design of their devices – exclusive de facto control over the data. As a result, device users and third parties are often unable to access the data, resulting in negative effects for competition and innovation in secondary markets. Consequently, the main objectives of the DA are to: (1) empower users of IoT devices to have more control over their data for the benefit of competition, (2) increase data availability for more innovation, (3) create fairness in the allocation of data value, and (4) simultaneously preserve incentives to invest in data value creation (Kerber 2023a: 122). Already, these objectives entail tradeoffs: Innovation and competition in secondary markets is of collective interest, whereas the protection of manufacturers´ incentives primarily protects private interests (esp. if overemphasized). In this respect, the following aspects of the DA deserve deeper consideration: (1) the basic data sharing mechanism, (2) the prohibition to develop competing products, (3) the prohibition to share data with gatekeepers, (4) the obligation to make data available to public sector bodies, and (5) the objective to not undermine incentives to invest into data generation.

(1) The DA introduces new data access and sharing rights for users of IoT devices. It seems to have learned from the discussion about data portability by abstaining from the limitations of Art. 20 GDPR and by mandating continuous and real-time data availability. However, similar to the right to data portability it seems unlikely that individual users (different to business users) will actively use this right and thereby improve access of third parties to data, especially where transaction costs are greater than

zero and individual benefits of data sharing are uncertain (e.g., data sharing for public sector services, research etc.). But also, where individual benefits are more tangible (e.g., interoperability of devices), the user may not claim the sharing right. This holds especially where data holders offer competing services that are of higher quality (due to the data advantage), or of a lower price (esp. if the third party has to pay high prices for access to the data). In addition, the DA introduces a number of provisions that protect the data holders' de facto exclusive control over the data, such as an overly strong protection mechanism for data that may contain trade secrets, or the need for bilaterally negotiated licensing agreements (with potentially high transaction costs) between data holder and third party (Kerber 2023a: 125). In sum, the basic data sharing mechanism in the DA seems inapt to support collective interests. On the contrary, the legal acknowledgement of the de facto ownership over the data might even consolidate the exclusive control position of the data holders (Kerber 2023a: 123).

(2 & 3) The DA provides limitations to the usability of the data through third parties and users that may be in direct conflict with collective interests. First, the DA prohibits users and third parties to use the data to develop a product that competes with the product of the data holder, or to share the data with another third party that has the intent to develop such a product (Art. 4 (4) & 6 (2) DA). In this way, the DA loses any ability to facilitate innovation and competition on a horizontal level. Second, the DA prohibits users and third parties (but not the data holders) to share the data with a gatekeeper (Art. 5 (2) & 6 (2) DA).[7] There are two facets to this issue: on the one hand, it can be in the collective interest to limit the data power of these gatekeepers in order to increase innovation and competition on these (platform) markets, and to preserve at least some privacy of data subjects vis-à-vis these gatekeepers. On the other hand, this step restricts the individual data sovereignty of users and third parties to port the data to gatekeepers (against benefits) with potentially negative effects for the interoperability of devices and applications. Moreover, there could be certain markets with gatekeeper positions based on the exclusive control over the data, where the gatekeepers, e.g. Apple and Google, could induce more competition on secondary markets and a general opening of the device ecosystem towards third party services (Martens 2023: 13). Against this background, this provision of the DA might also be interpreted

7 Designated pursuant to Art. 3 DMA.

as a mechanism to protect EU data holders esp. against competition from the big US tech companies.

(4) Art. 14 obliges data holders to make data available for public sector bodies if there is an exceptional need for the data and the data is necessary for the public sector body to carry out its statutory duties in the public interest. An exceptional need is further defined as limited in time and scope and exists only if there is (a) a public emergency and the data cannot be obtained by alternative means, or, (b) where a public sector body etc. cannot fulfill a specific task in the public interests that has been explicitly provided by law, due to the lack of data and all other means to obtain the data have been exhausted (Art. 15 DA). These rules seem overly restrictive given the huge potential benefits that could be derived from the data if it was available to public sector bodies, e.g. for purposes of improving public health. From an economic perspective, it is hard to justify these high requirements. A mere gearing to the individual incentives of the data holders seems unjustifiable, esp. since manufacturers should be able to include investment and operating costs into the price of the IoT devices (Kerber 2023a: 129).

(5) The DA puts a lot of emphasis on the incentives of the data holders to invest into the initial generation of the data. The critical question is whether exclusive control is necessary for this? In many situations the data may be generated as a by-product of a product/service, which means that the manufacturers and service providers do not generate the data for the purpose of direct data monetization, but because they offer services that rely on the data. They have to invest into better technology (e.g., sensors) anyways, if these product/service markets are competitive and there is competition on the level of the quality of the data-based services (e.g., precision of navigation, timeliness of health data). Accordingly, data sharing obligations would not significantly reduce the data holders' incentives. From a social welfare perspective, this incentive argument might only hold where the incentives are reduced so much that it reduces social welfare, e.g., if the device/service can only be offered profitably based on exclusive control over the data, or if the costs of data sharing are prohibitively high. These costs, however, depend to a large extent on decisions of the data holders, e.g., about interfaces and data quality.

2.3. Conclusions on the Status Quo of Data Governance

From an economic perspective, it seems unquestionable that while more data sharing holds enormous welfare potentials, the data holders have little incentives to engage voluntarily in data sharing. Ultimately, it is a rational, profit-maximizing strategy to share the data only if the potential costs of a lost competitive advantage from the exclusive control over the data can be recouped by (monopolistic) prices. At the same time, increased customer satisfaction from more control over the data, or non-financial incentives such as corporate social responsibility etc. do not seem to generate sufficient competitive pressure. The main regulatory initiatives of the European Commission (GDPR & DA) to solve these market failures seem to accept the de facto ownership positions. Accordingly, the Commission focuses on creating a framework that facilitates voluntary data sharing (e.g., through Data Spaces) and leaves data sharing subject to freely negotiated contracts between data holders and third parties. Indeed, both GDPR and DA oblige data holders with far-reaching transparency obligations about the data processing activities and provide data subjects/users with data access and sharing rights. However, neither Art. 20 GDPR nor Art. 5 DA should be expected to really be utilized as tools that facilitate data sharing in the collective interest because of (1) an overreliance on data subjects/device users, and (2) an overemphasis on the incentives of the data holders.

3. Approaches to Move from Exclusivity to Collectivity

Instead of trying to mitigate the negative effects of exclusive control over data, integrated solutions should be developed where this exclusivity is avoided right from the start. Several steps may be necessary: First, it might be required to limit the freedom of device manufacturers/service providers to decide on the technical design of the device/platform in order to avoid technological solutions that generate exclusivity (Eckardt & Kerber 2023a: 9). Second, new intermediaries should be introduced that empower the users to meaningfully utilize their rights under GDPR and DA to share data in the collective interest. Third, the legal framework should be adapted accordingly, considering innovative solutions such as co-ownership rights on data, or a new allocation of the bundles of rights towards different stakeholders. The following chapter provides an overview of potential approaches.

3.1. Technological Solutions: Shared Servers and On-Device Application Platforms

One way to avoid exclusive control over data right from the start is to get rid of technical systems that achieve or even intend to create closed systems. An interesting discussion in this regard exists in the automotive sector.[8] Here, the digital transition to connected cars creates many opportunities for innovative services. However, together with these opportunities also came strong concerns of independent services providers (ISPs), which had to realize that the so-called "extended vehicle concept" of the vehicle manufacturers (Original Equipment Manufacturers – OEMs) is designed in a way that transfers (almost) all data that is generated in the vehicle directly to proprietary backend servers of the OEMs. As a result, OEMs have exclusive control over the vehicle data. The ISPs fear that the OEMs will use this advantage to exclude them from the ecosystem of connected (automotive) driving, i.e. from all secondary markets where access to vehicle data is necessary to develop or offer competitive services. In this context, two alternative technical architectures have been proposed: a "shared server" solution, and an "on-board application platform".

In the shared server solution, the data would be transferred to an external server that is under the governance of an independent (neutral) entity which can give non-discriminatory access to this data to all stakeholders (including the OEMs) and the data economy (via data markets). From an economic perspective, such a shared server would have significant advantages as it would aggregate data of all vehicle brands and thus realize stronger economies of scale and scope in data aggregation and analysis, which again could be used to derive insights that could be employed for collective interest purposes. This concept is also particularly interesting within the context of the emerging discussion on data trustees that could govern the data with fiduciary responsibility, either towards the vehicle users or the general public.

The on-board application platform (OBAP) solution would allow vehicle users to directly decide whom to give access to the vehicle and the

8 For an overview about this debate see Kerber & Frank (2017). For an analysis of the resulting market failures in the ecosystem of connected cars see Kerber (2018). For an analysis why a rather recent reform of the sectoral regulation on access to repair and maintenance information failed to solve these data access issues see Kerber & Gill (2019). For an analysis of the potential of competition law to solve data access and interoperability problems in the ecosystem of connected cars see Kerber (2019).

data. Simply put, the vehicle on-board system would host an application platform similar to a smartphone where different apps could be run based on the free choice of the customer. Through these apps, third parties could obtain access to vehicle data while the scope of data access would depend on the terms and conditions of the different apps. However, it is uncertain whether this architecture would lead to sufficient levels of data availability since the data sharing depends on the users' initiative to install and use third party apps. Again, it seems unlikely that high numbers of vehicle users would systematically install and use apps that do not provide them with a direct benefit (e.g. of public authorities). On the other hand, those third parties which benefit from this app-based access could make the data available on data markets, thus increasing the supply of this data and thereby driving down prices and increasing availability (and potentially also quality) of the data.

Both of these technical solutions could be blueprints for other IoT devices to avoid exclusive control over data. Beyond that, the shared server, i.e. a data trustee solution, could also be a solution for data access and sharing problems regarding platform services.

3.2. Institutional Solutions: Data Trustees/PIMS as New Intermediaries

One important part of the data exclusivity problem is that the legislator overburdens data subjects (GDPR) and users (DA) with data sharing rights, since the legal framework does not provide for sophisticated and standardized technical and institutional solutions to easily claim these rights and take (granular) control over "their" data. One of the most critical opportunities for the empowerment of the data subject/user could be to enable them to authorize a specialized and neutral third party to manage data related decisions on their behalf and in their best interest. This could include e.g. consent management, presetting of data sharing preferences, collective negotiation of better privacy policies, or the systematic monetization of specific data. Two strongly related new and innovative institutional solutions could be data trustees and personal information management systems (PIMS). These intermediaries could help to overcome informational and behavioral problems and provide data subjects/users with additional incentives to actively engage in the management of their data (e.g., through monetization opportunities). Importantly, these systems could also be employed to achieve collective interest objectives, e.g., if they are designed in a way that incentivizes data subjects/users to share data for non-commercial purposes such as research, or public health. Decisive design characteristics for such a purpose-based approach are e.g. to whom they assign fiduciary responsibility, whether these systems are publicly funded or supplied by private businesses, and in the latter option, how neutrality can be preserved while aiming for profitable business models. So far it is not clear to what extent legal amendments of the EU data protection law would be necessary, and whether these new data intermediaries would require regulations for ensuring their effectiveness (Kerber & Specht-Riemenschneider 2022).

3.3. Regulatory Solutions: Collaborative and Integrated Approaches

The above described technical and institutional solutions have not asserted themselves so far. Therefore, the question arises if the traditional legal framework needs to be reformed (Kerber 2016a, b). As Kerber (2023a: 7-10) points out, both competition and data protection law may not provide sufficient solutions. Instead, an innovative regulatory framework might be necessary, including approaches which are uncommon in traditional competition law. Also, regarding data protection law there are a number of issues that reduce its effectiveness (Kerber 2023a: 11-14). Solutions have to be found for situations where multiple market failures and more than one field of law are of relevance. When focusing on data governance, any potential interplay between any market failure and any policy has to be considered. Kerber & Zolna (2022) describe a framework for analyzing such markets and their complex interaction effects and show that a more collaborative and integrated approach is required. Applying such a framework also to questions of data governance appears reasonable as current approaches, such as the GDPR and the DA, neither consider all existing (interacting) market failures in data markets nor make use of a broad set of (interacting) policies to solve these market failures. Eckardt & Kerber (2023a: 18-21) illustrate these shortcomings in the current debate and show that solutions such as the concept of co-generated data,[9] in isolation, might solve data governance issues only to a certain extent and under specific circumstances. Hence, it is necessary to develop novel collaborative and

9 For the concept of co-generated data see e.g. Metzger & Schweitzer (2023), or the ALI/ELI Draft Principles for a Data Economy (https://www.principlesforadataeconomy.org/).

integrated legal approaches for data governance, which might be better suited for moving beyond the status quo of exclusive de facto control over data (Kerber 2023c).

4. Conclusion

In the digital economy, data has become a crucial resource such that firms with exclusive de facto control over data either sell access to it at prohibitively high prices, or refuse to share data at all. This strategic, profit-maximizing strategy creates multiple market failures. As a consequence, data sharing for collective interests such as competition, innovation, or the (efficient) provision of public goods remains unattainable. In the status quo, the European legislator seems to accept – and even legally acknowledge – this gatekeeper position and overemphasizes the data holders' incentives. Instead of challenging the exclusive de facto control position through innovative technical, institutional and legal means, access and sharing rights are implemented that can, at best, partly curtail the potential negative effects. There are compelling economic arguments against exclusive control of data. An analysis of the two most important regulations on data (GDPR & the proposed DA) revealed that both fail to adequately protect collective interests due to inefficient basic data sharing mechanisms, a too strong reliance on the individual data subject/user, and too strong protection of private interests. Moving beyond exclusive de facto ownership of data requires the adoption of innovative and integrated solutions. Technological solutions such as shared servers, institutional solutions such as data trustees, and an appropriate legal evolution need to be considered together in order to move towards a data governance regime where more data is shared also for the collective instead of only for the private benefit.

References

Acquisti, A.; Taylor, C. & Wagman, L. (2016), The Economics of Privacy, in: Journal of Economic Literature, Vol. 54 (2), 442-492.

Eckardt, M. & Kerber, W. (2023), Property Rights Theory, Bundles of Rights on IoT Data, and the Data Act, Andrássy Working Paper Series in Economics and Business Administration, No. 51.

Gill, D. & Kerber, W. (2020), Data Portability Rights: Limits, Opportunities, and the Need for Going Beyond the Portability of Personal Data, in: Competition Policy International - CPI Antitrust Chronicle, Vol. 2 (2), 54-59.

Gill, D. & Metzger, J. (2022), Data Access through Data Portability – Economic and Legal Analysis of the Applicability of Art. 20 GDPR to the Data Access Problem in the Ecosystem of Connected Cars, in: EDPL, Vol. 8 (2), 221-237.

Graef, I.; Petročnik, T. & Tombal, T. (2023), Conceptualizing Autonomy in an Era of Collective Data Processing: From Theory to Practice, in: Digital Society (DISO), Vol. 2 (2), Article 19.

Kerber, W. (2016a), A New (Intellectual) Property Right for Non-Personal Data? An Economic Analysis, in: GRUR Int., 11/2016, 989-999.

Kerber, W. (2016b), Digital Markets, Data, and Privacy: Competition Law, Consumer Law and Data Protection, in: GRUR Int., 7/2016, 639-647.

Kerber, W. (2016c), Governance of Data: Exclusive Property vs. Access, in: International Review of Intellectual Property and Competition Law (IIC), Vol. 47, 759-762.

Kerber, W. (2017), Rights on Data: The EU Communication "Building a European Data Economy" from an Economic Perspective, in: S. Lohsse; R. Schulze & D. Staudenmayer (Hrsg.), Trading Data in the Digital Economy: Legal Concepts and Tools, Baden-Baden: Nomos, 109-133.

Kerber, W. (2018), Data Governance in Connected Cars: The Problem of Access to In-Vehicle Data, in: JIPITEC, Vol. 9 (3), 310-331.

Kerber, W. (2019), Data-sharing in IoT Ecosystems and Competition Law: The Example of Connected Cars, in: Journal of Competition Law & Economics, Vol. 15 (4), 381-426.

Kerber, W. (2023a), Governance of IoT Data: Why the EU Data Act will not fulfill its objectives, in: GRUR Int., 2/2023, 120-135.

Kerber, W. (2023b), Data Act and Competition: An Ambivalent Relationship, in: Concurrences, Issue 1/2023, 30-36.

Kerber, W. (2023c), Digital Revolution, Institutional Coevolution, and Legal Innovations, in: European Business Law Review, Vol. 34 (6), 993-1016.

Kerber, W. & Frank, J. S. (2017), Data Governance Regimes in the Digital Economy: The Example of Connected Cars, URL: https://dx.doi.org/10.2139/ssrn.3064794 (zuletzt abgerufen am 29. Oktober 2023).

Kerber, W. & Gill, D. (2019), Access to Data in Connected Cars and the Recent Reform of the Motor Vehicle Type Approval Regulation, in: JIPITEC, Vol. 10 (2), 244-256.

Kerber, W. & Schweitzer, H. (2017), Interoperability in the Digital Economy, in: JIPITEC, Vol. 8 (1), 39-58.

Kerber, W. & Specht-Riemenschneider, L. (2022), Designing Data Trustees – A Purpose-based Approach. Datentreuhänder – Ein problemlösungsorientierter Ansatz, Berlin: Konrad-Adenauer-Stiftung.

Kerber, W. & Zolna, K. K. (2022), The German Facebook Case: The Law and Economics of the Relationship between Competition and Data Protection Law, in: European Journal of Law and Economics, Vol. 54 (2), 217-250.

Krämer, J.; Senellart, P. & de Streel, A. (2020), Making Data Portability More Effective for the Digital Economy, Centre on Regulation in Europe (CERRE) Policy Report, 06/2020.

Martens, B. (2023), Pro- and anti-competitive provisions in the proposed European Union Data Act, TILEC Discussion Paper, No. 2023-03.

Martens, B. & Duch-Brown, N. (2020), The Economics of Business-to-Government Data Sharing, JRC Digital Economy Working Paper 2020-04.

Metzger, A. & Schweitzer, H. (2023), Shaping Markets: A Critical Evaluation of the Draft Data Act, in: ZEuP 2023, 42-82.

Data Commons and the EU Data Act

Martina Eckardt, Budapest

1. Introduction

Digitalization not only creates huge benefits, but poses also a number of far-reaching challenges to society due to its disruptive impact on economic structures (Kerber 2023). Data lies at the heart of digital technologies and business models. In the digital world, it has become an essential and valuable economic resource. The issue of data governance is therefore on the agenda, although it poses challenging issues. This can also be seen in that the content and scope of what data governance means changed over the last years (Abraham et al. 2019). Originally, data governance referred to data management within single organizations or firms. With the widespread collection, processing and commercial use of digital data, now the question is more generally who should have access to these data and is capable of drawing value from it as well as how the collection, processing etc. of large data sets should be organized and managed. EU data policy is currently the most ambitious and far-reaching endeavor to regulate the digital economy. The *General Data Protection Regulation* which is concerned with privacy issues regarding personal data was put into force in 2018 (European Parliament/Council 2016). The *Data Act* (DA) which was adopted in November 2023 deals with the governance of non-personal data that are generated by the growing number of IoT (internet of things) devices (European Parliament/Council 2023). It introduces new mandatory rights for users to access, use and share data generated by IoT devices as well as it wants to clarify who should be allowed to draw value from such data. This should result in achieving the objectives of the DA, which are making data available for innovation; guaranteeing and enhancing competition; and giving users a fair share of the value from data.

Eckardt & Kerber (2024) analyze whether the approach of the DA to achieve these goals could be successful by applying a 'bundles of rights' approach from property rights theory. Since the DA is rather ambiguous in its approach, they discuss the following three modes of governance for non-personal IoT data in relation to the DA: (1) an intellectual property rights (IPR)-like mode that favors manufacturers in assigning rights on data, (2) a user-centric mode that allocates access, use and sharing rights pre-dominantly to the users of the IoT devices, and (3) a co-generating approach that would allow both manufacturers and users to independently access, use and share the data. While only the third mode takes advantage of the non-rival feature of data, under the other two modes the DA favors a more individualistic approach through a more exclusive assignment of the bundles of rights, even if they contradict each other to a certain extent. Eckardt & Kerber (2024) come to the conclusion that all in all it is unlikely that the approach of the DA to governing non-personal digital data will lead to greater unlocking of data for innovation and competition.

Data commons are another governance mode that has gained particular interest over the last years (Dulong de Rosnay & Stalder 2020; Purtova & v. Maanen 2023). Since data is non rivalrous in consumption, assigning private property rights is not an optimal solution for maximizing social welfare. Thus, a number of authors looked at the work of Elinor Ostrom and others on common-pool resources and the bundle of rights assigned for governing such resources as a promising alternative mode of data governance. Therefore, this paper discusses whether data commons could be a sensible mode of governance to achieve the objective of unlocking more non-personal data.

Section 2 presents the main approaches regarding data commons as a mode for governing non-personal digital data. Section 3 analyzes whether data commons provide a governance mode that helps to overcome technical, legal and economic incentive barriers to make more non-personal data available. It takes the new rights adopted with the DA on access, use and sharing of non-personal data that are generated by IoT devices into account. Section 4 concludes.

2. Data Commons – An Overview

A quick exploratory online search in the Social Science Direct database[1] showed 1,280 results when searching for the term 'data commons', with a marked and steady increase since 2017/18. However, only about 7 % of the results refer to publications from the social sciences. Most of the other findings are related to fields like (bio-)medicine, genetics, and microbiology

1 www.sciencedirect.com, accessed 16 October 2023.

etc. where commons are used as a governance mode to make large data sets available for scientific research to a broad community of researchers. Since we are interested in governance modes for making non-personal digital data from IoT devices available for a broad user base, not primarily for scientific research, we do not deal with these forms of data governance in the following.

The concept of data commons originates from the empirical and conceptual work of Elinor Ostrom and others on common pool resources which are characterized by non-excludability and rivalry or subtractability in consumption (Ostrom 2005, 2010). The research relied mainly on qualitative case studies that were undertaken to explore which non-state and non-private property mechanisms are there that prevent overusing and thus the depletion of such a resource ("tragedy of the commons", Hardin 1968). From this field work, Schlager & Ostrom (1992) provided a 'bundles of rights' approach to the shared governance of common-pool resources. In such a property rights regime, bundles of rights are allocated to different actors at different levels. Governing common-pool resources by a group of people requires a differentiation between access and use rights one the one hand and rights that deal with the management of the resource in the widest sense. Following Schlager & Ostrom (1992), at the *operational level* there are access and withdrawal rights, while at the *collective choice level*, there are management, exclusion and alienation rights. On the basis of a broad range of empirical case studies, Ostrom (2005, 2010) derived insights on the relevant characteristics of these bundles of rights for the governance of common-pool resources to work well. The *Institutional Analysis and Development (IAD)* framework comprises the following eight principles that should help to overcome the main collective-choice problems when common property regimes are used as a governance mode for such common-pool resources: "1. Clearly defined boundaries ... 2. Proportional equivalence between benefits and costs ... 3. Collective-choice arrangements ... 4. Monitoring ... 5. Graduated sanctions ... 6. Conflict resolution mechanisms ... 7. Minimal recognition of rights to organize ... 8. Nestled enterprises" (Ostrom 2005: 259). While the main work in this strand of literature refers to natural resources, like fishery or forests, Hess & Ostrom (2003, 2007) also started looking at knowledge as a common-pool resource ("knowledge commons"). Although Hess & Ostrom (2003, 2007: 134) acknowledged that digital information is different from physical common-pool resources, they, nevertheless, argued that the commons framework developed regarding the governance of such physical resources is also a useful concept for studying knowledge, information and data.

This view is contested by a group of scholars that, like Madison (2020: 35), argue that conceptualizing knowledge, information or data[2] as common-pool resources is not convincing since these are excludable but non-depletable, thus having different properties than common-pool resources.[3] However, in their *Governing Knowledge Commons (GKC)* framework they continue to pursue the methodological approach by Ostrom. They thus refer to the traditional notion of the term "commons" as "a resource shared by a group of people" (Hess & Ostrom 2007: 4). Accordingly, commons governance is "a form of community management or governance. It applies to a resource, and it involves a group or community of people who share access to and/or use of the resource" (Madison et al. 2016: 1) or – as Madison (2020: 37) puts it: "commons governance is collective management of a shared resource by or in a group. The role of the collective is largely to define its own governance system relative to dilemmas associated with specific resources, producing a form of institutional governance in context". The main social dilemmas seen in knowledge commons (including data commons) are "(i) dilemmas attributable to the nature of the research and/or research problem...[in scientific research]..., (ii) dilemmas attributable to the need to coordinate knowledge sharing among multiple constituencies and stakeholders that collaborate with respect to creation and management of the resource [...], (iii) dilemmas arising from the need to manage rivalrous or depletable resources that are necessary inputs into production and use of the shared knowledge resources [...], (iv) dilemmas arising from (or mitigated by) the broader system within which a knowledge common institution is nested" (Madison et al. 2016: 14). While this approach stresses the relevance to analyze social dilemmas emerging in data commons governance, it refuses to conceptualize data as a common-pool resource that is susceptible to overuse and depletion (Madison 2020: 34). Accordingly, it also declines the "[s]tereotypical solutions [...] modeled either as exclusive property rights transacted in markets (patents, copyrights), or as public goods provisioned or underwritten by state authority (such as scientific research)" (Madison 2020: 35). But the

2 In the following, regarding the *GKC* framework, always read "knowledge" as "knowledge, information or data".

3 This is in line with the dominant view in economics, according to which digital data show the properties of so-called club goods. On this and regarding other relevant characteristics of digital data, see for example Øverby & Audestad (2021: 74-83).

GKC framework does not provide a prescriptive set of bundles of rights that should be implemented for governing data commons in a welfare optimizing way. For example, while Madison (2020: 41) claims to offer "a conceptual toolkit for data governance", he, too, does not present a detailed account on how the bundles of rights should be designed for well working data commons. The main research undertaken is rather at the exploratory stage, conducting qualitative case studies from which the question "whether and how some knowledge or information resource is governed as a *shared resource* via some community or collective" (Madison 2020: 36, emphasis in original) should be answered. The goal is to eventually come up with generalizable results regarding a well-functioning governance mode for data commons comparable to Ostrom's *IAD* framework (Madison et al. 2019; see the anthologies by Strandburg et al. 2017; Sanfilippo et al. 2021; Dekker & Kuchar 2022; Frischmann et al. 2023).

There is another quite popular strand of literature that also originates from the concepts developed by Ostrom et al., but pursues a prescriptive approach instead of an empirically oriented exploratory methodology.[4] It often applies a normative approach and egalitarian rhetoric where data commons are seen as a third way between market-based private property and IRP regimes on the one hand and state-regulated approaches on the other hand (see de Angelis 2017; Prainsack 2019; Dulong de Rosnay & Stalder 2020; Calzati & v. Loenen 2023 with additional literature). It thus presents data commons as an alternative governance mode for voluntary self-management of commonly shared resources. Therefore, data commons should not only serve their members, but society as a whole or as Calzati & v. Loenen (2023: 10) put it "[t]oday, data commons [...] characterizes a regime in which actors join forces in the collection, pooling, and use of data (and digital infrastructures) subservient to the delivery of services for the whole community".[5] Therefore, the underlying governance design "[s]hould have the capacity to reshape and change the power balance in data-driven economy and society" (Zygmuntowski 2023: 10). Nevertheless,

4 Contrary to economic approaches to digital data (see fn. 2) and to the *GKC* framework, authors from this strand of research often endeavor to show that data are common-pool resources. Although this is not convincing, the motive behind it seems to be to link one's own research with that of Elinor Ostrom. For a detailed discussion on the different strands of literature, see Purtova & v. Maanen (2023).

5 Authors in this strand of literature also discuss and modify Ostrom's design principles from the *IAD* framework to meet the particularities of digital data, see for example Prainsack (2019); Zygmuntowski et al. (2021); Wong et al. (2022).

it acknowledges that there are different stakeholder interests involved when using digital data, namely protecting fundamental rights, especially privacy, generating economic value and serving the public interest, that have to be met (Zygmuntowski 2023). Regarding the governance design, Tarkowski & Zygmuntowski (2022: 22, emphasis by the authors), for example, suggest it to rest on three pillars: "*Stewarding Access:* achieved by setting rules for managing who gets access, and under what conditions, while preserving rights; *Collective Governance:* ensured through participation and democratic oversight of a trusted community; *Public Value:* generated through a clear purpose, capacity-building and sharing".[6] In more detail, they acknowledge that legal provisions are necessary to make data available for a particular data commons in the first place if private companies do not so voluntarily.[7] In addition, they argue that data commons should not be open access, but that some form of exclusion regarding access and withdrawal rights are necessary for a functioning data commons management[8] and for "preventing harm and levying sanctions if data commons have been abused" (Tarkowski & Zygmuntowski 2022: 23). For preserving privacy rights, adequate technological and other safeguards have to be put into place. In addition, "maintenance of the data and related infrastructure [...] to collect, store and maintain quality of data" (Tarkowski & Zygmuntowski 2022: 23) is necessary. To ensure democratic control of data commons, they enumerate a number of mechanisms like "supervisory councils, citizen panels and assemblies, sortation and quadratic voting" (Tarkowski & Zygmuntowski 2022: 24). In addition, the normative "mission-oriented" view of data commons becomes clear in the requirement that it should be "guided by the values upheld by the community and oriented towards social goals" (Tarkowski & Zygmuntowski 2022: 25) like for example "supporting projects of redistributive justice and reducing inequalities" (Tarkowski & Zygmuntowski 2022: 25). All in all, they also see a positive role for public policy to implement and operate data commons.

In contrast to this strand of literature that demands data commons to pursue additional political goals besides providing a governance mechanism for digital data, Potts et al. (2023) provide a data commons concept that is explicitly tailored to promote innovation by making digital data

6 For proposals on the governance design of public data commons, see Zygmuntowski et al. (2021) and Tarkwoski & Vogelezang (2022).

7 See Fia (2021) for an overview on different access modes to digital data.

8 Thus, it is implicitly acknowledged that digital data are club goods.

available. They define data commons as "pools of data, information and/or knowledge that are (1) digitally stored and transferable and (2) can be accessed by anyone for any purpose without payment and without limit" (Potts et al. 2023: 2). Stakeholders involved in the data commons are "contributors to the commons, curators and managers of the commons, and information seekers" (Potts et al. 2023: 3). These may be persons or organizations, private or public entities. Access to the data commons is granted to everyone, withdrawal is unrestricted and free of charge by definition. Like Tarkwoski & Zygmuntowski (2022: 14), who see data as "general purpose inputs", Potts et al. (2023) also refer to digital data as an infrastructure resource. Since data commons can be thus seen as part of public infrastructure (Frischmann 2013),[9] they suggest that "governments support both, research related to developing well-designed commons, and invest in creating and operating such commons" (Potts et al. 2023: 12). Such government spending can be justified by the social welfare benefits resulting from open access data commons which reduces "the innovation-specific private or open investment required from innovators" (Potts et al. 2023: 4). In addition, free access of "many searchers, each equipped with different resources, tools, and interests, can discover more economic opportunities within a data set than a more restricted set of searchers" (Potts et al. 2023: 4) – a claim based on Hayek's idea of the positive impact of decentralized use of knowledge (Hayek 1945). In addition, the authors see three main motivations for private companies or consumers to voluntarily share their data via data commons which they summarize under the following keywords: "open source design for proprietary inputs", data contributions by "bottleneck-owning' firms" and "free citizen innovation" (Potts et al. 2023: 6). Furthermore, however, they are against forced contributions of digital data to data commons from manufacturers or data holders, at least currently (Potts et al. 2023: 13f).

To summarize, there are some common elements in the different strands of literature on data commons as exemplified by the approaches just presented. The constitutive features of data commons are that they represent a mode of *voluntary* collaborative management of a *shared resource system. Self-governance* and *member participation* are important elements. Above that, data commons can be designed quite flexible in regards to member-

9 This view is also held by a number of other authors when discussing the 'nature' of non-personal digital data, see for example Fia (2021) and Tarkowski & Zygmuntowski (2022).

ship, the objectives pursued by its members, as well as the rules that determine who gets access and can use data commons for what purposes and under which conditions.[10] However, there are also a number of elements on which views differ and which may be in conflict with this characterization, although such contradictions are often not explicitly discussed (Purtova & v. Maanen 2023).

3. Data Commons against the Background of the EU Data Act

In light of the newly adopted EU Data Act, this section discusses whether data commons are a governance mode that can help make more non-personal data available than it is currently the case. There are a number of requirements for setting up and operating data commons on a regular basis, like adequate technical equipment for storing, processing and curating the data as well as monitoring potential misuse or abuse of the data. As all these activities incur costs, securing the necessary financial resources for the operation of a data commons is also an essential task. However, the main prerequisite for establishing and operating data commons are actors that are willing to contribute data to data commons. There are technical, legal and economic (incentive) barriers to data being contributed to data commons which we will discuss in the following against the background of the DA.

The status quo before the adoption of the DA is characterized by the fact that data is often a by-product of the use of digital devices, which then accrue with the manufactures of these devices, not with the users. Accordingly, manufacturers have de facto control over these data. This is based on their technological decisions about how the devices and the data thus generated are constructed. In this way, manufacturers can use the data generated as they wish and/or to exclude others, even if they have no rights based on IPRs or trade secrets that expressly give them the right to do so. While Eckardt & Kerber (2024) show that this de facto control of manufacturers over data does not constitute a normative right of manufacturers to such data vis-à-vis users or others, given this starting point, the contribution of data to data commons depends entirely on the willingness of manufacturers to voluntarily do so. In particular, it is com-

10 Therefore, data commons are also compatible with a number of existing legal forms that are available for cooperatives or associations, for example.

pletely independent of whether the users want to share the data generated by the use of one of their IoT devices to a data commons or not.

With the adoption of the DA, there are now regulations in place that change this situation to some degree as they restrict the manufacturers' scope for action. According to Art. 4 (13) DA, a contractual agreement with the user is now required for the manufacturer to use the non-personal data generated by the user of an IoT device. Manufacturers now need the consent of users to use the data, whereas they were previously free to decide how to use the data. This would also apply if they wish to pass on such data to third parties, like data commons (Art. 4 (14) DA). As Potts et al. (2023) discuss, private firms may have incentives to voluntarily share data with data commons to encourage innovation. With the adoption of the DA, manufacturers must now obtain user consent, where at least some users may refuse to do so. However, since the DA does not prohibit making the sale of IoT devices dependent on such contractual consent, this will not lead to major restrictions on data use by manufacturers, as Eckardt & Kerber (2024) argue. Accordingly, it should not lead to a greater restriction in data provision to data commons if the manufacturers so wish.

In addition, for the first time, the DA grants users the right not only to access and use their data (Art. 4 (1) DA), but also to share it with third parties (Art. 5 DA). However, there are a number of restrictions in place, e.g., in relation to trade secrets, which seem primarily designed to shield data holders (Eckardt & Kerber 2024). The resulting legal uncertainty could drastically reduce the incentives for users to actually apply their new user rights in order to make more non-personal data available. It also might discourage data intermediaries to actively engage in convincing users to make their data available. However, compared to the situation before the adoption of the DA, potential technological barriers erected by manufacturers/data holders are now removed at least to some degree. This is an important legal prerequisite for a broader implementation of data commons as demanded by their proponents (Tarkowski & Zygmuntowski 2022). In addition, the DA also makes some requirements regarding which data (and metadata) has to be made available to users or third parties in what format (Artt. 3, 4 (1) DA). This also reduces costs for accessing and using such data.

While the DA removed some technical obstacles to contribute data to data commons, the question is whether data commons provide additional incentives for users to actually make more data available for innovation and competition. Because the answer to this differs regarding whether we are in a B2B or B2C situation, we discuss these two cases separately. The main challenge for establishing a data commons as a voluntary governance mode for resource management characterized also by participation of its members, is to get access to actors who are willing to contribute their non-personal data on a regular basis. Single users can – in principle – use their data themselves or sell it. However, the price will be rather low as it is not single data, but the aggregation of data from many users for drawing inferences from them that makes data a valuable resource. For the positive externalities involved in contributing data, single users will not receive a compensation, implying market failure. In addition, providing data involves uncertainty for single users whether giving their data away could pose some risks and thus costs for them in the future. In addition, users have to incur time to decide whether and how to use their data. Overall, the incentives for users to make their non-personal data available are therefore generally low (Olk et al. 2019; Grafenstein 2022).

However, incentives to provide data for data commons might be much higher when it comes to B2B situations. Business users of IoT devices have additional economic incentives that the data generated by their IoT devices are used for process and service innovations in their field of activity. If the members of such a sector-specific data commons directly benefit from it, they will also be prepared to bear its set-up and running costs. In addition, the group of business users in a certain industry is rather limited, at least when compared to consumer markets. Usually there are already industry or trade associations established in which companies of a certain industry are organized. Such an already existing organization can be used for setting up a sector or trade specific data commons. Together with the rather homogenous interests that business users from a certain industry share, this further reduces the costs of establishing a sector specific data commons. Since the relevant business users of specific IoT devices are known to such an organization, it can economize on approaching them. Above all, it also can provide a standardized contract to be concluded between each business user and the sector-specific data commons which is a prerequisite that the manufacturers/data holders make data available to a third party (Artt. 4 and 5 DA). In addition, due to the rather homogenous interests of the members of such a sectoral data commons, deciding on the purpose for which the data should be used etc. will be simplified. Moreover, in such a B2B situation where the business users combine their interests, power imbalances vis-á-vis the IoT manufacturers/data holders are mitigated. It might also give them an advantage when negotiating prices for data transfer between data holders and the data commons as a third party (Artt. 8 and 9 DA).

Above that, there are other features of data commons that might make setting up a sector-specific data commons attractive as a governance mode for business users from a specific sector. As has been shown in section 2, data commons are characterized by some form of participatory self-governance of its members with decisions made collectively by some form of voting mechanisms. Since business users from the same industry are also competitors, such collective decision-making might suit them precisely for this reason. In addition, the design of data commons is very flexible regarding not only membership, but also who should have access to the data managed by a commons and for what purposes etc. Thus, sectoral data commons can be designed in a way to match the preferences of the business users constituting it. Such a sector-specific data commons organized by the demand side of their business might even assist in overcoming potential obstacles posed by manufacturers of IoT devices in making data available to such a data commons since the business users are the customers of the IoT device manufacturers. In particular when it comes to customer-specific IoT devices, close cooperation between manufacturers and their customers pays off regarding innovation. This could possibly even lead to the incentives being aligned on both sides of the market for the use of jointly generated data. Such a sector-specific data commons would most likely not provide open access as Potts et al. (2023) envision, but would set restrictions on access and use of the data. Nevertheless, this could be a mode of governance to make more data available for innovation than would otherwise be the case.[11] However, such sector-specific data commons provide a way for potential anticompetitive behavior of its members. But solutions that comply with competition law can be found to prevent this.

Sector-specific data commons as outlined above will most likely not be set up to pursue the common good or social redistributive objectives, as they should according to the proponents of data commons as a third way between private and state regulation (Tarkowski & Zygmuntowski 2022 and section 2 above). However, there are a multitude of enterprises along the public-private divide, like municipal facilities in the areas of public trans-

11 For an example regarding setting-up a data commons in the construction sector in the legal form of a cooperative, see Bühler et al. (2023a, b). They present results of a research project that was partly funded by the Bavarian Construction Association (Bayerischer Bauindustrieverband).

portation, energy supply, wastewater, waste disposal and the like. These are often independent companies, sometimes in private or public legal form, whose owners are public bodies, like municipalities. Regarding the DA, these enterprises should also count as business users. For them, such sector specific data commons should also be of interest to share with one another the data generated by sector-specific IoT devices for generating innovative solutions. Since such enterprises are again limited in number and usually well-organized at different jurisdictional levels, the same arguments apply as just discussed. Usually, these companies are regional monopolies that do not compete with one another, which, again, reduces the costs of aligning their interests when sharing data. In addition, such public enterprises are often not profit-oriented and their owners are jurisdictions. Therefore, they might follow broader objectives regarding the common good when setting up data commons. Thus, such commons would be more in line with the normative view often expressed in the literature (Tarkowski & Zygmuntowsi 2021). Against this background it is not astonishing that there are already a number of cities experimenting with such innovative forms of data commons, with Barcelona being the most prominent example (see Fernandez-Monge et al. 2023 with additional literature).

In contrast, the incentives to set up and operate a data commons are completely different in a B2C situation. In contrast to business users, consumers usually have no direct economic incentives for using the data of their IoT devices to generate additional process or service innovation. In addition, consumers are generally not yet represented in an organization comparable to the industry associations of business users, which could take on the task of establishing a data commons with recourse to the members of such an organization. Thus, establishing data commons would require additional support to cover its set-up costs. Following the view that digital data are a form of general purpose infrastructure (Frischmann 2013), public support for this would be justified (Tarkowski & Zygmuntowsi 2021; Potts et al. 2023). However, even then it is questionable if enough consumers can be convinced to contribute their data to such a data commons. As discussed above, the decision of whether or not to provide data from their IoT devices with third parties is fraught with uncertainties and positive externalities for individual consumers, which increases the costs of contributing data. It can therefore be assumed that consumers will generally decide against sharing their data based on an individual cost-benefit calculation even if they received a fee or a share of potential profits from the use of their data by third parties. Data commons cold offer a way to overcome such a narrow individualistic approach, precisely by focusing on the common good as a goal. In this way, perhaps, consumers could be attracted to frame contributing their data to a data commons as an altruistic act which promotes the common good. However, if consumers follow a rather reverse altruistic mode of behavior, this might also presuppose that the objectives pursued by such a data commons are also primarily aimed at promoting the common good and do not serve individual profit-seeking interests. For this to be credible, the purposes for which a data commons makes its data available to third parties would have to be restricted in such a way that they serve the common good.[12] But even then, compared to B2B situations, the incentives for consumers to participate in data commons are much weaker, making their proliferation rather unlikely without massive public support.

4. Conclusions

Despite the ever-increasing amount of non-personal digital data generated by IoT devices, there is widespread concern that too less of this data is made available for innovation. The Data Act adopted in November 2023 by the EU introduces new mandatory rights for users to access, use and share their non-personal data generated by using their IoT devices also with third parties. But the DA follows a rather individualistic approach for making data available. Therefore, this paper discussed whether data commons are a suitable governance mode to exploit the non-rivalrous characteristic inherent to digital data. Data commons are characterized by voluntary collaborative management of a shared resource system, where self-governance and member participation are important elements. In addition, it is quite flexible regarding the objectives followed and the rules adopted that regulate access, withdrawal, management and decision-making rights, for example. Therefore, data commons might be attractive for a broad range of different types of actors.

Before enactment of the DA, manufacturers/data holders had de-facto control of the data generated by IoT devices through their technical decisions on the design of such devices. Given that they constructed the IoT

12 The contribution of data to data commons could then be seen as an altruistic donation, which in turn would be subject to reverse altruism. For an overview of the underlying issues see Kolm & Ythier (2006a, b).

devices in a way that the non-personal data generated by them accrued only with the manufacturers, the users of the devices could only access and use this data or share it with data commons with the consent of the manufacturers. The DA now grants users of IoT devices rights to access, use and share non-personal data generated by their IoT devices. In this way, the DA has legally removed technical obstacles to share non-personal data via data commons, for example.

However, the DA introduces also new legal restrictions for using non-personal data. Now manufacturers/data holders can no longer do as they wish with the data they can capture due to the technological design of the IoT devices without having the consent of the users of the devices. However, given that tying such consent to selling IoT devices is not prohibited, this should not lead to a notable reduction of data unlocking. In addition, the DA does not give users unrestricted rights to use and share the data with third parties like data commons. Manufacturers/data holders can oppose sharing data by arguing that trade secrets are involved. To what extent this will affect unlocking of data is an empirical question.

Whether the new user rights for sharing data via data commons will indeed be used depends on the economic incentives set. These differ between B2B and B2C situations. In B2B situations data commons might be an attractive mode of governance for business users. Business organizations, in which business users of a certain industry are often already organized, can help to reduce set-up costs of data commons for this industry, increase negotiation power against manufacturers/data holders and perhaps even convince the latter to voluntarily share data to reap benefits from open or collaborative innovation. Exactly the self-governing mechanisms of data commons might be of additional advantage for overcoming objections by business users from the same industry to share their data. In such a data commons, each member has a say via the given decision-making and control mechanisms in place to modify the rules regarding access and withdrawal rights etc. so as to best serve their respective interests. For public utilities that provide services like wastewater, energy supply and the like, the possibility to include the public good in the objectives of a data commons, make them of additional interest.

In B2C situations individual cost-benefit calculation of sharing data dominate, which generally might show a negative result. Therefore, additional unlocking of data is not to be expected, notwithstanding that now consumers have the legal right to share their data if they wish. However, data commons might help to overcome such an individualistic perspective by framing data sharing as an altruistic act. On the reverse, this then would perhaps also require to restrict the objectives pursued by data commons to follow the public good, rather than to allow for individual profit-seeking motives.

To summarize, our analysis implies that data commons might indeed be a useful mode of governance for unlocking additional data in B2B situations. They might even help to overcome resistance in B2C situations. Nevertheless, additional research on whether such data sharing in B2C situations can be conceptualized as underlying some form of 'reverse altruism' is necessary. In addition, it is not yet clear to what extent the restrictions regarding data sharing with third parties on behalf of manufacturers as stipulated in the DA will limit the scope for data commons.

References

Abraham, R.; Schneider, J. & v. Brocke, J. (2019), Data Governance: A Conceptual Framework, Structured Review, and Research Agenda, in: International Journal of Information Management, Vol. 49, 424-438.

Bühler, M. M.; Nübel, K.; Jelinek, T.; Riechert, D.; Bauer, T.; Schmid, T. & Schneider, M. (2023a), Data Cooperatives as Catalysts for Collaboration, Data Sharing and the Transformation of the Digital Commons, in: Buildings, Vol. 13 (2), 442.

Bühler, M. M.; Calzada, I.; Cane, I.; Jelinek, T.; Kapoor, A.; Mannan, M.; Mehta, S.; Mookerje, V.; Nübel, K.; Pentland, A.; Schulz, T.; Siddarth, D.; Tait, J.; Vaitla, B. & Zhu, J. (2023b), Unlocking the Power of Digital Commons: Data Cooperatives as a Pathway for Data Sovereign, Innovative and Equitable Digital Communities, in: Digital, Vol. 3 (3), 146-171.

Calzati, S. & v. Loenen, B. (2023), Towards a Citizen- and Citizenry-Centric Digitalization of the Urban Environment: Urban Digital Twinning as Commoning, in: Digital Society, Vol. 2, Art. No. 38.

de Angelis, M. (2017), Omnia Sunt Communia: On the Commons and the Transformation to Postcapitalism, London: Zed Books.

Dekker, E. & Kuchar, P. (eds.) (2022), Governing Markets as Knowledge Commons, Cambridge: Cambridge University Press.

Dulong de Rosnay, M. & Stalder, F. (2020), Digital Commons, in: Internet Policy Review, Vol. 9 (4), DOI: 10.14763/2020.4.1530.

Eckardt, M. & Kerber, W. (2024), Property Rights Theory, Bundle of Rights on IoT Data, and the EU Data Act, in: European Journal of Law and Economics, DOI: 10.1007/s10657-023-09791-8.

European Parliament/Council (2016), Regulation (EU) 2016/679 of the European Parliament and of the Council of 27 April 2016 on the Protection of Natural Persons with Regard to the Processing of Personal Data and on the Free Movement of Such Data, and Repealing Directive 95/46/EC (General Data Protection Regulation), Official Journal of the European Union, L 119, 1-88, 4.5.2016.

European Parliament/Council (2023), Regulation (EU) 2023/2854 of the European Parliament and of the Council of 13 December 2023 on Harmonised Rules on Fair Access to and Use of Data and Amending Regulation (EU) 2017/2394 and Directive (EU) 2020/1828 (Data Act), Official Journal of the European Union, L 22.12.2023

Fernandez-Monge, F.; Barns, S.; Kattel, R. & Bria, F. (2023), Reclaiming Data for Improved City Governance: Barcelona's New Data Deal, in: Urban Studies, Vol. 0 (0), ahead of Print, DOI: 10.1177/00420980231204835.

Fia, T. (2021), An Alternative to Data Ownership: Managing Access to Non-Personal Data through the Commons, in: Global Jurist, Vol. 21 (1), 181-210.

Frischmann, B. M. (2013), Infrastructure: The Social Value of Shared Resources, Oxford: Oxford University Press.

Frischmann, B. M.; Madison, M. J. & Sanfilippo, M. (eds.) (2023), Governing Smart Cities as Knowledge Commons, Cambridge: Cambridge University Press.

Grafenstein, M. (2022), Reconciling Conflicting Interests in Data through Data Governance. An Analytical Framework (and a Brief Discussion of the Data Governance Act Draft, the Data Act Draft, the AI Regulation Draft, as well as the GDPR), HIIG Discussion Papers Series No. 2022-02.

Hardin, G. (1968), The Tragedy of the Commons, in: Science, Vol. 162 (3859), 1243-1248.

Hayek, F. A. (1945), The Use of Knowledge in Society, in: American Economic Review, Vol. 35 (4), 519-530.

Hess, C. & Ostrom, E. (2003), Ideas, Artifacts, and Facilities: Information as a Common-Pool Resource, in: Law and Contemporary Problems, Vol. 66 (1), 111-146.

Hess, C. & Ostrom, E. (2007), Introduction: An Overview of the Knowledge Commons, in: Hess, C. & Ostrom, E. (eds.): Understanding Knowledge as a Commons: From Theory to Practice, Cambridge: The MIT Press, 3-26.

Kerber, W. (2023), Digital Revolution, Institutional Coevolution, and Legal Innovations, in: European Business Law Review, Vol. 34 (6), 993-1016.

Kolm, S.-C. & Ythier, J. M. (eds.) (2006a), Handbook of the Economics of Giving, Altruism and Reciprocity, Foundations, Vol. 1, Amsterdam: North Holland.

Kolm, S.-C. & Ythier, J. M. (eds.) (2006b), Handbook of the Economics of Giving, Altruism and Reciprocity, Applications, Vol. 2, Amsterdam: North Holland.

Madison, M. J. (2020), Tools for Data Governance, in: Technology and Regulation, Vol.2, 29-43, Special issue: Governing Data as a Resource.

Madison, M. J., Frischmann, B. M. & Strandburg, K. J. (2019), Knowledge Commons, in: Hudson, B.; Rosenbloom, J & Cole, D. (eds.): Routledge Handbook of the Study of the Commons, Abingdon: Routledge, Chapter 7.

Madison, M. J.; Strandburg, K. J. & Frischmann, B. M. (2016), Knowledge Commons, in: Menell, P. & Schwartz, D. (eds.): Research Handbook on the Economics of Intellectual Property Law Vol. 2 – Analytical Methods, Cheltenham: Edward Elgar.

Olk, C.; v. Grafenstein, M. & Wernick, A. (2019), Data Governance: Enhancing Innovation and Protecting Against its Risks, in: Intereconomics, Vol. 54 (4), 228-232.

Ostrom, E. (2005), Understanding Institutional Diversity, Princeton: Princeton University Press.

Ostrom, E. (2010), Beyond Markets and States: Polycentric Governments and Complex Economic Systems, in: American Economic Review, Vol. 100 (3), 641-672.

Øverby, H. & Audestad, J. A. (2021), Introduction to Digital Economics: Foundations, Business Models and Case Studies, 2nd ed., Cham: Springer.

Potts, J.; Torrance, A.; Harhoff, D. & v. Hippel, E. (2023), Profiting from Data Commons: Theory, Evidence, and Strategy Implications, in: Strategy Science, 1-17, Articles in Advance, DOI: 10.1287/stsc.2021.0080.

Prainsack, B. (2019), Logged Out: Ownership, Exclusion and Public Value in the Digital Data and Information Commons, in: Big Data & Society, Vol. 6 (1).

Purtova, N. & v. Maanen, G. (2023), Data as an Economic Good, Data as a Commons, and Data Governance, in: Law, Innovation and Technology (01 Nov 2023), DOI: 10.1080/17579961.2023.2265270.

Sanfilippo, M. R.; Frischmann, B. M. & Strandburg, K. J. (eds.) (2021), Governing Privacy in Knowledge Commons, Cambridge: Cambridge University Press.

Schlager, E. & Ostrom, E. (1992), Property-Rights Regimes and Natural Resources: A Conceptual Analysis, in: Land Economics, Vol. 68 (3), 249-262.

Strandburg, K. J.; Frischmann, B. M. & Madison, M. J. (eds.) (2017), Governing Medical Knowledge Commons, Cambridge: Cambridge University Press.

Tarkowski, A. & Vogelezang, F. (2022), Public Data Commons. A Public Interest Framework for Business-to-Government Data Sharing in the Data Act, Open Future Public Brief #3, URL: https://openfuture.eu/wp-content/uploads/2022/05/Public-data-commons-A-public-interest-framework-for-B2G-data-sharing-in-the-Data-Act.1.pdf (last access: 27 November 2023).

Tarkowski, A. & Zygmuntowski, J. J. (2022), Data Commons Primer - Democratizing the Information Society, URL: https://openfuture.eu/wp-content/uploads/2022/07/220723data-commons-primer.pdf (last access: 04 November 2023).

Wong, J.; Henderson, T. & Ball, K. (2022), Data Protection for the Common Good: Developing a Framework for a Data Protection-focused Data Commons, in: Data & Policy, Vol. 4: e3.

Zygmuntowski, J. J.; Zoboli, L. & Nemitz, P. (2021), Embedding European Values in Data Governance: A Case for Public Data Commons, in: Internet Policy Review, Vol. 10 (3).

Zygmuntowski, J. O. (2023), Data Governance in a Trilemma: A Qualitative Analysis of Rights, Values, and Goals in Building Data Commons, in: Digital Society, Vol. 2, Art. No. 30.

Wirtschaftspolitik

Digitale Plattformen als Zukunft des öffentlich-rechtlichen Rundfunks – Status Quo, mögliche Entwicklungen und ökonomische Anmerkungen

Björn A. Kuchinke, Jürgen Rösch & Maxi Rauch, Weimar

1. Einleitung und Problemstellung

Die Zukunft des öffentlich-rechtlichen Rundfunks (ÖRR) liegt (auch oder offenbar) in digitalen Plattformen. Ein Grund hierfür ist, dass der dritte Medienänderungsstaatsvertrag (§ 30 Abs. 1 MStV) eine gemeinsame Plattformstrategie der Anstalten vorsieht. Auch in der wissenschaftlichen Literatur werden digitale Plattformen derzeit als mögliche Alternative, Erweiterung oder Begründung des bestehenden öffentlich-rechtlichen Rundfunks (ÖRR) diskutiert (z. B. Thomaß 2020; Gostomzyk et al. 2021; Dobusch 2023). Eine gemeinsame Plattform wird auch von den Rundfunkkommissionen der Länder im Bericht des Zukunftsrates empfohlen (Rat für die zukünftige Entwicklung des öffentlich-rechtlichen Rundfunks, 2024). Auffällig ist hierbei, dass verstärkt die Steigerung der Qualität der Inhalte im Vordergrund steht, während es bislang eher um die Sicherung von Vielfalt ging.

Für die Ausgestaltung einer weitergehenden, primär digitalen öffentlich-rechtlichen Plattform (ÖRR-Plattform) gibt es bereits eine Vielzahl an Vorschlägen.[1] Diese beinhalten neben den gesetzlich festgelegten Zielen noch weiterer Ziele und identifizieren neben der Qualität der Inhalte auch umfassendere Probleme, die im Wesentlichen durch die starke Marktstellung US-amerikanischer Plattformen entstanden sind.[2] Der vorliegende Beitrag hat deshalb den Anspruch, die bekannten Vorstellungen systematisch vorzustellen und einer beispielhaften ökonomischen Einordnung und Prüfung zu unterziehen. Hierfür werden im nächsten Abschnitt (Kapitel 2) zunächst die vorhandenen Vorschläge in Modellkategorien systematisiert sowie die damit verfolgten Ziele und die identifizierten Probleme kurz vorgestellt. In Kapitel 3

1 Zur grundsätzlichen ökonomischen Einordnung des öffentlich-rechtlichen Rundfunks vgl. Kuchinke & Rösch (2023).

2 Diese Probleme werden rechtlich beispielsweise im Digital Market Act aufgegriffen. Vgl. hierzu auch z. B. Kerber (2021).

werden die Vorschläge sowohl bezüglich ihrer Änderungswünsche des bestehenden Systems als auch bezüglich der angestrebten Ziele und vor dem Hintergrund der identifizierten Probleme verglichen. In Kapitel 4 erfolgt dann eine erste, grobe ökonomische Einordnung. Der Beitrag endet in Kapitel 5 mit Schlussbemerkungen.

2. Methodische Herangehensweise und erster systematischer Überblick

Insgesamt sind 22 Arbeiten identifiziert worden, die einen Vorschlag für die Ausgestaltung des ÖRR als digitale Plattform beinhalten. Die Vorschläge sind zwischen 2016 und 2023 veröffentlicht worden und stammen sowohl aus kommunikations-, medien- und wirtschaftswissenschaftlichen Arbeiten, als auch aus alternativen Fachzeitschriften aus dem Medienbereich. Die Vorschläge sind anhand definierter Kriterien analysiert und kategorisiert. Daraus haben sich fünf Modellvorschläge ergeben. Die Kriterien zur Abgrenzung dieser fünf Modelle umfassen (a) die/den Plattformbetreiber, (b) die Marktseiten, (c) die Infrastruktur, (d) das Angebot, (e) die Zusatzangebote, (f) die Governance[3], und (g) die Finanzierung. Diese Abgrenzungskriterien erlauben es, die Vorschläge aus einer plattformökonomischen Perspektive zu betrachten und bieten zahlreiche ökonomische Anknüpfungspunkte.

Die Modellkategorien sind: 1. Mediathek+ (M+), 2. Public Open Space (POS), 3. European Public Open Space (EPOS), 4. Media Ecosystem (ME) und 5. European Media Ecosystem (EME). POS und EPOS sind Modellkategorien, die in der Literatur bereits verwendet werden (z. B. Dörr et al. 2016; Thomaß et al. 2018; Dobusch 2019). Die anderen drei Kategorien M+, ME und EME sind bei der Analyse identifiziert worden. Die Ansätze, die unter dem Modell M+ zusammengefasst werden, verfolgen alle das Ziel der Erweiterung bestehender Mediatheken (z. B. Hasebrink 2016; Dobusch & Parger 2021; Dobusch 2023). Sowohl die Ansätze für die Kategorien des ME als auch des EME zielen auf den Aufbau eines Ökosystems ab, in dem öffentliche und private Einrichtungen auf einer gemeinsamen Plattform vereint werden (z. B. Gostomzyk et al. 2019; Hillje 2019; Kagermann & Wilhelm 2020). Die Ansätze zur Entwicklung eines nationalen Ökosystems sind auf der Grundla-

3 Die Plattform-Governance ist einer der wichtigsten Erfolgsfaktoren für digitale Plattformen. An dieser Stelle werden nur die vorgesehen „Träger“ der Governance genannt. Entscheidend für den erfolgreichen Aufbau einer Plattform ist aber die konsequente Ausrichtung dieser an den Zielen und die Berücksichtig vorhandener Erfahrungen beim Aufbau verschiedener Plattformtypen.

ge entwickelter Leitlinien zusammengehörig publiziert worden (vbw 2018; Gostomzyk et al. 2019; Gostomzyk et al. 2021). Einen Überblick der Modelle sowie die Literaturbasis gibt Tabelle 1:

Tabelle 1: Charakteristika und Abgrenzungskriterien

	M+	POS	EPOS	ME	EME
Plattformbetreiber	ÖRR	ÖRR	Europäische ÖRRs	ÖRR	Europäische Rundfunkunion
Marktseiten	- ÖRR - Private Medien - Öffentliche Institutionen - Gemeinnützigen Institutionen - Bürger	- ÖRR - Öffentliche Institutionen - Bürger	- ÖRR - Öffentliche und zivilgesellschaftliche Institutionen - Bürger	- ÖRR - Private Medien - Bürger	- ÖRR - Öffentliche und Zivilgesellschaftliche Institutionen - Private Medien - Bürger
Infrastruktur	ÖRR	Neu, eigenständig	Neu, eigenständig	Neu, eigenständig	Neu, eigenständig
Finanzierung	- Mittel ÖRR	- kein Finanzierungsansatz	- kein Finanzierungsansatz	- Mittel ÖRR	- Mittel ÖRR - Digitalsteuern - EU-Förderung - Teilnahmegebühr - Werbung
Governance	- ÖRR - Bürger	- ÖRR	- Alle Beteiligten Unabhängige, eigenständige Gremien	- Unabhängiges, eigenständiges Gremium	- Unabhängige, eigenständige Gremien
Angebot	Vernetzung und Bündelung von Informationen von ÖRR, öffentlichen und gemeinnützigen Institutionen und privaten Medien	Vernetzung und Bündelung von Informationen von ÖRR und öffentlichen Institutionen	Vernetzung und Bündelung von Informationen von ÖRR, öffentlichen und zivil-gesellschaftlichen Institutionen	Vernetzung und Bündelung von Informationen von ÖRR und privaten Medien	Vernetzung und Bündelung von Informationen von ÖRR, öffentlichen und zivil-gesellschaftlichen Institutionen und privaten Medien

	M+	POS	EPOS	ME	EME
Zusatz-angebote	- Kommunikationsraum - Dialograum für Nutzende und ÖRR - Nutzergenerieten Inhalte - Bewertungs-, Kommentar-Empfehlungssysteme für Nutzende - Vergabe von Lizenzen	- Kommunikationsraum - Nutzergenerieten Inhalte - Bewertungs-, Kommentar- und Empfehlungssysteme für Nutzende - Vergabe von Lizenzen	- Kommunikationsraum - Nutzergenerieten Inhalte - Bewertungs-, Kommentar- und Empfehlungssysteme für Nutzende - Vergabe von Lizenzen	- Vergabe von Lizenzen	- Kommunikationsraum - Nutzergenerieten Inhalte - Vergabe von Lizenzen - Einbindung externer Dienstleistungen
Literatur	- Hasebrink (2016) - Jarren (2018) - Mayer-Schönberger (2018) - Rotermund (2018) - Jarren (2019) - Dobusch & Parger (2021) - Rotermund (2021a) - Rotermund (2021b) - Dobusch (2023)	- Dörr et al. (2016) - Dobusch (2018) - Dobusch (2019) - Murschetz (2022)	- Thomaß et al. (2018) - Thomaß (2019) - Thomaß (2020) - Bonini & Mazzoli (2022)	- vbw (2018) - Gostomzyk et al. (2019) - Gostomzyk et al. (2021)	- Kagermann & Wilhelm (2020) - Hillje (2019)

Quelle:Eigene Darstellung.

Die Autoren benennen zudem eine Vielzahl an Zielen, die mit der Umsetzung ihres Vorschlags erreicht werden sollen. Einen Überblick über die wichtigsten Ziele gibt Tabelle 2, wobei die Ziele I hierarchisch an oberster Stelle stehen, die Ziele II und III stehen hierarchisch tiefer:

Tabelle 2: Ziele

	M+	POS	EPOS	ME	EME
– **Ziele I**	– Förderung ÖRR (Akzeptanz, Reichweite) – Neuausrichtung des ÖRR	– Neuausrichtung des ÖRR – Verbesserte Auftragserfüllung ÖRR (Grundversorgung, Meinungsbildung und -vielfalt)	Förderung – öffentlichen Wissens – öffentlicher Einrichtungen (Akzeptanz, Reichweite) – Vielfalt/Pluralismus im Medienplattformökosystem Schaffung eines öffentlichen Raums als Alternative zu den bestehenden globalen digitalen Räumen	– Förderung ÖRR und private Medien (Akzeptanz, Reichweite) – Stabilisierung deutschen – Strategie gegen Polarisierung, Propaganda, Radikalisierung und Desinformation	Förderung – europäischer Medien Demokratie/öffentlichen Diskurs u. Etablierung „neue Öffentlichkeit" – Verbesserte Auftragserfüllung ÖRR (Archivauftrag) – Raum ohne Hetze, Hass und Populismus Schaffung einer gesellschaftlich kontrollierten, europäischen Öffentlichkeit
Ziele II	– Verbesserung Informationsversorgung – Förderung Meinungsbildungsprozess – Steigerung Wert (Public Value)/Nutzen – Qualitätssteigerung ÖRR-Inhalte	– Förderung Medienvielfalt – Stärkung publizistischen Qualitätswettbewerb	Schaffung – eines demokratischen Kommunikationsraums zur Förderung Austausch, europäische Öffentlichkeit, Meinungsbildung und Deliberation – eines Raums frei von staatlichen oder kommerziellen Interessen zur Stärkung der Demokratie – einer qualitativ hochwertigeren und verlässlichen Informations- und Diskussionsplattform	– Alternative zu global agierenden Plattformen – Förderung Meinungspluralismus – Stärkung „publizistischen Qualitätswettbewerb"	– Förderung Medienvielfalt – Strategie gegen Filterblasen, Desinformation – Schutz der Pressefreiheit – Schaffung eines nicht-kommerziellen Raums – Entprivatisierung des öffentlichen Raums – Etablierung eines „alternativen europäisches digitalen Ökosystems"

Ziele III	- Bedienen dynamischer Bedürfnisse der Gesellschaft Transparenz(/) und Repräsentativität des ÖRR steigern - Förderung Partizipation und Integration - Befriedigung Bedürfnis Nutzende nach Interaktivität - Steigerung Vertrauen - Förderung externe Nutzung und Weiterverbreitung ÖRR-Inhalte	- Personalisierung von Inhalten unter Beachtung des „Persönlichkeitsrechts und des Rechts auf informationelle Selbstbestimmung"/Abgrenzung privaten Plattformen - Förderung Partizipation und Integration - Schaffung interaktiven, offenen und vielfältigen Kommunikationsraum - Förderung soziale Integration - Verbesserung der Navigation und Auffindbarkeit von öffentlichen Inhalten (Synergieeffekte) - Schaffung "kulturelles Archiv" und Förderung Open Access - Ausbau Zielgruppe - Alternative zu global agierenden Plattformen	- Partizipation und Beteiligung der Bürger - Förderung von Selbstbestimmung - Unabhängigkeit der Angebote - Schaffung nutzerfreundlichen Raum (offen, reaktionsfähig)	- Stärkung Leistungsfähigkeit Medienmarkt durch die Realisierung von Synergieeffekten und Effizienzvorteilen	- Gestaltung Plattform/Angebote nach Bedürfnissen und Interessen der Nutzenden - Partizipation und Beteiligung der Bürger

Quelle:Eigene Darstellung.

Die Vorschläge und die zu erreichenden Ziele basieren auf identifizierten Problembereichen. Alle Beiträge nennen dabei die Auswirkungen dominanter Plattformen auf den Wettbewerb, die Geschäftsmodelle und die Machtkonstellation auf Medienmärkten als primäre Ursache. Eine Übersicht über diese und weiter Probleme gibt Tabelle 3:

Tabelle 3: Identifizierte Probleme

	M+	POS	EPOS	ME	EME
Herausforderungen ÖRR	– Reichweite – Akzeptanz – Relevanz – Finanzierung – Einschränkung im Netz – Medienpolitik (RegulMedienmärkteierung, Ordnungspolitik, Beschränkung Entwicklung ÖRR)	– rechtl. Einschränkungen, – Finanzierung – fehlende Anpassung	– Finanzierung, Struktur – Programm – Nutzung Drittplattformen	– Finanzierung, Struktur – Programm – Einschränkung im Netz	
Medienmärkte	– Herausforderungen traditioneller Medien – Finanzierung – Reichweite – Disruption – Konvergenz	– Disruption Mediensektor – Herausforderungen traditioneller Medien (Finanzierung)	– Herausforderungen traditioneller Medien	– Medienpolitik (Beschränkung Kooperationen) – Herausforderungen traditioneller Medien (Finanzierung. Reichweite) – Verlust Gatekeeper-Funktion traditioneller Medien	– Disruption Mediensektor – Herausforderungen traditioneller Medien
Mediennutzung	– Gesellschaftswandel/Strukturwandel – Herausforderungen in digitalen Kommunikationsräumen – Veränderung Mediennutzung	– Herausforderungen in digitalen Kommunikationsräumen (Hate, Fake News) – Veränderung Mediennutzung	– Herausforderungen in digitalen Kommunikationsräumen (Fake News, Verschwörungen, Algorithmen, Filterblasen, Polarisierung); kommerzieller Raum	– Herausforderungen in digitalen Kommunikationsräumen (Algorithmus, Confirmation Bias, Filterblasen)	– Veränderung Mediennutzung – Gesellschaftswandel/Strukturwandel – Herausforderungen in digitalen Kommunikationsräumen (Fake News, Hass, Algorithmen, Filterblasen, Desinformation; Populismus)

Quelle:Eigene Darstellung

3. Vergleich der Vorschläge

Tabelle 1 zeigt, dass als Betreiber der Plattform meist der ÖRR eine zentrale Rolle spielt (z. B. Dörr et al. 2016; Rotermund 2018; Gostomzyk et al. 2019). Wobei beim EME die Europäische Rundfunkunion (Hillje 2019) bzw. die europäischen ÖRRs bei EPOS (Thomaß et al. 2018; Bonini & Mazzoli 2022) vorgesehen sind. Hinsichtlich der Marktseiten werden immer der ÖRR, weitere öffentliche, gemeinnützige oder zivilgesellschaftliche Institutionen sowie die Bürger genannt (z. B. Dörr et al. 2016; Thomaß et al. 2018). Hinzu kommen beim M+, ME und beim EME noch private Medien (Gostomzyk et al. 2019; Hillje 2019; Jarren, 2019; Kagermann & Wilhelm 2020). Die Infrastruktur, über die die Plattform möglich gemacht werden soll, muss noch erstellt werden (z. B. Dörr et al. 2016; Thomaß et al. 2018; Gostomzyk et al. 2019; Hillje 2019). Nur bei dem Vorschlag der M+ wird angenommen, dass die bestehende Infrastruktur des ÖRR nach einem Ausbau ausreichend ist (z. B. Hasebrink 2016; Rotermund 2018). Die Finanzierung des Um-, Aus- und Aufbaus soll zentral über öffentliche Gelder, also aus Mitteln des ÖRRs erfolgen, wobei die Frage ist, ob die bestehenden Mittel ausreichen (vbw 2018; Gostomzyk et al. 2019; Rotermund 2021a). Da das EME eine europäische Lösung anstrebt, ist die Finanzierungsbasis breiter, d. h. hier werden zusätzlich Mittel aus einer Digitalsteuer, einer weiteren EU-Förderung sowie Teilnahmegebühren oder Werbung vorgeschlagen (Hillje 2019). Finanzierungskonzepte für POS und EPOS sind offen (Dörr et al. 2016; Thomaß 2019). Die Vorschläge für die Governance der Plattformen variieren. Während diese Rolle bei der M+ der ÖRR übernehmen soll, (Dobusch & Parger 2021; Dobusch 2023) und beim POS (Dörr et al. 2016), schlagen die Verfechter der anderen Vorschläge die Einrichtung weiterer unabhängiger, eigenständiger Gremien in unterschiedlicher Art der Zusammensetzung vor (Gostomzyk et al. 2019; Hillje 2019; Kagermann & Wilhelm 2020; Bonini & Mazzoli 2022). Dagegen sind sich die Autoren im Rahmen der Vorschläge des zukünftigen Angebotes im Kern darin einig, dass es darum gehen soll, die Informationen von ÖRR-Anstalten (auf nationaler oder EU-weiter Ebene) zu vernetzen und zu bündeln (z. B. Dörr et al. 2016; Thomaß et al. 2018; Gostomzyk et al. 2019; Kagermann & Wilhelm 2020; Dobusch 2023). Hinzu kommen bei den Vorschlägen noch weitere Institutionen oder private Anbieter (z. B. Dörr et al. 2016; Thomaß et al. 2018; Kagermann & Wilhelm 2020). Die vorgeschlagenen, möglichen oder notwendigen Zusatzangebote sind teilweise vielfältig. Kommunikationsräume und Bewertungs-, Kommentar-

und Empfehlungssysteme für Nutzende sollen häufig hinzukommen (z. B. Dörr et al. 2016; Hasebrink 2016; Thomaß et al. 2018; Jarren 2019). Die Vergabe von Lizenzen für verschiedene Institutionen, wenn sie denn auf der Plattform tätig werden wollen, wird ebenfalls mehrfach genannt (z. B. Dobusch 2018; Gostomzyk et al. 2019; Kagermann & Wilhelm 2020; Rotermund 2021a).

3.1. Ziele

Eine systematische Darstellung der in Tabelle 2 aufgeführten Ziele fällt schwerer als die Darstellung der Abgrenzungskriterien in Tabelle 1. Das oberste Ziel (Ziele I) aller Vorschläge scheint zu sein, den ÖRR zu stärken (Akzeptanz, Bedeutung, Reichweite, bessere Auftragserfüllung usw.). Dies wird in alternativen Formulierungen deutlich gemacht, d. h. teilweise wird das Ziel explizit genannt (z. B. bei der M+) (Jarren 2019; Dobusch & Parger 2021; Rotermund 2021b), teilweise wird es verklausuliert oder indirekt als Ziel ausgegeben (z. B. EPOS: Förderung der „Vielfalt und den Pluralismus im Ökosystem der Medienplattformen" (Bonini & Mazzoli 2022: 929); EME: Schaffung einer „neuen [...] Öffentlichkeit" (Kagermann & Wilhelm 2020: 24)). Um Zielkategorie I zu erreichen, werden weitere Ziele der Kategorie II ausgegeben. Hierunter fallen die Verbesserung der Informationsversorgung, die Förderung des Meinungsbildungsprozesses, die Förderung der Medienvielfalt oder die Schaffung eines nicht-kommerziellen Raums (z. B. Hasebrink 2016; Thomaß et al. 2018; Hillje 2019; Kagermann & Wilhelm 2020). Hierarchisch darunter anzusiedeln sind die Ziele der Kategorie III. Die Logik scheint hier zu sein, dass etwa das Eingehen auf dynamische Bedürfnisse der Gesellschaft über die neue Plattform, die Informationsversorgung (z. B. Thomaß et al. 2018; Dobusch & Parger 2021; Rotermund 2021a) verbessert (Zielkategorie II) und somit den ÖRR stärkt (Zielkategorie II; zu dieser Logik s. M+).

3.2. Probleme

In den Vorschlägen werden auch Probleme diskutiert, die die Umgestaltung des ÖRR bzw. von neuen Plattformen begründen. Tabelle 3 zeigt, dass bezüglich aller Modellkategorien, mit Ausnahme des EME, ein Problem in der schlechten Stellung des ÖRR oder den Herausforderungen, die sich der ÖRR gegenübersieht, gesehen wird (z. B. Dörr et al. 2016; Jarren 2018; Thomaß et al. 2018; Gostomzyk et al. 2021). In gleichem Maße werden die starke Marktstellung von großen, privaten Plattformen und die damit zusammenhängenden Probleme gesehen (z. B. Dobusch 2018; Gostomzyk et al. 2019; Jarren 2019; Thomaß 2019; Kagermann & Wilhelm 2020). Zusätzlich werden sonstige Probleme angeführt. Diese resultieren teilweise aus oder beziehen sich auf Probleme, die Plattformmärkte erzeugen können, wie z. B. Media Bias oder Fake News (z. B. Dobusch 2019; Hillje 2019; Thomaß 2020). Andere Probleme sind eher in Zusammenhang mit der Digitalisierung zu sehen, wie etwa eine veränderte Mediennutzung oder die Disruption im Mediensektor (z. B. Dörr et al. 2016; Jarren 2019; Dobusch 2023). Daran anknüpfend werden häufig weitere Probleme beschrieben, wie die Herausforderungen, denen sich traditionelle Medien im Allgemeinen stellen müssen oder ein genereller Gesellschafts- und Strukturwandel (z. B. Jarren 2018; Rotermund 2018; Kagermann & Wilhelm 2020).

4. Beispielhafte ökonomische Bewertung und Diskussion

4.1. Generelles

In der vorhandenen Literatur fehlt bislang eine systematische Aufarbeitung der unterschiedlichen Themen- und Problemstellungen. Ein Beispiel sind die in Tabelle 2 dargestellten Ziele. In der Literatur gibt es keine Einordnung in Zielkategorien, vielmehr stehen die Ziele meist unsystematisch nebeneinander. Für eine ökonomische Überprüfung müssten die Ziele aber in eine Zielhierarchie gebracht sowie die horizontalen und vertikalen Zielbeziehungen überprüft werden. Aus ordnungspolitischer Sicht sind die meisten Ziele zudem nur schwer greifbar, da sie häufig idealistisch sind oder marktliche Grundregeln und Erkenntnisse ignorieren. Ein Beispiel ist die Forderung nach einer „Entprivatisierung des öffentlichen Raums“ oder „die Schaffung eines nicht-kommerziellen Raums“ (Hillje 2019; Thomaß 2019). Da auch Zielerreichungsgrade fehlen, sind viele der genannten Ziele aus ökonomischer Sicht eher Absichtserklärungen. Ebenso werden die Probleme und Plattformvorschläge zum Teil unsystematisch beschrieben und dargelegt. Zudem ist beim Lesen der Quellen häufig nicht klar, was Ziel, was Mittel bzw. Instrument und was das Problem ist. Es ist beispielsweise fraglich, ob eine Stärkung des ÖRRs das Ziel oder das Mittel zur Lösung von Problemen ist oder ob der ÖRR in seiner heutigen Struktur und Ausrichtung gar das Problem ist.

Um ökonomisch zu einer Bewertung der Vorschläge und einem effizienten Vorschlag zu kommen, muss an den Problemen angeknüpft werden. Es geht also nicht um die Frage, wie der ÖRR gestärkt werden kann, sondern um die Frage, welche Probleme dadurch reduziert oder gar gelöst werden. Gemäß der „alten" ordnungspolitischen ZMT-Regel (heißt: Ein definiertes Ziel sollte durch ein Mittel, dass einem Träger zugeordnet ist, erreicht werden.) erscheint es zweifelhaft, ob alle in Tabelle 3 enthaltenen Ziele durch einen der Vorschläge erreicht werden können.

4.2. Fake News

Die Diskussion um Fake News soll hier exemplarisch verdeutlichen, wie eine ökonomische Analyse aussehen könnte, denn die Verhinderung von Fake News, sondern ganz im Gegenteil die Veröffentlichung von Real News, ist stets ein Antrieb von Wolfgang Kerber. Fake News sind ökonomisch dann möglich, wenn Informationsasymmetrien bestehen, wenn also Lesende die Echtheit der Nachricht nicht oder nicht ohne Weiteres bzw. ohne die Aufwendung von (hohen) Kosten überprüfen können. Der neue Fokus auf Qualität statt Vielfaltsicherung drückt sich auch und besonders durch den Kampf gegen Fake News aus. Daraus ergibt sich die Frage, in welchem Umfang und wo Fake News auftauchen und wie der „Schaden" von Fake News, sei es ökonomisch, gesellschaftlich oder anderweitig, quantifizierbar wäre. So könnte das vorgegebene Ziel der Qualitätssteigerung mit dem genannten Ziel „Reduzierung oder Verhinderung von Fake News" verknüpft werden. Dadurch wäre im Rahmen der Abwägung von Kosten und Nutzen der Verhinderung von Fake News auch eine Festlegung eines effizienten Zielerreichungsgrades möglich. Anschließend kann überprüft werden, durch welchen Mitteleinsatz oder welches Instrument das Ziel bestmöglich erreicht werden kann. Danach kann der geeignete Träger, also die Institution, die über den Mitteleinsatz wacht, bestimmt werden.

4.3. ÖRR-Plattform als Lösung?

Eine ÖRR-Plattform als Lösung für das Problem von Fake News scheint auf den ersten Blick naheliegend. Zwar hat es schon immer gefälschte

Meldungen und Falschinformationen gegeben, durch digitale Plattformen wie X (ehemals Twitter) oder TikTok lassen sich diese aber sehr leicht verteilen und erreichen damit eine wesentlich größere Dimension. Außerdem können Fake News durch digitale Technologien und Künstliche Intelligenz günstig produziert werden. Die Übernahme von Twitter durch Elon Musk und die Umbenennung in X zeigen, dass private Plattformen in bestimmten Fällen nur ein geringes Interesse haben, Fake News zu verhindern. X hat sowohl die Kapazitäten zur Überprüfung und Bekämpfung von Fake News deutlich reduziert als auch deren Verbreitung kaum verhindert (vgl. hierzu z. B. Handelsblatt 2023).

Private Plattformen profitieren unter Umständen doppelt von Fake News. Zum einen gibt es mehr Beiträge durch absichtlich produzierte Fake News, das Angebot auf der Plattform steigt und die Plattform wird attraktiver für Nutzende (indirekte Netzwerkeffekte). Auf der anderen Seite erhöhen sich die Klickzahlen, die Shares (das erneute Teilen dieser Beiträge) und auch die Diskussionen auf der Plattform. Fake News sind gerade darauf ausgelegt, viel Aufmerksamkeit auf sich zu ziehen. Gleichzeitig ist die Bekämpfung von Fake News mit verschiedenen Kosten verbunden: 1.) Muss die Plattform Beiträge prüfen und gegebenenfalls entfernen. 2.) Kann auch der Kampf gegen Fake News zu großen öffentlichen Diskussionen führen, wie die Sperrung des Twitter-Accounts von Donald Trump zeigt. Dadurch kann die Nutzungshäufigkeit der Plattform zurückgehen - zumindest in bestimmten Zielgruppen. .3) Werden so gerade Beiträge mit hohen Klickraten entfernt, die zu hohen Werbeeinnahmen führen können und 4.) können für die so erreichte Zielgruppe zahlungskräftige Werbetreibende wie z. B. extreme oder populistische Parteien und ihnen nahestehende Organisationen verloren gehen.

Der Umgang mit Fake News auf privaten Plattformen ist von wirtschaftlichen Faktoren abhängig und wird nicht durch Interessen wie dem Schutz der Demokratie oder der Verbesserung der Informationsversorgung getrieben.[4] Eine ÖRR-Plattform kann sich dieser Logik zum Teil entziehen, da sie - abhängig von der gewählten Finanzierung - weder auf Werbeeinnahmen angewiesen ist noch auf die Wünsche von Investoren auf den Kapitalmärkten. In diesem Sinne zielen die beschriebenen Plattformmodelle für den

4 Was nicht bedeutet, dass sich nicht auch private Plattformen herausbilden, die sich klar gegen Fake News positionieren und so ein erfolgreiches Geschäftsmodelle etablieren können.

ÖRR auch darauf ab, eine Alternative zu den global agierenden Plattformen zu schaffen.

4.4. Modelldiskussion

Bei der Analyse der Modelle fällt auf, dass die Bekämpfung von Fake News zwar immer explizit als Problem genannt wird, sich dies aber in der Zielsetzung der Plattformmodelle meist nur indirekt widerspiegelt - ausgenommen EM und EME. Bei EPOS wird eher allgemein davon gesprochen, dass ein demokratischer Kommunikationsraum zur Förderung des Austauschs, der europäischen Öffentlichkeit, Meinungsbildung und Deliberation geschaffen werden soll, frei von staatlichen oder kommerziellen Interessen, zur Stärkung der Demokratie und der Schaffung einer qualitativ hochwertigen und verlässlichen Informations- und Diskussionsplattform. In diesem Sinne wäre also nicht die Bekämpfung von Fake News auf privaten Plattformen das Ziel, sondern der Aufbau einer eigenen Plattform mit Social Media Elementen. Eine ÖRR-Plattform kann sich so der Logik von immer höheren und häufigeren Klickzahlen zumindest teilweise entziehen, da sie nicht (oder kaum) von Werbeeinnahmen abhängig ist. Allerdings entsteht auch hier weiterhin der Wert für Nutzer durch die aktive Beteiligung anderer Nutzer und auch durch die Menge der Beiträge.

Darin zeigt sich auch ein mögliches Problem bei der Umsetzung. Ein öffentlicher Raum ohne Fake News und Werbung ist weiterhin von einer ausreichenden Anzahl an Nutzern und Content-Creators abhängig. Der Aufbau digitaler Plattformen ist häufig ein langfristiger und kapitalintensiver Prozess. Zwar konnte die Plattform TikTok innerhalb kürzester Zeit weltweite Bekanntheit erlangen. Allerdings schaffen es viele, auch sehr öffentlichkeitswirksame Markteintritte, wie etwa Clubhouse, Truth Social von Donald Trump oder das dezentrale Mastodon nicht, X ernsthafte Konkurrenz zu machen.

Der Wechsel von einer bestehenden Plattform auf eine andere ist für Nutzer und Creator mit Wechselkosten verbunden. Creators können ihr bestehendes Follower-Netzwerk nicht auf die neue Plattform übertragen und müssen sich dieses dort wieder aufbauen. Ein Wechsel ist nur dann attraktiv, wenn auf der neuen Plattform ein ebenso großes Netzwerk erreicht werden kann, wenn dieses schnell aufgebaut werden kann und - falls sich die Creators über Werbung finanzieren - die neue Plattform ebenso attraktiv für Werbekunden ist. Selbst, wenn die Plattform oder der öffentliche

Raum nicht auf Werbung angewiesen ist, so besteht doch ein hoher Anreiz für Creators regelmäßig attraktiven Content zu erschaffen darin, dass sie dadurch mit Werbung Geld verdienen können. Auch für Nutzer entsteht der Wert der Plattform vor allem durch andere Nutzer und Creators. Gibt es davon zu wenig, ist ein Wechsel auf die neue Plattform nicht sinnvoll.

Die Plattformliteratur zeigt aber auch, dass in einzelnen Märkten durchaus mehrere ähnliche Plattformen existieren können. So gibt es beispielsweise im Dating-Markt eine Vielzahl von Angeboten, die sich zwar an die gleiche Zielgruppe richten, aber dennoch deutlich differenziert sind. Auch Messenger-Dienste wie Telegram konnten mit einem geschlossenen Gruppenansatz große (wenn auch umstrittene) Popularität erreichen. Grundsätzlich ist eine solche Nischenstrategie erfolgversprechend. Fraglich ist jedoch, ob damit dem Problem von Fake News effektiv begegnet werden kann. Im Sinne des Confirmation Bias ist es möglich, dass dieser öffentliche Raum dadurch vor allem von Personen genutzt wird, die ohnehin wenig empfänglich für Fake News sind, während die Zielgruppe von Fake News weiterhin die bestehenden Plattformen nutzt. Im Extremfall kann dies sogar zu einer weiteren Polarisierung führen.

5. Schlussbemerkungen

Dieser Beitrag gibt einen systematischen Überblick über die vorgeschlagenen Modelle zur Weiterentwicklung des ÖRR zu einer digitalen Plattform. Ausgehend von 22 in der deutschsprachigen Literatur identifizierten Vorschlägen werden die bestehenden Modellkategorien (POS und EPOS) um die M+, das ME und das EME erweitert. Neben der Darstellung und Charakterisierung der fünf Modelle werden die in den Artikeln beschriebenen Zielsetzungen und Problemfelder analysiert. Diese Analyse ermöglicht es, ökonomische Aspekte und Fragestellungen in der Diskussion zu identifizieren und zu diskutieren. Dies ist insbesondere vor dem Hintergrund der Frage relevant, welche Rolle der ÖRR in Zeiten von Digitalisierung und künstlicher Intelligenz spielen kann und soll. Der Beitrag stellt damit im Kern nicht die ökonomische Legitimation des ÖRR in Frage, sondern legt die Grundlage für die Diskussion, wie ein digitaler ÖRR aussehen könnte und ökonomisch effizient gestaltet werden kann.

Die Analyse zeigt, dass die vorgeschlagenen Modelle hinsichtlich der Zielsetzung und des definierten Problemfeldes sehr heterogen sind. So sind die vorgeschlagenen digitalen Plattformen die Lösung für eine Vielzahl unterschiedlicher Probleme und erfordern alle weitreichenden Änderungen, z. B. eine Erweiterung des Auftrags des ÖRRs im Rundfunkstaatsvertrag. Ökonomisch bleibt fraglich, ob diese oder eine digitale Plattform die Lösung für die Vielzahl verschiedener Probleme und Ziele sein kann. Wie am Beispiel von Fake News geschehen, müsste daher eine stringente (ordnungs-)ökonomische Analyse der Probleme und Ziele erfolgen, um beurteilen zu können, welches Plattformmodell eine geeignete Lösung für ein bestimmtes Problem bzw. zur Erreichung eines bestimmten Ziels sein kann. Gerade im Fall von Fake News stellt sich die Frage, ob nicht eine Lösung, die direkt an der Ursache ansetzt, z. B. durch eine stärkere Verpflichtung privater Plattformen zur Bekämpfung von Fake News mit entsprechend hohen Bußgeldern, geeigneter wäre, so dass es ökonomisch nicht sinnvoll ist. Am Beispiel der Betrachtung von Fake News zeigt sich also auch, dass die Analyse sinnvoll ist, um zu identifizieren, für welche Probleme oder Zielstellungen eine ÖRR-Plattform eine Lösung sein kann und welche Aufgaben durch andere Maßnahmen effizient gelöst werden könnten. Die größte Herausforderung für alle Modelle ist jedoch die konkrete Ausgestaltung der Plattform, die organisatorische Aufteilung in z. B. Plattform- und Infrastrukturbetreiber, wie die Plattform-Governance geregelt ist und wer darauf Einfluss hat und vor allem, wie ein Plattformprojekt durch einen öffentlichen Träger erfolgreich gestaltet werden kann. Die bisherige Literatur betrachtet die Fragestellung vorwiegend aus kommunikations- oder medienwissenschaftlicher Perspektive, allerdings gibt es zu ähnlichen Fragestellungen bereits Literatur z. B. aus dem Bereich der Plattformökonomie oder der Wirtschaftsinformatik.

Literaturverzeichnis

Bonini, T. & Mazzoli, E. M. (2022), A convivial-agonistic framework to theorise public service media platforms and their governing systems, in: new media & society, Vol. 24 (4), 922-941.

Dobusch, L. (2018), Demokratisch-mediale Öffentlichkeiten im Zeitalter digitaler Plattformen, in: K. Mitschka & K. Unterberger (Hrsg.), Public Open Space: Zur Zukunft öffentlich-rechtlicher Medien, in: Beiträge aus österreichischer und internationaler Wissenschaft zur Medienzukunft, Vol. 55, Wien: facultas Universitätsverlag, 308-312.

Dobusch, L. (2019), Public Open Spaces, Von Sendern zu öffentlich-rechtlichen Plattformen, in: J. Krone & A. Gebesmair (Hrgs.), Zur Ökonomie gemeinwohlorientierter Medien. Massenkommunikation in Deutschland, Österreich und der Schweiz, Baden-Baden: Nomos, 24-36.

Dobusch, L. (2023), Chancen des Öffentlich-Rechtlichen Rundfunks, in: J. Legrand & H.-J. Arlt (Hrsg), Welche Öffentlichkeit brauchen wir?, Zur Zukunft des Journalismus und demokratischer Medien, Wiesbaden: Springer VS, 99-109.

Dobusch, L. & Parger, R. (2021), Formen digitaler Publikumseinbindung: Potentiale für öffentlich-rechtliche Medien, in: Österreichischer Rundfunk (Hrsg.), Public Value Studie. Öffentlich-Rechtliche Qualität im Diskurs. Digitale Transformation. Vom Broadcaster zum Qualitätsnetzwerk, Wien: Österreichischer Rundfunk, 97-120.

Dörr, D.; Holznagel, B. & Picot, A. (2016), Legitimation und Auftrag des öffentlich-rechtlichen Fernsehens in Zeiten der Cloud, in: Studien zum deutschen und europäischen Medienrecht, Band 62, Frankfurt a. Main: Peter Lang.

Gostomzyk, T.; Jarren, O. & Lobigs, F. (2021), Medienkooperationen in europäischen Ländern: Studie, vbw - Vereinigung der Bayerischen Wirtschaft e. V., München: vbw.

Gostomzyk, T.; Jarren, O.; Lobigs, F. & Neuberger, C. (2019), Kooperationsorientierte Weiterentwicklung der Medienordnung, Studie, vbw-Studie Medien, vbw - Vereinigung der Bayerischen Wirtschaft e. V., München: vbw.

Handelsblatt (2023), Elon Musks „X“ versagt beim Thema Krieg in Nahost, URL: https://www.handelsblatt.com/technik/it-internet/fake-news-und-propaganda-elon-musks-x-versagt-beim-thema-krieg-in-nahost/29438224.html, (zuletzt abgerufen am 13. Oktober 2023).

Hasebrink, U. (2016), Brücken schlagen: Public-Service-Medien in veränderten Medienumgebungen, in: epd medien, Vol. 45, 3-6.

Hillje, J. (2019), Plattform Europa. Warum wir schlecht über die EU reden und wie wir den Nationalismus mit einem neuen digitalen Netzwerk überwinden können, Bonn: Dietz Verlag.

Jarren, O. (2018), Öffentliche Medienhäuser: Der öffentlich-rechtliche Rundfunk braucht mehr Autonomie, in: epd medien, Vol. 51/52, 4-8.

Jarren, O. (2019), Öffentliche Medien als neue Intermediäre der Gesellschaft. Von der Notwendigkeit der Neuinstitutionalisierung öffentlicher Medien, in: Jahrbuch für Christliche Sozialwissenschaften, Vol. 60, 63-85.

Kagermann, H. & Wilhelm, U. (2020), European Public Sphere. Gestaltung der digitalen Souveränität Europas, acatech IMPULS, München: acatech – Deutsche Akademie der Technikwissenschaften.

Kerber, W. (2021), Datenrechtliche Aspekte des "Digital Markets Act", in: Zeitschrift für Datenschutz, Vol. 11 (10), 544-548.

Kuchinke, B. A. & Rösch, J. (2023), Die Rolle des öffentlich-rechtlichen Rundfunks im Zeitalter von TikTok: Ökonomische Anmerkungen, in: H.-J. Blanke & G. Grusser (Hrsg.), Die Rolle der Medien im Spannungsfeld von Meinungsmacht und gesellschaftlicher Polarisierung, Staatswissenschaftliches Forum e. V., Tagungsberichte 6/2023, 100-115.

Mayer-Schönberger, V. (2018), Empfehlungen zur Weiterentwicklung öffentlich-rechtlicher Medien, in: K. Mitschka & K. Unterberger (Hrsg.), Public Open Space: Zur Zukunft öffentlich-rechtlicher Medien, in: Beiträge aus österreichischer und internationaler Wissenschaft zur Medienzukunft, Vol. 55, Wien: facultas Universitätsverlag, 16-18.

Murschetz, P. C. (2022), Die Zukunft des ORF im digitalen Zeitalter. Drei Zukunftsszenarien und die Frage der Gebührenfinanzierung des öffentlich-rechtlichen Rundfunks, in: N. Alm; P. C. Murschetz; F. Weder & M. Friedrichsen (Hrsg.), Die digitale Transformation der Medien Leitmedien im Wandel, Heidelberg: Springer Gabler, 255-272.

Rat für die zukünftige Entwicklung des öffentlich-rechtlichen Rundfunks (2024). Bericht des Rates für die zukünftige Entwicklung des öffentlich-rechtlichen Rundfunks. https://rundfunkkommission.rlp.de/fileadmin/rundfunkkommission/Dokumente/Zukunftsrat/ZR_Bericht_18.1.2024.pdf.

Rotermund, H. (2018), Digital media culture and public service media in the platform era, in: H. Van den Bulck & K. Donders (Hrsg.), Public Service Media in the Networked Society, Göteborg: Nordicom, 75-89.

Rotermund, H. (2021a), Nach dem Rundfunk: Die Transformation eines Massenmediums zum Online-Medium, Köln: Herbert von Halem Verlag.

Rotermund, H. (2021b), Modell Youtube. Die ARD sollte ihre Mediathek dem Dialog öffnen, in: epd medien, Vol. 17, 3-6.

Thomaß, B. (2019), Rundfunk der Gesellschaft 3.0, in: Österreichischer Rundfunk (Hrsg.), Studie. Medienqualität im Diskurs. Allianzen, Kooperationen, Plattformen. Gemeinwohlorientierte Medienqualität in der Netzwerkgesellschaft, Wien: Österreichischer Rundfunk, 5-22.

Thomaß, B. (2020), Ein Public Open Space, Öffentliche Medien im digitalen Zeitalter, in: böll.brief Öffentliche Räume #8, Berlin: Heinrich-Böll-Stiftung e.V.

Thomaß, B.; Dobusch, L.; Euler, E.; Horz, C.; Herzog, C.; Ramsey, P. & Grassmuck, V. (2018), European Public Open Spaces (EPOS) - Kurzskizze 18. April 2018, URL: https://public open.space/epos/wp-content/uploads/2018/11/EPOS_short_180828.pdf, (zuletzt abgerufen am 17. Oktober 2023).

vbw - Vereinigung der Bayerischen Wirtschaft e. V. (2018), Konsensleitlinien für eine Auftrags- und Strukturreform des öffentlich-rechtlichen Rundfunks. Position. Die bayerische Wirtschaft, München: vbw.

Die Interdependenz der Ordnungen in hybriden politischen Systemen

Gerhard Wegner, Erfurt

1. Einleitung

In der Euckenschen Ordnungsökonomik nimmt die Theorie der Interdependenz der Ordnungen eine Schlüsselstellung ein. Eucken entwickelt seine Theorie in einem größeren kultursoziologischen Rahmen, die im Kern auf die Aussage hinausläuft: Politische Ordnung und Rechtsordnung müssen auf die Wirtschaftsordnung abgestimmt sein, damit letztere funktionsfähig ist (Eucken 2004: 180-184). Negativ formuliert schließen eine einmal festgelegte politische und rechtliche Ordnung aus, dass die Wirtschaftsordnung unabhängig davon frei gewählt werden kann. Wenn etwa die Rechtsordnung die freie Entfaltung der Persönlichkeit und das Privateigentum schützt, steht dies der Einrichtung einer Zentralverwaltungswirtschaft entgegen; denn diese muss individuelle Freiheiten einem zentralen Wirtschaftsplan unterordnen. Ebenso wenig würde eine demokratische Regierung solche schwerwiegenden Eingriffe in die individuelle Handlungsautonomie zulassen. Es ist demnach kein Zufall, dass sich ein demokratischer Sozialismus (im Sinne einer demokratisch gelenkten Planwirtschaft) historisch nicht durchgesetzt hat. Umgekehrt hat sich der demokratische Kapitalismus in hochentwickelten Volkswirtschaften nicht nur behauptet, sondern seine ökonomische Leistungsfähigkeit unter Beweis gestellt. Zwar hat Hayek wiederholt über die Liberalität einer Demokratie spekuliert und überlegt, dass eine von ihm so terminierte „Herrschaft der Mehrheit" auch grundsätzlich totalitär sein könne und die individuelle Freiheit dem Diktat der Mehrheit unterwerfen könne (Hayek 1969: 109). Jedoch sind solche Spekulationen einem unspezifischen Demokratiebegriff ohne effektive verfassungsmäßige Beschränkungen geschuldet, wie er nach dem Ersten Weltkrieg nicht unüblich war; tatsächlich endete eine ganze Reihe von jungen Demokratien in den Autoritarismus und Faschismus. Das geschah freilich unter Ausschaltung der Demokratie. Demokratien als Willkürherrschaften einer Mehrheit sind historisch lediglich als sogenannte defekte Demokratien mit empfindlichen Beschränkungen des politischen Wettbewerbs in Erscheinung getreten.[1] Letztlich erkennt auch Hayek an, dass ein funktionierender politischer Wettbewerb ohne Freiheit nicht möglich ist oder, wie er es ausdrückt, die Demokratie ein „wichtiger Bürge für die Freiheit ist" (Hayek 2005: 139).

Weniger klar ist die Frage der Interdependenz der Ordnungen im Falle des Autoritarismus. Hayek spekuliert auch hier über die Möglichkeit einer autoritär geführten liberalen Ordnung. Die Liberalität bezöge sich auf das Wirtschaftsleben und auf die Möglichkeit privaten kollektiven Handelns in Form von Vereinen oder Unternehmen, schlösse aber die demokratische Wahl der Regierung aus. Nehmen wir beide Thesen zusammen, resultiert daraus die sogenannte Hayek-Friedman-Hypothese, wonach Demokratie wirtschaftliche Unfreiheit ausschließt, politische Unfreiheit aber wirtschaftliche Freiheit zulassen kann (Lawson & Clark 2010). Als Hayek Chile unter der Pinochet-Diktatur besuchte und auch vom Diktator persönlich empfangen wurde, dürfte er ein Beispiel für seine Spekulation gefunden haben; denn hier schien eine liberale Wirtschaftspolitik tatsächlich mit einer Diktatur kombinierbar zu sein (Caldwell & Montes 2015).[2] Eine solche Hypothese widerspricht offenkundig in einem Teilaspekt der Euckenschen Theorie der Interdependenz der Ordnungen. Auch eine Marktwirtschaft benötigt demzufolge zumindest „kulturelle Freiheit", worunter man sich auch Meinungsfreiheit vorzustellen hätte (Eucken 2004: 127). Die Erfahrung mit autoritären Ordnungen zeigt aber, dass sie die öffentliche Meinungsfreiheit und auch das kulturelle Leben einschließlich der Zivilgesellschaft hart beschränken oder sich solche Beschränkungen zumindest offenhalten, wenn die politische Herrschaft gefährdet erscheint. Folgt man der Euckenschen

---

1 Zum Begriff der defekten Demokratie vgl. Pickel (2010).

2 Das sehen auch die meisten linksorientieren Soziologen und Politikwissenschaftler so; vgl. etwa Streeck (2013). In unserem Zusammenhang ist Chile unter der Pinochet-Diktatur besonders interessant, weil sich nach Ende dieser Diktatur kein neues autoritäres Regime etabliert hat, sondern der Weg in die parlamentarische Demokratie beschritten wurde. Dies legt den Verdacht nahe, dass die liberale Wirtschaftspolitik, welche nach Übergang in die Demokratie sogar noch forciert wurde, neue unternehmerische Eliten hervorgebracht hat, womit der Autoritarismus seine soziale Basis – bestehend aus Militär, Großgrundbesitzern und wenigen Industriellen – verloren hatte, weil die neuen Eliten in dieses Machtkartell nicht mehr integrierbar waren (Lawson & Clark 2010: 235).

Theorie der Interdependenz der Ordnungen, dürften auch autoritäre politische Ordnungen keine liberalen Marktökonomien hervorbringen können.[3]

Der in diesem Zusammenhang in der jüngeren politikwissenschaftlichen Literatur immer wieder vorgetragene Hinweis auf einen vermeintlichen Kapitalismus in autoritären Regimen wie China oder gar Russland vermag als Einwand kaum zu überzeugen.[4] Zwar existieren dort Märkte und auch eine Unternehmerklasse hat es in den letzten drei Jahrzehnten hier zu Reichtum gebracht. Im Falle Chinas sind auch erhebliche technologische Fortschritte mit breiter ökonomischer Anwendung erzielt worden. Die allgemeine wirtschaftliche Freiheit ist in diesen Regimen jedoch nach allen verfügbaren Indikatoren extrem beschränkt und fällt hinter der von westlichen Demokratien weit zurück. Insofern stützen solche Diktaturen eher die Euckensche Theorie der Interdependenz der Ordnungen.

Offen bleibt allerdings die Frage, welche Wirtschaftsordnung der Autoritarismus stattdessen hervorbringt oder hervorbringen kann. Dem widmet sich der folgende Beitrag. Er konzentriert sich auf sogenannte hybride Regime, die eine Unterkategorie der autoritären Regime darstellen. Entsprechend der neueren Kategorisierung von politischen Systemen, welche diese stärker in einem Kontinuum zu verorten sucht, unterscheiden sich hybride Regime von „stark autoritären Regimen" dadurch, dass sie beschränkte Mehrparteiensysteme zulassen, anstatt von einem Einparteienregime, einer Militärdiktatur oder einer reinen Monarchie regiert zu werden. Diese Eingrenzung erklärt sich daraus, dass reine Diktaturen häufig auf andere Machtressourcen zugreifen können und die Wirtschaft hier eine geringere Rolle bei der Systemstabilisierung zu spielen scheint. Bei hybriden Regimen ist dies anders und insofern bieten sie ein interessantes Untersuchungsobjekt für die Analyse der Interdependenz der Ordnungen.

Einschränkend ist hier vorwegzuschicken, dass eine „reine Theorie" in unserem Zusammenhang an Grenzen stößt. Dies ist bereits bei den Ansätzen von North et al. (2009) oder Acemoglu & Robinson (2012) ersichtlich. Dazu sind die hier betrachteten autoritären Regime zu vielfältig. Insofern kann es erst einmal nur um die Exploration eines Forschungsgegenstandes gehen. Kulturelle Unterschiede, besonders hinsichtlich der politischen Kultur oder ökonomische Besonderheiten wie etwa die Verfügbarkeit von

3 Vgl. Eucken (2004: 127-34); hier entwickelt Eucken sehr klar den Gedanken einer unteilbaren Freiheit, welche nicht auf die Wirtschaft beschränkt sein kann.

4 Vgl. etwa Streeck (2013), der die Zusammenkunft von Kapitalismus und Demokratie als zufällig ansieht und ansonsten einen Widerspruch behauptet (ebenda: 90-97).

knappen Rohstoffen oder auch die geographische Lage können hybride Regime entscheidend prägen, weshalb Fallstudien unabdingbar erscheinen. Auch diese müssen jedoch ein Vorverständnis über die Funktionsweise hybrider Regime einbringen, wozu im Folgenden beigetragen werden soll.

Nach einer begrifflichen Klärung hybrider Regime anhand der politikwissenschaftlichen Literatur soll dann die Interdependenz von politischer und ökonomischer Ordnung betrachtet werden. Dabei orientieren wir uns an der Northschen These, dass auch in den von ihm so genannten Limited Access Orders – dazu würden hybride Regime in seiner Lesart rubrizieren – die Interdependenz der Ordnungen unter dem Aspekt der Herrschaftsstabilisierung zu analysieren ist. In Anspielung an Clausewitz sei in solchen Systemen Wirtschaft die Fortsetzung der Politik mit anderen Mitteln, während in liberalen Demokratien die Ökonomie trotz enormer Bedeutung staatlichen Handelns hinreichend autonom sei, um eine Wettbewerbsökonomie zu reproduzieren (vgl. North et al. 2009: 1-29).

2. Zum Ordnungsmodell hybrider Regime

In den Politikwissenschaften gelten hybride Regime als eine Unterkategorie autoritärer Regime (Pickel 2010). Anders als stark autoritäre Regime weisen sie aber zumindest in ihren institutionellen Ausprägungen Ähnlichkeiten mit Demokratien auf und bauen sie oft komplett nach, ohne jedoch den Bürgern dieselben politischen Rechte zu gewähren.[5] Hybride Regime können durchaus individuellen Freiheiten gewähren, schützen sie jedoch nicht wie liberale Demokratien. Trotz Ausprägungsvielfalt lassen sich wichtige gemeinsame Merkmale festhalten:[6]

- Die Existenz von Parlamenten und Wahlen, so dass ein Mehrparteiensystem besteht. Der politische Wettbewerb ist dabei stark beschränkt, indem etwa der Opposition nur beschränkte Rechte zugestanden werden, der Zugang der Opposition zu den Medien kontrolliert wird oder die Medien staatlicher Zensur unterstehen, was die Einschüchterung oder Inhaftierung von Journalisten einschließen kann.

---

5 Einen Überblick über den politikwissenschaftlichen Forschungsstand bieten Albrecht & Frankenberger (2010).

6 Instruktive Fallstudien bieten Christophe (2005), Zimmer (2005), Xu (2011), Stefes (2006), Wegner et al. (2013) und Yakovlev (2013). Einige dieser untersuchten Fälle haben sich von stark autoritären zu hybriden Regimen entwickelt, in Venezuela und Russland ist das Gegenteil der Fall.

- Starke Beschränkung politischer Freiheiten der Bürger wie der Meinungsfreiheit, der Demonstrationsfreiheit oder der Vereinigungsfreiheit; falls Gewerkschaften erlaubt sind, sind sie oft in die politische Herrschaft eingegliedert und üben damit auch eine Kontrollfunktion über eine zumeist eng begrenzte und privilegierte Gruppe der Arbeitnehmer aus.
- Abwesenheit eines effektiven föderalen Systems der Machtteilung, so dass die politische Macht zentralisiert ausgeübt werden kann.
- Abwesenheit einer effektiven Gewaltenteilung mit unabhängigen Institutionen wie Gerichten, Verfassungsgerichtsbarkeit, Notenbank.

Die Verwaltung hybrider Regime handelt nicht ausschließlich rechtsnormgebunden im Sinne einer Weberschen „bürokratischen Rationalität", sondern bleibt eng politischen Zielen unterworfen, was mit willkürlichen Durchgriffsrechten politischer Machthaber oder deren Stellvertreter in der Verwaltung („strong men") auf untere Ausführungsbehörden einhergeht. Das schließt ein rechtsnormgebundenes Handeln nicht grundsätzlich aus, aber es bleibt vom kontingenten Willen der Machthaber abhängig. Dies gilt grundsätzlich auch für Gerichte einschließlich der Verfassungsgerichtsbarkeit, welche hybride Regime durchaus besitzen können. Während in demokratischen Rechtsstaaten der politische Einfluss lediglich bei der Besetzung der Richterstellen zur Geltung kommt (und hier wiederum Vorkehrungen vorhanden sein können, um diese Besetzung von parlamentarischen Mehrheiten zu entkoppeln), behalten sich hybride Regime eine Kontrolle der Gerichtsbarkeit vor.

Hybride Regime kennzeichnet eine Institutionalisierung der Ungewissheit, und zwar sowohl im Binnenverhältnis von Regierung, Verwaltung und Gerichten als auch im Außenverhältnis zu den Bürgern. Verwaltungsbeamte sind grundsätzlich wie in liberalen Rechtsstaaten an Rechtsnormen gebunden, jedoch können diese „von oben" außer Kraft gesetzt werden, was eine Orientierung unterer Verwaltungseinheiten an „strong men" rational macht. Deshalb bildet sich hier eine „neo-patrimoniale" parallele Herrschaftsstruktur (Eisenstadt) aus, welche ein persönliches Treueverhältnis an die Stelle einer bürokratischen Normorientierung setzt, letzteres aber auch nicht generell ausschließt (Eisenstadt 1973; Timm 2010). Eine solche Herrschaftsform kann auch zur Generierung von Einkommen zulasten der abhängigen Bürger gezielt eingesetzt werden und auf unteren Ebenen staatlicher Instanzen ein Eigenleben in Form von Korruption annehmen, was als Regelfall anzunehmen ist. Der Rechtsschutz der Bürger ist dadurch eingeschränkt, dass die Gerichte zwar einerseits formal an das Recht gebunden sind, jedoch grundsätzlich in die politische Herrschaftsausübung eingegliedert sind. Bürger suchen in der Regel auch in solchen autoritären Regimen mangels Alternative ihr Recht bei den Gerichten, können aber nicht von einer ausschließlichen Bindung der Rechtsprechung an Rechtsnormen ausgehen.

Hybride Regime sind oft aus Diktaturen, etwa aus Militärdiktaturen, hervorgegangen, die sich zumeist auf eine kleine Elite stützen. Darunter hat in der Vergangenheit häufig die Legitimität gelitten, weshalb sich solche „stark autoritäre" Regime als kurzlebig erwiesen hatten und eine Verbreiterung der sozialen Basis zum Zwecke der Machtsicherung erforderlich wurde. Die Übernahme von Institutionen aus liberalen Demokratien wie etwa eines Mehrparteiensystems darf jedoch nicht teleologisch als Beginn eines Demokratisierungsprozesses interpretiert werden, wie dies in der Vergangenheit häufig geschehen ist. Vielmehr können hybride Regime ein hohes Maß an Stabilität aufweisen und auch ihr autoritärer, repressiver Charakter kann nach scheinbar liberalen Phasen wieder stärker in Erscheinung treten. Das ist vorzugsweise dann zu beobachten, wenn eine Opposition die herrschende Elite herausfordert. Aber selbst wenn ein Machtwechsel infolge von Wahlen gelingt, ist keineswegs eine Demokratisierung garantiert. Vielmehr lässt sich auch eine Reproduktion des hybriden Regimes bei lediglich personellem Wechsel der Machtelite feststellen – die der Opposition zufallende Macht schafft wenig Anreize, einen eigenen späteren Machtverlust durch einen selbst vorangetriebenen Demokratisierungsprozess zu begünstigen (Stykow 2010). Die zu beobachtende Zunahme von demokratischen Regressionen in den vergangenen 20 Jahren – nach einer weltweiten Demokratisierungswelle im letzten Viertel des zwanzigsten Jahrhunderts – hat die politikwissenschaftliche Forschung dazu veranlasst, hybride Regime als stabil anzunehmen und von anders lautenden Modernisierungstheorien Abstand zu nehmen (Pickel 2010: 189).

Auch hybride Regime bleiben auf Legitimität zur Sicherung ihrer Stabilität angewiesen. Die empirische Legitimationsforschung hat allerdings die naheliegende Vermutung westlich sozialisierter Politikwissenschaftler zurückgewiesen, wonach Demokratie entscheidend für die Legitimität einer politischen Ordnung sei. Auch hybride Regime und selbst stark autoritäre Regime können nach vorliegenden empirischen Daten ein hohes Maß an Legitimität aufweisen, wenn man entsprechende Indizes aus dem World Value Survey zugrunde legt (vgl. hierzu die Arbeit von Hindermann (2018)). Es handelt sich hierbei wohlgemerkt um die subjektiv wahrgenommene Legitimität, nicht um den Erfüllungsgrad ansonsten gut begründeter normativer Gerechtigkeitsstandards. Dass autoritäre Regime als legitim wahrgenommen werden, mag von einem liberalen Standpunkt in hohem Maße irritieren. Der Befund vermag aber zum einen die Stabilität solcher Regime erklären, zum anderen richtet er den Blick auf die offenkundig wesentlichen legitimitätsrelevanten Attribute politischer Ordnungen. Dazu gehören vor allem der Schutz der Eigentumsrechte und Elemente guten Regierens wie die (wahrgenommene) Unparteilichkeit der Gerichte und der Verwaltung. Das Pro-Kopf-Einkommen ist ein dominierender Faktor für die Legitimität von Regierungen, was nach diesen Befunden auch für Demokratien gilt (Hindermann 2018).

Hybride Regime stützen sich, anders als stark autoritäre Regime wie Monarchien oder Einparteienregime, nur in geringem Maße auf eine traditionell verankerte Macht, die eine gewisse natürliche Legitimität besitzt. Das wiederum bedeutet, dass die Legitimität hybrider Regime weniger stabil ist. Sofern es ihnen gelingt, die Ordnungsergebnisse – und hier vor allem die ökonomischen Ergebnisse – zu sichern und zu verbessern, ist auch ein Demokratisierungsprozess denkbar. Bei verschlechterten Ordnungsergebnissen wiederum kann der repressive Charakter der Ordnung zunehmen und diese sich zu einem stark autoritären Regime wandeln.

North et al. (2009) haben ein Konzept der Limited Access Order entwickelt, welches betont, dass auch in Ordnungen, die von einer dominanten Koalition beherrscht werden, eine vollständige Schließung gegenüber Außenseitern nicht zu beobachten ist. Schon aus Gründen der Machtsicherung sind auch solche Ordnungen darauf angewiesen, fähige Personen abseits der Oberschicht für Regierungsaufgaben zu rekrutieren. Dies trifft auch auf hybride Regime zu. Sie charakterisiert eine gewisse, allerdings höchst selektive Aufstiegsoffenheit für begabte Personen aus unteren Schichten, was vor allem bei Machtwechseln zu beobachten ist. Mangels eigener privater Vermögen weisen solche Personen ein höheres Maß an Loyalität auf als Personen aus der Oberschicht, welche darum leichter zu Machtrivalen werden können. Der Aufstieg von Mitgliedern der Regierung oder Verwaltung unterhalb der Oberschicht kann überdies als vermeintlicher Ausweis sozialer Aufstiegsmöglichkeit die Legitimität des Regimes erhöhen.

3. Die Interdependenz von politischer Machtsicherung und ökonomischen Institutionen

Die Abwesenheit eines politischen Wettbewerbs mit der institutionalisierten Möglichkeit des turnusmöglichen Machtwechsels verschafft der regierenden Herrschaftskoalition nicht nur den Zugriff zur politischen Macht, sondern privilegiert auch die Verfügungsgewalt über ökonomische Ressourcen. Letztere wird zu einem Instrument, um der Herrschaftskoalition ein Interesse am Erhalt des autoritären Regimes zu verschaffen und daran zu binden. Diese Überlegungen verdeutlichen zugleich, woran es an Hayeks gelegentlichen, aber von ihm immer wieder aufgenommenen Betrachtungen zu autoritären Ordnungen mangelt, nämlich an einer politischen Ökonomie der Herrschaftssicherung. So hat Hayek etwa in den „Grundsätzen einer liberalen Gesellschaftsordnung" die abstrakte Möglichkeit angesprochen, dass auch eine „autoritäre Regierung nach liberalen Grundsätzen handelt" (Hayek 1969: 109). Hayek denkt offensichtlich an einen wohlmeinenden Diktator, dessen Macht definitorisch gesichert ist und der darum in der Wahl des Ausmaßes der Regierungsgewalt frei ist. Als Hayek in seinen späten Jahren eine Einladung nach Chile angenommen hatte, um dort auch den Diktator Pinochet zu besuchen, schien er ein Beispiel gefunden zu haben, dass Autoritarismus und liberale Wirtschaftspolitik konform gehen können. Denn die neue Regierung hatte sich Wirtschaftsberater gesucht, die sich in Chicago bei Milton Friedman von den Vorzügen einer liberalen Wirtschaftspolitik überzeugen ließen (Caldwell & Montes 2015). Auch unter politisch linksorientierten Sozialwissenschaftlern gehört es seit langem zum Allgemeingut, dass politischer Autoritarismus und liberale Wirtschaftspolitik gut zusammenpassen, wenn nicht sogar eine natürliche Symbiose bilden. Das Beispiel der chilenischen Diktatur unter Pinochet dient hier immer wieder als Beispiel (Streeck 2013: 96).

Bei näherer Betrachtung zeigt sich jedoch, dass diese Kombination aus Autoritarismus und Liberalismus höchst voraussetzungsvoll ist und sich darum nur selten historisch manifestierte. Selbst das chilenische Beispiel kann hier kaum als Beleg angeführt werden, da der eingeleitete Liberalisierungsprozess unter dem Einfluss der vielgeschmähten, aber ökonomisch kompetenten Chicago-Boys nur die einschneidendsten marktwidrigen Interventionen (insbesondere Enteignungen von Unternehmen) aufhob und bemerkenswerterweise erst im Demokratisierungsprozess nach der Abwahl Pinochets an Fahrt aufnahm (Lawson & Clark 2010: 235; Navia 2013).

Demgegenüber müsste ein liberal regierender Diktator über ausreichend ökonomische Ressourcen verfügen, um seine ökonomischen Interessen zu bedienen, wie immer man diese operationalisieren mag.[7] Könnte ein Diktator allein regieren, erscheint die Möglichkeit einer liberalen Wirtschaftspolitik durchaus plausibel. Darunter ist eine Politik der Gleichbehandlung und des Verzichts auf ökonomische Diskriminierung von Gruppen zu verstehen. Ein Diktator muss sich jedoch stets, wie bereits North et al. (2009) in ihrem Erklärungsmodell zugrunde legen, auf eine Herrschaftskoalition stützen, welche die Macht ausübt und den Staat verwaltet. Wenn man das „single actor"-Modell, welches auch Olson in seinen Überlegungen zugrunde legt, durch ein Modell der Herrschaftskoalition ersetzt, rücken deren Interessen in den Fokus (vgl. Olson 2000). Diese sind zum einen ökonomischer Art und können über den privilegierten Zugang zur politischen Macht aussichtsreich verfolgt werden. Zum anderen aber gilt es, mögliche Machtkonkurrenten vom Herrschaftskartell auszuschließen beziehungsweise gar nicht erst entstehen zu lassen. Politische Machtsicherung und ökonomische Privilegien sind auf diese Weise miteinander verschränkt. Ein erfolgreiches, dynamisches Unternehmertum außerhalb der Herrschaftskoalition ist systemwidrig. Eine innovationsbedingte „kreative Zerstörung" wäre nicht nur auf die Marktstruktur begrenzt, sondern zöge auch die politische Herrschaft in Mitleidenschaft.

Die Bedingungen der Herrschaftssicherung hybrider Regime als eines Unterfalls autoritärer Regime prägen somit die Interdependenz von Ökonomie und Politik. Eine Trennung von Ökonomie und Politik, welche einem liberalen Grundprinzip entspricht, ist nicht möglich. Dazu ist der dynamische Innovationswettbewerb als Folge allgemeiner wirtschaftlicher Freiheit zu unvorhersehbar hinsichtlich der Herausbildung neuer Eliten. Ebenso bleibt unklar, ob sich die Interessen der sozialen Aufsteiger auf das ökonomische Handlungsfeld eingrenzen lassen.[8]

---

7 Die Maximierung der Steuereinnahmen als Zielfunktion anzunehmen ist zwar ökonomisch naheliegend; jedoch würde dies zum Zwecke der Verbreiterung der Steuerbasis eine liberale Wirtschaftspolitik implizieren, die wiederum ein Unternehmertum befördern würde, welches eine systemgefährdende Elitenkonkurrenz hervorbringen kann. Das Ziel der Herrschaftssicherung muss deshalb in das Kalkül einbezogen werden.

8 Dass dies oft nicht der Fall ist, zeigt das Beispiel des Vormärz in Deutschland, als das sich entwickelnde rheinische Unternehmertum vermehrt rechtliche und auch politische Handlungsspielräume gegenüber der preußischen Monarchie einforderte und zu einem Träger der Liberalisierungsbewegung wurde (Wehler 1987).

Was die Größe der Herrschaftskoalition betrifft, stehen sich hybride Regime einem Trade-off gegenüber. Die politische Stabilität wächst bei einer Ausweitung der Herrschaftskoalition. Die Kurzlebigkeit von Militärdiktaturen als Fall stark autoritärer Regime hat gezeigt, dass eine zu schmale soziale Basis das politische Regime schnell gefährden kann. Eine breitere soziale Basis bietet den Vorteil einer größeren sozialen Unterstützung, während gleichzeitig ein Interessenausgleich zwischen den Gruppen, welche das hybride Regime tragen, *innerhalb* des Regimes verhandelt werden kann. Dies kann sogar die selektive Einbeziehung von Gewerkschaften in staatsnahen Sektoren einschließen, während der restliche Teil der Arbeiterschaft (insbesondere auch der Landarbeiter) außen vor bleibt. Die in der Herrschaftskoalition vertretenen Personen und Gruppen genießen ökonomische Privilegien als Gegenleistung dafür, das Regime zu tragen. Eine Ausdehnung der Herrschaftskoalition mindert allerdings tendenziell den Wert dieser ökonomischen Rente. Insofern muss die Herrschaftskoalition in ihrer Größe beschränkt bleiben. Dies begrenzt zugleich die Möglichkeiten einer wirtschaftlichen Liberalisierung.

Die Ausübung politischer Herrschaft folgt den Grundsätzen einer Klientelwirtschaft und kann vielfältige Ausprägungsformen annehmen. Die Mitglieder der Herrschaftskoalition sowie deren Klientel sind dem Regime zu Loyalität verpflichtet und nehmen im Staatsapparat sowie in staatsnahen Unternehmen Funktionen wahr. Im Gegenzug erhalten sie privilegierten Zugang zu ökonomischen Ressourcen, über die der Staat verfügt. Das hybride Regime kennt keine allgemeine Marktfreiheit (vgl. hierzu ausführlich Wegner 2019). Vielmehr verpachtet es Marktzugangsrechte und verschafft den Inhabern eine Monopolrente. Indem die Marktzugangsrechte kündbar sind, behält sich das Regime die Kontrolle über die Begünstigten vor und kann die Rechte entziehen, wenn die Loyalität ausbleibt. Ein solch „unvollkommener Vertrag" ist wiederum nicht einklagbar; ob die eingeforderte Loyalität tatsächlich erbracht wurde, können die Begünstigten insbesondere dann nicht mitentscheiden, wenn sie vom Entscheidungszentrum des Regimes entfernt sind. Das Regime behält sich grundsätzlich vor, Mitglieder der Herrschaftskoalition und deren Klientel auszuschließen.

Die ökonomische Privilegierung bezieht sich auf die Vergabe von öffentlichen Aufträgen, die Vergabe von Gewerbelizenzen oder Importlizenzen, um nur einige zu nennen. So können sich ganze Branchen im Besitz der Herrschaftskoalition oder deren Klientel befinden, etwa das Hotelgewerbe in Tourismusländern, das Banken- und Versicherungswesen, der Großhandel, die Telekommunikation oder die Rohstoffwirtschaft. Die dort erwirtschafteten Monopolgewinne sind mit der Erwartung politischer Loyalität verknüpft. Da in hybriden Regimen formell Wahlen (bei eingeschränktem Zugang zum politischen Wettbewerb) stattfinden, schließt das auch die Finanzierung von Wahlkämpfen der Regierungspartei ein. Die Mitwirkung an der Verwaltung wiederum eröffnet den dort Beschäftigten, die mit der Herrschaftskoalition als Klientel verbunden ist, den Zugang zu Korruptionseinnahmen. Das geschieht etwa bei der Vergabe von Gewerbelizenzen für ein Kleinunternehmertum, kann aber praktisch alle Bereiche des Verwaltungshandels bis hin zur Vergabe von Führerscheinen und Baugenehmigungen umfassen. Diese Zugangsmöglichkeit zu Korruptionseinnahmen wird ebenfalls mit der Erwartung von Loyalität gegenüber der Regierung verknüpft, was somit patrimoniale Treueverhältnisse einschließt. Dieses Treuverhältnis kann in der Binnenstruktur der Verwaltung die Teilung der Korruptionseinnahmen mit lokalen „big men" einschließen. Die Verwaltung handelt deshalb nicht ergebnisoffen nach bürokratischer Rationalität und Rechtsnormen.

Gerade in den wertschöpfungsintensiven Sektoren ist die Wirtschaftsordnung hybrider Regime systembedingt kartelliert. Wieviel Freiheit hingegen das Kleingewerbe besitzt, hängt vor allem vom Verhalten der unteren Verwaltungseinheiten und deren Praxis der Lizenzvergabe ab. Sofern keinerlei Machtwechsel in hybriden Regimen stattfinden, kann dies bei den Korruptionsempfängern eine langfristige Einnahmenorientierung begünstigen, was eine schonendere Ausbeutung der Gewerbetreibenden in Form von Korruptionszahlungen bedeutet. Auch können sich hierbei Konflikte zwischen der unteren Hierarchie des hybriden Regimes und der Regierungsspitze entzünden; diese hat grundsätzlich ein Interesse an der Loyalität der Unterworfenen und möchte darum auch als legitime Herrschaft wahrgenommen werden.

Stark autoritäre Regime, zu denen etwa Russland oder Tunesien unter der Herrschaft Ben Alis zu zählen sind, behalten sich die Enteignung von Unternehmen oder die Strafverfolgung von Unternehmern vor, um die Vermögen der Herrschaftskoalition zuzuschlagen (vgl. Wegner et al. 2013). Yakovlev berichtet über zahlreiche Beispiele, wie erfolgreiche Unternehmen außerhalb der Putinschen Machtvertikale unter fadenscheinigen Umständen enteignet worden sind, was die Verhaftung und selbst die Ermordung von Unternehmern einschließt.[9] So weit gehen hybride Regime in der Regel nicht, aber auch hier können erfolgreiche Unternehmer, welche der Klientel der Herrschaftskoalition Konkurrenz machen, de facto enteignet werden, indem ihnen etwa Gesetzesverstöße unterstellt werden und sie in teure Gerichtsprozesse hineingezwungen werden, so dass sie zu einem Notverkauf ihrer Vermögenswerte gezwungen werden. Ein erfolgreiches Unternehmertum weckt stets die Begehrlichkeiten der Herrschaftskoalition. Es ist nicht ungewöhnlich, dass sich hybride Regime zu stark autoritären Regimen transformieren.

Da jedoch, wie die Autoritarismusforschung hervorhebt, auch hybride Regime ihre Legitimität sichern müssen, liegt eine hohe Wirtschaftsleistung grundsätzlich auch in ihrem Interesse. Dies schließt eine wirtschaftliche Diskriminierung größerer Gruppen aus. Die freie wirtschaftliche Betätigung für kleine und mittlere Unternehmen kann deshalb mit dem Ziel der Legitimätssicherung konform gehen, wobei ein Verdrängungswettbewerb zulasten herrschaftsnaher Unternehmen auszuschließen ist. Dies kann auf eine Begrenzung von Korruption hinauslaufen. Grundsätzlich hat ein solches Regime jedoch darauf zu achten, dass prosperierende Unternehmen eine politische Gegenleistung erbringen und dem Regime gegenüber loyal sind.

4. Schlussfolgerungen für die Interdependenz der Ordnungen in hybriden Regimen

Mit diesen theoretischen Skizzen lassen sich bereits einige wichtige Schlussfolgerungen für die Interdependenz der Ordnungen in unserem betrachteten Fall autoritärer Regime ziehen. Mit Blick auf die ältere ökonomische Systemforschung ist deutlich geworden, dass sich die Analyse zweckmäßigerweise nicht auf ein Markt-versus-Plan-Schema mit möglichen Übergangsformen beziehen sollte. Auch wenn viele heutige hybride Regime etwa im arabischen Raum nach der Entkolonialisierung durchaus das sowjetische Modell der Planwirtschaft zu kopieren versuchten, endeten solche Versuche in einem ökonomischen Desaster. Zum Teil waren diese

9 Vgl. Yakovlev (2013, 2021) sowie Nazrullaeva et al. (2013). Die früheren Untersuchungen bezogen sich noch auf die Phase, als der Geheimdienst noch einer gewissen Kontrolle unterlag. Später bildete auch die Ermordung von Unternehmern außerhalb der russischen Machtvertikale eine vielgenutzte Form der Herrschaftsausübung.

Versuche auch dem Umstand geschuldet, dass mit dem Ende der Kolonisierung Unternehmer aus den imperialistischen Mächten (Frankreich, Italien) die Kolonien verließen und damit ein unternehmerischer brain-drain auszugleichen war. Den früheren Kolonialländern ermangelte es aber schon an administrativer Kompetenz, um den Aufbau einer Planwirtschaft überhaupt nur praktisch zu implementieren. In der Regel nahmen die neuen post-kolonialen Eliten die Rolle der früheren Unternehmer ein, während sie politisch das Land beherrschten und in autoritäre Regime transformierten.[10]

Es ist aber ebenso deutlich, dass die von zahlreichen Politikwissenschaftlern und Soziologen als selbstverständlich angenommene natürliche Symbiose von Kapitalismus und Autoritarismus gleichfalls zurückzuweisen ist. Hier erweist sich der Kapitalismusbegriff als zu unbestimmt, da er nicht zwischen einem kartellierten, politisch kontrollierten hybriden Kapitalismus und einer Wettbewerbsökonomie unterscheidet. Deswegen bleiben auch die institutionellen Bedingungen des Kapitalismus im Unklaren. Diese sehen gerade die *allgemeine* wirtschaftliche Freiheit vor, sei es als Konsument, als Unternehmer, Beschäftigter oder Vermögensbesitzer. Die allgemeine wirtschaftliche Freiheit verändert das Sozialgefüge und damit soziale Hierarchien, insbesondere wenn eine unterstützende Bildungspolitik neue soziale und wirtschaftliche Aufstiegskanäle öffnet.

Hybride Regime planen zwar nicht die Wirtschaft, aber sie setzen sie unter Kontrolle mit dem Ziel der Machtsicherung einer Herrschaftskoalition. Da eine Abwahl der Koalition in der Regel nicht möglich ist, kommt es nicht zu einer Trennung von Ökonomie und Politik wie in liberalen Gesellschaften. Dies schließt die kündbare Gewährung von wirtschaftlichen Freiheitsrechten an Gruppen außerhalb der Herrschaftskoalition nicht aus, steht aber unter dem Vorbehalt politischer Loyalität. Die Herausbildung einer neuen Elite, die mit der Herrschaftskoalition konkurriert, ist aus herrschaftssoziologischen Gründen zu vermeiden. Der wirtschaftlichen Dynamik sind damit in hybriden Regimen – genauso wie in stark autoritären Regimen – von vornherein Grenzen gesetzt, auch wenn ein aufholendes Wachstum diesen Umstand eine Zeitlang verbergen kann. Die sogenannte middle-income-trap dürfte jedoch hierin eine wesentliche institutionenökonomische Ursache haben.

10 Für den Fall Tunesiens vgl. Wegner et al. (2013).

Unternehmensstrategien haben sich an dieses institutionelle Umfeld anzupassen (vgl. hierzu Wegner 2019). Eine mögliche Form der Anpassung ist politischer Art und besteht darin, sich in die Herrschaftskoalition zu integrieren und deren Teil zu werden.[11] Falls diese aber aus den oben genannten Gründen eine fest umrissene soziale Gruppe darstellt, die sich zumeist auch durch ihre Heiratspolitik sozial abschließt, müssen unternehmerische Außenseiter auf andere Strategien ausweichen. Dazu gehört etwa der Verzicht auf externes, eventuell sogar internes betriebswirtschaftliches Wachstum, um nicht die Begehrlichkeiten der Herrschaftskoalition zu wecken und damit zur Beute für offene oder subtile Enteignungen zu werden. Eine „small-but-free"-Strategie lässt sich insbesondere in stark autoritären Regimen wie etwa Russland beobachten. Eine weitere rationale Anpassungsstrategie stellt die Ausrichtung der Geschäftspolitik auf Bereiche mit niedrigen Marktaustrittskosten dar. Gerade im gewerblichen Sektor sind die Marktaustrittskosten nach getätigten Investitionen besonders hoch. Aber hier ergeben sich auch besondere Abhängigkeiten von der politischen Macht, weil das Unternehmen auf den Anschluss an die staatliche Infrastruktur (Strom, Wasser, etc.) angewiesen ist und darum besonders erpressbar ist. Auch jegliche Abhängigkeit von Gewerbelizenzen, die aus Gründen des Drohpotenzials häufig nur befristet und damit rechtsunsicher vergeben werden, ist aus Gründen ökonomischer Rationalität zu minimieren.

Solchen Anpassungsstrategien an ein gegebenes institutionelles Umfeld stehen progressive Strategien gegenüber, in denen Unternehmer die wirtschaftlichen Institutionen für eine allgemeine wirtschaftliche Freiheit zu transformieren suchen. Bevor Russland unter Putin in ein stark autoritäres Regime mit hoch ausgeprägter staatlicher Willkür in der Gewaltanwendung mutierte, sind solche unternehmerischen Strategien zu beobachten gewesen und haben auch die zeitweilige Unterstützung seitens der politischen Spitze gefunden, zu der wirtschaftsliberale Berater durchaus einen gewissen Zugang besaßen (Yakovlev 2013). Die Hoffnung auf eine wirtschaftliche Liberalisierung hatten sich jedoch zerschlagen, weil eine Zurückdrängung von Korruption und Willkürmaßnahmen gegen ein mittelständisches Unternehmertum einen Konflikt mit den Siloviki heraufbeschworen hätte, welche die ökonomischen Verlierer einer solchen Liberalisierung gewesen

11 Bereits Baumol weist auf unterschiedliche Strategien des Unternehmertums in diversen institutionellen Umgebungen hin; dem produktiven, innovationsorientierten Unternehmertum stehen demnach unproduktive und sogar destruktive Strategien gegenüber, welche im hier betrachteten Kontext besonders relevant sind; vgl. Baumol (1990).

wären (Yakovlev 2021). Eine Schwächung der Machtvertikale hätte aber die Herrschaftskoalition insgesamt destabilisiert.

5. Schlussbemerkung

Wirtschaftshistorische Befunde legen nahe, dass erfolgreiche institutionelle Liberalisierungen an eine Buchanansche „Status-quo"-Revolution geknüpft sein müssen. Die Mitglieder der Herrschaftskoalition behalten dabei zunächst ihre Vermögensausstattung, müssen sich aber ihrerseits im freien Wettbewerb behaupten. Mit diesem Startvorteil können sie einen schrittweisen Übergang in eine wettbewerbliche Marktgesellschaft zumindest tolerieren und können ihr Vermögen möglicherweise sogar steigern. Dieser Liberalisierungstyp hat sich während der europäischen Industrialisierung lange vor der vollständigen Demokratisierung und Beseitigung sozialer Diskriminierung vollzogen. So konnte in Deutschland (vor allem im wirtschaftsliberalen Preußen) der landbesitzende Adel als soziale Trägerschicht der Monarchie den Übergang in den Kapitalismus akzeptieren, weil der Wandel zum Agrarunternehmertum – bei fortbestehender sozialer Vorrangstellung – neue Einkommensmöglichkeiten erschloss und die Industrialisierung neue inländische Absatzmärkte erschloss (Wegner 2015). Das neu entstandene Industriebürgertum geriet mit seinen ökonomischen Interessen nicht in Konflikt der alten Adelselite, so dass sich die wirtschaftliche Liberalisierung ungehindert vollziehen konnte.

Allerdings galten bei diesem europäischen Typus der Herausbildung einer Wettbewerbsökonomie spezifische Bedingungen, welche sich auf gegenwärtige hybride Regime nur bedingt übertragen lassen. Dazu gehört eine (vor allem infolge der vorkapitalistischen Ständegesellschaft) bereits eingeübte Gewaltenteilung, die Gleichheit vor dem Recht als zumindest abstrakt anerkanntes Ideal sowie eine Staatenkonkurrenz, welche Anreize für die Stärkung der nationalen Volkswirtschaften setzte.

Die zeithistorischen Befunde sprechen in jedem Fall gegen den Optimismus der sozialwissenschaftlichen Modernisierungstheorie, wonach liberale Gesellschaften den natürlichen Fluchtpunkt der Entwicklung autoritärer Regime darstellen. Der Übergang zu einer wettbewerblichen Ökonomie, der dann auch stets mit einer politischen Liberalisierung verknüpft war, wurde in den letzten Jahrzehnten nur in seltenen Fällen vollzogen, etwa in Südkorea, in Taiwan oder in Chile. Dies legt es nahe, von einer Selbststabilisierung hybrider Ordnungen auszugehen und die Interdependenz von ökonomischer und politischer Ordnung unter diesem Blickwinkel zu betrachten. Gleichwohl erweisen sich großformatige Theorieansätze wie die von North et al. (2009) als präzisierungsbedürftig und sollten Erkenntnisse der sozialwissenschaftlichen Autoritarismusforschung aufnehmen. Die Euckensche Theorie der Interdependenz der Ordnungen kann auf diese Weise fruchtbar zu einer politischen Ökonomie autoritärer Systeme weiterentwickelt werden.

Literaturverzeichnis

Acemoglu, D. & Robinson, J. A. (2012), Why Nations Fail: The Origins Of Power, Prosperity, and Poverty, New York: Crown.

Albrecht, H. & Frankenberger, R. (2010), Autoritarismus Reloaded: Neuere Ansätze und Erkenntnisse der Autokratieforschung, Baden-Baden: Nomos.

Baumol, W. J. (1990), Entrepreneurship: Productive, Unproductive, and Destructive, in: Journal of Political Economy, Vol. 98, 893-921

Caldwell, B. & Montes, L. (2015), Hayek and his visits to Chile, in: The Review of Austrian Economics, Vol. 28 (3), 261-309.

Christophe, B. (2005), Metamorphosen des Leviathan in einer post-sozialistischen Gesellschaft. Georgiens Provinz zwischen Fassaden der Anarchie und regulativer Allmacht, Bielefeld: transcript Verlag.

Eisenstadt, S. (1973), Traditional patrimonialism and modern neopatrimonialism. London: Sage.

Eucken, W. (2004), Grundsätze der Wirtschaftspolitik, Tübingen: Mohr Siebeck.

Hayek, F. A. (1969), Grundsätze einer liberalen Wirtschaftsordnung, in: F. A., Hayek (Hrsg.), Freiburger Studien, Tübingen: Mohr, 108-125.

Hayek, F. A. (2005), Die Verfassung der Freiheit, Tübingen: Mohr.

Hindermann, C. (2018), The Impact of Economic Freedom on State Legitimacy. An Empirical Investigation, Wiesbaden: Springer.

Lawson, R. A. & Clark, J. R. (2010), Examining the Hayek–Friedman hypothesis on economic and political freedom, in: Journal of Economic Behavior and Organization, Vol. 74, 230-239.

Nazrullaeva, E.; Baranov, A. & Yakovlev, A. (2013), Criminal Persecution of Business in Russia's Regions: Private Interests vs. "Stick" System, Working Paper of the Institute of Industrial and Market Studies. Moscow: Higher School of Economics.

Navia, P. (2013), From Limited Access to Open Access: Order in Chile, Take Two; in: D. North; J. J. Wallis; S. B. Webb; B. R. Weingast (Hrsg.), In the Shadow of Violence. Politics, Economics, and the Problems of Development, Cambridge: Cambridge University Press, 261-292.

North, D. C.; Wallis, J. J.; Weingast B. R. (2009), Violence and social orders: A conceptual framework for interpreting recorded human history, Cambridge: Cambridge University Press.

Olson, M. (2000), Power And Prosperity: Outgrowing Communists And Capitalist Dictatorships, New York: Basic Books.

Pickel, G. (2010), Staat, Bürger und politische Stabilität: Benötigen auch Autokratien politische Legitimität, in: H. Albrecht; R. Frankenberger (Hrsg.), Autoritarismus Reloaded. Neuere Ansätze und Erkenntnisse der Autokratieforschung, Baden-Baden: Nomos.

Stefes, C. (2006), Understanding Post-Soviet Transitions: Corruption, Collusion and Clientelism, Basingstoke: Palgrave Macmillan.

Streeck, W. (2013), Gekaufte Zeit. Die vertagte Krise des demokratischen Kapitalismus, Berlin: Suhrkamp Verlag.

Stykow, P. (2010), Bunte Revolutionen: Durchbruch zur Demokratie oder Modus der autoritären Systemreproduktion?, in: Politische Vierteljahresschrift, Vol. 51 (1), 137-162

Timm, C. (2010), Jenseits von Demokratiehoffnung und Autoritarismusverdacht: Eine herrschaftssoziologische Analyse posttransformatorischer Regime, in: H. Albrecht; R. Frankenberger (Hrsg.), Autoritarismus reloaded: Neue Ansätze und Erkenntnisse in der Autokratieforschung. Baden-Baden: Nomos.

Wegner, G. (2015), Capitalist transformation without political participation: German capitalism in the first half of the nineteenth century"; in: Constitutional Political Economy, Vol. 26, 61-86.

Wegner, G. (2019), Entrepreneurship in autocratic regimes: How neopatrimonialism constrains innovation, in: Journal of Evolutionary Economics, Vol. 29 (590), 1507-1529.

Wegner G.; Heinrich-Mechergui, M. & Mechergui, T. (2013), Limited Access Order in Tunisia: Elements of a Political Economy of Autocratic Regimes. International Journal of Public Administration, Vol. 36, 743-753.

Wehler, H.-U. (1987), Deutsche Gesellschaftsgeschichte: Vom Feudalismus des Alten Reiches bis zur Defensiven Modernisierung der Reformära: 1700 – 1815, München, C.H. Beck, 6-31.

Xu, C. (2011), The Fundamental Institutions of China's Reforms and Development, in: Journal of Economic Literature, Vol. 49 (4), 1076-1151.

Yakovlev, A. (2013), Russian modernization: Between the need for new players and the fear of losing control of rent resources, in: Journal of Eurasian Studies, Vol. 5 (1), 10-20.

Yakovlev, A. (2021), Composition of the ruling elite, incentives for productive usage of rents, and prospects for Russia's limited access order, in: Post-Soviet Affairs, Vol. 37 (5), 417-434.

Zimmer, K. (2005), Klientelismus im neopatrimonialen Staat, in: Osteuropa, Vol. 55 (10), 59-73.

Wettbewerb im deutschen Hochschulsystem: eine bildungsökonomische Betrachtung

Karsten Mause, Münster

1. Einleitung[1]

Die Forderung, dass im deutschen Hochschulsystem stärker auf das Wettbewerbsprinzip gesetzt werden sollte, ist nicht neu. Neben einer Vielzahl von Ökonominnen und Ökonomen wie etwa Watrin (1984), Block (1989), Woll (1992, 2001), Donges et al. (1993), Oberender & Fleischmann (2003) oder Mueller (2007) hat sich auch der deutsche Wissenschaftsrat bereits in den 1980er-Jahren in seinen „Empfehlungen zum Wettbewerb im deutschen Hochschulsystem" dafür ausgesprochen, mehr Wettbewerb zwischen den Hochschulen als Anbietern von Dienstleistungen in den Bereichen Lehre und Forschung zuzulassen (Wissenschaftsrat 1985). Der 1957 von Bund und Bundesländern gegründete Wissenschaftsrat ist ein Beratungsgremium, das die Bundesregierung und die Landesregierungen der Bundesländer „in allen Fragen der inhaltlichen und strukturellen Entwicklung der Wissenschaft, der Forschung und des Hochschulbereichs" berät (vgl. www.wissenschaftsrat.de). Bemerkenswert ist in diesem Zusammenhang auch, dass ein weiteres Beratungsgremium, das sich üblicherweise nicht zu wissenschafts-/hochschulpolitischen Fragestellungen äußert, sich vor und 20 Jahren explizit unter der Überschrift „Wettbewerb als Leitbild für die Hochschulpolitik" mit dem in diesem Beitrag behandelten Themenkomplex befasst hat: Die deutsche Monopolkommission, die die Bundesregierung und andere politisch-administrative Akteure in den Bereichen Wettbewerbspolitik, Wettbewerbsrecht und Regulierung berät, hat sich im Jahr 2000 in einem 120-seitigen Sondergutachten mit dem deutschen Hochschulsektor als wettbewerblichem Ausnahmebereich auseinanderge-

1 Die einleitenden Ausführungen basieren, gründlich überarbeitet und aktualisiert, auf Mause & Gröteke (2009). Herzlich danken möchte ich Wolfgang Kerber, der mich – zunächst als Student und studentische Hilfskraft, später als Doktorand – vor rund einem Vierteljahrhundert an der Universität Marburg für (bildungs-)ökonomische Forschungsfragen begeistert hat.

setzt, und darin „Leitlinien für eine wettbewerbsorientierte Hochschulreform" (Monopolkommission 2000: 5) formuliert.

Erwartet wird von Wettbewerbsbefürwortern unter anderem, dass Wettbewerb die Hochschulen zu Leistungssteigerungen in Forschung und Lehre anreizt, die Vielfalt des Studienangebots steigert und damit die Auswahlmöglichkeiten für Studierende erhöht sowie, „dass der Wettbewerb die Flexibilität des Leistungsangebots erhöht und damit die Anpassungsfähigkeit des Hochschulsystems an die Anforderungen der Gesellschaft (z.B. des Arbeitsmarktes oder hinsichtlich der Anforderungen aus der technologischen Entwicklung an die Forschung) steigert" (Block 1989: 155). Gleichzeitig wird in der eingangs zitierten Literatur darauf hingewiesen, dass ein staatliches Angebotsmonopol, so wie es in Deutschland zumindest im Lehrbereich in vielen Studienfächern lange Zeit vorherrschte (z.B. nahm die Universität Witten/Herdecke als erste Privatuniversität 1983 den Studienbetrieb auf; Priddat 2009), in weitaus geringerem Maße dazu in der Lage sei, die oben skizzierten Effekte in puncto Leistungssteigerung, Angebotsvielfalt und Innovationsfähigkeit, von denen insbesondere die Studierenden profitieren sollen, herbeizuführen (vgl. zu den Wettbewerbsfunktionen aus ökonomischer Sicht allgemein Budzinski & Eckert 2018; Kerber 2019).

Vor diesem Hintergrund gibt der vorliegende Beitrag einen Überblick über verschiedene Dimensionen des Wettbewerbs und dessen Ausprägungen im deutschen Hochschulsystem. Zur Strukturierung wird dabei die in den Wirtschafts-/Sozialwissenschaften zu Forschungszwecken gelegentlich vorgenommene Unterscheidung zwischen der marktlichen (Abschnitt 2.1), organisationalen (2.2) und individuellen (2.3) Ebene verwendet (siehe zu diesem Vorgehen z.B. Röpke 1977), um Konkurrenzbeziehungen im Hochschulsektor zu analysieren; wobei klar ist, dass diese Dimensionen miteinander zusammenhängen (Wissenschaftsrat 1985; Monopolkommission 2000; Woll 2001; Mause & Gröteke 2009; Krücken et al. 2021). Bei der Analyse wird zudem aus ökonomischer Perspektive auf Wettbewerbsprobleme aufmerksam gemacht. Der Beitrag schließt in Abschnitt 3 mit einem kurzen Fazit.

2. Dimensionen des Wettbewerbs im Hochschulbereich

2.1. Markt: Studienplatz-Konkurrenz

Im deutschen Hochschulsystem ist tatsächlich gegenwärtig in einigen Bereichen Wettbewerb zu beobachten. So konkurrieren Hochschulen als

Anbieter von Studienprogrammen und den dazugehörigen Studienplätzen um Studieninteressierte bzw. Studierende; und letztere konkurrieren wiederum um die innerhalb von Studiengängen angebotenen Studienplätze (Mause 2008, 2019). Daher wird diese Wettbewerbsdimension hier als Studienplatz-Konkurrenz bezeichnet. Diesbezüglich ist zunächst festzustellen, dass die verschiedenen Studienfächer von den Studierenden unterschiedlich stark nachgefragt werden. Im Wintersemester 2022/2023 gehörten zu den zehn beliebtesten Studienfächern in Deutschland die Betriebswirtschaftslehre (237.581 Studierende), Informatik (143.582), Rechtswissenschaft (116.683), Psychologie (110.902), Medizin (108.130), Wirtschaftswissenschaften (87.757), Maschinenbau/-wesen (87.749), Soziale Arbeit (84.051), Wirtschaftsinformatik (66.132) sowie Germanistik/Deutsch (65.495). Die Studierendenstatistik des Statistischen Bundesamtes, der diese Daten entnommen sind (vgl. Destatis 2023), umfasst insgesamt 272 verschiedene Fachrichtungen.

Derartige Beliebtheitsranglisten erlauben allerdings nicht unbedingt Rückschlüsse dahingehend, wie stark der Wettbewerb um die vorhandenen Studienplätze in einem Studienfach ausgeprägt ist. Es kann sein, dass ein Studienfach zwar sehr beliebt in der Studierendengunst ist. Wenn aber gleichzeitig sehr viele Studienplätze in dieser Fachrichtung zur Verfügung stehen, dann ist die Konkurrenzsituation für Studieninteressierte in dem betreffenden Fachgebiet mitunter gar nicht so dramatisch wie es angesichts der oftmals in den Medien veröffentlichten Beliebtheitsrankings zu erwarten wäre. Ein aussagekräftigerer Indikator zur Messung der Wettbewerbsintensität ist die Bewerberzahl pro Studienplatz. Der Studierendenstatistik des Statistischen Bundesamtes ist beispielsweise zu entnehmen, dass im Wintersemester 2022/2023 im Fach Psychologie ein Verhältnis von 7,4 Bewerbern je Studienanfänger zu verzeichnen war (vgl. Destatis 2023). Weniger ‚umkämpft' waren hingegen die Studienplätze in den Fächern Zahnmedizin (7,1 Bewerber je Studienanfänger), Tiermedizin/Veterinärmedizin (4,9), Pharmazie (3,7) sowie Medizin (3,5).

Leider liegen entsprechende Daten gegenwärtig nicht für alle Studienfächer vor, sondern nur für die genannten zulassungsbeschränkten Fachrichtungen, in denen die Stiftung für Hochschulzulassung (SfH), die Nachfolgeorganisation der Zentralstelle für die Vergabe von Studienplätzen (ZVS), im Rahmen eines zentralen Vergabeverfahrens die begrenzte Zahl der an deutschen Hochschulen vorhandenen Studienplätze nach bestimmten Kriterien auf die Bewerber verteilt. In anderen Studienfächern werden die Studienplätze hingegen von den Hochschulen vergeben. Zwar veröffentlichen einige Hochschulen für einzelne Studiengänge nach Ende des Auswahl-/Zulassungsverfahrens Daten darüber, wie viele Bewerber sich auf einzelne Studiengänge beworben haben. Allerdings werden diese dezentral vorhandenen Daten momentan nicht zentral erhoben. Für Forschungszwecke wäre es ideal, für jedes Fachgebiet (BWL, VWL usw.) Bewerber-/Studienplatzquoten für jede Hochschule in Deutschland zu haben, um zu sehen, welche Studiengang-Anbieter relativ stark oder schwach nachgefragt werden. Bislang wird derartiges Datenmaterial jedoch in Deutschland nicht von der amtlichen Statistik bereitgestellt.

Aus wettbewerbsökonomischer Perspektive sind die oben präsentierten Statistiken deshalb interessant, da sie Informationen darüber bereitstellen, wie stark die Konkurrenzsituation für Studienplatz-Anbieter und Studieninteressierte in unterschiedlichen Segmenten des Hochschulsystems tatsächlich ist. Manche Fakultäten bzw. Fachbereiche müssen sich nämlich stärker um Studierende bemühen als andere. In den relativ begehrten Studienfächern ist das Gut ‚Studienplätze' knapp und hart umkämpft. Das heißt, dort liegt – in ökonomischer Terminologie ausgedrückt – eine Übernachfrage bzw. ein Nachfrageüberhang vor, so dass in diesen Fächern der Anreiz für Studienplatz-Anbieter relativ gering ausfällt, ihre Studienprogramme offensiv zu bewerben. Auch ist in diesem Kontext der Druck, eingeschriebenen Studierenden viel zu bieten, um diese zufrieden zu stellen, zu halten und erfolgreich zum Abschluss zu führen, für Hochschulen gering. Denn für unzufriedene, abwanderungswillige Studierende stehen womöglich bei einem Nachfrageüberhang nur wenige andere Studienplatz-Anbieter, zu denen gewechselt werden könnte, zur Verfügung. Die Exit-Option im Sinne von Hirschman (1974) steht den in dieser Situation befindlichen Studierenden also nur begrenzt oder gar nicht zur Verfügung.

In der skizzierten Wettbewerbssituation kann aus ökonomischer Perspektive auch von einem sog. „Verkäufermarkt" gesprochen werden, da hier die Nachfrage nach Studienplätzen größer ist als das Angebot, und sich die Hochschulen in einer für sie günstigen Wettbewerbsposition befinden (vgl. dazu allgemein Oberender 1987a). Klar, wer die besten bzw. bestimmte Studienanfänger (sei es im ersten Fachsemester oder höheren Semestern) anziehen, halten und zufrieden zum Abschluss führen möchte, wird sich Gedanken machen, wie man in den Augen neuer ‚Kundschaft' und eingeschriebener Studierender als möglichst attraktiv erscheinen kann. An dieser Stelle kommen also u.a. die aus der Betriebswirtschaftslehre stammenden Instrumente Hochschulmarketing und Kundenbeziehungsmanagement ins Spiel (vgl. dazu ausführlicher Röttger & Laukötter 2019). Aber grosso modo können alle Studienplatz-Anbieter in Übernachfrage-Segmenten davon ausgehen, dass sie (a) mit einem Zustrom an ‚Neukunden' rechnen können und (b) abwanderungswilligen Studierenden wenige Alternativanbieter zur Verfügung stehen, was den Anreiz zum Hochschulmarketing und zur ‚Beziehungspflege' dämpfen dürfte.

Anders sieht die Konkurrenzsituation in Segmenten des Hochschulsystems aus, in denen das Studienplatz-Angebot größer ist als die studentische Nachfrage. Hier liegt – wiederum ökonomisch ausgedrückt – ein Angebotsüberhang bzw. ein Überangebot vor. Auf einem solchen „Käufermarkt" (Oberender 1987b) sind Studieninteressierte in einer recht günstigen Wettbewerbsposition, da sie sich einem Überangebot an Studienplätzen gegenübersehen. Gleichzeitig müssen sich Studienplatz-Anbieter in relativ schwach nachgefragten Studiengängen Gedanken darüber machen, wie sie ihr Studienplatz-Angebot – salopp formuliert – voll bekommen beziehungsweise auffüllen können. In Käufermarkt-Segmenten des Hochschulsystems sollten also relativ starke Hochschulmarketing-Aktivitäten zu beobachten sein, da dort Studienplatz-Anbieter um die Gunst der Studienanfänger konkurrieren. Zudem ist zu erwarten, dass in einem Käufermarkt-Segment Hochschulen einiges dafür tun, eingeschriebene Studierende zufrieden zu stellen, zu halten und zum Studienabschluss zu führen (Stichwort: Customer Relationship Management). Denn unzufriedene (inter-)national mobile Studierende können auch von ihrer Exit-Option im Sinne von Hirschman (1974) Gebrauch machen, und zu anderen Studienplatz-Anbietern abwandern.

Leider lassen sich die oben angedeuteten Verkäufer-/Käufermarkt-Hypothesen mangels auswertbarer Daten nicht systematisch empirisch überprüfen. Es fehlen schlicht Informationen dazu, was einzelne Fakultäten oder ganze Hochschulen in Deutschland pro Jahr für die Anwerbung von ‚Neukunden' und kosten-/personalmäßig für den Betrieb der einzelnen Studiengänge ausgeben. Dabei wäre im Übrigen nicht nur der monetäre Aufwand relevant, sondern auch die Zeit und Mühe, die die Hochschulen dabei investieren.

Zudem ist zu berücksichtigen, dass es Studiengang-Anbieter geben kann, die finanziell überleben können, ohne den steten Zulauf und die dauerhafte Zufriedenstellung von Studierenden. Bislang waren wir davon ausgegangen, dass insbesondere in Käufermarkt-Segmenten (d.h. Überangebot) anbieterseitig ein Anreiz besteht, Maßnahmen zu ergreifen, um die relative Position im Wettbewerb zwischen den Studiengang-Anbietern um die Gunst der studentischen Nachfrager zu verbessern. Dies muss allerdings nicht so sein.

Beispielsweise ist in diesem Kontext der Wettbewerbsanreiz für staatliche Studiengang-Anbieter in Deutschland eher gering, da der Programmbetrieb nicht aus Studiengebühren, sondern größtenteils aus öffentlichen Mitteln finanziert wird. Staatliche Anbieter operieren somit im Prinzip auf Basis einer „weichen Budgetrestriktion“ im Sinne von Kornai (1986; vgl. zu dieser Anreizproblematik auch Kerber 1998: 354-355; Mause & Gröteke 2009). Und schließlich ist festzustellen, dass der Wettbewerb um Studierende nicht nur innerhalb des deutschen Hochschulsystems stattfindet, also zwischen den öffentlichen und privaten Hochschulen, die in den 16 Bundesländern angesiedelt sind; sondern auch international, da mobilen Studierenden auch die Möglichkeit offensteht, sich bei Studienplatz-Anbietern im Ausland zu bewerben. Insgesamt können studentische Nachfrager heutzutage aus einem riesigen (inter-)nationalen Angebot an vielfältigen Studiengängen in den verschiedenen Fachrichtungen wählen, was einigen Studierenden Auswahl-/Informationsprobleme bereiten dürfte (vgl. dazu ausführlicher Mause 2002, 2007a, b; Schröder 2015).

2.2. Organisation: Hochschul-Konkurrenz

Neben dem im vorangehenden Unterabschnitt betrachteten Wettbewerb um Studierende ist im deutschen Hochschulsystem auch ein Wettbewerb der Hochschulen untereinander zu beobachten. Dieser läuft zum einen als Reputationswettbewerb in dem Sinne ab, als dass Wahrnehmungen und Meinungen darüber existieren und via Mund-zu-Mund-Propaganda ausgetauscht werden, welche Hochschule einen mehr oder minder ‚guten Ruf‘ aufweist (Mause 2007a: 123-190). An dieser Diskussion beteiligen sich vorwiegend Hochschulmitarbeiter und Studierende, aber auch die interessierte Öffentlichkeit (z.B. Unternehmen, Journalisten). Für Hochschulen, die in diesem Reputationswettbewerb relativ gut dastehen, könnte sich dies u.a. in Form von Wettbewerbsvorteilen im Konkurrenzkampf um die besten Studierenden und Wissenschaftler auszahlen. Und für Hochschulen, die momentan einen schlechten bzw. weniger guten Ruf genießen (mit den damit möglicherweise verbundenen Nachteilen bei der Gewinnung von Studierenden, Wissenschaftlern etc.), könnte die gegenwärtige Stellung im Reputationswettbewerb Ansporn sein, in Zukunft besser zu ‚performen‘ – das heißt, manche Dinge künftig anders und besser zu machen.

Die Konkurrenz der Hochschulen untereinander, die hier als Hochschul-Konkurrenz bezeichnet wird, findet allerdings nicht nur via Mund-zu-Mund-Reputationswettbewerb statt, sondern manifestiert sich auch in Hochschul-Rankings, also Ranglisten, aus denen hervorgeht, wie gut oder schlecht eine Hochschule hinsichtlich bestimmter Bewertungskriterien im Vergleich zu anderen Hochschulen abschneidet. Das erste Hochschul-Ranking im deutschen Hochschulsystem wurde 1989 vom Nachrichtenmagazin „Spiegel" veröffentlicht (vgl. Der Spiegel 1989). Seitdem ist eine Vielzahl unterschiedlicher Ranglisten publiziert worden. Beispielsweise bewertet das Centrum für Hochschulentwicklung in seinem CHE-Hochschulranking regelmäßig die von Universitäten und anderen Hochschulen angebotenen Studiengänge in mehr als 40 Fachrichtungen. Die Studiengänge werden anhand von insgesamt 22 Kriterien bewertet, wobei in dem aktuell im Handel erhältlichen „Die Zeit Studienführer 2023/24" lediglich fünf als besonders wichtig erachtete Kriterien abgedruckt sind: „Forschungsgelder", „Abschlüsse in angemessener Zeit", „Unterstützung am Studienanfang", „Allgemeine Studiensituation" sowie „Zahl der Studierenden" (vgl. Die Zeit 2023). Der zuletzt genannte Indikator kann als Hinweis darauf gewertet werden, ob es sich bei dem jeweiligen Studiengang eher um ein ‚Massenstudium' oder um ein Studium in ‚familiärer' Atmosphäre im Rahmen eines kleinen, aber möglicherweise gerade deshalb feinen Studiengangs handelt.

Im „Die Zeit Studienführer 2023/24" werden für jedes Studienfach alphabetische Studiengang-Ranglisten veröffentlicht, wobei mittels farbiger Balken signalisiert wird, wie gut oder schlecht ein Studiengang bei einem Kriterium abschneidet: „Grün steht für die Spitzengruppe, Gelb für die Mittelgruppe und Blau für die Schlussgruppe beim jeweiligen Kriterium. Ein grauer Balken heißt, dass es bei einem faktenbasierten Kriterium nicht genug Informationen für eine Bewertung gab" (Die Zeit 2023: 182). Bezüglich des in diesem Beitrag interessierenden Wettbewerbsaspekts unterstreichen die in derartigen Rankings enthaltenen Indikatoren, in welcher Hinsicht Hochschulen untereinander im Wettbewerb stehen: sie konkurrieren u.a. um Studierende, Wissenschaftler und Forschungsgelder. In diesem Zusammenhang ist auch die 2005 via „Exzellenzvereinbarung" (ExV) ins Leben gerufene „Exzellenzinitiative des Bundes und der Länder zur Förderung von Wissenschaft und Forschung an deutschen Hochschulen" zu nennen; in deren Rahmen konkurrieren Universitäten u.a. um den Status einer „Exzellenzuniversität", mit der damit verbundenen erheblichen Aufstockung der Finanzmittel (Schreiterer & Leibfried 2015).

Hervorzuheben ist, dass hier exemplarisch zur Illustration nur ein aktuelles Ranking für Studiengänge an deutschen Hochschulen präsentiert wurde. Darüber hinaus existieren internationale Rankings wie z.B. das weltweite Shanghai-Ranking (genauer: Academic Ranking of World Universities), dass die Jiaotong-Universität Shanghai durchführt (Federkeil 2013). Solche Rankings tragen der Tatsache Rechnung, dass sich Hochschulen mittlerweile nicht mehr nur in einem (sub-)nationalen, sondern in einem internationalen Wettbewerb untereinander um mobile Studierende und Wissenschaftler befinden. Ob die Veröffentlichung von Hochschul-Rankings die oben skizzierten Wettbewerbsanreize für relativ schlecht rangierende Hochschulen induziert bzw. anstößt, ist eine empirische Frage, zu der es bislang für das deutsche Hochschulsystem meines Wissens keine systematische Forschung gibt. Beobachtbar ist jedenfalls, dass deutsche Hochschulen oder deren Fachbereiche heutzutage üblicherweise via Pressemitteilungen, Social Media etc. damit werben, wenn sie bei einem Ranking gut oder sogar sehr gut abgeschnitten haben. Außerdem wird die Veröffentlichung von Hochschulrankings seit Jahren von einer kritischen Literatur begleitet, in der insbesondere die von den jeweiligen Ranking-Produzenten verwendeten Daten, Methoden und Darstellungsformen kritisch überprüft und evaluiert werden (Brankovic et al. 2023). Denn aus informationsökonomischer Sicht stellt sich in diesem Zusammenhang u.a. die Frage, ob ein bestimmtes Ranking wirklich Leistungs- und Qualitätsunterschiede zwischen den jeweils einbezogenen Hochschulen, Fakultäten und Studiengängen misst und widerspiegelt (vgl. dazu ausführlicher Mause 2007a: 225-275).

Aus wettbewerbsökonomischer Perspektive ist jedenfalls klar, dass die erwarteten Anreizeffekte des Hochschulwettbewerbs nicht immer und überall, sondern nur unter bestimmten Bedingungen zu erwarten sind. Wenn beispielsweise eine Hochschule oder eine Fakultät als Studiengang-Anbieter jedes Semester mit einem Zustrom an neuen Studierenden rechnen kann, dann mag es Hochschulleitung und Hochschulmitarbeitern vielleicht egal sein, ob sie zur „Schlussgruppe" zählen. Dieser Tatbestand tut zwar einerseits vermutlich einigen Hochschulmitarbeitern psychisch weh: Wer ist schon stolz darauf, bei einer Schlussgruppen-Universität angestellt zu sein? Aber wenn das materielle Überleben der Hochschule gesichert ist (z.B. aufgrund einer staatlichen Angebotsgarantie für Hochschule/Studiengang; aufgrund von individuellem Kündigungsschutz/Lebenszeitbeamtentum für einen Teil des Personals), dann mindert das für relativ schlechte Hochschulen, Fachbereiche und die dort Beschäftigten den Leistungsanreiz, künftig besser zu ‚performen' (vgl. Kerber 1998: 354-355; Mause & Gröteke 2009). Und auch für Studierende kann es Gründe geben, sich bei einem Schlussgruppen-Studiengang einzuschreiben (Heimatnähe der Hochschule, schlechter Schulabschluss etc.). Kurz, die Wettbewerbsbedingungen können so sein, dass auch der Tatbestand, im unteren Tabellenfeld zu rangieren, bei den dort zu findenden Hochschulen, Fakultäten und deren Beschäftigten keinen oder nur einen schwachen Anreiz auslöst, sich im Ranking einige Plätze nach vorne zu arbeiten.

2.3. Individuum: Wissenschaftler als Konkurrenten

Neben den oben behandelten Wettbewerbsdimensionen - Markt und Organisation - können im deutschen Hochschulsystem auch Konkurrenzbeziehungen auf individueller Ebene beobachtet werden. Als Schulabgänger konkurrieren Studieninteressierte zunächst um einen Studienplatz (siehe Abschnitt 2.1.). Nach erfolgreichem Studienabschluss konkurrieren Hochschulabsolventen dann u.a. um Arbeitsplätze, wobei im Folgenden das Augenmerk nur auf dem Wettbewerb um Stellen im Wissenschaftssystem liegen soll. Diesbezüglich können wiederum - dem menschlichen Lebenszyklus folgend - verschiedene Konkurrenzsituationen unterschieden werden. Zunächst konkurrieren Individuen (1) um die ausgeschriebenen Doktorandenstellen bzw. Promotionsmöglichkeiten; nach erfolgreicher Promotion anschließend (2) um eine Anstellung als Postdoktorand, was die individuelle Weiterqualifizierung (etwa im Rahmen eines Habilitationsverfahrens) ermöglicht. Auf Stufe (3) geht es dann um den Konkurrenzkampf um die begehrten und knappen Hochschullehrerstellen, wobei hier Nachwuchswissenschaftler mit bereits eingestellten Professorinnen und Professoren konkurrieren, da letztere sich selbst wiederum in den Wettbewerb um neu ausgeschriebene Professuren begeben können. Die gerade skizzierten Personalwettbewerbe gestalten sich international, sind mithin nicht mehr nur auf den deutschen oder deutschsprachigen akademischen Arbeitsmarkt begrenzt (Afonso 2016).

Die Datenlage zur Messung der Wettbewerbssituation auf den genannten Stufen des deutschen Wissenschaftssystems ist leider sehr schlecht. Amtliche Statistiken darüber, wie viele Doktorandenstelle pro Jahr in den verschiedenen Fachrichtungen ausgeschrieben werden, und wie viele Bewerber dann um diese Stellen konkurrieren, liegen nicht vor. Die entsprechenden Daten sollten dezentral bei den Hochschulen oder deren Untergliederungen (Fachbereiche, Institute etc.) vorliegen, da dort die Bewerbungs- und Einstellungsverfahren durchgeführt und dokumentiert werden. Diese Daten werden aber nicht zentral gesammelt.

Einen Eindruck von der Konkurrenzsituation, der sich Doktorandinnen und Doktoranden in spe heutzutage gegenübersehen, geben Promotionsquoten, die für einige Disziplinen vorliegen. Zur Quotenbildung hat z.B. Hachmeister (2023) den Mittelwert der jährlichen Promotionen 2019-2021 in einem Fachgebiet und den Mittelwert der Studienabschlüsse an Universitäten auf Masterniveau (Master, Diplom oder Staatsexamen, ohne Lehramt) in diesem Gebiet in den Jahren 2014-2017 ins Verhältnis gesetzt. Die Auswertung ergab, dass in den vergangenen Jahren in Chemie 85 %, in Biologie 74 % und in Medizin 69 % der Studienabsolventen eine Promotion erlangt haben, was darauf hindeutet, dass es in diesen Fächern – verglichen mit z.B. Volkswirtschaftslehre (14 %), Rechtswissenschaft (12 %) oder Politikwissenschaft (11 %) – relativ leicht zu sein scheint, eine Doktorandenstelle bzw. Promotionsmöglichkeit zu bekommen. Aber Daten dazu, wie das tatsächliche Verhältnis ausgeschriebener Doktorandenstellen vs. Anzahl der Stellenbewerber an deutschen Hochschulen in verschiedenen Fachrichtungen wirklich ist, liegen öffentlich nicht vor.

Gleiches gilt für die Datenlage zur Konkurrenzsituation auf den nächsten akademischen Karrierestufen: (i) dem Verhältnis der ausgeschriebenen Postdoktorandenstellen zur Anzahl der Bewerber auf diese Postdoc-Stellen sowie (ii) dem Verhältnis von ausgeschriebenen Professorenstellen zur Anzahl der Bewerberinnen und Bewerber auf diese Professuren, im Idealfall jeweils sortiert nach verschiedenen Wissenschaftsdisziplinen. Trotz schlechter Datenlage deuten die oben präsentierten Befunde, die von Akteuren im Hochschulsektor bereitgestellte anekdotische Evidenz sowie Medienberichte tendenziell darauf hin, dass der Wettbewerb um Stellen im deutschen Wissenschaftssystem immer härter wird, je weiter Individuen auf der Karriereleiter nach oben steigen (Mause 2003; Afonso 2016; Bahr et al. 2022). Insbesondere, wer eine Professur anstrebt, muss damit rechnen, im Konkurrenzkampf um die relativ wenigen in einem Fachgebiet angebotenen Professorenstellen leer auszugehen. Dies ist freilich kein neues Phänomen. Schon Max Weber (1864-1920) beschrieb den für viele unkalkulierbaren akademischen Lebens-/Berufsweg in seinem berühmten Vortrag „Wissenschaft als Beruf“ als einen „wilden Hazard“ (Weber 1919/2011).

Darüber hinaus ist zu erwähnen, dass Wissenschaftler untereinander nicht nur – wie oben skizziert – um Stellen konkurrieren, sondern auch um andere knappe Güter wie z.B. Forschungsgelder, hochqualifizierte Mitarbeiter, Preise, Reputation, mehr oder minder lukrative Beratungs-/Gutachtenaufträge etc. Diese Wettbewerbsprozesse laufen heutzutage nicht mehr nur auf nationaler Ebene oder auf Ebene von Bundesländern und Hochschulen ab, sondern finden vielfach in internationalen Kontexten statt. Und auch das gegenseitige kollegiale Begutachten von Publikationen innerhalb der nationalen und weltweiten Scientific Community, das im Erfolgsfall zu peer-reviewed Fachaufsätzen, Buchbeiträgen und Büchern führt, kann als eine Form des wissenschaftlichen Wettbewerbs interpretiert werden. Denn in vielen Wissenschaftsdisziplinen ist ein sehr harter Wettbewerb um die begrenzte Zahl an ‚Slots' bzw. Veröffentlichungsmöglichkeiten in den renommierten internationalen Fachzeitschriften – den sog. „Top-Journals" – zu beobachten (Heckman & Moktan 2020; Briviba & Frey 2023). Im Prinzip befinden sich Wissenschaftlerinnen und Wissenschaftler permanent in einem Wettbewerb um bestimmte, mehr oder weniger begehrte Güter. Inwieweit Wissenschaftler materiell gezwungen sind, an diesen Wettbewerben teilzunehmen, ist eine individuelle Frage, die nur im konkreten Einzelfall empirisch beantwortet werden kann. Zudem kommt in dem hier betrachteten speziellen Berufszweig – d.h. „Wissenschaft als Beruf" (Weber 1919/2011) – die intrinsische Motivation zu Forschen ins Spiel.

Trotz des allgegenwärtigen Wettbewerbsdrucks im Hochschulsystem mag es freilich lebenszeitverbeamtete Professorinnen und Professoren geben, die es sich finanziell und aufgrund ihrer Unkündbarkeit leisten können, sich kaum oder gar nicht dem Wettbewerb um Forschungsgelder oder Veröffentlichungsmöglichkeiten in peer-reviewed Publikationsorganen aussetzen und stellen zu müssen. Neben derartigen hypothetischen oder vielleicht sogar real-existierenden Extremfällen gibt es aber auch Wissenschaftlerinnen und Wissenschaftler, die in allen oder vielen der oben erwähnten Wettbewerbsdimensionen präsent sind. Dies illustriert exemplarisch das F.A.Z.-Ökonomenranking 2021 (Brankovic 2021). In diesem Ranking wird gemessen, welche Fachvertreter/-innen der Volkswirtschaftslehre hinsichtlich verschiedener Kriterien am besten abschneiden. Man mag derartige Rankings à la „Who is the ‚Platz-Hirsch' of the German Economics Profession?" (Ursprung & Zimmer 2007) aus verschiedenen Gründen kritisieren (siehe z.B. Osterloh & Frey 2015). Aber bezüglich des in diesem Beitrag analysierten Wettbewerbsaspekts verdeutlicht dieses Ranking, dass Wissenschaftlerinnen und Wissenschaftler nicht nur hinsichtlich klassischer wissenschaftlicher Kriterien wie Publikationsoutput und Zitationen miteinander konkurrieren, sondern auch um die knappe Ressource Aufmerksamkeit in der Wahrnehmung von Medien, Politik und Öffentlichkeit (Heine & Ohliger 2023). In das als Beispiel erwähnte F.A.Z.-Ökonomenranking 2021 flossen nämlich neben Zitationen von Fachpublikationen auch Nennungen in den Medien, der über eine Umfrage gemessene Einfluss im Politikbetrieb sowie Aktivitäten in den Social Media ein.

3. Fazit

Der vorliegende Beitrag hat einen Überblick über verschiedene Dimensionen des Wettbewerbs im deutschen Hochschulsystem gegeben. Die naheliegende Frage, ob wir denn nun genügend Wettbewerb auf dem Markt für Studienplätze (Abschnitt 2.1), zwischen Hochschulen (2.2) sowie zwischen Wissenschaftlern untereinander (2.3) haben, kann pauschal nicht beantwortet werden. Festzustellen ist aber zumindest, dass in den untersuchten Bereichen durchaus in einigen Studienfächern und Teilbereichen Wettbewerb herrscht. Gleichwohl wurden oben einige Wettbewerbsprobleme identifiziert. So könnte in Wissenschaft, Politik und Öffentlichkeit diskutiert werden, ob es Sinn macht, den Wettbewerbsdruck auf Akteure zu erhöhen, die sich bislang dem Wettbewerb entziehen können. Diesbezüglich ist z.B. an solche verbeamtete Mitarbeiter an staatlichen Hochschulen zu denken, die wenig Zeit und Energie in Forschung, Lehre und akademische Selbstverwaltung investieren (Stichwort: Shirking), aber trotzdem jeden Monat recht hohe Beamtenbezüge bekommen, nahezu unkündbar sind und später eine generöse Beamtenpension erhalten.

Auch könnte der Wettbewerbsdruck auf solche Studiengang-Anbieter bzw. Fachbereiche staatlicher Hochschulen erhöht werden, die – gemessen an bestimmten Leistungs-/Qualitätskriterien – als relativ schlecht einzustufen sind, aber trotzdem davon ausgehen können, dass sie auf Basis einer weichen Budgetrestriktion operieren und dauerhaft aus öffentlichen Mitteln finanziert werden. Um hier Wettbewerbs- und Leistungsanreize zu setzen, wird im hochschulpolitischen Diskurs in Deutschland immer mal wieder über die Einführung von Studiengebühren diskutiert (Mause 2011: 26-30; Feld et al. 2013). Hier kann nicht auf alle Pro- und Contra-Argumente eingegangen werden, aber aus wettbewerbsökonomischer Sicht ist zu erwarten, dass Studierende in einem Gebührensystem im Vergleich zum Status quo ohne Studiengebühren vermutlich einen stärkeren Anreiz als heute hätten, von Studienprogramm-Anbietern Leistung und Qualität für ihre Gebührenzahlungen einzufordern (Stichwort: Value for Money). Dieses Argument findet sich etwa in den Arbeiten der in der Einleitung zitierten Wettbewerbsbefürworter (siehe z.B. Donges et al. 1993; Woll 2001; Oberender & Fleischmann 2003).

Neben den gerade angerissenen Problemfeldern, in denen ‚zu wenig' Wettbewerb zu herrschen scheint, wurden in diesem Beitrag aber auch Bereiche identifiziert, in denen ‚zu viel' Wettbewerb ein Problem darstellen könnte. Beispielsweise haben es Studieninteressierte in einigen Studienfächern heutzutage mit einer riesigen Vielfalt an Studienangeboten zu tun, was für Auswahl- und Informationsprobleme bei manchen studentischen Nachfragern sorgt (Mause 2007a; Schröder 2015). Zudem ist zu beobachten, dass befristet beschäftigte (Nachwuchs-)Wissenschaftler einem enormen Wettbewerbsdruck ausgesetzt sind und seit geraumer Zeit darüber diskutiert wird, ob nicht auch in Deutschland unterhalb des Personaltyps der Lebenszeitprofessur – z.B. dem Vorbild der Lecturer-Stellen in Großbritannien folgend – mehr unbefristete Postdoc-Stellen in den Bereichen Lehre und Forschung geschaffen werden sollten (Afonso 2016; Bahr et al. 2022). Und zuletzt sei kurz das Phänomen erwähnt, dass in den vergangenen Jahren im Zuge der Exzellenzinitiative viel Zeit, Energie und Geld in die Beantragung von Forschungsgeldern investiert worden ist. Hier müsste rückblickend mal genauer untersucht werden, ob die starke Fokussierung auf den Wettbewerb um Drittmittel im deutschen Hochschulsystem dazu geführt hat, dass der Lehrbereich bei den besonders antrags-/forschungsaktiven Hochschulen und Fakultäten unter der Drittmittel-Konkurrenz quantitativ und qualitativ gelitten hat. Das Wechselverhältnis der verschiedenen Teildimensionen des Wettbewerbs im deutschen Hochschulsystem ist, wie insbesondere Krücken et al. (2021) jüngst hervorgehoben haben, bislang nämlich kaum empirisch untersucht worden.

Literaturverzeichnis

Afonso, A. (2016), Varieties of Academic Labor Markets in Europe, in: Political Science and Politics, Vol. 49 (4), 816-821.

Bahr, A.; Eichhorn, K. & Kubon, S. (2022), #IchBinHanna: Prekäre Wissenschaft in Deutschland, Berlin: Suhrkamp.

Block, H.-J. (1989), Maßnahmen für eine Förderung des leistungssteigernden Wettbewerbs im deutschen Hochschulsystem, in: U. Backes-Gellner & C. Helberger (Hrsg.): Ökonomie der Hochschule, Berlin: Duncker & Humblot, 153-179.

Brankovic, J.; Hamann, J. & Ringel, L. (2023), The Institutionalization of Rankings in Higher Education: Continuities, Interdependencies, Engagement, in: Higher Education, Vol. 86, 719-731.

Brankovic, M. (2021), F.A.Z.-Ökonomenranking: Deutschlands wichtigster Ökonom, in: Frankfurter Allgemeine Zeitung vom 16.09.2021.

Brivlba, A. & Frey, B. S. (2023), The Role of the Top Five Economics Journals in Germany, in: Das Hochschulwesen, Vol. 71 (1+2), 18-26.

Budzinski, O. & Eckert, S. (2018), Wettbewerb und Regulierung, in: K. Mause; C. Müller & K. Schubert (Hrsg.), Politik und Wirtschaft: Ein integratives Kompendium, Wiesbaden: Springer, 375-400.

Der Spiegel (1989), Die neuen Unis sind die besten, in: Der Spiegel, Heft 19/1989, 70-87.

Destatis (2023), Studierendenstatistik WS 2022/23, Wiesbaden: Statistisches Bundesamt.

Die Zeit (2023), Studienführer 2023/24, Hamburg: Zeitverlag.

Donges, J. B.; Engels, W.; Hamm, W.; Möschel, W.; Neumann, M. J. M. & Sievert, O. (1993), Zur Reform der Hochschulen, Bad Homburg: Stiftung Marktwirtschaft und Politik/Kronberger Kreis.

Federkeil, G. (2013), Internationale Hochschulrankings – Eine kritische Bestandsaufnahme, in: Beiträge zur Hochschulforschung, Vol. 35 (2), 34-48.

Feld, L. P.; Haucap, J.; Wieland, V.; Wigger, B. U. (2013), Bildungsfinanzierung neu gestalten, Berlin: Stiftung Marktwirtschaft/Kronberger Kreis.

Hachmeister, C.-D. (2023), Promotionen am häufigsten in Naturwissenschaften und Medizin, in: DatenCHECK 1/2023, Gütersloh: Centrum für Hochschulentwicklung.

Heckman, J. J. & Moktan, S. (2020), Publishing and Promotion in Economics: The Tyranny of the Top Five, in: Journal of Economic Literature, Vol. 58 (2), 419-470.

Heine, K. & Ohliger, U. A. (2023), Lobbying und Soziale Medien: Wissenschaftskommunikation als Anwendungsfall, in: A. Polk & K. Mause (Hrsg.), Handbuch Lobbyismus, Wiesbaden: Springer VS, 475-497.

Hirschman, A. O. (1974), Abwanderung und Widerspruch. Reaktion auf Leistungsabfall bei Unternehmungen, Organisationen und Staaten, Tübingen: Mohr Siebeck.

Kerber, W. (1998), Bildung, Forschung und Entwicklung: Grenzen staatlicher Politik aus der Perspektive des internationalen Wettbewerbs, in: D. Cassel (Hrsg.), 50 Jahre Soziale Marktwirtschaft: Ordnungstheoretische Grundlagen, Realisierungsprobleme und Zukunftsperspektiven einer wirtschaftspolitischen Konzeption, Stuttgart: Lucius & Lucius, 321-365.

Kerber, W. (2019), Wettbewerbspolitik, in: T. Apolte; M. Erlei; M. Göcke; R. Menges; N. Ott; & A. Schmidt (Hrsg), Kompendium der Wirtschaftstheorie und Wirtschaftspolitik, Band III, Wiesbaden: Springer Gabler, 115-187.

Kornai, J. (1986), The Soft Budget Constraint, in: Kyklos, Vol. 39 (1), 3-30.

Krücken, G.; Bünstorf, G.; Cantner, U.; Frost, J.; Grebel, T.; Hamann, J.; Hottenrott, H.; Kosmützky, A.; Meier, F.; Schimank, U. & Serrano Velarde, K. (2021), Multipler Wettbewerb im Hochschulsystem – Interdisziplinäre Perspektiven und wissenschaftspolitische Implikationen, in: Das Hochschulwesen, Vol. 69 (3+4), 90-95.

Mause, K. (2002), Zertifizierung als Instrument der Qualitätssicherung im Hochschulwesen, in: Wirtschaftsdienst, Vol. 82 (7), S. 411-417.

Mause, K. (2003), Die Juniorprofessur – Anforderungen und Karriereaussichten, in: Wirtschaftswissenschaftliches Studium, Vol. 32 (1), 51-53.

Mause, K. (2007a), Konsumentenschutz im Hochschulbereich. Unvollständige Nachfragerinformation, Marktversagen und markt-basierte Schutzmechanismen, Berlin: Duncker & Humblot.

Mause, K. (2007b), Zur Ökonomik des Konsumentenschutzes im Hochschulsektor, in: Jahrbuch für Wirtschaftswissenschaften, Vol. 58 (3), 265-278.

Mause, K. (2008), Ist Bildung eine Ware? Ein Klärungsversuch, in: ORDO - Jahrbuch für die Ordnung von Wirtschaft und Gesellschaft, 59. Band, 363-380.

Mause, K. (2011), Transformations of the Educating Leviathan: The Restructuring of German Higher Education in the Noughties, in: Austausch - German Studies Online Journal, Vol. 1 (2), 13-35.

Mause, K. (2019), Higher Education, in: A. Marciano & G. B. Ramello (Hrsg.), Encyclopedia of Law & Economics, New York: Springer, 1081-1084.

Mause, K. & Gröteke, F. (2009), Hochschulwettbewerb, Hochschulpolitik und eine Paradoxie, in: S. Jaenichen; T. Steinrücken; N. Seifferth-Schmidt & A. Itzenplitz (Hrsg.): Empirische und theoretische Analysen aktueller wirtschafts- und finanzpolitischer Fragestellungen, Ilmenau: Universitätsverlag Ilmenau, 115-157.

Monopolkommission (2000), Wettbewerb als Leitbild für die Hochschulpolitik. Sondergutachten der Monopolkommission gemäß § 44 Abs. 1 Satz 4 GWB, Baden-Baden: Nomos.

Mueller, D. C. (2007), Wettbewerb und Leistung auf zwei ungewöhnlichen Märkten, in: Perspektiven der Wirtschaftspolitik, Vol. 8 (Sonderheft), 133-140.

Oberender, P. & Fleischmann, J. (2003), Wettbewerb als Reformperspektive für die Hochschulen, in: ORDO - Jahrbuch für die Ordnung von Wirtschaft und Gesellschaft, 54. Band, 93-112.

Oberender, P. (1987a), Verkäufermarkt; in: E. Dichtl & O. Issing (Hrsg.), Vahlens Großes Wirtschaftslexikon, Band II, München: Vahlen, 808.

Oberender, P. (1987b), Käufermarkt, in: E. Dichtl & O. Issing (Hrsg.), Vahlens Großes Wirtschaftslexikon, Band I, München: Vahlen, 955.

Osterloh, M. & Frey, B. S. (2015), Rankings und der Preis der Wissenschaft, in: Zeitschrift für Kulturwissenschaften, Vol. 9 (1), 65-78.

Priddat, B. P. (2009), Deutsche Privathochschulen – ein „emerging market"?, in: Wirtschaftsdienst, Vol. 89 (3), 172-175.

Röpke, J. (1977), Die Strategie der Innovation. Eine systemtheoretische Untersuchung der Interaktion von Individuum, Organisation und Markt im Neuerungsprozess, Tübingen: Mohr Siebeck.

Röttger, U. & Laukötter, E. (2019), Hochschulmarketing, in: B. Fähnrich; J. Metag; S. Post & M. Schäfer (Hrsg.), Forschungsfeld Hochschulkommunikation, Wiesbaden: Springer VS, 165-179.

Schreiterer, U. & Leibfried, S. (2015), Die Exzellenzinitiative: ein Fortsetzungsroman, Berlin: Berlin-Brandenburgische Akademie der Wissenschaften.

Schröder, M. (2015), Studienwahl unter den Folgen einer radikalen Differenzierung, Bad Heilbrunn: Verlag Julius Klinkhardt.

Ursprung, H. W. & Zimmer, M. (2007), Who is the „Platz-Hirsch" of the German Economics Profession? A Citation Analysis, in: Jahrbücher für Nationalökonomie und Statistik, Vol. 227 (2), 187-208.

Watrin, C. (1984), Wettbewerb und Wettbewerbshindernisse im deutschen Hochschulsystem. Bemerkungen aus ökonomischer Sicht, in: H. Albert (Hrsg.), Ökonomisches Denken und soziale Ordnung. Festschrift für Erik Boettcher, Tübingen: Mohr, 245-260.

Weber, M. (1919/2011), Wissenschaft als Beruf, Berlin: Duncker & Humblot.

Wissenschaftsrat (1985), Empfehlungen zum Wettbewerb im deutschen Hochschulsystem, Köln: Wissenschaftsrat.

Woll, A. (1992), Deregulierung des Hochschulwesens, in: ORDO - Jahrbuch für die Ordnung von Wirtschaft und Gesellschaft, 43. Band, 337-345.

Woll, A. (2001), Reform der Hochschulausbildung durch Wettbewerb, Berlin: Duncker & Humblot.

Verbot von e-fuels ja oder nein? – ein wirtschaftspolitischer Essay

Claudia Schmidt & Benjamin R. Kern, Berlin & Karlsruhe

1. Einleitung

Das EU-Verbot von PKW-Neuzulassungen mit Verbrennungsmotor (ICE)[1] ab 2035 (sog. „Verbrennerverbot") hat zu Beginn des Jahres 2023 ein breites Medienecho erzeugt und für kontroverse Diskussionen in der Gesellschaft geführt. In Deutschland hat diese EU-Initiative innerhalb der Regierungskoalition für politischen Zündstoff gesorgt, da Uneinigkeit dahingehend bestand, ob auch diejenigen PKW mit Verbrennungsmotor unter dieses Verbot fallen sollen, die ausschließlich mit synthetischen, klimafreundlichen Kraftstoffen (sog. „e-fuels") betrieben werden. Während zwischen den Regierungsparteien zum Zeitpunkt der Unterzeichnung des Koalitionsvertrags noch Einigkeit herrschte, dass man sich „[...] außerhalb des bestehenden Systems der Flottengrenzwerte dafür einsetzt, dass nachweisbar nur mit e-Fuels betankbare Fahrzeuge neu zugelassen werden können" (SPD et al. 2021: 40) wurde diese Position in den Verhandlungen auf EU-Ebene nicht weiter vertreten. Der ursprüngliche EU-Entwurf sah daher zunächst vor, dass ausnahmslos alle Verbrennungsmotoren vom besagten Verbot erfasst werden. Dies führte zu einer Veto-Androhung des deutschen Verkehrsministers sowie entsprechender Vertreter aus Italien, Polen und Bulgarien (FAZ 2023a). Im Ergebnis wurde daraufhin eine entsprechende Spezifizierung geschaffen, die das Verbot auf Neuzulassungen von mit fossil betriebenen Verbrennungsmotoren beschränkt. Die EU beabsichtigt bis Herbst 2024 eine neue Fahrzeugklasse namens "e-fuels only" zu definieren, sodass die Neuzulassung von Fahrzeugen mit e-fuels betriebenen Verbrennungsmotoren auch über das Jahr 2035 hinaus prinzipiell möglich wäre. Der aktuelle Entwurf der EU-Kommission sieht für diese Fahrzeugklasse nun allerdings vor, dass die komplette Lieferkette im Zusammenhang mit

---

1 ICE ist das englischsprachige Akronym für „Internal Combustion Engine" (dt. Verbrennungsmotor).

der Verwendung von e-fuels klimaneutral zu sein habe, sodass der praktischen Anwendung von e-fuels erneut das aus droht (FAZ 2023b).

Während die Auseinandersetzung auf politischer Ebene somit andauert, drängt sich dem interessierten Beobachter zwangsläufig die Frage auf, was eigentlich aus ökonomischer Sicht für – bzw. gegen eine entsprechende Regelung spricht.

2. Politisches Ziel: Reduktion von CO2-Emmissionen

Hintergrund dieser Diskussion ist das übergeordnete Ziel, CO2-Emissionen zu reduzieren und damit einen Beitrag zur Eindämmung des Klimawandels zu leisten. Während das Ziel weitgehend unstrittig ist, spaltet die Detailausgestaltung die politische und gesellschaftliche Meinung. Im Falle des möglichen Verbots von Neuzulassungen e-fuels basierter Verbrennungsmotoren wird oft die Reife der Technologie diskutiert und damit ihre Fähigkeit, einen signifikanten Beitrag zur Reduktion von CO2-Emissionen zu leisten sowie die Sorge um die Technologieoffenheit im Bereich der alternativen Kraftstoffe.

Konkret argumentieren die Befürworter eines Verbots, dass die e-fuels-Technologie nicht ausgereift sei und weder heute noch in absehbarer Zukunft eine wirtschaftliche Option für den PKW-Bereich darstellen würde. Sie betonen, dass die Herstellung von e-fuels, die auf der Umwandlung von erneuerbarem Strom und CO2 basiert, zwar grundsätzlich möglich sei, dies in der Praxis aber mit erheblichen Effizienzverlusten und hohen Kosten verbunden wäre. Mit den aktuell verfügbaren Technologien sei es daher kaum möglich, relevante Mengen zu erschwinglichen Preisen zu produzieren (Witschel et al. 2023: 6f.). Darüber hinaus weisen sie darauf hin, dass alternative Ansätze zur CO2-Reduzierung, wie batteriebetriebene Elektroautos (sog. „BEV“) oder brennstoffzellenbasierte Fahrzeuge, die mit Wasserstoff betrieben werden (sog. „FCEV“), bereits weiter fortgeschritten und wirtschaftlich tragfähiger sind. Darüber hinaus wird argumentiert, dass e-fuels in anderen Bereichen wie bspw. dem Flug- oder Schiffsverkehr dringend zur Dekarbonisierung erforderlich seien. Durch ein entsprechendes Verbot sollen e-fuels daher für diese Anwendungsbereiche reserviert und eine schädliche Konkurrenzsituation vermieden werden (Agora Verkehrswende 2023).

Die Gegner eines Verbots sehen hingegen Marktchancen für e-fuels im PKW-Bereich (Frontier Economics 2020). Der größte Vorteil von e-fuels läge dabei vor allem darin, dass diese auch in herkömmlichen Verbrennungsmotoren Anwendung finden können und e-fuels somit potenziell dazu beitragen können, die Bestandsflotte zu dekarbonisieren (Frontier Economics 2020).

3. Ordnungspolitische Einordnung des Verbots

Im Sinne einer regelgeleiteten Wirtschaftspolitik stellt sich zunächst die Frage, warum der Staat in diesem Fall überhaupt regulierend in den Markt eingreifen sollte. Ein Eingriff in den Markt ist danach nur gerechtfertigt, wenn ein Marktversagen vorliegt. Liegt ein solches vor, dann kann ein Verbot durchaus ein probates Mittel sein, um dieses zu beseitigen.

Im vorliegenden Fall kann ein Marktversagen bejaht werden – durch die Nutzung von Kraftfahrzeugen erstehen CO2-Emmissionen, deren gesamtwirtschaftliche Kosten nicht ausreihend berücksichtigt werden, es liegen negative Externalitäten vor. Ein Markteingriff wäre folglich vertretbar.

Das Problem der Externalitäten ist ein altes und wird in Politik und Wissenschaft seit Jahrzehnten diskutiert (vgl. bspw. Blank & Ströbele 1994; Cansier 1994; Endres 1985). 2005 wurde in der Europäische Union das Emissionshandelssystems (EU ETS) eingeführt, mit dem CO2-Emissionen bepreist werden.[2] Anfangs nur auf wenige Branchen beschränkt, wurde der Emissionshandel seither sukzessive ausgeweitet. Ab 2027 ist ein Emissionshandel auch für den Verkehrssektor vorgesehen.[3] In Deutschland wurde 2021 ein nationales Emissionshandelssystem (nEHS) eingeführt, das auch den Verkehrssektor einschließt.[4] Eine Reduktion der Emission kann analog zum EU ETS durch eine Verknappung der Mengen pro Zertifikat erfolgen.

Damit besteht also de facto schon ein Instrument der Marktregulierung. Doch selbst wenn man einem zusätzlichen Verbot von Verbrennungsmo-

---

2 Einen detaillierten Überblick zum EU ETS bietet die Europäische Kommission auf ihrem Internetauftritt: https://ec.europa.eu/clima/policies/ets_en (zuletzt abgerufen am 18. Oktober 2023).

3 Hierbei handelt es sich um eine Maßnahme des sogenannten „Fit for 55" Pakets der EU-Kommission, das auf eine Reduzierung der CO2-Emissionen um 55 Prozent bis 2030 abzielt. https://commission.europa.eu/strategy-and-policy/priorities-2019-2024/european-green-deal/delivering-european-green-deal_en#making-transport-sustainable-for-all (zuletzt abgerufen am 18. Oktober 2023).

4 Siehe bspw. https://www.dehst.de/DE/Nationaler-Emissionshandel/nationaler-emissionshandel_node.html (zuletzt abgerufen am 08. November 2023).

tor-basierten PKW-Neuzulassungen zunächst zugeneigt wäre,[5] stellt sich zwangsläufig die Frage nach der Sinnhaftigkeit einer Einbeziehung von e-fuels basierten Motoren, da die Verbrennung von e-fuels so gut wie keine zusätzlichen CO2-Emissionen erzeugt.

4. Wettbewerbspolitische Grundlagen

Soll die Berücksichtigung von Innovationen Gegenstand der Wettbewerbspolitik sein, so kommt man an der österreichischen Schule, an evolutionsökonomischen Ansätzen (z.B. Kerber 1993) sowie an Joseph A. Schumpeter nicht vorbei. Als einer der wohl wichtigsten Vertreter der österreichischen Schule gilt Friedrich von Hayek. Dessen Arbeiten sind geprägt von der Auffassung, dass der Staat einen Rahmen vorgeben kann und sollte, in dem die Marktteilnehmer frei und nach eigenen ökonomischen Interessen agieren können (vgl. bspw. Kerber 1993: 428; Christiansen 2010: 331ff.). Hayek geht davon aus, dass Wissen subjektiv und dezentral ist und nur begrenzt von einer übergeordneten Institution gesammelt, koordiniert und verwendet werden kann. Stattdessen nutzen Individuen ihr subjektives Wissen und spezifischen Kompetenzen, um bestmögliche Lösungen für sich zu erzielen (v.a. Hayek 1945).

Die Koordination der Marktakteure mit ihren unterschiedlichen Angeboten und Wünschen erfolgt über den Wettbewerb und insbesondere das Preissystem.

Wettbewerb ist für Hayek demnach nicht nur ein Mechanismus zur Ressourcenallokation, sondern auch ein Prozess der Informationssammlung und -verarbeitung, der den Marktteilnehmern wertvolles Feedback gibt. Er gibt den Marktakteuren die Möglichkeit zu „entdecken", welches die besten Produkte und Produktionssysteme für ihre individuellen Bedürfnisse sind; Wettbewerb ist somit ein „Entdeckungsverfahren" (v.a. Hayek 1952, 1968). In diesem stimmen Kunden und Verbraucher mittels Nachfrage und Zahlungsbereitschaft darüber ab, ob es einen Bedarf für ein Produkt gibt und wieviel Wert diesem beigemessen wird (Hayek 1952, 1968). Wenn ein Unternehmen die Bedürfnisse der Kunden besser erkennt und bedient als seine Konkurrenz, wird es vom Markt belohnt und es erhält mehr Ressourcen. Unternehmen erhalten dadurch Anreize, sich kontinuierlich anzupassen und nach Innovationen zu suchen.

---

5 Für die Vorteile eines Instrumentenmix vgl. Zimmer et al (2022).

Ähnlich argumentiert auch Kerber (1993, 1994), der in seinem Konzept Wettbewerbs als evolutionären Prozess die Gedanken Hayeks aufgreift. Um mit aktuellen Entwicklungen mithalten zu können, versuchten Unternehmer permanent ihr Wissen zu erweitern und neue Ideen zu generieren. Kerber beschreibt diese Wissenssuche als kreativen Prozess: „[...] the changes in subjective knowledge of the agents cannot be interpreted as determined by the past: new ideas can emerge and hence new, i.e. unanticipated, possibilities of action can be perceived by the agents." (Kerber 1993: 430). Wettbewerb kann danach als Prozess der Wissensgenerierung und -verteilung verstanden werden. Unternehmer bilden Hypothesen in Form von neuen Produkten oder Produktionsweisen, während die Nachfrager über die Hypothesen mit ihrem Kaufverhalten abstimmen. Wettbewerb ist demnach ein kontinuierlicher Prozess von Variation und Auswahl, dessen Ergebnis aufgrund des begrenzten Wissens und individueller Entscheidungen nicht vorhersehbar ist, sondern ein evolutionärer Prozess (Kerber 1993: 431). Eine konkrete Einzelvoraussage zu bestimmten Marktergebnissen und -entwicklung hält Hayek aufgrund der Komplexität der Märkte und der Subjektivität von Wissen für ausgeschlossen und nennt diese eine „Anmaßung von Wissen" (Hayek 1975).

Mit der Frage, wie Innovationsprozesse und Entwicklung von Märkten funktionieren, beschäftigte sich auch der österreichisch-amerikanische Ökonom Joseph Schumpeter. In seiner „Theorie der wirtschaftlichen Entwicklung" argumentiert Schumpeter (1964), dass Fortschritt und Wohlstand durch radikale Innovationen entstehen, die bestehende Geschäftsmodelle und Märkte in Frage stellen und überholen. Wettbewerb zeichnet sich durch sogenannte Pionierunternehmen aus, die neue Produkte und Produktionsverfahren entwickeln, Imitatoren sorgen für die Verbreitung am Markt und letztlich damit für die Verdrängung bisheriger Verfahren. Nach Schumpeter (1975) führt dieser Prozess der schöpferischen Zerstörung zu Effizienzgewinnen, steigenden Produktivität und neuen Möglichkeiten. Durch den Markteintritt immer neuer Unternehmen oder von Unternehmen, die neues wagen, bspw. wenn weitere Verbesserungen nicht mehr gewinnversprechend erscheinen, werden bestehende Pionierunternehmen verdrängt und es kommt so zu einem kontinuierlichen Wettbewerb, der Innovation und Fortschritt fördert.

Anreize, in diesen Wettbewerb einzusteigen, entstehen wie auch bei Hayek (1952, 1968) und Kerber (1993) durch die Aussicht auf Markterfolg und Gewinnrealisierung. Die Gewinnaussicht ist folglich wesentlich, um in den Wettbewerb und die Entwicklung neuer Produkte einzusteigen.

Gleichzeitig entsteht Gewinn nur, wenn eine Nachfrage besteht. Nelson schreibt dazu, „social need, usually manifesting itself through perceived opportunities for profit, [...] is the cause of invention." (Nelson 1959: 103).

Die große Bedeutung des Wettbewerbs für Innovation findet sich nicht nur im Schrifttum (siehe bspw. Kerber 2011), sondern auch in verschiedenen Entscheidungen der Wettbewerbsbehörden wieder. So wurden in der Vergangenheit Unternehmenszusammenschlüsse bereits mit der Begründung untersagt, dass sich hierdurch die Anzahl der unabhängig voneinander forschenden Unternehmen verringere und die Wettbewerbsbehörden deswegen einen negativen Effekt auf Innovationen in einer bestimmten Branche bzw. Technologiebereich erwarteten (siehe bpsw. Kerber & Kern 2014; Kern et al 2015;).

5. Wettbewerbspolitische Einordnung eines Verbots von e-fuels

Den vorgestellten Ansätzen ist gemein, dass sie Innovationen als Ergebnis eines Marktprozesses betrachten, der, motiviert von der Aussicht zumindest temporäre Monopolgewinne zu erzielen, kontinuierlich Wissen neu kombiniert und innovative Ideen kreiert. Dabei wird davon ausgegangen, dass der Ausgang dieses Prozesses eben nicht vorhersehbar ist. Ordnen wir die Diskussion um die Zukunft von e-fuels hier ein, erscheint ein Verbot von e-fuels für PKWs aus zweierlei Gründen problematisch.

So sind die heute sehr aufwendigen Herstellungsverfahren und hohen Kosten zentrale Prämissen für ein Verbot von e-fuels (Witschel et al. 2023). Nach Hayek ist die Gehalthaftigkeit dieser Argumentation anzuzweifeln: Den Marktteilnehmern liegt gerade nur unvollständiges Wissen vor, so dass allenfalls Thesen zur Preisentwicklung gebildet werden können, die es im Wettbewerbsverfahren zu verifizieren gilt. Bei den vorliegenden Betrachtungen zur Preisbildung für e-fuels wurden vor allem lineare Hochrechnungen vorgenommen. Wesentlicher Treiber für das prognostizierte Preisniveau ist die Kalkulation der Kosten für die CO2-Abspaltung, die für die Herstellung von e-fuels notwendig ist. Nach Kenntnis der Autoren, wurden dafür aber nur bekannte oder bereits genutzte Technologien zur Abspaltung von CO2 herangezogen (siehe bspw. Ueckert & Odenweller 2023). Dem Wettbewerb inhärent ist jedoch gerade die Neukombination von altem Wissen und Produktionsweisen sowie die Entwicklung von neuen Ideen (bspw. Hayek 1952; Schumpeter 1975; Kerber 1993). Diese im Vorfeld zu negieren, würde nach Hayek einer „Anmaßung von Wissen" entsprechen. Auch wenn der heutige Stand der Technik daher sicherlich Indikationen für eine zukünftige Entwicklung geben kann (siehe Abschnitt 6), sind Innovationen letztlich vor allem ein Ergebnis von trial-and-error, die durch die Kombination von Wissen und neuen Ideen entstehen.

Ein weiterer problematischer Aspekt liegt in der de facto Begrenzung von Monopolrenditen, die in den genannten Wettbewerbskonzepten wesentlicher Anreiz für Unternehmen sind, in die Neukombination von Wissen und die Entwicklung neuer Verfahren zu investieren (Kerber 1993, 1994). Mit einem Verbot von e-fuels für Kraftfahrzeuge würde der Markt künstlich verkleinert. So wird einer großen Interessensgruppe, z.B. Automobilherstellern und -zulieferern, Ölunternehmen und Technologieherstellern, der Anreiz genommen, neue Thesen zu bilden, wie e-fuels einfacher, billiger und in größeren Mengen hergestellt werden können. So bestünde zwar grundsätzlich weiter ein volkswirtschaftlicher Bedarf, da (vermutlich) sowohl der Wunsch zu Mobilität als auch der Wunsch zu Erreichung der Klimaziele weiter fortbestehen werden. Gleichzeitig würde der Marktmechanismus, nach einer kreativen, evolutionären Lösung zu suchen, limitiert und die wichtige Funktion von Wettbewerb, Innovationen zu fördern, künstlich begrenzt.

Im folgenden Abschnitt wollen wir uns daher mit innovationsökonomischen Konzepten befassen, um zu analysieren, ob andere Argumente ein Verbot rechtfertigen könnten.

6. Technologische Pfadabhängigkeiten

Die Idee von Pfadabhängigkeiten ist ein Konzept in den Wirtschaftswissenschaften, das seit den achtziger Jahren auf verschiedenste Themen angewandt wird. Der Grundgedanke ist, dass historische Ereignisse die technologische Entwicklung grundsätzlich in eine bestimmte Richtung lenken können.[6] Bereits Arthur (1994) hat bspw. gezeigt, dass sich im Falle konkurrierender Technologien auch suboptimale Technologien durchsetzen - und trotz des Aufkommens effizienterer technologischer Alternativen, weiterhin fortbestehen können, sofern selbstverstärkende Mechanismen

6 So versuchte David (1985) in seinem bekannten Artikel "Clio and the Economics of QWERTY" anschaulich zu erklären, weshalb die immer noch existierende Standard-Schreibmaschinentastatur ("QWERTY") durch eine Reihe zufälliger Ereignisse entstanden ist und warum sie sich bis heute gehalten hat, obwohl längst effizientere Alternativen entwickelt wurden.

wie z.B. Skalen- oder Netzwerkeffekte vorliegen. In diesem Fall können kleine historische Ereignisse wie z.B. die Frage, welche Technologie zuerst eingesetzt wird, dazu führen, dass sich eine Technologie gegenüber einer anderen durchsetzt.

Die Theorie der Pfadabhängigkeiten ist eng verwoben mit dem Konzept der „technologischen Paradigmen“ nach G. Dosi. Dabei wird ein technologisches Paradigma als Modell und Lösungsmuster für ein technologisches Problem verstanden (Dosi 1988: 1128). Ein technologisches Paradigma kann aber auch als Hypothese darüber interpretiert werden, was das zutreffendste Problemverständnis ist und in welche Richtung, mit welchen Mitteln daraufhin nach Lösungen für das definierte Problem gesucht werden soll (Heine & Kerber 2002: 53f.). Infolge dieser Annahmen lenkt das Paradigma den technologischen Fortschritt somit entlang eines bestimmten technologischen Entwicklungspfads. Da sich das Entwicklungspotential eines technologischen Paradigmas nach einer gewissen Zeit regelmäßig erschöpft, wird der Pfad der technologischen Entwicklung schließlich auf eine neue Bahn gelenkt, die durch ein neues Paradigma bestimmt wird.

In dieser Hinsicht kann man von einem Wettbewerb zwischen verschiedenen technologischen Paradigmen als konkurrierende Grundhypothesen über die Lösung technologischer Probleme in einem bestimmten Bereich sprechen. Wenn Unternehmen auf Märkten durch die Entwicklung unterschiedlicher Technologien miteinander konkurrieren, kann es sich dabei sowohl um technologischen Wettbewerb innerhalb desselben technologischen Paradigmas handeln (z.B. Wettbewerb zwischen unterschiedlichen Entwicklern von Verbrennungsmotoren), als auch um Wettbewerb zwischen zwei oder mehreren unterschiedlichen technologischen Paradigmen (Wettbewerb zwischen Verbrennungsmotoren einerseits und batterieelektrischer Antriebstechnologien andererseits). In beiden Fällen können diese technologischen Wettbewerbsprozesse als evolutionäre Prozesse des Experimentierens betrachtet werden.

Aufgrund der zuvor beschriebenen Pfandabhängigkeiten ist es jedoch möglich, dass technologische Paradigmen oft über lange Zeiträume hinweg stabil sind (vgl. QWERTY-Keyboard). Im Zusammenhang mit dem Konzept der technologischen Paradigmen wurden daher auch mehrere Faktoren identifiziert, die ein technologisches Paradigma stabilisieren und somit Pfadabhängigkeitseffekte verursachen können: Demnach kann der Wechsel zu einem neuen technologischen Paradigma behindert werden durch (1) Unsicherheit, die die Nutzung der etablierten Suchroutinen innerhalb des alten Paradigmas begünstigt, (2) versunkene Kosten in Form von technologiespezifischen Investitionen entlang des alten Paradigmas, (3) dynamische Skalenerträge (wie z.B., Lerneffekte und Netzwerk-Externalitäten) und (4) Komplementaritäten zu anderen Technologien, d.h., dass der Übergang zu einem neuen technologischen Paradigma in einem bestimmten technologischen Bereich die Entwicklung anderer komplementärer Technologien erfordern könnte (Elsser 1993: 118; Schilling 1999; Heine & Kerber 2002: 54).

Diese Pfadabhängigkeitseffekte können dazu führen, dass ineffiziente Technologien trotz der Existenz effizienterer Technologien langfristig fortbestehen und somit ein Marktversagen in Form von Lock-in Effekten verursachen. (David 1985; Arthur 1994).

7. Pfadabhängigkeiten und das S-Kurven Konzept

Das Phänomen der Pfadabhängigkeit aufgrund von versunkenen Kosten kann anschaulich mithilfe des S-Kurven Modells von Foster (1986) beschrieben werden. Mit diesem Modell lässt sich das Wettbewerbspotenzial von Technologien in Abhängigkeit vom kumulierten F&E-Aufwand abbilden. Hierbei wird unterstellt, dass sich Technologien im Laufe der Zeit in verschiedenen Phasen entwickeln. Die sog. 'S-Kurve' veranschaulicht das Leistungspotenzial einer Technologie in Abhängigkeit von den kumulierten, aufgewendeten Mitteln für Forschung und Entwicklung. Damit knüpft das S-Kurven-Konzept an das Technologie-Lebenszyklus-Modell von Arthur D. Little (1986) an, demzufolge sich Technologien, ähnlich dem Produktlebenszyklus, nach einem idealtypischen Lebenszyklus entwickeln. Der Verlauf des Leistungspotenzials einer Technologie lässt sich dabei in Form einer S-Kurve auf den kumulierten F&E-Aufwand abbilden. Dies bedeutet, dass in der sog „Wachstumsphase" exponentielle Fortschritte und Leistungssteigerungen erzielt werden, während mit zunehmender Reife der Technologie nur noch schwerlich und lediglich unter dem Einsatz sehr hoher finanzieller Mittel Leistungsverbesserungen erzielt werden können. Das S-Kurven-Konzept unterstützt dabei Entscheidungen darüber, wann weiterhin F&E in eine leistungsstärkere alternative Technologie investiert werden soll, bzw. wann eine bestehende Technologie idealtypischer Weise von einer neuen Technologie abgelöst werden sollte (Möhrle 2018).

Gleichzeitig kann das Konzept der S-Kurve aber auch erklären, weshalb es unter Umständen zu technologischen Lock-in Effekten kommen kann (siehe bspw. Liebowitz & Margolis 1995). Dies lässt sich mit einer etablierten Technologie veranschaulichen, die sich im Wettbewerb mit einer neuen, potentiell überlegenen, Technologie befindet, welche noch am Anfang ihres Technologielebenszyklus steht. Da die etablierte Technologie bereits weit verbreitet ist und so mehrere inkrementelle Verbesserungen erfahren hat, ist diese der neuen Technologie zum Zeitpunkt der Markteinführung in ihrer Leistungsfähigkeit überlegen. Dadurch besteht die Gefahr, dass der Markt von der ursprünglich am weitesten verbreiteten Technologie beherrscht wird. Das Verharren mit einer prinzipiell unterlegenen Technologie würde somit zu einem Marktversagen führen.

Liegen zusätzliche Netzwerkeffekte (siehe bspw. David 1985; Farrell & Saloner 1987) vor, können Pfadabhängigkeiten verstärkt werden. Dann steigt der Nutzen, den Konsumenten aus einer bestimmten Technologie ziehen können, mit der zunehmenden Gesamtzahl an Konsumenten, die ebenfalls diese Technologie nutzen. Je mehr Nutzer sich für die betreffende Technologie entscheiden, desto attraktiver wird es, diese Technologie ebenfalls zu nutzen und selbst diesem Netzwerk beizutreten. Durch diesen sich selbst verstärkenden Effekt entsteht im Extremfall eine Monopolsituation, in der die betreffende Technologie sich als defacto Standard durchgesetzt hat (Shapiro & Varian 1987).

Wie im Zusammenhang mit dem S-Kurven Konzept beschrieben, neigt eine Technologie mit einem zunehmenden Verbreitungsgrad aber auch stärker dazu, von kumulativen F&E Aufwendungen zu profitieren und dadurch inkrementelle Leistungsverbesserungen zu erfahren. Alternative Technologien haben es somit noch schwerer, sich gegen eine etablierte Technologie durchzusetzen, sofern Pfadabhängigkeiten in Folge von Netzwerkeffekten und technologiespezifischen Investitionen eine Rolle spielen. Im Falle, dass zwei relative neue Technologien sich im Wettbewerb miteinander befinden, kann somit auch die anfängliche Verbreitung einer Technologie einen maßgeblichen Einfluss auf die weitere Entwicklung dieser Technologie aufgrund dieser Pfadabhängigkeiten haben (siehe bspw. Cowan 1990).

8. Anwendung der innovationsökonomischen Grundlagen auf E-Fuels

Sowohl Verbrennungsmotoren als auch Elektromotoren sind etablierte Technologien, die bereits eine Vielzahl an inkrementellen Verbesserungen durchlaufen haben und defacto so alt sind wie das Automobil selbst (Morimoto 2015). Allerdings hat sich der Elektromotor seit seiner Erfindung nicht gegenüber dem Verbrennungsmotor durchsetzen können, obwohl der Elektromotor seit je her einen erheblichen Wirkungsgradvorteil gegenüber dem Verbrennungsmoto aufweist. Daher liegt es nahe, den Grund hierfür in den zuvor vorgestellten Pfadabhängigkeiten zu suchen. Allerdings würde ein bloßer Vergleich der beiden Antriebstechnologien (Verbrennungsmotor vs. Elektromotor) zu kurz greifen, vielmehr muss das Gesamtsystem, bestehend aus Antrieb, Energiespeicher und Ladeinfrastruktur, betrachtet werden.

Während man im Zusammenhang mit der Ladeinfrastruktur (Tankstellen, Ladesäuen, etc.) von Pfadabhängigkeiten im Zusammenhang mit Netzwerkeffekten ausgehen kann, kommen mit Blick auf die Speichertechnik vor allem die Komplementarität von Technologien in Verbindung mit versunkenen Kosten in Form von technologiespezifischen Investitionen entlang eines technologischen Paradigmas zum Tragen.

8.1. Tankstellen und Ladeinfrastruktur

Aufgrund der bestehenden Tankstelleninfrastruktur haben ICE aktuell einen gewissen Wettbewerbsvorteil gegenüber den BEV, sodass manche Verbraucher unter Umständen gerade deswegen weiterhin auf den Verbrennungsmotor setzen. Je stärker die Verbraucher jedoch am Verbrennungsmotor festhalten, desto geringer fallen die ökonomischen Anreize für Investitionen in die Ladeinfrastruktur für BEV aus, was wiederum die Entscheidung für - bzw. gegen die batterieelektrische Mobilität aus Verbrauchersicht beeinflusst. Die Idee, dass durch eine regulatorische Maßnahme ein Systemwechsel ordnungsrechtlich erzwungen wird und damit dieser Lock-in Effekt aufgebrochen wird, ist ökonomisch somit nicht ganz unplausibel. Allerdings stellt sich die Frage, ob dieses Verbot nicht einen unverhältnismäßig starken Eingriff in die Entscheidungsfreiheit der Marktakteure darstellt. Dies gilt insbesondere in Anbetracht der Tatsache, dass zum Abbau dieser Netzwerkeffekt bedingten Nachteile auch andere, weniger gravierende Instrumente, wie beispielsweise die Vergabe von Subventionen oder andere staatliche Förderinstrumente, zur Verfügung stünden, um den Ausbau der E-Ladeinfrastruktur voranzutreiben und den bestehenden Netzwerkeffekten zu begegnen als durch ein pauschales Verbot eines kompletten technologischen Paradigmas.

8.2. Speichertechnologien und kumulative F&E Aufwendungen

Vor dem Hintergrund von Netzwerkeffekten im Zusammenhang mit der Ladeinfrastruktur ließe sich folglich argumentieren, dass sich durch ein entsprechendes Verbot des „Verbrennungsmotors" (einschließlich e-fuels) schneller eine kritische Masse an BEVs auf die Straße bringen ließe, als wenn diese Entscheidung den Verbrauchern überlassen würde. Eine ordnungsrechtlich herbeigeführte Beschleunigung des Anstiegs von BEV-Neuzulassungen hätte aber nicht nur einen positiven Effekt auf den Ausbau der Ladeinfrastruktur, sondern über die gesteigerte Absatzmenge von BEV implizit auch auf die kumulierten F&E-Aufwendungen und somit auf die Leistungsfähigkeit der Speichertechnologie.

Vergleichbare Argumente ließen sich allerdings auch für eine Zulassung von ausschließlich e-fuels basierten Verbrennungsmotoren über 2035 hinaus vorbringen. Denn, wenngleich die Frage der Verwendung von e-fuels im PKW-Bereich umstritten ist, besteht doch weitestgehend Einigkeit darüber, dass e-fuels bei der Dekarbonisierung anderer Verkehrsträger wie bspw. dem Flug- oder Schiffsverkehr eine entscheidende Rolle zukommen soll (Witschel et al. 2023). Die Möglichkeit einer breiteren Anwendung von e-fuels (inkl. dem PKW-Bereich) hätte somit, wie bereits in Abschnitt 6 dargestellt, den Effekt, dass sich das Marktpotential vergrößert und es aus Sicht der Industrie und Investoren folglich attraktiver wird, in diese Technologie zu investieren. D.h. selbst wenn sich e-fuels im PKW-Bereich letztlich nicht durchsetzen sollten, so ist dennoch zu erwarten, dass in einer kürzeren Zeitspanne größere Menge an e-fuels zu geringeren ökonomischen Kosten bereitgestellt werden können als ohne diese Investitionen. Darüber hinaus wäre zu erwarten, dass sich auch mit Blick auf die Gewinnung von e-fuels die kumulierten F&E-Aufwendungen erhöhen würden, sodass in Anlehnung an das S-Kurven Konzept auch in diesem Fall davon ausgegangen werden kann, dass sich auch die Leistungsfähigkeit dieser Technologie schneller erhöht als ohne die betreffenden Investitionen.

9. Fazit

Abschließend lässt sich feststellen, dass es bei der Entscheidung für- bzw. gegen ein entsprechendes Verbot von e-fuels basierten PKW-Neuzulassungen sowohl aus wettbewerbs- als aus innovationsökomischer Sicht keine stichhaltigen Argumente gibt, die ein Verbot unterstützen würde.

Zwar gibt es im Zusammenhang mit dem Aufbrechen von Pfadabhängigkeiten und Lock-in-Effekten gewisse Vorteile eines Verbots. Allerdings ist es fraglich, ob die entsprechenden Pfadabhängigkeiten nicht auch mit minderschweren Mitteln begegnet werden könnte.

Die These, dass aufgrund der aktuell aufwändigen Herstellungsverfahren weder ausreichende Mengen noch bezahlbare Preise möglich sind, kann unter Rückgriff auf Hayek und Kerber nicht bestätigt werden. Wettbewerb ist es gerade immanent, dass keine präzisen Aussagen über Marktentwicklungen getroffen werden können. In Anbetracht dieser und anderer Unsicherheiten kann heute somit nicht mit Gewissheit vorhergesagt werden, dass die Dekarbonisierungsziele im Straßenverkehr durch einen ausschließlichen Fokus auf BEV und FCEV mit Sicherheit erreicht werden können. Anstatt alternative Technologien durch ordnungsrechtliche Vorgabe vom Wettbewerb auszuschließen, wäre es vor dem Hintergrund dieser Unsicherheit eher geboten, den Wettbewerb zwischen diesen Technologien weiterhin offen zu halten, um sich als Gesellschaft auch gegen etwaige Rückschläge im Zusammenhang mit dem Hochlauf von BEVs (Knappheit von notwendigen Technologiemetallen, mangelnde Akzeptanz der Verbraucher, etc.) im Sinne der Optionswerttheorie abzusichern.

Zudem würde durch ein Verbot die Aussicht auf Monopolgewinne Forschung in diesem Bereich begrenzt werden – quasi die selbsterfüllende Prophezeiung. Ein Verbot wäre aus wettbewerbspolitischen Gründen also eher schädlich. Mit einem solchen würde kurzfristig alles auf eine Karte (nämlich BEVS) gesetzt und auf eine Risikodiversifizierung (z.B. im Falle eines schleppenden Hochlaufs von BEVS aufgrund von begrenzten Materialverfügbarkeiten etc.) verzichtet. In diesem Fall würde ein Verbot gar die Dekarbonisierung des Straßenverkehrs verlangsamen.

Literaturverzeichnis

Agora Verkehrswende (2023), E-Fuels zwischen Wunsch und Wirklichkeit. Was strombasierte synthetische Kraftstoffe für die Energiewende im Verkehr leisten können – und was nicht, Diskussionspapier.

Arthur D. Little International (Hrsg., 1986), Management im Zeitalter der strategischen Führung, Wiesbaden: Gabler.

Arthur, W. B. (1994), Competing Technologies, Increasing Returns, and Lock-In by Historical Small Events, in: W. B. Arthur (Hrsg.), Increasing Returns and Path Dependence in the Economy, Ann Arbor: University of Michigan Press, 13-32.

Blank, J. & Ströbele, W. (1994), Das CO2-Problem aus umweltökonomischer Sicht, in: Wirtschaftsstudium, Heft 11, 552-557.

Cansier, D. (1994), Gefahrenabwehr und Risiko Vorsorge im Umweltschutz und der Spielraum für ökonomische Instrumente, in: Neue Zeitschrift für Verwaltungsrecht, Heft 7, 642-647.

Christiansen, A. (2010), Der "More Economic Approach" in der EU-Fusionskontrolle: Entwicklung, konzeptionelle Grundlagen und kritische Analyse, Frankfurt a.M.: Peter Lang Verlag.

Cowan, R. (1990), Nuclear Power Reactors: A Study in Technological Lock-in, in: Journal of Economic History, Vol. 50 (3), 541-567.

David, P. A. (1985), Clio and the Economics of QWERTY, in: The American Economic Review, Vol. 75 (2), 332-337.

Dosi, G. (1988), Sources, Procedures, and Microeconomic Effects of Innovation, in: Journal of Economic Literature, Vol. 26 (3), 1120-1171.

Elsser, S. (1993), Innovationswettbewerb: Determinanten und Unternehmensverhalten, in: Hohenheimer volkswirtschaftliche Schriften, Vol. 17, Berlin: Peter Lang International Academic Publishers.

Endres, A. (1985), Instrumente der Umweltpolitik, in: Zeitschrift für Rechtspolitik, Vol. 18 (7), 197-200.

FAZ (2023a), Nach Widerstand aus Berlin: EU-Abstimmung über pauschales Verbrenner-Aus wird verschoben, URL: https://www.faz.net/aktuell/wirtschaft/auto-verkehr/pauschales-verbrenner-aus-eu-abstimmung-wird-verschoben-18720058.html (zuletzt abgerufen am 30. Oktober 2023).

FAZ (2023b), Zukunft der Autoantriebe: Wissing pocht auf E-Fuel-Zusagen, URL: https://www.faz.net/aktuell/wirtschaft/wissing-pocht-auf-zusagen-zur-zukunft-von-e-fuel-autos-19201849.html#void (zuletzt abgerufen am 15. Oktober 2023).

Farrell, J. & Saloner, G. (1987), Competition, Compatibility, and Standards: The Economics of Horses, Penguins and Lemmings, in: H. L. Gabel (Hrsg.), Product Standardization and Competitive Strategy, Amsterdam: North Holland, 1-22.

Foster, R. N. (1986), Innovation: Die technologische Offensive, Wiesbaden: Gabler.

Frontier Economics (2020), The Concept of Efficiency in the German Climate Policy Debate on Road Transportation: A comprehensive approach to assessing the efficiency of technologies, URL: https://www.frontier-economics.com/media/d3nldhq4/the-concept-of-efficiency-in-the-german-climate-policy-debate-on-road-transport.pdf (zuletzt abgerufen am 06. November 2023).

Hayek, F. A. (1945), The Use of Knowledge in Society, in: American Economic Review, Vol. 35 (4), 519-530.

Hayek, F. A. (1952), Der Sinn des Wettbewerbs, in: F. A. Hayek (Hrsg.), Individualismus und wirtschaftliche Ordnung, Erlenbach-Zürich: Rentsch, 122-140.

Hayek, F. A. (1968), Der Wettbewerb als Entdeckungsverfahren, Kiel: Institut für Weltwirtschaft.

Hayek, F. A. (1975), Die Anmaßung von Wissen, in: ORDO, Vol. 26, 12-21.

Heine, K. & Kerber, W. (2002), European Corporate Laws, Regulatory Competition and Path Dependence, in: European Journal of Law and Economics, Vol. 13, 47-71.

Kerber, W. (1993), Rights, innovation and evolution. The distributional effects of different rights to innovate, in: Review of Political Economy, Vol. 5 (4), 427-252.

Kerber, W. (1994), Evolutorischer Wettbewerb: Zu den theoretischen und institutionellen Grundlagen der Wettbewerbsordnung, Habilitationsschrift.

Kerber, W. (2011), Competition, Innovation and Maintaining Diversity Through Competition Law, in: J. Drexl; W. Kerber & R. Podszun (Hrsg.), Economic Approaches to Competition Law: Foundations and Limitations, Cheltenham: Edward Elgar, 173-201.

Kerber, W. & Kern, B. (2014), Assessing Innovation Effects in US Merger Policy: Theory, Practice, in: MAGKS Joint Discussion Paper Series in Economics, No. 50-2014.

Kern, B.; Dewenter, R. & Kerber, W. (2015), Empirical Analysis of the Assessment of Innovation Effects in U.S. Merger Cases, in: Journal of Industry, Competition and Trade, Vol. 16 (3), 373-402.

SPD, Die Grünen & FDP (2021), Mehr Fortschritt wagen. Bündnis für Freiheit, Gerechtigkeit und Nachhaltigkeit, Koalitionsvertrag 2021 – 2025 zwischen der Sozialdemokratischen Partei Deutschlands (SPD), BÜNDNIS 90 / DIE GRÜNEN und den Freien Demokraten (FDP).

Liebowitz, S. J. & Margolis S. E. (1995), Path Dependence, Lock-In, and History, in: JLEO, Vol. 11, 205.

Linge, G. (2008), Competition Policy, Innovation, and Diversity. Marburg: Tectum.

Morimoto, M. (2015), Which is the First Electric Vehicle?, in: Electrical Engineering in Japan, Vol. 192 (2), 31-38.

Möhrle, M. G. (2018), Definition: S-Kurven-Konzept, Gabler Wirtschaftslexikon, URL: https://wirtschaftslexikon.gabler.de/definition/s-kurvenkonzept-43411 (zuletzt abgerufen am 10. September 2023).

Nelson, R. (1959), The Economics of Invention: A Survey of the Literature, in: The Journal of Business, Vol. 32 (2), 101-127.

Shapiro, C. & Varian, H. R. (1999), Information Rules: A Strategic Guide of the Network Economy, Boston: Harvard Business Press.

Schilling, M. (1999), Winning the Standards Race: Building Installed Base and the Availability of Complementary Goods, in: European Management Journal, Vol. 17 (3), 265–274.

Schumpeter, J. A. (1964), Theorie der wirtschaftlichen Entwicklung, 6. Auflage, Berlin: Duncker & Humblot.

Schumpeter, J. A. (1975), Kapitalismus, Sozialismus und Demokratie, 4. Auflage, München: Francke.

Ueckert, F. & Odenweller, A. (2003), E-Fuels – Aktueller Stand und Projektionen, Arbeitspapier des Potsdam-Institut für Klimafolgenforschung, URL: www.pik-potsdam.de%2Fmembers%2FUeckerdt%2FE-Fuels_Stand-und-Projektionen_PIK-Potsdam.pdf&psig=AOvVaw0Ez99P0ssiX0k6608vVDy3&ust=1685025362528632 (zuletzt abgerufen am 24. Mai 2023).

Witschel, M.; Plötz, P.; Dütschke, E.; Neuner, F.; Tröger, J. & Gnann, T. (2023), Eine kritische Diskussion der beschlossenen Maßnahmen zur E-Fuel-Förderung im Modernisierungspaket für Klimaschutz und Planungsbeschleunigung der Bundesregierung von 28.03.2023, Diskussionsbeitrag, Fraunhofer-Institut für System- und Innovationsforschung ISI, Karlsruhe, URL: https://www.isi.fraunhofer.de/de/presse/2023/presseinfo-05-efuels-nicht-sinnvoll-fuer-pkw-und-lkw.html (zuletzt abgerufen am 30. Oktober 2023).

Zimmer, W.; Blanck, R.; Kreye, K.; Graichen, J. & Kasten, P. (2022), Die Rolle der CO2-Bepreisung im Instrumentenmix für die Transformation im Verkehrssektor, Climate Change 27/2022, URL: https://www.umweltbundesamt.de/publikationen/die-rolle-der-co2-bepreisung-im-instrumentenmix-0 (zuletzt abgerufen am 16. Oktober 2023).

Ausklang

Publikationsverzeichnis Prof. Dr. Wolfgang Kerber

Stand: November 2023[1]

1. Wettbewerb

50. Towards a Dynamic Concept of Competition that Includes Innovation – Note, OECD DAF/COMP/WD(2023)42.
49. Dynamic Competition, Digital Ecosystems, and Competition Policy, in: Network Law Review, 2023, URL: https://www.networklawreview.org/kerber-dynamic-competition/.
48. Data Act and Competition: An Ambivalent Relationship, in: Concurrences, Vol. 20 (1), 2023, 30-36.
47. The German Facebook Case: The Law and Economics of the Relationship between Competition and Data Protection Law, in: European Journal of Law and Economics, Vol. 54, 2022, 217-250 [Ko-Autor: Karsten K. Zolna].
46. Taming tech giants with a per se rules approach? The Digital Markets Act from the "rules vs. standard" perspective, in: Concurrences, Vol. 18 (3), 2021, 28-35.
45. Datenzugangsansprüche im Referentenentwurf zur 10. GWB-Novelle aus ökonomischer Perspektive, in: Wirtschaft und Wettbewerb, Vol. 70 (5), 2020, 249-256.
44. Updating Competition Policy for the Digital Economy? An Analysis of Recent Reports in Germany, UK, EU, and Australia, 2019, http://dx.doi.org/10.2139/ssrn.3469624.
43. Modernizing the Law on Abuse of Market Power in the Digital Age: A Summary of the Report for the German Ministry for Economic Affairs and Energy, in: Competition Policy International: Antitrust Chronicle, December 2019, 1-9 [Ko-Autoren: Justus Haucap; Heike Schweitzer & Robert Welker].
42. Dow/DuPont: Another Step Towards a Proper Assessment Concept of Innovation Effects of Mergers, 2019, https://dx.doi.org/10.2139/ssrn.3856885 [Ko-Autorin: Simonetta Vezzoso].

1 Zusammengestellt von Victoriia Noskova (Technische Universität Ilmenau).

41. Modernisierung der Missbrauchsaufsicht für marktmächtige Unternehmen. Bericht für das Bundesministerium für Wirtschaft und Energie, Baden-Baden: Nomos, 2018, 227 Seiten [Ko-Autoren: Heike Schweitzer; Justus Haucap & Robert Welker].
40. Competition, Innovation, and Competition Law: Dissecting the Interplay, in: D. Gerard (Hrsg.), Dynamic Markets and Dynamic Enforcement - The Impact of the Digital Revolution and Globalisation on the Enforcement of Competition Law in Europe, Bruxelles: Bruylant, 2018, 33-62.
39. Empirical Analysis of the Assessment of Innovation Effects in U.S. Merger Cases, in: Journal of Industry, Competition and Trade, Vol. 16, 2016, 373-402 [Ko-Autoren: Benjamin Kern & Ralf Dewenter].
38. Assessing Innovation Effects in U.S. Merger Policy: Theory, Practice, Recent Discussions, and Perspectives, 2014, http://dx.doi.org/10.2139/ssrn.2983098 [Ko-Autor: Benjamin Kern].
37. Market Share Thresholds and Herfindahl-Hirschman-Index (HHI) as Screening Instruments in Competition Law: A Theoretical Analysis, 2012, mimeo [Ko-Autoren: Jürgen-Peter Kretschmer & Georg von Wangenheim].
36. Zentralisierung von Kompetenzen durch die europäische Beihilfenkontrolle, in: Jahrbuch des Föderalismus, Band 12, 2011, 44-56.
35. Regelorientierte Wettbewerbspolitik aus rechtsökonomischer Sicht, in: S. Bechtold; J. Jickeli & M. Rohe (Hrsg.), Recht, Ordnung und Wettbewerb, Festschrift zum 70. Geburtstag von Wernhard Möschel, Baden-Baden: Nomos, 2011, 341-353.
34. Competition, Innovation, and Maintaining Diversity through Competition Law, in: J. Drexl; W. Kerber & R. Podszun (Hrsg.), Economic Approaches to Competition Law: Foundations and Limitations, Cheltenham: Edward Elgar, 2011, 173-201.
33. Dynamischer Wettbewerb und Evolution: Anmerkungen zu Hoppmanns Beiträgen zur Wettbewerbs- und Markttheorie, in: V. Vanberg (Hrsg.), Evolution und freiheitlicher Wettbewerb, Tübingen: Mohr Siebeck, 2010, 169-191.
32. The Theory of Regulatory Competition and Competition Law, in: K. Meessen (Hrsg.), Economic Law as an Economic Good, Its Rule Function in the Competition of Systems, Munich: Sellier European Law Publishers, 2009, 27-44.

31. Should Competition Law Promote Efficiency? - Some Reflections of an Economist on the Normative Foundations of Competition Law, in: J. Drexl; L. Idot & J. Moneger (Hrsg.), Economic Theory and Competition Law, Cheltenham: Edward Elgar, 2009, 93-120.
30. Optimal Sequential Investigation Rules in Competition Law, 2008, http://ssrn.com/abstract=1266267 [Ko-Autoren: Jürgen-Peter Kretschmer & Georg von Wangenheim].
29. Measuring the Effectiveness and/or the Predictability of European Merger Control: Problems of an Event Study, in: D. Schmidtchen; M. Albert & S. Voigt (Hrsg.), The More Economic Approach to European Competition Law, Conference on New Political Economy 25, Tübingen: Mohr Siebeck, 2007, 267-276.
28. Knowledge Accumulation in Hayekian Market Process Theory under Limited Imitability Assumptions, in: J.-P. Rennard (Hrsg.), Handbook of Research on Nature Inspired Computing for Economy and Management, Vol. I, London: Idea Group Reference, 2006, 352-366 [Ko-Autorin: Nicole Saam].
27. Internationale Wettbewerbspolitik aus ökonomischer Perspektive, in: P. Oberender (Hrsg.), Internationale Wettbewerbspolitik, Berlin: Duncker & Humblot, 2006, 9-40 [Ko-Autor: Oliver Budzinski].
26. FuE-Kooperationen aus industrie- und evolutionsökonomischer Perspektive, in: F. Daumann; S. Okruch & C. Mantzavinos (Hrsg.), Wettbewerb und Gesundheitswesen: Konzeptionen und Felder ordnungsökonomischen Wirkens. Festschrift für Peter Oberender zu seinem 65. Geburtstag, Budapest: AUB, 2006, 117-140 [Ko-Autorin: Gisela Aigner].
25. Competition, Knowledge, and Institutions, in: Journal of Economic Issues, Vol. 40 (2), 2006, 457-463.
24. Competition Policy with Optimally Differentiated Rules Instead of "Per se Rules vs. Rule of Reason", in: Journal of Competition Law and Economics, Vol. 2 (2), 2006, 215-244 [Ko-Autor: Arndt Christiansen].
23. Internationale Verfahrensregeln: ja! Globales Wettbewerbsrecht: nein!, in: Ifo-Schnelldienst, Vol. 59 (15), 2006, 12-15.
22. EU Competition Policy, Vertical Restraints, and Innovation: An Analysis from an Evolutionary Perspective, in: World Competition, Vol. 28 (4), 2005, 507-532 [Ko-Autorin: Simonetta Vezzoso].

21. Deutschland in der Krise: Zu viel Wettbewerb? Zu wenig Wettbewerb?, in: N. Combé & H. Schönfeld (Hrsg.), Die Krise Deutschlands. Antworten der ökonomischen Marburger Schule auf die wirtschaftliche und institutionelle Stagnation, Berlin: Friedrich-Naumann-Stiftung für die Freiheit, 2005, 14-25.
20. Wettbewerb als Hypothesentest. Ein evolutionsökonomisches Simulationsmodell wissenschaffenden Wettbewerbs auf Märkten, in: A. Diekmann (Hrsg.), Modelle sozialer Evolution, Baden-Baden: Nomos, 2004, 119-140 [Ko-Autorin: Nicole Saam].
19. The Case of Ryan Air - EU State Aid Policy on the Wrong Runway, in: ORDO, Vol. 55 (1), 2004, 313-332 [Ko-Autor: Friedrich Gröteke].
18. Competition of Competition Laws: Mission Impossible?, in: R. Epstein & M. S. Greve (Hrsg.), Competition Laws in Conflict. Antitrust Jurisdiction in the Global Economy, Washington D.C.: AEI Press, 2004, 31-65 [Ko-Autor: Oliver Budzinski].
17. Towards a Differentiated Analysis of Competition of Competition Laws, in: ZWeR, Vol. 1 (4), 2003, 411-448 [Ko-Autor: Oliver Budzinski].
16. Megafusionen, Wettbewerb und Globalisierung, Stuttgart: Lucius & Lucius, 2003, 125 Seiten [Ko-Autor: Oliver Budzinski].
15. An International Multi-Level System of Competition Laws: Federalism in Antitrust, in: J. Drexl (Hrsg.), The Future of Transnational Antitrust - From Comparative to Common Competition Law, The Hague: Staempfli-Kluwer, 2003, 269-300.
14. German and European Competition Policy: Perspectives for the 21st Century, in: H. Ono (Hrsg.), Structural Changes in the Japanese and German Economies: What can we learn from each other?, Tokyo: Tokyo University – Faculty of Economics, 2002, 36-53.
13. Wettbewerb im Spannungsfeld von internationaler Kooperation und Integration, in: Ludwig-Erhard-Stiftung (Hrsg.), Soziale Marktwirtschaft als Aufgabe. Neue Herausforderungen und bewährte Prinzipien. Festakademie aus Anlass des 75. Geburtstages von Otto Schlecht, Krefeld, 2001, 56-67.
12. Competition as a Test of Hypotheses: Simulation of Knowledge-generating Market Processes, in: Journal of Artificial Societies and Social Simulation, Vol. 4 (3), 2001, [Ko-Autorin: Nicole Saam].
11. Europäische Fusionskontrolle: Entwicklung und Perspektiven, in: P. Oberender (Hrsg.), Die Europäische Fusionskontrolle, Berlin: Duncker & Humblot, 2000, 69-97.

10. Wettbewerbspolitik als nationale und internationale Aufgabe, in: T. Apolte; R. Caspers & P. J. J. Welfens (Hrsg.), Standortwettbewerb - Wirtschaftspolitische Rationalität und internationale Ordnungspolitik, Baden-Baden: Nomos, 1999, 242-269.
9. Wettbewerb als Hypothesentest: Eine evolutorische Konzeption wissenschaffenden Wettbewerbs, in: K. von Delhaes & U. Fehl (Hrsg.), Dimensionen des Wettbewerbs: Seine Rolle in der Entstehung und Ausgestaltung von Wirtschaftsordnungen, Stuttgart: Fischer, 1997, 29-78.
8. Evolutorischer Wettbewerb. Zu den theoretischen und institutionellen Grundlagen der Wettbewerbsordnung, Habilitationsschrift, 1994, 385 Seiten.
7. Die Europäische Fusionskontrollpraxis und die Wettbewerbskonzeption der EG. Zwei Analysen zur Entwicklung des europäischen Wettbewerbsrechts, Bayreuth: P.C.O., 1994, 278 Seiten.
6. Der EG-Fusionskontrollfall "Nestlé/Perrier", in: Wirtschaft und Wettbewerb, Vol. 44 (1), 1994, 21-35.
5. Zur Wettbewerbskonzeption im europäischen Wettbewerbsrecht, in: H. Gröner & A. Schüller (Hrsg.), Die Europäische Integration als ordnungspolitische Aufgabe, Stuttgart: Fischer 1993, 281-320.
4. Innovation, Handlungsrechte und evolutionärer Marktprozeß, in: U. Witt (Hrsg.), Studien zur Evolutorischen Ökonomik II, Berlin: Duncker & Humblot, 1992, 171-195.
3. Evolutionäre Wettbewerbsprozesse über mehrere Wirtschaftsstufen: Das Beispiel "Industrie - Handel - Konsumenten", in: ORDO, Vol. 42 (1), 1991, 325-349.
2. Kritische Beurteilung der geplanten EG-Fusionskontrolle, in: J. Starbatty (Hrsg.), Europäische Integration: Wieviel Wettbewerb - Wieviel Bürokratie?, Essen: Hanns Martin Schleyer-Stiftung, 1990, 72-78.
1. Evolutionäre Marktprozesse und Nachfragemacht, Baden-Baden: Nomos, 1989, Dissertation, 624 Seiten.

2. Recht und Ökonomie

50. Property Rights Theory, Bundles of Rights on IoT Data, and the EU Data Act, in: European Journal of Law and Economics, 2024, 1-31 [Ko-Autorin: Martina Eckardt].
49. Governance of IoT Data: Why the EU Data Act Will not Fulfill its Objectives, in: GRUR International Journal of European and International IP Law, Vol. 72 (2), 2023, 120-135.

48. Digital Revolution, Institutional Coevolution, and Legal Innovations, in: European Business Law Review, Vol. 34 (6), 2023, 993-1016.
47. Datenschutz, Wettbewerbsrecht und Verbraucherschutz: Zur Notwendigkeit der Lösung von Marktversagensproblemen, in: M. Friedewald; A. Roßnagel; R. Neuburger; F. Bieker & G. Hornung (Hrsg.), Daten-Fairness in einer globalisierten Welt, Baden-Baden: Nomos 2023, 69-78 [Ko-Autorin: Louisa Specht-Riemenschneider].
46. Taming Tech Giants: The Neglected Interplay Between Competition Law and Data Protection (Privacy) Law, in: The Antitrust Bulletin, Vol. 67 (2), 2022, 280-301.
45. Specifying and Assigning "Bundles of Rights" on Data: An Economic Perspective, in: F. Hofmann; B. Raue & H. Zech (Hrsg.), Eigentum in der digitalen Gesellschaft, Tübingen: Mohr Siebeck, 2022, 151-176.
44. Konsumentensouveränität und Datensouveränität aus ökonomischer Sicht, in: S. Augsberg & P. Gehring (Hrsg.), Datensouveränität. Positionen zur Debatte, Frankfurt: Campus, 2022, 45-74 [Ko-Autor: Karsten K. Zolna].
43. Designing Data Trustees – A Purpose-based Approach. Datentreuhänder – Ein problemlösungsorientierter Ansatz, Berlin: Konrad-Adenauer-Stiftung, 2022, 100 Seiten [Ko-Autorin: Louisa Specht-Riemenschneider].
42. Synergies Between Data Protection Law and Competition Law. Studie für Verbraucherzentrale Bundesverband, 2021, 127 Seiten [Ko-Autorin: Louisa Specht-Riemenschneider].
41. Optimal Incentives for Patent Challenges in the Pharmaceutical Industry, in: Review of Industrial Organization, Vol. 59, 2021, 503-528 [Ko-Autoren: Enrico Böhme & Severin Frank].
40. From (Horizontal and Sectoral) Data Access Solutions Towards Data Governance Systems, in: J. Drexl (Hrsg.), Data Access, Consumer Interests and Public Welfare, Baden-Baden: Nomos, 2021, 441-476.
39. Datenrechtliche Aspekte des "Digital Markets Act", in: Zeitschrift für Datenschutz, Vol. 11 (10), 2021, 544-548.
38. Competition Law in Context: The Example of its Interplay with Data Protection Law from an Economic Perspective, in: Wirtschaft und Wettbewerb, Vol. 71 (7-8), 2021, 400-404.
37. Datenzugang und Datenschutz im vernetzten Fahrzeug: eine ökonomische Perspektive, in: Stiftung Datenschutz (Hrsg.), Datenschutz im vernetzten Fahrzeug, Berlin: Erich Schmidt, 2020, 85-98 [Ko-Autor: Daniel Gill].

36. Dateneigentum, Datenzugangsrechte und Datengovernance aus ökonomischer Perspektive, in: L. Specht-Riemenschneider; N. Werry & S. Werry (Hrsg.), Datenrecht in der Digitalisierung, Berlin: Erich Schmidt, 2020, 363-370.
35. Data Portability Rights: Limits, Opportunities, and the Need for Going Beyond the Portability of Personal Data, in: Competition Policy International: Antitrust Chronicle, November 2020, 54-59 [Ko-Autor: Daniel Gill].
34. Sekundärmärkte für digitale Güter, in: F. Faust & H.-B. Schäfer (Hrsg.), Zivilrechtliche und rechtsökonomische Probleme des Internets und der künstlichen Intelligenz. Tübingen: Mohr Siebeck, 2019, 209-235.
33. Ökonomik privatrechtlicher Regelsetzung, in: F. Möslein (Hrsg.), Regelsetzung im Privatrecht, Tübingen: Mohr Siebeck, 2019, 59-93.
32. Data-sharing in IoT Ecosystems and Competition Law: The Example of Connected Cars, in: Journal of Competition Law & Economics, Vol. 15 (4), 2019, 381-426.
31. Access to Data in Connected Cars and the Recent Reform of the Motor Vehicle Type Approval Regulation, in: Journal of Intellectual Property, Information Technology and Electronic Commerce Law, Vol. 10 (2), 2019, 244-256 [Ko-Autor: Daniel Gill].
30. The International System of Intellectual Property from the Perspective of the Economics of Legal Federalism, in: M. Faure; L. Visscher & W. Schreuders (Hrsg.), Don't take It Seriously. Essays in Law and Economics in Honour of Roger Van den Bergh, Cambridge: Intersentia, 2018, 199-217 [Ko-Autorin: Diane Asobo].
29. Patent Settlements in the Pharmaceutical Industry: What Can We Learn from Economic Analysis?, in: P. Van Cleynenbreughel & P. Nihoul (Hrsg.), The Roles of Innovation in Competition Law Analysis, Cheltenham: Edward Elgar, 2018, 215-245 [Ko-Autor: Severin Frank].
28. Datenrechte - Eine rechts- und sozialwissenschaftliche Analyse im Vergleich Deutschland-USA, 2018, URL: http://www.abida.de/de/blog-item/gutachten-datenrechte-eine-rechts-und-sozialwissenschaftliche-analyse-im-vergleich [Ko-Autorin: Louisa Specht].
27. Data Governance in Connected Cars: The Problem of Access to In-Vehicle Data, in: Journal of Intellectual Property, Information Technology and Electronic Commerce Law, Vol. 9 (3), 2018, 310-331.

26. Rights on Data: The EU Communication "Building a European Data Economy" from an Economic Perspective, in: S. Lohsse; R. Schulze & D. Staudenmayer (Hrsg.), Trading Data in the Digital Economy: Legal Concepts and Tools, Baden-Baden: Nomos, 2017, 109-133.
25. Interoperability in the Digital Economy, in: Journal of Intellectual Property, Information Technology and Electronic Commerce Law, Vol. 8 (1), 2017, 39-58 [Ko-Autorin: Heike Schweitzer].
24. Data Governance Regimes in the Digital Economy: The Example of Connected Cars, 2017, http://dx.doi.org/10.2139/ssrn.3064794 [Ko-Autor: Severin Frank].
23. Market Integration and Legal Federalism in the EU, in: M. Ruffert (Hrsg.), European Economy and People's Mobility, Tübingen: Mohr Siebeck, 2016, 143-163.
22. Governance of Data: Exclusive Property vs. Access, in: International Review of Intellectual Property and Competition Law (IIC), Editorial, 2016, 759-762.
21. Exhaustion of Digital Goods: An Economic Perspective, in: Zeitschrift für Geistiges Eigentum, Vol. 8 (1), 2016, 149-169.
20. Digital Markets, Data, and Privacy: Competition Law, Consumer Law and Data Protection, in: Gewerblicher Rechtsschutz und Urheberrecht. Internationaler Teil (GRUR Int.), 2016, 639-647 {wiederveröffentlicht in: Journal of Intellectual Property Law & Practice, Vol. 11 (11), 2016, 856-866; erneut wiederveröffentlicht in: V. Falce; G. Ghidini & G. Olivieri (Hrsg.), Informazione e Big Data tra Innovatione e Concorrenza, Milano: Giuffreè Editore 2017, 1-20}.
19. A New (Intellectual) Property Right for Non-Personal Data? An Economic Analysis, in: Gewerblicher Rechtsschutz und Urheberrecht. Internationaler Teil (GRUR Int.), 2016, 989-999.
18. Zur Komplexität der Anwendung des ökonomischen Anreizparadigmas bei geistigen Eigentumsrechten: Ein wirtschaftspolitischer Analyserahmen, in: Zeitschrift für Geistiges Eigentum, Vol. 5 (3), 2013, 245-273 {wiederveröffentlicht in: M. Grünberger & S. Leible (Hrsg.), Die Kollision von Urheberrecht und Nutzerverhalten, Tübingen: Mohr Siebeck 2014, 31-60}.
17. Horizontal and Vertical Regulatory Competition in EU Company Law: The Case of the European Private Company (SPE), in: W. A. Kaal; M. Schmidt & A. Schwartze (Hrsg.), Festschrift zu Ehren von Christian Kirchner: Recht im ökonomischen Kontext, Tübingen: Mohr Siebeck, 2014, 1145-1163 [Ko-Autorin: Martina Eckardt].

16. Developing Two-tiered Regulatory Competition in EU Corporate Law: Assessing the Impact of the Societas Privata Europaea, in: Journal of Law and Society, Vol. 41 (1), 2014, 152-171 [Ko-Autorin: Martina Eckardt].
15. Transnational Commercial Law, Multi-level Legal Systems, and Evolutionary Economics, in: P. Zumbansen & G.-P. Calliess (Hrsg.), Law, Economics and Evolutionary Theory, Cheltenham: Edward Elgar, 2011, 297-321.
14. Microsoft, Refusal to License Intellectual Property Rights, and the Incentives Balance Test of the EU Commission, 2008, http://dx.doi.org /10.2139/ssrn.1297939 [Ko-Autorin: Claudia Schmidt].
13. Institutional Change in Globalization - Transnational Commercial Law from an Evolutionary Economics Perspective, in: German Law Journal, Vol. 9 (4), 2008, 411-436.
12. European System of Private Laws: An Economic Perspective, in: F. Cafaggi & H. M. Watt (Hrsg.), The Making of European Private Law, Cheltenham: Edward Elgar, 2008, 64-97.
11. "Rules vs. Standards" or Standards as Delegation of Authority for Making (Optimally Differentiated) Rules, in: T. Eger; C. Ott; J. Bigus & G. von Wangenheim (Hrsg.), Internalization of the Law and its Economic Analysis, Wiesbaden: Gabler, 2008, 489-498.
10. An Optional European Contract Law Code: Advantages and Disadvantages, in: European Journal of Law and Economics, Vol. 21 (3), 2006, 215-236 [Ko-Autor: Stefan Grundmann].
9. European Corporate Laws, Regulatory Competition and Path Dependence, in: European Journal of Law and Economics, Vol. 13 (1), 2002, 47-71 [Ko-Autor: Klaus Heine].
8. Party Autonomy and the Role of Information in the Internal Market - an Overview, in: S. Grundmann; W. Kerber & S. Weatherill (Hrsg.), Party Autonomy and the Role of Information in the Internal Market, Berlin: de Gruyter, 2001, 3-38 [Ko-Autoren: Stefan Grundmann & Stephen Weatherill].
7. Information Intermediaries and Party Autonomy - The Example of Securities and Insurance Markets, in: S. Grundmann; W. Kerber & S. Weatherill (Hrsg.), Party Autonomy and the Role of Information in the Internal Market, Berlin: de Gruyter, 2001, 264-310 [Ko-Autor: Stefan Grundmann].

6. Constitutional Aspects of Party Autonomy and Its Limits - The Perspective of Constitutional Economics, in: S. Grundmann; W. Kerber & S. Weatherill (Hrsg.), Party Autonomy and the Role of Information in the Internal Market, Berlin: de Gruyter, 2001, 49-79 [Ko-Autor: Viktor Vanberg].
5. Rechtseinheitlichkeit und Rechtsvielfalt aus ökonomischer Sicht, in: S. Grundmann (Hrsg.), Systembildung und Systemlücken in Kerngebieten des Europäischen Privatrechts. Gesellschafts-, Arbeits- und Schuldvertragsrecht, Tübingen: Mohr Siebeck, 2000, 67-97.
4. Law and Economics - ein neuer Ansatz zur Analyse institutioneller Rahmenbedingungen, in: H. Leipold & I. Pies (Hrsg.), Ordnungstheorie und Ordnungspolitik - Konzeptionen und Entwicklungsperspektiven, Stuttgart: Lucius & Lucius, 2000, 145-170.
3. Recht als Selektionsumgebung für evolutorische Wettbewerbsprozesse, in: B. P. Priddat & G. Wegner (Hrsg.), Zwischen Evolution und Institution. Neue Ansätze in der ökonomischen Theorie, Marburg: Metropolis, 1996, 297-326.
2. Some Notes on the Distributional Effects of Different Rights to Innovate, in: Review of Political Economy, Vol. 6 (2), 1994, 240-245.
1. Rights, Innovations and Evolution. The Distributional Effects of Different Rights to Innovate, in: Review of Political Economy, Vol. 5 (3), 1993, 427-452.

3. Wirtschaftspolitik

38. Revision of the Vehicle Type-Approval Regulation: Analysis and Recommendations, 2022, http://dx.doi.org/10.2139/ssrn.4174028 [Ko-Autor: Daniel Gill].
37. Regulatory Networks, Legal Federalism, and Multi-level Regulatory Systems, in: A. Marciano & G. Ramello (Hrsg.), Law and Economics in Europe and the U.S., Cham: Springer International, 2017, 109-133 [Ko-Autorin: Julia Wendel].
36. Soft Paternalismus und Verbraucherpolitik, in: List Forum für Wirtschafts- und Finanzpolitik, Vol. 40 (2), 2014, 274-295.
35. Regulation of Network Sectors in the EU: A Federalist Perspective, in: Wirtschaftspolitische Blätter, Vol. 61 (1), 2014, 181-194 [Ko-Autorin: Julia Wendel].

34. Policy Innovation, Decentralised Experimentation, and Laboratory Federalism, in: Journal of Artificial Societies and Social Simulation, Vol. 16 (1), 2013, 7 [Ko-Autorin: Nicole Saam].
33. Patent Settlements in the Pharmaceutical Industry: An Antitrust Perspective, in: R. Dewenter; J. Haucap & C. Kehder (Hrsg.), Wettbewerb und Regulierung in Medien, Politik und Märkten. Festschrift für Jörn Kruse zum 65. Geburtstag, Baden-Baden: Nomos 2013, 385-413 [Ko-Autor: Severin Frank].
32. Mutual Recognition in the Global Trade Regime: Lessons from the EU Experience, in: I. Lianos & O. Odudu (Hrsg.), Regulating Trade in Services in the EU and the WTO: Trust, Distrust and Economic Integration, Cambridge: Cambridge University Press, 2012, 121-146 [Ko-Autor: Roger Van den Bergh].
31. Wechselseitige Anerkennung von Regulierungen: Ist die EU ein Vorbild für das globale Handelsregime?, in: R. Ohr (Hrsg.), Internationalisierung der Wirtschaftspolitik, Berlin: Duncker & Humblot, 2009, 147-168 [Ko-Autor: Roger Van den Bergh].
30. Ordnungs- und Konstitutionenökonomik: einige aktuelle Forschungsperspektiven, in: A. Schüller & S. Voigt (Hrsg.), Von der Ordnungstheorie zur Institutionenökonomik. Rückblick und Entwicklungsoptionen eines Marburger Forschungsprogramms, Stuttgart: Lucius & Lucius, 2008, 108-116.
29. Mutual Recognition Revisited: Misunderstandings, Inconsistencies, and a Suggested Reinterpretation, in: Kyklos, Vol. 61, 2008, 447-465 [Ko-Autor: Roger Van den Bergh].
28. Regulierung in föderalen Mehr-Ebenen-Systemen, in: K. Heine & W. Kerber (Hrsg.), Zentralität und Dezentralität von Regulierung in Europa, Stuttgart: Lucius & Lucius, 2007, 1-29.
27. Policy Learning in Europe: The "Open Method of Co-ordination" and Laboratory Federalism, in: Journal of European Public Policy, Vol. 14 (2), 2007, 227-247 [Ko-Autorin: Martina Eckardt].
26. Die Beziehung zwischen Krankenkassen und Leistungserbringern - ein Fall für das Wettbewerbsrecht?, in: P. Oberender (Hrsg.), Wettbewerbspolitik und Sozialrecht: Die Auflösung eines tradierten Spannungsfeldes?, Bayreuth: Verlag P.C.O., 2007, 49-70.
25. Mehr-Ebenen-Jurisdiktionssysteme: Zur variablen Architektur von Integration, in: U. Vollmer (Hrsg.), Ökonomische und politische Grenzen von Wirtschaftsräumen, Berlin: Duncker & Humblot, 2006, 109-146 [Ko-Autor: Lars P. Feld].

24. Improving the International Competitiveness of the EU by Regulatory Competition and the "Open Method of Coordination" - the Example of Pension Systems, in: C. Storz (Hrsg.), Germany and Japan in Competition for FDI: Tax Systems, Regulations and Business Strategies, Marburg 2005, 96-118 [Ko-Autorin: Martina Eckardt].
23. Europäisches Vertragsrecht, Rechtsföderalismus und Ordnungsökonomik, in: H. Leipold & D. Wentzel (Hrsg.), Ordnungsökonomik als aktuelle Herausforderung, Stuttgart: Lucius & Lucius, 2005, 371-394.
22. Applying Evolutionary Economics to Economic Policy: the Example of Competitive Federalism, in: K. Dopfer (Hrsg.), Economics, Evolution and the State: The Governance of Complexity, Cheltenham: Edward Elgar, 2005, 296-324.
21. Evolutorische Ökonomik und Wirtschaftspolitik: Probleme und Perspektiven am Beispiel des Wettbewerbsföderalismus, in: K. Dopfer (Hrsg.), Studien zur Evolutorischen Ökonomik, Vol. VIII, Berlin: Duncker & Humblot, 2004, 67-97.
20. Best Practices, Yardstick Competition und Lernen in der Wirtschaftspolitik - eine kritische Analyse der Offenen Methode der Koordinierung der EU, in: W. Schäfer (Hrsg.), Institutionelle Grundlagen effizienter Wirtschaftspolitik, Berlin: Duncker & Humblot, 2004, 121-166 [Ko-Autorin: Martina Eckardt].
19. Wettbewerbsföderalismus als Integrationskonzept für die Europäische Union, in: Perspektiven der Wirtschaftspolitik, Vol. 4 (1), 2003, 43-64.
18. Integrationstheorie und Wettbewerbsföderalismus, in: D. Cassel & P. J. J. Welfens (Hrsg.), Regionale Integration und Osterweiterung der Europäischen Union, Stuttgart: Lucius & Lucius, 2003, 107-128 [Ko-Autor: Klaus Heine].
17. Institutional Evolution, Regulatory Competition and Path Dependence, in: P. Pelikan & G. Wegner (Hrsg.), Evolutionary Analysis of Economic Policy, Cheltenham: Edward Elgar 2003, 191-222 [Ko-Autor: Klaus Heine].
16. Zur Gestaltung von Mehr-Ebenen-Rechtssystemen aus ökonomischer Sicht, in: C. Ott & H.-B. Schäfer (Hrsg.), Vereinheitlichung und Diversität des Zivilrechts in transnationalen Wirtschaftsräumen, Tübingen: Mohr Siebeck, 2002, 167-194 [Ko-Autor: Klaus Heine].

15. European System of Contract Laws. A Map for Combining the Advantages of Centralised and Decentralised Rule-making, in: S. Grundmann & J. Stuyck (Hrsg.), An Academic Greenpaper on European Contract Law, The Hague: Kluwer, 2002, 295-342 [Ko-Autor: Stefan Grundmann].
14. The Rise and Fall of the German Miracle, in: Critical Review, Vol. 13, 2001, 337-358 [Ko-Autorin: Sandra Hartig].
13. Standortwettbewerb und Ordnungspolitik, in: L. Gerken & O. Graf Lambsdorff (Hrsg.), Ordnungspolitik in der Weltwirtschaft, Baden-Baden: Nomos, 2001, 86-97.
12. A Utopia? Government without Territorial Monopoly: Comment, in: Journal of Institutional and Theoretical Economics, Vol. 157, 2001, 180-186.
11. "Alliance for Jobs, Training, and Competitiveness": A German Approach for Reducing Unemployment, in: H. Zimmermann (Hrsg.), Pressing Problems in Fields of Economic Policy in Japan and Germany, Marburg: Philipps-Universität Marburg, 2001, 33-57 [Ko-Autor: Thilo Pahl].
10. Interjurisdictional Competition within the European Union, in: Fordham International Law Journal, Vol. 23, 2000, 217-249.
9. Zum Problem einer Wettbewerbsordnung für den Systemwettbewerb, in: Jahrbuch für Neue Politische Ökonomie, Vol. 17, 1998, 199-230.
8. Grenzen der Wirtschaftspolitik, in: C. Engel & M. Morlok (Hrsg.), Das Öffentliche Recht als ein Gegenstand ökonomischer Forschung - die Begegnung der deutschen Staatsrechtslehre mit der Konstitutionellen Ökonomie, Tübingen: Mohr Siebeck, 1998, 207-218.
7. Erfordern Globalisierung und Standortwettbewerb einen Paradigmenwechsel in der Theorie der Wirtschaftspolitik?, in: ORDO, Vol. 49, 1998, 253-268.
6. Die EU-Beihilfenkontrolle als Wettbewerbsordnung: Probleme aus der Perspektive des Wettbewerbs zwischen Jurisdiktionen, in: D. Cassel (Hrsg.), Europäische Integration als ordnungspolitische Gestaltungsaufgabe. Probleme der Vertiefung und Erweiterung der Europäischen Union, Berlin: Duncker & Humblot, 1998, 37-74.
5. Bildung, Forschung und Entwicklung: Grenzen staatlicher Politik aus der Perspektive internationalen Wettbewerbs, in: D. Cassel (Hrsg.), 50 Jahre Soziale Marktwirtschaft. Ordnungstheoretische Grundlagen, Realisierungsprobleme und Zukunftsperspektiven einer wirtschaftspolitischen Konzeption, Stuttgart: Lucius & Lucius, 1998, 321-365.

4. Weiterentwicklung der gesellschaftlichen Wissensbasis, in: P. Klemmer; D. Becker-Soest & R. Wink (Hrsg.), Liberale Grundrisse einer zukunftsfähigen Gesellschaft, Baden-Baden: Nomos, 1998, 117-134.
3. Competition Among Institutions: Evolution Within Constraints, in: L. Gerken (Hrsg.), Competition Among Institutions, London: Palgrave Macmillan, 1995, 35-64 [Ko-Autor: Viktor Vanberg].
2. Institutional Competition Among Jurisdictions: An Evolutionary Approach, in: Constitutional Political Economy, Vol. 5, 1994, 193-219 [Ko-Autor: Viktor Vanberg].
1. Zur Entstehung von Wissen: Grundsätzliche Bemerkungen zu Möglichkeiten und Grenzen staatlicher Förderung der Wissensproduktion aus der Sicht der Theorie evolutionärer Marktprozesse, in: P. Oberender & M. E. Streit (Hrsg.), Marktwirtschaft und Innovation, Baden-Baden: Nomos, 1991, 9-52.

4. Lehrtexte, Lehrmaterialien und Nachschlagewerke

15. Hayek, in: M. Lehmann-Waffenschmidt & M. Peneder (Hrsg.), Evolutorische Ökonomik. Konzepte, Wegbereiter und Anwendungsfelder, Berlin: Springer-Gabler, 2022, 513-521.
14. Die ökonomischen Grundlagen des Wettbewerbsrechts, in: F. Bien; B. Limperg; F. Montag & F.-J. Säcker (Hrsg.), Münchener Kommentar Europäisches und Deutsches Wettbewerbsrecht, Bd. 1: Europäisches Wettbewerbsrecht, 3. Auflage, München: C.H. Beck, 2020, 21-263 [Ko-Autor: Ulrich Schwalbe].
13. Wettbewerbspolitik, in: T. Apolte; M. Erlei; M. Göcke; R. Menges; N. Ott & A. Schmidt (Hrsg.), Kompendium der Wirtschaftstheorie und Wirtschaftspolitik. Band III: Wirtschaftspolitik, Wiesbaden: Springer Gabler, 2019, 115-187.
12. Wettbewerb, Wettbewerbspolitik, Wettbewerbsrecht, in: J. Hübner; J. Eurich; M. Honecker; T. Jänichen; M. Kulessa & Günter Renz (Hrsg.), Evangelisches Soziallexikon, 9. Auflage, Stuttgart: Kohlhammer, 2016, 1693-1703.
11. Module "Wettbewerbspolitik", in: "Ökonomische Bildung online. Wirtschaft in der Schule", 2. Auflage, Institut für Ökonomische Bildung, Universität Oldenburg, 2012.

10. Economic Principles of Competition Law, in: G. Hirsch; F. Montag & F.-J. Säcker (Hrsg.), Competition Law: European Community Practice and Procedure - Article-by-article Commentary, London: Sweet & Maxwell, 2008, 202-393 [Ko-Autor: Ulrich Schwalbe].
9. Globale Regeln für den Wettbewerb?, in: Wirtschaftswissenschaftliches Studium, Vol. 35 (12), 2006, 645.
8. Art. Hayek, Law, Legislation and Liberty, Vol. 1-3, in: D. Herz & V. Weinberger (Hrsg.), Lexikon ökonomischer Werke, Düsseldorf: Wirtschaft und Finanzen, 2006, 183-184.
7. Evolutorische Wettbewerbskonzeptionen, in: M. Erlei & M. Lehmann-Waffenschmidt (Hrsg.), Curriculum Evolutorische Ökonomik. Lehrkonzepte zur Evolutorischen Ökonomik, Marburg: Metropolis, 2002, 165-190.
6. Wettbewerbspolitik. Zum Problem wachsender Unternehmenskonzentration auf globalisierten Märkten, in: L. T. Koch (Hrsg.), Wirtschaftspolitik im Wandel, München: Oldenbourg, 2001, 245-272 [Ko-Autor: Oliver Budzinski].
5. Wettbewerb, Wettbewerbspolitik, in: M. Honecker; H. Dahlhaus; J. Hübner; T. Jänichen & H. Tempel (Hrsg.), Evangelisches Soziallexikon – Neuausgabe, Stuttgart: Kohlhammer, 2001, 1755-1764.
4. Wettbewerbsordnung für den interjurisdiktionellen Wettbewerb, in: Wirtschaftswissenschaftliches Studium, Vol. 29, 2000, 368-374.
3. Wirtschaftspolitik, in: R. Walter (Hrsg), Wirtschaftswissenschaften. Eine Einführung, Stuttgart: UTB, 1997, 598-637.
2. German Market Process Theory, in: P. J. Boettke (Hrsg.), The Edward Elgar Companion to Austrian Economics, Aldershot: Edward Elgar, 1994, 500-507.
1. Nachfragewettbewerb und Nachfragemacht, in: WISU, Vol. 20, 1991, 843-848.

5. Herausgeberschaften

13. Economic Approaches to Competition Law: Foundations and Limitations, Cheltenham: Edward Elgar 2011 [Mitherausgeber: Josef Drexl & Rupprecht Podszun].
12. Jahrbuch Strategisches Kompetenz-Management, Band 4, „Ambidextrie“: Der unternehmerische Drahtseilakt zwischen Ressourcenexploration und –exploitation, Munich: Rainer Hampp, 2010 [Mitherausgeber: Michael Stephan].

11. 25 Jahre ressourcen- und kompetenzorientierte Forschung, Wiesbaden: Gabler, 2010 [Mitherausgeber: Michael Stephan; Tim Kessler & Michael Lindenfelder].
10. Zentralität und Dezentralität von Regulierung in Europa, Stuttgart: Lucius & Lucius, 2007 [Mitherausgeber: Klaus Heine].
9. Studien zur Evolutorischen Ökonomik, Vol. IX, Berlin: Duncker & Humblot, 2004.
8. Fehl, U.: Marktprozesse, Kapitaltheorie und Genossenschaften: Aufsätze und Beiträge, Göttingen: Vandenhoeck & Ruprecht, 2004 [Mitherausgeber: Carsten Schreiter].
7. Vahlens Kompendium der Wirtschaftstheorie und Wirtschaftspolitik, 8. Auflage, München: Vahlen, 2003 [Mitherausgeber: Dieter Bender; Hartmut Berg; Dieter Cassel; Günter Gabisch; Heinz Grossekettler; Karl-Hans Hartwig; Lothar Hübl; Volker Nienhaus; Jürgen Siebke; Heinz-Dieter Smeets; H. Jörg Thieme & Uwe Vollmer].
6. Party Autonomy and the Role of Information in the Internal Market, Berlin: de Gruyter, 2001 [Mitherausgeber: Stefan Grundmann & Stephen Weatherill].
5. Hayek, F. A. von: Die Anmaßung von Wissen. Neue Freiburger Studien, Tübingen: Mohr Siebeck, 1996.
4. Mitherausgeber der Schriftenreihe "Schriften zum Europäischen und Internationalen Privat-, Bank- und Wirtschaftsrecht", seit 2004.
3. Mitherausgeber der Fachzeitschrift "ORDO. Jahrbuch für Wirtschaft und Gesellschaft", seit 2003.
2. Mitherausgeber der Schriftenreihe "Die Einheit der Gesellschaftswissenschaften", Tübingen: Mohr Siebeck, 1998-2014.
1. Koordinator der Diskussionspapierreihe "Marburg Papers on Economics/ Volkswirtschaftliche Beiträge" des Fachbereiches Wirtschaftswissenschaften, Philipps University Marburg, 1998 -2005.

6. Buchrezensionen

14. Schaper, M., Selektion und Kombination von Gesellschaftsrechtsformen im institutionellen Wettbewerb. Typenvermischung und hybride Rechtsformen im europäischen und US-amerikanischen Wettbewerb der Gesellschaftsrechte, Berlin: Duncker & Humblot, 2012, in: ORDO, Vol. 64, 2013, 519-523.

13. G. Wagner (Hrsg.), The Common Frame of Reference: A View from Law & Economics, München: Sellier, 2009, in: European Law Review, Vol. 37, 2012, 222-225.
12. Borella, S., Migrationspolitik in Deutschland und der Europäischen Union. Eine konstitutionenökonomische Analyse der Wanderung von Arbeitskräften, Tübingen: Mohr Siebeck, 2008, in: ORDO, Vol. 61, 2010, 432-435.
11. P. Francesco & C. K. Rowley (Hrsg.), The Origins of Law and Economics. Essays by the Founding Fathers, Cheltenham: Edward Elgar, 2005, in: Jahrbücher für Nationalökonomie und Statistik, Vol. 203 (4), 2010, 491-493.
10. J. Basedow & T. Kono (Hrsg.), An Economic Analysis of Private International Law, Tübingen: Mohr Siebeck, 2006, in: ORDO, Vol. 59, 2008, 532-534.
9. Schwalbe, U. & Zimmer, D., Kartellrecht und Ökonomie. Moderne ökonomische Ansätze in der europäischen und deutschen Zusammenschlusskontrolle, Frankfurt a. M.: Verlag Recht und Wirtschaft, 2006, in: ZWeR, Vol. 5 (1), 2007, 124-128.
8. A. Héritier; M. Stolleis & F. W. Scharpf (Hrsg.), European and International Regulation after the Nation State. Different Scopes and Multiple Levels, Baden-Baden: Nomos, 2004, in: ORDO, Vol. 57, 2006, 411-415.
7. W. Schäfer (Hrsg.), Zukunftsprobleme der europäischen Wirtschaftsverfassung, Berlin: Duncker & Humblot, 2004, in: Common Market Law Review, Vol. 43, 2006, 270-271.
6. Motta, M., Competition Policy. Theory and Practice, Cambridge: Cambridge University Press, 2004, in: ZWeR, Vol. 4 (1), 2006, 102-106.
5. Herdzina, K., Wettbewerbspolitik, 5. Auflage, Stuttgart: Lucius & Lucius 1999, in: Wirtschaft und Wettbewerb, Vol. 12, 1999, 1203 1204.
4. S. G. Medema (Hrsg.), Coasean Economics: Law and Economics and the New Institutional Economics, Dordrecht: Kluwer, 1998, in: Journal of Evolutionary Economics, Vol. 9, 1999, 283-285.
3. Nuck, S. W., Zur ökonomischen Theorie geldpolitischer Institutionen: Alternative theoretische Analysemöglichkeiten institutionellen Wandels in der Geldordnung - dargestellt am Beispiel der Bundesrepublik Deutschland, Pfaffenweiler, 1994, in: Kredit und Kapital, Vol. 29, 1996, 630-633.
2. G. M. Hodgson, Economics and Evolution. Bringing Life Back into Economics, Cambridge: Polity Press 1993, in: Constitutional Political Economy, Vol. 7, 1996, 157-160.

1. New Developments in Austrian Economics?, Review of Israel M. Kirzner, The Meaning of Market Process, London, 1992, and Jack High, Maximizing, Action, and Market Adjustment, Vienna, 1990, in: ORDO, Vol. 44, 1993, 381-386.

7. Übersetzungen

2. Hayek, F. A. von, Zur Bewältigung von Unwissenheit, in: Hayek, F. A. von, Die Anmaßung von Wissen. Neue Freiburger Studien (herausgegeben von W. Kerber), Tübingen: Mohr Siebeck 1996, 307-316 [Originalversion: Coping with Ignorance].
1. Buchanan, James M., Konsum ohne Produktion: Die unmögliche Idylle des Sozialismus, Freiburg: Hauff, 1993 [Originalversion: Consumption without Production: The Impossible Idyll of Socialism].

8. Kommentare und kleinere Beiträge

13. Private Regulation and Networks in Transnational Supply Chains: Comment on F. Cafaggi and P. Iamicelli: Private Regulation and Industrial Organization: Contractual Governance and the Network Approach, in: S. Grundmann; F. Möslein & K. Riesenhuber (Hrsg.), Contract Governance. Dimensions in Law & Interdisciplinary Research, Oxford: Oxford University Press, 2015, 377-382.
12. EU State Aid Policy, Economic Approach, Bailouts, and Merger Policy: Two Comments, in: J. Basedow & W. Wurmnest (Hrsg.), Structure and Effects in European Competition Law, Alphen aan den Rijn: Kluwer, 2011, 241-252.
11. Kommentar zu Kieninger, E.-M., Aktuelle Entwicklungen des Wettbewerbs der Gesellschaftsrechte, in: T. Eger & H.-B. Schäfer (Hrsg.), Ökonomische Analyse der europäischen Zivilrechtsentwicklung, Tübingen: Mohr Siebeck, 2007, 203-212.
10. Comment on Waelbrock, D., Vertical Agreements: 4 Years of Liberalisation by Regulation 2790/99 after 40 Years of Legal (Block) Regulation, in: H. Ullrich (Hrsg.), The Evolution of European Competition Law: Whose Regulation? Which Competition?, Cheltenham: Edward Elgar, 2006, 111-120.

9. Comment on Romano, C. P. R., International Courts and Tribunals: Price, Financing and Output, in: S. Voigt; M. Albert & D. Schmidtchen (Hrsg.), International Conflict Resolution (Conference on New Political Economy 23), Tübingen: Mohr Siebeck, 2005, 247-252.
8. Vorwort, in: Fehl, U., Marktprozesse, Kapital und Genossenschaften: Aufsätze und Beiträge (herausgegeben von W. Kerber & C. Schreiter), Göttingen: Vandenhoek & Rupprecht, 2004, VII-XV [Ko-Autor: Carsten Schreiter].
7. Wirtschaftliche Entwicklung: Forschungsperspektiven der Evolutorischen Ökonomik. Kommentar zu Witt, Beharrung und Wandel - ist wirtschaftliche Evolution theoriefähig?, in: Erwägen Wissen Ethik, Vol. 15, 2004, 73-75.
6. Comment to Jörn Sideras, Systems Competition and Public Goods Provision, in: Jahrbuch für Neue Politische Ökonomie, Vol. 19, 2000, 179-187.
5. A. Verny: Private Ordering in the Czech Transformation Process: Comment, in: Journal of Institutional and Theoretical Economics, Vol. 156, 2000, 144-150.
4. Kommentar zu Klump, R., Dialogorientierte Wirtschaftspolitik - Ein Weg zu mehr Beschäftigung?, in: H. Berg (Hrsg.), Arbeitsmarkt und Beschäftigung: Deutschland im internationalen Vergleich, Berlin: Duncker & Humblot, 2000, 213-218.
3. Kommentar zu Voigt, S., Wirtschaftliche Freiheitsrechte, Ressourcenverteilung und Wirtschaftswachstum: Zum heuristischen Potential des Vergleichs von Wirtschaftssystemen, in: D. Cassel (Hrsg.), Perspektiven der Systemforschung, Berlin: Duncker & Humblot, 1999, 300-305.
2. Theoretiker und Verteidiger der Freiheit, in: Neue Zürcher Zeitung, 8. Mai, 1999 [zum 100. Geburtstag von Friedrich A. von Hayek].
1. Vorwort, in: Hayek, F. A. von, Die Anmaßung von Wissen. Neue Freiburger Studien (herausgegeben von Wolfgang Kerber), Tübingen: Mohr Siebeck, 1996, V-XIV.